ESCREVER A CLÍNICA

Conselho editorial

André Luiz V. da Costa e Silva
Cecilia Consolo
Dijon De Moraes
Jarbas Vargas Nascimento
Luís Augusto Barbosa Cortez
Marco Aurélio Cremasco
Rogerio Lerner

Blucher

ESCREVER A CLÍNICA

4ª edição revista e atualizada

Renato Mezan

Escrever a clínica – 4ª edição revista e atualizada
© 2023 Renato Mezan
Editora Edgard Blucher Ltda.

Publisher Edgard Blücher
Editores Eduardo Blücher e Jonatas Eliakim
Coordenação editorial Andressa Lira
Produção editorial Lidiane Pedroso Gonçalves
Diagramação Villa D'artes
Revisão de texto Bárbara Waida
Capa Leandro Cunha
Imagem da capa iStockphoto

Blucher

Rua Pedroso Alvarenga, 1245, 4º andar
04531-934 – São Paulo – SP – Brasil
Tel.: 55 11 3078-5366
contato@blucher.com.br
www.blucher.com.br

Segundo Novo Acordo Ortográfico, conforme 6. ed. do *Vocabulário Ortográfico da Língua Portuguesa*, Academia Brasileira de Letras, julho de 2021.

É proibida a reprodução total ou parcial por quaisquer meios sem autorização escrita da editora.

Todos os direitos reservados pela Editora Edgard Blucher Ltda.

Dados Internacionais de Catalogação na Publicação (CIP)
Angélica Ilacqua CRB-8/7057

Mezan, Renato
    Escrever a clínica / Renato Mezan. – 4ª ed. revista e atualizada -- São Paulo : Blucher, 2022
    450 p.

Bibliografia
ISBN 978-65-5506-392-9

1. Psicanálise – Redação técnica I. Título

22-5155

CDD 150.195

Índice para catálogo sistemático:
1. Psicanálise – Redação técnica

Conteúdo

Apresentação	7
Nota à quarta edição	11
1. Equilíbrio, ritmo e contraste	13
2. A fase dos rabiscos	29
3. O diagrama em colunas	47
4. O encadeamento das ideias	65
5. O Homem dos Ratos: entrevista preliminar	111
6. As primeiras sessões	135
7. Do relato à teorização	155
8. Simplicidade de recursos, riqueza de efeitos	173
9. Contratransferência, catarse e elaboração	203
10. Efeitos da interpretação transferencial	237
11. Lógica da argumentação	265
12. O estilo kleiniano	293
13. Romance policial e tese de psicanálise	325

14. Um atendimento no hospital 355

15. Um lapso contratransferencial 381

16. Casos clínicos no contexto da tese 409

Índice remissivo 439

Apresentação

Num dos artigos reunidos em *Revisitando as Psicologias*, Luís Cláudio Figueiredo comenta que, na faculdade, os psicólogos não são ensinados a redigir suas comunicações de modo a torná-las inteligíveis para os leitores. Em nosso tipo de trabalho, porém, somos constantemente solicitados a produzir textos: relatos de caso, comunicações em simpósios e congressos, artigos para revistas, e, naturalmente, teses de mestrado e doutorado. Frequentemente, tais ocasiões nos lançam no embaraço. Daí a ideia de propor um curso sobre as questões da escrita, no contexto do Programa de Pós-Graduação em Psicologia Clínica da Pontifícia Universidade Católica de São Paulo (PUC-SP). Realizadas entre março de 1996 e junho de 1997, as aulas foram gravadas, transcritas e editadas, gerando mais de quinhentas páginas de apostilas; retrabalhadas e consideravelmente aliviadas de repetições e de excursos associativos, elas deram origem ao volume que o leitor tem em mãos.

Como orientador de teses e editor da revista *Percurso*, tenho me defrontado todos os dias com os efeitos da ausência de traquejo em quem escreve. Embora também receba manuscritos bons, muitos textos que por razões profissionais preciso ler não são bem escritos. Apresentam problemas de todos os tipos: de erros de ortografia, concordância, regência e pontuação até falhas mais sutis na concepção ou na organização das ideias. Assim, parte das aulas que aqui se apresentam foi dedicada à discussão de questões de português e de redação. Como montar um texto? Como iniciá-lo? Como terminá-lo? Até onde pesquisar, citar ou revisar? Estes e outros problemas são aqui focalizados a partir de exemplos reais: matérias de jornal, artigos publicados em revistas psicanalíticas do Brasil e do Exterior, trabalhos de alunos, etc.

Além desta parte mais geral, as aulas abordam a prática cotidiana do psicanalista e sua transposição para o texto escrito. Questões como a seleção e organização do material, a proteção do anonimato dos pacientes, a ordem e a conexão dos argumentos, a adequação dos exemplos à malha conceitual, a insegurança de quem escreve, formam portanto o essencial do curso. Também surgem com frequência comentários sobre as dificuldades da clínica – o manejo da transferência, a formulação das interpretações, o uso criterioso da contratransferência, o problema da indicação de análise... Daí a certas questões de teoria, o passo não é grande: por este motivo, sempre que necessário introduzi observações sobre o Édipo, o narcisismo, as defesas ou as pulsões, bem como sobre a história do movimento freudiano e sobre as diversas escolas que compõem a psicanálise contemporânea.

Primo Levi costumava lembrar que, para escrever, é preciso primeiro ter o que dizer: e o que um analista tem a dizer é, essencialmente, fruto do que costumo chamar "raciocínio analítico". Por esta expressão, entendo o vaivém entre a observação e a teoria, utilizando-as numa espécie de trançado do qual resultam a interpretação do que diz o paciente, um efeito no plano teórico – o refinamento de um esquema, a invenção de um conceito – ou simplesmente uma maior destreza no uso do nosso instrumental. Estas questões recebem aqui toda a atenção que merecem, já que são a substância mesma do escrito clínico.

Reproduzi, no início de cada conjunto de aulas, o texto que serviu de ponto de partida para aqueles desenvolvimentos; a única exceção é o *Original Record* do Homem dos Ratos, que pode ser encontrado no volume X da *Edição Standard Brasileira*.[1] Por razões de espaço, foram omitidos os trechos não utilizados para a discussão. Incluí muitas observações e perguntas dos estudantes, que davam vida às aulas e muitas vezes determinaram o rumo do debate. Também procurei manter o tom coloquial, mais agradável e certamente mais eficaz para estimular associações e reflexões.

---

1   Ou no volume IX das Obras Completas de S. Freud, edição da Companhia das Letras. Esta tradução, bem melhor que a da S.E, será designada como *OCCL*.

Este livro não pretende ser um manual, mas suas finalidades são decididamente práticas: ajudar quem escreve a melhorar seu desempenho, refinando sua sensibilidade para as sutilezas da língua e para a arquitetura de uma argumentação. Neste sentido, penso que interessará também a profissionais de outras áreas, porque as dificuldades para pensar e para redigir são semelhantes em todas as disciplinas.

À minha secretária Angela Maria Vitório, que transcreveu dezenas de horas de gravação e digitou várias vezes todo este material, bem como aos alunos que participaram com interesse e seriedade desta experiência, inclusive permitindo que trechos de trabalhos seus discutidos no curso pudessem ser aproveitados no livro, meus sinceros agradecimentos. E a você, leitor, para quem este volume foi redigido, meus votos de que ele possa lhe ser útil.

São Paulo, fevereiro de 1998.

Renato Mezan

Nota à quarta edição

Fora de catálogo por muitos anos, este livro retorna agora às livrarias pela Editora Blucher, a cujos colaboradores agradeço pelo cuidadoso trabalho com ele. Nestes 25 anos, a necessidade de uma obra deste tipo se tornou mais e mais evidente. Algumas foram feitas no corpo do texto; outras são referências.

Um agradecimento especial vai para Lidiane Pedroso Gonçalves e Barbara Waida, pela inclusão nas notas de rodapé das correspondências com a nova edição das obras de Freud pela Companhia das Letras. Por outro lado, o texto original requeria atualizações. Incluí então referências bibliográficas surgidas nas últimas décadas, que me pareceram interessantes para quem escreve trabalhos acadêmicos de Psicologia, Psicanálise ou outros.

São Paulo, 07 de junho de 2023.

Renato Mezan

1. Equilíbrio, ritmo e contraste

Neste curso, vamos trabalhar a questão da escrita. Esta expressão envolve uma multidão de aspectos; de início, nosso eixo será a *organização de um texto*, sem vincular imediatamente este tópico a questões propriamente clínicas. Tenho em mente uma mistura de aula de português com a transmissão de um pouco da minha própria experiência como escriba, e também da experiência de leitor de textos *psi*, especialmente psicanalíticos.

Surgiu então o problema: que tipo de material escolher? Tomei uma decisão que me pareceu sensata, embora um pouco arriscada. A partir da próxima aula, vamos trabalhar com um texto escrito por mim, o artigo "Tempo de Muda", publicado na revista *Percurso*, n.º 15, segundo semestre de 1995[1]. Interessa-me especialmente entrar com vocês nos bastidores da montagem de um trabalho deste tipo, e, para isto, o mais útil é expor as diferentes etapas do percurso, dos rabiscos até a versão digital. Como guardei todos os rascunhos desse texto, torna-se possível acompanhar passo a passo a carpintaria que (espero!) se encontra oculta por baixo da superfície dele.

Por outro lado, é uma opção arriscada, porque uma discussão desse tipo corre o risco de ser um pouco normativa, e o texto a ser discutido também corre o risco de ser tomado por um modelo a ser obrigatoriamente seguido. Não é esta a nossa intenção; do fato de que existem técnicas e receitas para escrever

---

[1] Também disponível na coletânea *Tempo de muda*, Blücher, 2021.

bem não se segue que um mesmo molde deva servir para todos os escritos. Veremos que há diferentes maneiras de construir um texto, e também diferentes estilos e sensibilidades. Mas, para utilizar estas possibilidades, é necessário entrar na substância mesma do trabalho de escrita, e isto só pode ser feito analisando detalhada e pacientemente como está montado um texto.

Este poderia ser de um aluno? Poderia, claro. Mas achei melhor não começar deste modo, porque nem todos aqui se conhecem, e não é fácil receber críticas, principalmente quando estamos inseguros com o que produzimos. Mais adiante, quando já tivermos avançado um pouco, teremos oportunidade de trabalhar com textos de vocês, num regime de voluntariado.

Começaremos estudando um pequeno anúncio que saiu no suplemento "Casa e Família" de *O Estado de S. Paulo*, e que transcrevi abaixo. É um exemplo bastante característico de como se escreve atualmente no Brasil: não há uma linha que não contenha pelo menos dois erros. O bom português, como vocês sabem, é uma língua em extinção, e a pequena obra-prima abaixo comprova que esta afirmação não é exagerada.

CUPINS ???
Uma Colônia inimiga jamais vista

Milhares de insetos invadem a cidade todos os anos, com objetivo de formar novos ninhos, são os cupins nas épocas de Outono e Primavera saem de seus cupinzeiros de origem para iniciarem o vôo de acasalamento, após este curto vôo perdem as asas para se tornarem Reis e Rainhas de seus próprios lares. Os cupins de solo não medem mais que um centímetro, mais destroem móveis, causam curto circuito e chegam a abalar as estruturas de um prédio. Eles os (cupins), já invadiram o Teatro Municipal, o Planetário, e quase metade das árvores do Parque do Ibirapuera já estão contaminadas. As áreas contaminadas são as que possuem vasta arborização, pois estes insetos normalmente fazem seus ninhos subterrâneos, embaixo das raízes das árvores, que possuem bastante umidade, pois além da proteção física a mesma oferece a seus novos moradores fontes de alimentação em abundância e temperatura adequada à sua espécie. Mas apesar de toda esta organização social estes insetos, tem seus pontos vulneráveis, e a **"NAGASAKI"** Empresa especializada no ramo sabe muito bem quais são; porque mantém constantes pesquisas na área, para oferecer aos seus clientes, serviços com a mais moderna tecnologia, para o combate à estes indesejáveis inimigos, que hoje tornaram-se um problema crônico em vários bairros da Capital e grande São Paulo. Para quem se interessou e tem o problema a **"NAGASAKI"** possui Técnicos treinados constantemente, para solucionar definitivamente o Problema, a empresa oferece consultas sem compromisso além de facilitar o pagamento. O núcleo da **"NAGASAKI DEDETIZADORA LTDA."** está estabelecida a Rua **Baltazar Soares, 244** Santo Amaro, mas atende toda **Capital, Interior** e até o Litoral. Ligue: **PABX 548-1444** e deixe por nossa conta a estratégia de intervenção para derrotar estes inimigos.

R.M.: *Por onde começamos a reforma desta monstruosidade? Podemos partir da primeira frase: "Milhares de insetos invadem a cidade todos os anos, com objetivo de formar novos ninhos". Começamos por colocar um o: "com o objetivo de formar novos ninhos".*

Cláudio: *Poderíamos colocar um ponto depois de todos os anos: "Um dos objetivos da invasão é formar novos ninhos".*

Camila: *Eu sou partidária da vírgula, porque faz uma pausa na leitura, e a ideia da frase é uma só. Não é necessário colocar ponto e dividi-la.*

Ouvinte: *Na terceira frase, ficaria melhor "... perdem as asas para que se tornem reis e rainhas...".*

R.M.: *Eu prefiro deixar o verbo no infinitivo. A vantagem de usar as formas infinitivas é evitar a praga do "que". O* que *pode ser conjunção, pronome interrogativo, pronome relativo, uma porção de coisas. Quando escrevemos frases um pouco mais complexas, é quase inevitável usar várias vezes a palavra* que. *Sempre que pudermos evitar essa proliferação de que, que, que, devemos usar outro recurso, e um deles é empregar as forma infinitivas. Outro é utilizar a pontuação ("ele disse: ...", em vez de "ele disse que ..."); um terceiro é colocar pronomes relativos, como "o qual" ou "a qual".*

Atenção à eufonia

Ouvinte: *"Para tornarem-se reis e rainhas" ou "para se tornarem reis e rainhas"?*

Camila: *O que* para *puxa o pronome* se *para junto dele.*

R.M.: *Podemos ver este problema de um outro ângulo. Qual das duas formas é mais eufônica, do ponto de vista do ritmo da frase?*

Ouvinte: *Para se tornarem.*

R.M.: *Certamente.* Vocês se lembram das regras de versificação que aprenderam na escola? A métrica está um pouco em desuso, mas no uso tradicional da língua há certos padrões rítmicos que são típicos de frases com um certo número de sílabas. Por exemplo, "batatinha quando nasce/ esparrama pelo chão/ Nagasaki quando escreve/ É um desastre de avião". (risos) Um verso desse tipo se chama uma redondilha maior: é um verso de sete sílabas. Ba-ta-ti-*nha* quan-do nas-ce es-par-ra-ma pe-lo chão.

Na redondilha maior, o acento cai na terceira sílaba poética (ba-ta-*ti*-nha) e na sétima (quan-do *nas*-ce), ou na segunda (ci-*ran*-da) e na sétima (ci-ran--*di*-nha). Agora: numa sentença qualquer, ou num título, é interessante fazer de conta que se trata de um verso, e verificar onde vão cair os acentos da frase, e não só o da palavra isolada.

Então aqui, voltando, "perdem as asas para se tor*nar*(em)/ reis e rainhas", são dez sílabas; "Perdem as asas para se tor*narem*" é melhor do que "Perdem as asas para tor*narem*-se", porque o acento na última sílaba de um verso decassílabo é mais sonoro. Lembrem o início dos *Lusíadas:* "As armas e os barões assina*la*dos/que da ocidental praia lusi*ta*na...". Todo verso deve ser acentuado na última sílaba tônica. Por essa razão rítmica, na qual obviamente Nagasaki não pensou, mas que faz parte das regras de apreensão da língua, eu prefiro deixar como está, porque os pesos da frase se distribuem melhor – como se fossem as colunas e as vigas de uma casa, que distribuem o peso da laje. A frase fica menos bamba.

Quando escrevi minha tese de mestrado, tive um problema com o título, porque queria ser bastante explícito. A tese falava sobre os conceitos de Freud tal como se apresentam em sua articulação. Então, passei algum tempo fazendo combinações de palavras: sabia que o título devia acabar com o nome "Sigmund Freud", portanto ia ser acentuado na última sílaba. Também queria a palavra *conceitos,* porque era disso que se tratava; e deveria haver alguma coisa que desse a ideia de uma estrutura, de uma articulação. Acabei escolhendo para o título uma frase que levava em conta precisamente o aspecto do ritmo: "A Articulação dos Conceitos na Psicanálise de Sigmund Freud".

Depois, quando foi publicado o livro, o editor disse que o título era muito comprido, e propôs *Freud: A Trama dos Conceitos*, que é muito melhor.

Esta sequência de palavras – *a articulação dos conceitos* – tem nove sílabas; "na psicanálise de Sigmund Freud" tem o ritmo de um verso decassílabo. Embora seja uma frase comprida, a meu ver é sonora, porque está construída com uma sucessão de sílabas fortes e fracas. "A articulação dos conceitos" contém um hiato, mas eu não consegui nada melhor: se fosse em francês, seria *"L'articulation des concepts"*, mas em português não tinha jeito de pôr outro artigo. Eu poderia tirar "articulação" e colocar uma palavra que começasse com uma consoante: "a composição", ou qualquer coisa assim, mas eu queria dizer *articulação*. Então, tive que me conformar com um hiato.

> **Ouvinte:** *Como é a regra para "este" e "esse" – em "este curto vôo"?*
>
> **R.M.:** *A regra é muito simples, é uma questão de distância. Quando queremos designar algo perto de nós, usamos "este"; "esse" é para uma distância intermediária, e "aquele" para longe. Isto também vale para a distância entre as palavras na frase. Neste caso é este, porque o pronome está a pouca distância do substantivo a que se refere: "para iniciar o vôo de acasalamento. Após este curto vôo...". Às vezes a questão pode ser decidida também pela eufonia, desde que não crie ambiguidade de sentido. Se houver muitos grupos ST, é melhor não usar o este e sim o esse, porque quebra um pouco a monotonia. Exemplo: "este estandarte está com Cristo".*

Vamos adiante. "Os cupins de solo não medem mais que um centímetro, mas *destroem* móveis..." Aqui temos novamente um problema de eufonia: "os cupins de solo não medem mais que um centímetro, *mas* destroem móveis ...". Seria preferível tirar o *mas* e colocar uma outra conjunção adversativa, como *porém*, porque são duas ideias opostas, sem no entanto repetir o som *mais*. Corrigindo os erros de ortografia e de concordância – curto-circuito*s*, com s e hífen, e cheg*am* a abalar –, voltemos à própria frase. "Destroem móveis, causam curto-circuitos e chegam a abalar as estruturas de um prédio." Essa sentença deve ter sido redigida pelo anjo da guarda do Nagasaki, porque está muito bem escrita.

Várias coisas são boas nessa frase: primeiro, o fato de que está constituída por duas ideias contrárias, das quais a primeira é negativa e a segunda tem três afirmações. "Não medem mais que um centímetro, porém fazem isso, aquilo e aquilo." É melhor do que dizer: medem apenas um centímetro, *mas* fazem isso, aquilo e aquilo. Se a ideia é de oposição, o recurso de usar um *não* na primeira frase e três afirmações na outra dá força, e esta é a primeira coisa boa.

Segundo, na segunda parte da frase – "destroem móveis, causam curto-circuitos e chegam a abalar as estruturas de um prédio." – há três ações: os cupins fazem isso, aquilo e também aquilo outro. É um bom achado, porque introduz variedade, ritmo, e um *crescendo* de grau. Quando temos várias ideias semelhantes, convém que haja alguma gradação no modo pelo qual estão sendo articuladas. Aqui o redator escolheu a via crescente: "destruir um móvel" é menos grave do que "causar um curto-circuito", que por sua vez é menos grave do que "abalar as estruturas de um prédio". Acho melhor fazer essa gradação do pequeno para o grande, nesse caso, porque se começou por dizer que o cupim não mede mais que um centímetro. Ele é pequeno, porém causa danos que vão se escalonando do pequeno até o grande, do menos grave até abalar as estruturas de um prédio.

Outra coisa boa dessa segunda frase é a não-repetição do mesmo padrão sonoro. Destr*oem* móveis, terceira conjugação (verbo *destruir*); caus*am* curto-circuitos, e cheg*am* a abalar as estruturas de um prédio. O ideal teria sido se o redator tivesse encontrado um verbo da segunda conjugação para colocar no terceiro lugar. Aí vocês teriam um da terceira, um da primeira e um na segunda: destruir, causar e corromper, por exemplo.

Uma quarta coisa boa: os três membros da frase estão no plural. "Destroem móveis, causam curto-circuitos e chegam a abalar as estruturas de um prédio." Nesse terceiro membro da frase, foi introduzido um elemento de variação. Temos: destroem móveis, verbo e objeto direto; causam curto-circuitos, verbo e objeto direto, mas esse objeto direto já tem duas palavras (curto-circuitos), enquanto *móveis* é uma palavra só. Já está bom; "destroem móveis, causam prejuízos", por exemplo, seria simétrico demais. "Causam curto-circuitos" já vai esticando; essa segunda parte é um pouquinho mais comprida que a primeira. "E chegam a abalar as estruturas de um prédio": o último movimento da frase é mais amplo do que os outros.

Dentro desse último trecho da frase, foi respeitada uma regra de simetria (certamente por lapso do redator). Reparem: "chegam a abalar", dois verbos e uma preposição, "as estruturas de um prédio", dois substantivos e uma preposição. Estruturas/prédio, *as* estruturas, *um* prédio: outra variação, neste caso do artigo definido para o indefinido. Assim, temos uma série de pequenos detalhes na construção dessa frase que acabam gerando um bom resultado. Podemos enumerar algumas das características que a tornam boa: uso inteligente da simetria e da assimetria, progressão dentro de uma mesma ideia, diferentes tipos de contraste.

Depois volta o estilo Nagasaki: "Eles *os* (*cupins*) já invadiram o Teatro Municipal, o Planetário e quase metade das árvores do Parque Ibirapuera já estão contaminadas". Não precisamos de parênteses depois dos cupins, evidentemente, e tampouco repetir *os cupins*. E temos a repetição do "já" nas duas frases, o que não é eufônico. Ficaria melhor: "Metade das árvores do Ibirapuera estão contaminadas", ou então, "estão também contaminadas".

Vamos para a frase seguinte, que é um horror: "As áreas mais contaminadas são as que possuem vasta arborização, pois esses insetos normalmente fazem seus ninhos subterrâneos embaixo das raízes das árvores. Que possuem bastante umidade, pois além da proteção física a mesma oferece a seus novos moradores fontes de alimentação em abundância e temperatura adequada à sua espécie".

Aqui não existe remédio: temos que escrever tudo de novo. Não é possível consertar isso. O problema dessa frase é uma sucessão de motivos que não estão bem esquematizados, e isso obriga o redator a escrever "pois, pois, pois", "porque, porque, porque". A solução seria desmembrar a primeira frase e inverter as coisas, de maneira que o antecedente fique antes do consequente, e a causa fique antes do efeito. E, na outra frase, tentar outra solução. Algo assim: "como esses insetos normalmente fazem seus ninhos embaixo das raízes das árvores, as áreas mais contaminadas são as que possuem vasta arborização e umidade". Invertendo, a razão fica antes da consequência.

"Pois além da proteção física a mesma" – não se sabe: a mesma o quê? deve ser a umidade – "oferece a seus novos moradores fontes de alimentação...". Aqui o redator se perdeu: não sabemos *o que* oferece a seus novos moradores fontes de alimentação. *A mesma* sugere que seja a outra palavra feminina singular que está na frase: *umidade*.

> **Ouvinte:** *Não poderia se referir às áreas arborizadas?*
>
> **R.M.:** *Neste caso, o correto seria* as mesmas. *As áreas contaminadas são as que possuem vasta arborização; se* arborização *for a palavra à qual se refere a* mesma, *na frase seguinte, o problema é que o termo* mesma *não pode ficar tão longe daquilo a que está se referindo. Não pode haver uma linha e meia antes de* mesma. *A coisa mais evidente aqui (*mesma *estaria ligada a* umidade*) conflita com o sentido, porque a umidade não pode oferecer alimentação. A frase inteira tem que ser reescrita. Eu não colocaria todas estas ideias na mesma sentença, porque a sucessão de razões, até chegar ao efeito, fica muito complicada. Seria melhor desmembrar e ligar, por exemplo, um efeito a uma causa, ponto; outro efeito a outra causa, ponto.*

Pausas: pontuação e uso do parágrafo

Agora, antes de começar a frase seguinte, "apesar de toda essa organização social", seria o caso de abrir um novo parágrafo. Até agora ele falou sobre os cupins, e daqui para frente vai falar sobre a capacidade técnica da empresa para controlar os cupins. Outra coisa, outro parágrafo.

Além disso, há uma questão de lógica: todas estas informações sobre a vida biológica do cupim, alimentação, umidade, proliferação da espécie, etc. não conduzem a nada sobre "esta organização social". Seria melhor não falar em organização social, mas em força biológica, ou em alguma coisa que se vinculasse às características de umidade, temperatura, que estão ligadas à natureza e não à sociedade.

> **Wilson:** *Como fazer para dividir os parágrafos?*
>
> **R.M.:** *Se vamos do todo para a parte, com certeza deve ser concluído o parágrafo antes da mudança de ideia do cupim para a*

empresa. Isso é indiscutível. Dentro desse primeiro, dividi-lo em dois ou não, se são duas ideias que merecem cada uma um parágrafo à parte, é uma decisão individual. De maneira geral, é uma regra de redação que uma página de texto não deve ter apenas um parágrafo. Este anúncio é um absurdo na apresentação, além da agressão ao idioma, porque é chato ler uma página de livro, de texto ou de artigo que não tem parágrafo. Assim como jamais devem se usar, para apresentar um trabalho, famílias de tipos – ou "fontes" – que não tenham serifa, como bem sabiam os que a inventaram, na época de Gutenberg. Serifa é o nome destas perninhas que funcionam como base para as letras, e que foram inventadas pelos tipógrafos do Renascimento para facilitar a leitura dos textos. São fontes com serifa, entre outras, o Garamond e o Times New Roman, a fonte habitual do Word. As principais fontes sem serifa são a Futura e a Arial. Observem no computador e verão imediatamente a diferença.

Recursos como este, ou como os parágrafos, introduzem espaços, brancos, intervalos, e portanto descansam a vista e a cabeça de quem está lendo. Quando colocar então o parágrafo? É uma decisão individual. A meu ver, devemos respeitar a regra de não colocar nunca menos de dois parágrafos em cada página, ou seja, aquele que vem da página anterior e pelo menos um que comece nessa página. Respeitada esta regra, a decisão de mudar ou não de parágrafo depende da força de coordenação das ideias. Aqui, eu faria somente dois parágrafos, porque é um texto curto. Deixaria os cupins em um e a Nagasaki no outro.

Ouvinte: *E o mas?*

R.M.: *É pleonástico, este* mas apesar de. *Como escreve o Chico Buarque, "apesar de você, amanhã...", e não "mas apesar de você, amanhã...". Não precisamos dos dois: apesar de já introduz uma restrição, é uma locução concessiva. "Apesar de toda essa organização..." fica melhor e diz o que precisa ser dito.*

Continuemos. "Apesar de toda essa organização estes insetos – falta a vírgula – *têm* seus pontos vulneráveis." Tiramos a vírgula entre *insetos* e *têm*, porque não se separa por vírgula o sujeito de seu verbo. Esta é uma regra básica do idioma. Se todos prestassem atenção a esta regra tão elementar, economizaríamos litros de tinta, porque cada vez que recebemos um texto ela é violada sistematicamente. Há um verdadeiro estupro da pontuação; ninguém respeita isso, e é impressionante a quantidade de erros que se cometem por esquecer que o sujeito e o seu verbo jamais se separam com vírgula. Aqui há outros exemplos. "Apesar dessa periculosidade," vírgula, porque já é uma ideia, e vai se introduzir outra em seguida, "esses insetos têm seus pontos vulneráveis".

Agora entra a principal mensagem do texto, que é a vantagem de contratar a Nagasaki. Não me parece conveniente introduzir o ponto principal do texto como oração coordenada e não como oração principal. Eu colocaria aqui um ponto, parágrafo: "Apesar ..., esses insetos têm seus pontos vulneráveis. [ponto, parágrafo] A Nagasaki, empresa especializada no ramo...".

Ouvinte: *Vem vírgula depois de Nagasaki?*

R.M.: *Lembram do aposto? O aposto vem sempre entre vírgulas, e, para saber se é um aposto ou não, a regra é simples: tirar e ver o que acontece. Se não fizer nenhuma diferença essencial para o sentido, é um aposto. "A Nagasaki sabe muito bem quais são..." Comparem: "A Nagasaki, empresa especializada no ramo, sabe...". Portanto, é um aposto.*

Outro ponto: o nome da empresa está com letra maiúscula, e para chamar a atenção não é necessário colocar tantos recursos juntos – letra maiúscula, aspas e negrito. Basta um, qualquer que seja, mas não aspas, negrito e maiúscula simultaneamente. Essa é uma recomendação que fazemos às pessoas que mandam textos para a revista *Percurso*. De maneira geral, o negrito agride o olho; não serve para a revista, a não ser nos intertítulos. Se quisermos dar destaque para alguma coisa, devemos usar *itálico*.

Cláudio: *E o travessão?*

R.M.: *Esta é outra grande invenção injustamente caída em desuso. Aqui, por exemplo, poderíamos colocar travessões: "A Nagasaki – empresa especializada no ramo –" etc. Os travessões servem, dentro de uma frase muito comprida, para jogar com as vírgulas, ponto-e-vírgulas, parênteses. Há várias formas de dar destaque para o aposto, sem necessariamente usar as vírgulas. Seja como for, ele tem que vir entre dois sinais, como parênteses de abertura e fechamento, ou travessões. Se abrirmos parênteses, temos que fechá-los; se abrirmos um travessão, temos que fechá-lo. O que muitas vezes se faz é terminar um travessão com uma vírgula. Eu acho isto desnecessário. Não é necessária essa vírgula, porque já está claro, pelo próprio ritmo da leitura, que aqui terminou alguma coisa. Para que travessão e vírgula? É como usar sapatilha e tênis no mesmo pé.*

Continuando: "A Nagasaki, empresa especializada no ramo, sabe muito bem quais são:" E aqui vem mais uma coisa errada. Depois de dizer "quais são" e pôr os dois pontos, seria conveniente *enumerar* esses pontos básicos. Há duas possibilidades. Primeira: "A Nagasaki, empresa especializada no ramo, sabe muito bem quais são.", com ponto final, e aí dizer que ela mantém pesquisas, etc. Ou então, colocar os dois pontos e *enumerar* quais são alguns desses pontos fracos. Em todo caso, o ponto-e-vírgula aqui está errado.

Vamos à frase seguinte: "Porque mantém constantes pesquisas na área, para oferecer aos seus clientes, serviços com a mais moderna tecnologia, para o combate à estes indesejáveis inimigos, que hoje tornaram-se um problema crônico em vários bairros da Capital e grande São Paulo". Esta sentença é outra que não tem remédio.

Mariana: *"Por manter constantes pesquisas" ficaria melhor?*

R.M.: *A solução da Mariana já melhora a situação: "A empresa, especializada no ramo, sabe muito bem quais são: por manter* *constantes pesquisas na área, oferece aos seus clientes serviços com a mais moderna tecnologia...".*

Esta frase tem um problema mais difícil de resolver: "serviços para o combate a esses indesejáveis inimigos", e "serviços com a mais moderna tecnologia". São dois atributos dos serviços, um de finalidade, o outro de qualidade, que fica complicado arranjar numa sequência. Ficaria melhor assim: "serviços para o combate a esses indesejáveis inimigos, baseados na mais moderna tecnologia". Do jeito que está, qualificar os serviços de tecnologicamente avançados, e só depois dizer "para o combate", cria uma situação confusa.

Outro modo de resolver esta frase seria colocar o atributo "tecnologicamente avançados" *antes* de "serviços". Há várias maneiras, mas sempre será necessário reformar a frase inteira. Aqui temos ideias demais comprimidas dentro de uma mesma sentença. A solução é desmembrar e reformular.

Agora viria um outro parágrafo: "Para quem se interessou e tem o problema". Precisaria ser muito mais direto: "Para quem tem o problema, a Nagasaki possui técnicos treinados constantemente, para o solucionar definitivamente". Ouviram a repetição do *mente*? Agride o ouvido, como muitas rimas internas que não se devem a uma intenção determinada, mas somente à inabilidade de quem escreve.

Ouvinte: *(...)*

R.M.: *Aqui, veja o que acontece. Se tirarmos a vírgula, fica: "treinados constantemente para solucionar o problema". Dá a impressão de que a consequência do treino é a solução do problema, quando na verdade o que ele quer dizer é que a empresa possui técnicos constantemente treinados, e que por isso são capazes de solucionar o problema. Há uma sutileza aqui, que eu gostaria de tornar sensível. Falta uma mediação: o treinamento capacita os técnicos, que se tornam capazes de solucionar o problema; quando surgir o problema, chame o técnico. Da forma como está redigido, a passagem do "treinamento" para a "solução" como que elimina a figura do técnico.*

Continuemos. "para solucionar definitivamente o problema (ponto)". "Deixe por nossa conta..." Agora vem um pleonasmo detestável: "*a estratégia de intervenção para derrotar esses inimigos*". Para que isto? Ou a estratégia, ou a intervenção; basta uma palavra.

Suely: *Quando se usa o itálico, e quando o sublinhado?*

R.M.: *Esta é uma questão de estética. Esteticamente, é preferível um recurso que não seja agressivo. No tempo da máquina de escrever, havia duas opções para destacar alguma coisa: o negrito – batia-se duas vezes a mesma letra – ou o sublinhado. Com os recursos do computador, temos mais opções, especialmente o itálico. Eu acho inútil sublinhar no computador, por uma razão de economia, como nos casos do "mas apesar" e da "estratégia de intervenção". Basta um recurso: elegância e bom gosto em geral estão associados à discrição, ao evitamento do "amarelo cheguei".*

Ouvinte: *Você poderia voltar ao assunto do ritmo?*

R.M.: *Ao que já foi dito, poderíamos acrescentar que é bom ter, contra um fundo de semelhança, algumas diferenças, para evitar a monotonia. Veja:*

"Minha terra tem palmeiras

onde canta o sabiá

as aves que aqui gorjeiam

não gorjeiam como lá."

Se você observar, verá que esta sequência tem variedade rítmica. "Mi-nha *ter*-ra tem pal-*mei*-ras/ onde *can*-ta o sa-bi-*á* / As *a*ves que aqui gor-*jei*-am / não gor-*jei*-am co-mo *lá*." O que acontece? Primeiro: o primeiro e o terceiro versos, que não estão rimando, terminam com uma palavra paroxítona, e têm uma sílaba que não é contada: minha terra tem pal*mei*-(ras); as aves que aqui gor*jei*-(am). A rima está na última sílaba acentuada (*ei*), nos dois versos, sutil e bem feita. Os versos 2 e 4 terminam com palavras oxítonas: onde canta o sabi*á*, não gorjeiam como l*á*. A rima está nas últimas sílabas, que terminam de maneira seca e concluem a estrofe. É melhor isso do que se fosse o contrário, isto é, com os versos 2 e 4 terminando com sílabas excedentes no final.

O que há aqui de *semelhante*? São versos sempre de sete sílabas, as redondilhas de que falei antes. Mas temos uma ligeira mudança: nos versos 1, 2 e 4, Gonçalves Dias usou o padrão típico da redondilha, acentuando a 3ª e a 7ª sílabas; no verso 3, ele mudou: "As *a*ves que aqui gor*jei*am" tem acento na 2ª e na 7ª, e isto ajuda a quebrar a monotonia.

Compare com outra redondilha:

> "Batatinha quando nasce
> Esparrama pelo chão;
> A menina quando dorme
> Põe a mão no coração."

Aqui os quatro versos têm a mesma estrutura rítmica, porque todas as coisas infantis são baseadas na repetição. Justamente, para a criança é importante a repetição do mesmo padrão, como sabemos bem. A história tem que ser contada sempre exatamente da mesma maneira. Isso facilita a memorização, assim como a rima, que tem a mesma função. É um recurso de memória.

Ouvinte: *Por que não se ensina mais isto nas escolas?*

R.M.: *Talvez porque a tirania da métrica foi combatida pelos modernistas, que faziam versos brancos, com ritmos variados. A métrica tradicional caiu em desuso.*

O contraste, para voltar a ele, é fundamental. Boa parte dos textos que lemos se tornam monótonos por *ausência de contraste*: seja microcontrastes sonoros, como o que existe entre sílabas tônicas e sílabas átonas, seja contraste de ideias. A única frase bem escrita deste texto dos cupins está construída sobre o princípio do contraste. Por isto é instigante, bem feita, apetitosa.

Não é difícil montar um texto a partir de ideias contrastantes. Um exemplo: "Freud, no artigo tal, escreve tal coisa; disso se deduziria tal consequência. No entanto, vou contar um caso em que essa consequência não se aplica" (digamos um paciente que deveria ter uma transferência de tal natureza produz uma transferência diferente). Ao criar esse pequeno clima de suspense, imediatamente se engata o interesse do leitor. Outro exemplo: "Todos sabemos que o sonho é uma realização de desejos; no entanto, neste sonho que vou contar agora, não está nada clara a realização do desejo". Você cria um pequeno problema para o leitor. É muito melhor do que simplesmente contar a história e depois dizer: isso parece contradizer a teoria tradicional. Vale mais a pena, nesse caso, começar com o contraste (*isso, mas aquilo*); desenvolver a segunda parte do contraste, e depois mostrar, por exemplo, que na verdade não era um contraste: "Podemos concluir que era uma aparência, que na verdade não significava", etc. Ou então, se for mesmo um contraste: o que acontece com a nossa primeira afirmação, que agora pode ser modificada por aquilo que se descobriu?

Um dos mais antigos manuais de escrita chama-se *A Arte Poética*; foi escrito por Boileau, que viveu no final do século XVII. Está em versos, evidentemente; uma "arte poética" deve estar escrita em versos. Há um deles que resume a moral da aula de hoje. Piera Aulagnier o usa como epígrafe de um dos seus artigos: "*Cent fois sur le métier/ remets ton ouvrage...*", "cem vezes sobre o tear/ repõe o teu trabalho...". É exatamente isso: corrigir, corrigir, corrigir e corrigir de novo. Mas nós não fazemos isso. De maneira geral, o texto é entregue apressadamente, na última hora, sem uma revisão criteriosa. Ora, assim como na cozinha às vezes vale a pena deixar o prato descansando uma noite em vinha-d'alhos, ou fermentando, e continuar a sua preparação no dia seguinte, também é bom deixar o texto de lado por um tempo, para depois o reler do ponto de vista da técnica de escrita.

Estas são recomendações que eu coraria de vergonha por fazer, se não soubesse por experiência própria que são úteis e necessárias.

É claro que este texto não tem nenhum valor literário ou intelectual, mas quis me deter nele, porque o achei realmente pitoresco. Os problemas que apresenta são os mesmos que aparecem em qualquer texto: pontuação, regência, concordância, ordem das palavras, sequência de ideias, lógica da apresentação, questão do parágrafo, apresentação formal, etc.: é uma amostra tão boa quanto qualquer outra em termos de variedade de erros.

Muito bem. Hoje vamos ficar por aqui, e, na próxima aula, começaremos a explorar os bastidores do artigo "Tempo de muda".

2. A fase dos rabiscos

O que procurei fazer na aula anterior, com o texto dos cupins, foi ilustrar alguns dos numerosos problemas que aparecem na construção de um texto. Ficamos no nível da frase, que eu chamaria de "micro": concordância e relação entre palavras, entre ideias próximas, entre parágrafos, etc. Era um texto curto, de algumas linhas, e apresentava tantos problemas nesse plano propriamente gramatical que levamos toda a aula para "consertá-lo".

O artigo que vamos trabalhar hoje e nas próximas duas aulas é mais longo. O que quero focalizar agora são os bastidores da construção de um texto; ou seja, vamos trabalhar no nível "macro". (O artigo se encontra na abertura da aula 4, p. 67 deste volume).

Pretendo utilizar três aulas para comentar o processo de escrita deste texto. Nesta de hoje, o assunto é a "fase dos rabiscos". Coloquei abaixo, sob o título "Conjunto A", uma transcrição das anotações que fiz antes de começar o trabalho propriamente dito.

Conjunto A

- Laplanche: sublimação.
- Nietzsche: a tragédia surge da vitalidade dos gregos, e não da sua dor. *(Origem da T.)*
- Freud: *Interpretação dos Sonhos* → fechar os olhos (Stein).
- Morte do pai: Hamlet, Don Giovanni, IS, Van Gogh (*Comedores de Batata*).
- Bridget Brophy: Hamlet/DG → vingança (Édipo)/ *"Hamlet, revenge!"*.
- "Minha é a vingança, diz o Senhor" (?).
- Lupicínio Rodrigues: Vingança (vai me fazer passar vergonha com um companheiro").
- *Hate/Guilt* (Jones, 1928) – culpa ≠ vergonha (vingança).
- IS p. 137: *Rache* contra Otto (sonho Irma) pelo licor que cheira a Fusel.

  Rache contra Otto – situa-o como competidor.

  Rache contra a Paciente, substituindo-a por outra mais dócil.

  p. 142: *Rachedurst gegen Otto und Dr. M.*[1]

  p. 208: vingar-se dos romanos pela humilhação do chapéu de pele.

- *Vergeltung*: desforra – sonho Parcas, V, B, p. 217.

  p. 219: Conde Thun – vinga-se propondo fazer um buraco no chão para aliviar as necessidades – vagão sem banheiro (foi *preterido* → Fígaro → Mozart).

  p. 269: falando de Hamlet – V, D (sonhos típicos): *"Hamlet kann alles, nur nicht die Rache an dem Mann vollziehen, der seinen Vater beseitigt und bei seiner Mutter dessen Stelle eingenommen hat; an dem Mann, der ihm die Realisierung seiner verdrängten Kinderwünsche*

---

[1] [N.T Sede de vingança contra Otto]

zeigt. Der Abscheu, der ihn zur Rache drängen sollte, ersetzt sich so bei ihm durch Selbstvorwürfe, durch Gewissensskrupel, die ihm vorhalten, dass er, wörtlich verstanden, selbst nicht besser sei als der von ihm zu strafende Sünder".

- Amor de T.: *Rache* da paciente contra o analista que não cede aos seus desejos eróticos; ela sente isso como *Verschmähung*, desprezo (desdém).

- Espinosa: *Ética* III, definição 37:

    "Vingança é o desejo que, surgindo do ódio recíproco, nos urge a ferir aqueles que a partir de um afeto semelhante nos feriram."

    Escólio prop. 40, corolário 1 – *"The attempt to bring evil on those we hate is called anger, and the attempt to return the evil inflicted on ourselves is called vengeance."*

- Jeremias 5:9: "*Haal êle lo efkód, neum Adonai, veim begói kazé lo titnakém nafshi*" (Não castigarei a estes, diz o Senhor, e com um povo como este não se vingará minha alma?).

- Jeremias 9:9: "*Haal êle lo efkód, neum Adonai, veim begói kazé lo titnakém nafshi*" (Não castigarei a estes, diz o Senhor, e com um povo como este não se vingará minha alma?).

- Jeremias 46:10: "Porque este é o dia do Senhor Jeová dos Exércitos, dia de vingança para se vingar dos seus adversários (*yom nekamá lehinakém mitzaráv*): a espada devorará e se fartará, e embriagar-se-á com o sangue deles".

- Salmos 94:11: "*El nekamot*".

    94:23: "*Vaiássev aleihém et onám, uvraatám yatzmitém, yatzmitém Adonai Elohêinu*" (e fará recair sobre eles a sua própria iniquidade, e com sua própria malícia os destruirá, os destruirá o Senhor nosso Deus).

- Van Gogh: *"Lo que es la muda para los pájaros, el tiempo en que cambian de plumaje, es la adversidad o la desdicha, los tiempos difíciles, para nostros los seres humanos. Uno puede quedarse en este tiempo de muda; también puede salir de él como renovado"* (Carta 133 a Theo, julho de 1880).

- Cartas de 1885: 397, abril de 1885 (1ª após morte do pai) – inicia uma "grande composição", os *Comedores de Batata*.

- novembro de 1885: retoma as aulas de pintura em Antuérpia.

O motivo para escrever esse texto veio de um convite, feito por João Frayze-Pereira, para um colóquio que ele estava organizando na Universidade de São Paulo (USP) sobre o tema "Arte e Dor". A aceitação de uma proposta deste tipo tem a ver com um interesse sobre o assunto que podemos caracterizar como "genérico". "Arte e Dor" deve ser algo interessante; mas, no momento em que o convite é formalizado, não tenho a mais remota ideia de sobre o que vou falar. Isso cria uma certa tensão, que fica no ar entre a aceitação do convite e o início do trabalho propriamente dito.

O que costumo fazer, e que dá origem às páginas de "rabiscos", é começar por uma espécie de *brainstorming*. *Brainstorming* é uma expressão usada na publicidade: "tempestade cerebral" é o nome que os publicitários deram ao processo de associação livre. (No interior se diz "toró de palpites", segundo Eliana Borges Pereira Leite.)

Neste caso, o tema "Arte e Dor" suscitava para mim a ideia de que algumas obras artísticas, talvez muitas, tivessem sido gestadas num estado de dor psíquica. Isto foi o que de mais geral pude pensar a este respeito. O que introduzia um grão de areia, por assim dizer, na teoria mais à mão: a teoria da sublimação. Classicamente, aquilo com o que se opera, quando se fala nas origens psíquicas da arte, é a ideia de uma tensão libidinal transposta e elaborada em uma obra, o que produziria um ganho de prazer. Esta é a versão clássica da noção de sublimação. Aqui a proposta de João era um pouco diferente: em que medida a situação oposta à que deveria gerar a sublimação, a situação de *dor psíquica*, seria propícia à criação de obras ou de manifestações artísticas?

O primeiro esboço de ideia foi: seria interessante estudar se a criação da obra poderia desempenhar o papel de uma *elaboração*, semelhante à elaboração de um trauma ou de uma perda. Isto é extremamente vago, mas é um primeiro eixo de orientação.

Então, as primeiras linhas do conjunto A reproduzem rabiscos feitos num momento qualquer: "Laplanche/sublimação", a ideia de sublimação que acabei de mencionar a vocês, e a associação com o livro de Jean Laplanche sobre este tema. Um vago projeto de conferir o que Laplanche diz sobre a sublimação, para ver se alguma coisa me inspirava.

Em seguida, veio a ideia de que talvez o interessante não fosse tanto a sublimação da *vitalidade*, mas a elaboração da dor; em algum momento me ocorreu o que está escrito na segunda linha deste primeiro conjunto: "Nietzsche: tragédia surge da vitalidade, e não da dor dos gregos. (*Origem da Tragédia*)". O que teria gerado um possível contraponto: na outra vez, falei sobre a importância do contraste. Aqui poderia ter sido armado um texto no qual a noção de elaboração da dor fosse contraposta, por exemplo, à noção nietzscheana de que a tragédia entre os gregos surge não da dor, mas da vitalidade. Isso daria um texto: é um caminho possível, mas que acabou não sendo utilizado.

A ideia de elaboração de uma perda me pareceu interessante, até por uma circunstância pessoal que é necessário mencionar para entender a gênese *desse* texto. Esse convite foi feito nos meses que se seguiram à morte do meu pai, e rapidamente se tornou claro para mim que o que eu fosse fazer a esse respeito seria também um passo na elaboração dessa situação pessoal. Esta é uma das razões pelas quais o texto foi na direção que acabou tomando. Embora isso seja de certa forma parte da minha intimidade, é impossível discutir psicanaliticamente um tema qualquer sem que venha a se abrir uma janelinha ali onde normalmente ela permanece fechada. Foi por esta razão que a ideia diretriz acabou sendo ver o que tinha acontecido com a elaboração artística em situações análogas à que eu estava vivendo.

Seguindo as primeiras pistas

A primeira associção que me ocorreu, indo por este rumo, foi "Freud, a *Interpretação dos Sonhos*", e o prefácio em que ele diz que "esse livro é minha reação à perda mais pungente que pode ocorrer na vida de um homem", ou seja, a morte do pai. E na *Traumdeutung*, a segunda ideia foi retomar o sonho que Freud teve na noite seguinte à morte do seu pai, o famoso sonho "pede-se fechar os olhos", que todos conhecem.

Este sonho foi estudado por Conrad Stein num artigo que se chama "O pai mortal e o pai imortal", e no qual ele explora detidamente as ambiguidades destas imagens. Freud associa sobre o que significa "pede-se fechar um olho"; em alemão, como em português, esta expressão quer dizer "ser complacente". Fechar um olho quer dizer não tomar conhecimento de uma transgressão qualquer; já "fechar os olhos" evoca o dever filial de fechar os olhos do morto, porque em geral as pessoas morrem de olhos abertos, e é necessário fechá-los. Fala também em todos os sentimentos de culpa, luto, dor, envolvidos na perda de um ente querido. Por isto, aqui foi anotado um rabisco: "Freud: sonho fechar os olhos (Stein)"; é isso que quer dizer esta anotação. Dei uma olhada no artigo e cheguei à conclusão de que Stein havia dito mais ou menos tudo o que era possível dizer sobre esse sonho, e eu não via interesse em fazer uma cópia da sua interpretação. Em todo caso, ela ficou como referência, e dela surgiu outra ideia: olhar na *Interpretação dos sonhos*, para ver se havia mais alguma coisa a este respeito.

Seguindo esse fio, pensei em algumas obras escritas, pensadas ou elaboradas – assim como a *Interpretação dos sonhos* – na sequência da morte do pai. A primeira obra é *Hamlet*, de Shakespeare, a segunda é a ópera *Don Giovanni*, de Mozart, e a terceira eu não coloquei aqui, só me lembrei depois: o quadro de Van Gogh, *Os Comedores de Batata*. Minha mulher, que é uma admiradora da correspondência de Van Gogh, me disse: "você deve olhar estas cartas, já que Van Gogh só começou a pintar de verdade depois que seu pai morreu; ele teve um surto criativo. Vale a pena dar uma olhada, para ver se não tem algo para o seu artigo". Assim, fui à correspondência e à biografia de Van Gogh, para ver quais cartas vinham em seguida à morte do pai dele. As cartas para Theo, seu irmão, não fazem referência direta à elaboração de nenhuma pintura, mas lá garimpei a epígrafe, que é muito bonita: "o que é a muda para os pássaros, a época em que trocam de plumagem...". Esta passagem serviu de epígrafe para todo o trabalho, e foi descoberta nas cartas de Van Gogh a Theo (ver o último trecho do conjunto A).

Aí vem um outro passo, típico do que acontece quando se está fazendo uma pesquisa: ao lado das cartas de Theo, na estante da Yvoty, descobri uma coletânea de cartas a um cidadão chamado Van Rappard. Van Rappard era um amigo de Van Gogh, crítico de arte e *marchand*. Toda a correspondência discute as obras de Van Gogh, à medida que ele as vai pintando, e lá encontrei uma série de cartas que se seguem a uma visita feita por Van Rappard à família, enlutada pela morte de Van Gogh sênior. Vincent diz que começou um quadro (o que vai ser *Os Comedores de Batata*) no qual ele quer colocar tudo o que já aprendeu a fazer – não diz explicitamente, mas dá para ler nas entrelinhas que com esse quadro ele quer elaborar a morte do pai. Diz que vai ser algo novo, diferente; há um surto criativo, materializado nesse quadro de Van Gogh.

Pensei em seguir essa pista porque era uma coisa nova para mim, e procurei mais informações sobre esse quadro. Talvez vocês o tenham visto em algum livro de arte; é um quadro bastante escuro, meio marrom, onde aparecem camponeses esfomeados, como os que Van Gogh pintava nessa época, em volta de um prato de batatas. Lembra outra pintura famosa, os dois velhos tomando sopa, de Goya. São imagens intensamente expressivas, em torno de uma pobreza muito grande. E Van Gogh, nessa correspondência com Van Rappard, defende muito o seu quadro. Ao que parece, Van Rappard veio, olhou os esboços e fez algumas críticas à forma da cabeça, à maneira como estavam desenhadas as mãos, alguma coisa semelhante. Van Gogh se enfureceu com essa crítica. Ele diz que o amigo é injusto, está sendo cruel com ele. Ou seja, visivelmente esse quadro tem uma significação para Van Gogh que não se limita apenas à discussão formal, se a cabeça está bem desenhada, se a mão direita deve estar aqui ou ali. Ele chega a brigar com seu amigo por causa das críticas feitas ao quadro. E tive a ideia de investigar um pouco melhor o que era isso.

Só que esbarrei em duas coisas: primeiro, a falta de competência; segundo, a falta de documentação. Procurei, em vários lugares que me foram indicados, material sobre essa relação entre o quadro e a morte do pai de Van Gogh, ou mesmo uma análise formal precisa do quadro; mas não encontrei. Ela certamente deve existir, mas, nos livros a que tive acesso, não foi possível encontrar o que necessitava. O que era a ideia? Se de fato – como eu estava pensando – esse quadro fosse uma das etapas da elaboração do luto de Van Gogh pelo seu pai, isso deveria estar de uma maneira ou de outra *indicado de modo visível*. Seja por uma referência, seja por uma alusão, seja pelo fato de que o pai gostava de batatas, ou usava uma camisa parecida com aquela que os camponeses estão usando, seja lá pelo que fosse, para eu poder argumentar que o quadro era uma parte da elaboração do luto de Van Gogh, ele tinha que conter uma pista indiscutível.

Como não conheço suficientemente pintura, nem iconografia, nem a biografia de Van Gogh, não pude fazer essa demonstração: faltaram elementos. Por isso digo "falta de competência": talvez, se eu soubesse *ver*, teria encontrado no quadro a pista que procurava. E por outro lado, falta de documentação, já que não consegui encontrar um texto histórico ou crítico que me pusesse na trilha certa. Como consequência disso, a pista de Van Gogh foi abandonada; só ficou no artigo definitivo a epígrafe, e uma breve referência ao suicídio de Van Gogh no final da primeira seção, quando digo que a arte pode ser bem-sucedida, mas a vida não: "Van Gogh como homem se suicidou, mas como artista foi grande". Isso é uma reminiscência, um eco desse processo todo de pesquisa, que ficou abortado porque não consegui reunir os elementos que seriam necessários.

Estou contando isso em detalhe porque, quando se vê o texto pronto, impresso, pode-se ter a impressão de que surgiu por obra e graça do Espírito Santo, pronto como Palas-Atena da cabeça de Zeus. Na verdade, não é nada disso; a cozinha da escrita tem muitos pontos cegos. Há muitos momentos em que temos uma ideia que não leva rigorosamente a lugar nenhum.

Estava lendo simultaneamente um livro que me interessava pelo assunto, e que acabou sendo bastante útil: o livro de Brigid Brophy *Mozart, the Dramatist*, mencionado nas notas. Trata-se de um estudo das óperas de Mozart, e lá encontrei algumas informações interessantes, entre as quais o paralelo que ela faz entre a criação de *Don Giovanni* por Mozart e a elaboração da peça *Hamlet* por Shakespeare. Fala também na morte do filho de Shakespeare, que se chamava Hamnet, e na hipótese de que Shakespeare havia redigido uma primeira versão dessa peça, ligeiramente diferente.

Eu já tinha escrito um trabalho sobre *Hamlet* e a Psicanálise,[2] apresentado originalmente numa conferência no Rio Grande do Sul. Por esta razão, acabei conhecendo bem o texto de *Hamlet*; lembrava das cenas, havia trabalhado com uma edição anotada. Então achei boa essa ideia, porque eu poderia, digamos, sacar do capital acumulado através desse trabalho anterior. E aí, no texto de Brigid Brophy, enquanto ela estava fazendo o paralelo entre a elaboração da ópera e a elaboração da peça (que também é a reação de Shakespeare à morte de seu pai, ocorrida por volta de 1600), bati o olho em uma informação que veio a se vincular com outro caminho de preocupações.

Vingança e humilhação

Esta autora faz comentários muito interessantes a respeito da vingança exigida pelo fantasma do rei da Dinamarca. O espectro diz: "*Hamlet, revenge!*" várias vezes, e ela encontra um eco dessa cena quando, na ópera, Don Ottavio repete o seu dueto com Donna Anna. E informa também que Mozart tinha assistido a esta peça, encenada pela companhia de Emanuel Schikaneder, com quem escreverá depois *A Flauta Mágica*. Isto está documentado numa das cartas que Mozart enviou a seu pai.

O tema da vingança me atraía por outras razões: já há um bom tempo eu estava interessado nos efeitos do que se poderia chamar de "narcisismo negativo". Isto não tem nada a ver com o colóquio "Arte e Dor"; é outra história, mas se junta ao projeto através desses caminhos associativos que estou tentando descrever a vocês. "Aspectos negativos do narcisismo": estou pensando no que diz respeito à vergonha, à humilhação, aos sentimentos de rebaixamento. O vínculo entre a vergonha e a humilhação me parecia ter algo a ver com o tema do colóquio, porque na peça *Hamlet* o pedido de vingança feito pelo espectro ao príncipe não é obedecido, segundo Freud devido à culpa edipiana de Hamlet

---

2 "Um espelho para a natureza: notas a partir de *Hamlet*", in *Tempo de muda: ensaios de psicanálise*, Blucher, 2021, 2a ed.

(é o trecho que copiei em alemão da *Interpretação dos sonhos*). Mas eu tinha a impressão de que nessa história havia algo mais. Talvez a questão da vergonha fosse relevante, porque na personalidade de Hamlet este aspecto ocupa um lugar bastante grande. Ele se sente envergonhado – numa aliança psíquica complexa e interessante de esmiuçar – com a sexualidade da mãe. A mãe casou-se com o tio poucos dias depois da morte do pai; numa das cenas mais violentas da peça, no terceiro ato, Hamlet vai ao quarto da rainha e faz um discurso arrasador, onde diz, entre outras coisas, que a carne do banquete servido depois do enterro ainda não tinha esfriado, e esta mesma carne foi servida no casamento.

Por esse caminho, acabei estabelecendo um elo entre os temas da vingança e da vergonha, e me interessei em pesquisar um pouco melhor isso. A ideia era de que nos vingamos de uma *humilhação*. Por que a pessoa se vinga? Porque foi atacada; mas autodefesa não é vingança. Havia uma ideia um pouco confusa na minha cabeça, de que vingança tinha algo a ver com humilhação. Alguém é humilhado, projeta uma vingança, e essa vingança deve resgatar, aos seus próprios olhos, a autoimagem abalada pela humilhação; é isso que aparece nos rabiscos. "Vingança/culpa"; uma reminiscência bíblica: "minha é a vingança, diz o Senhor"; "*Hamlet, revenge!*". Há várias anotações a esse respeito.

Ao pensar na vingança e no narcisismo, surgiu a lembrança do famoso samba de Lupicínio Rodrigues: "vai me fazer passar essa vergonha com um companheiro". E anotei aqui alguma coisa: "vergonha com um companheiro".

Essa salada mista – *Hamlet*, vergonha, vingança, *Os Comedores de Batata* de Van Gogh, Shakespeare e a elaboração do seu luto, o livro que eu estava lendo sobre Mozart – ainda não dá um artigo. Estamos naquela fase em que não sabemos o que vamos fazer; eu recomendo às pessoas em orientação comigo que fiquem nela durante algum tempo. O que cair na rede é peixe, é puramente livre associação.

A partir de um certo momento, porém, a livre associação passa a ser um pouco mais dirigida. Quando me dei conta que podia usar a vingança, a humilhação, a autoestima ofendida (narcisismo) como sendo a dor, e de alguma maneira vincular estas emoções à dor da perda do pai, através do luto do filho e da elaboração deste luto mediante a construção artística, passei a dispor de alguns eixos, embora ainda sem saber como eles iriam se dispor no texto final.

O que estou querendo ilustrar com isso, para além da história específica de como esse texto foi feito, é que esse processo tem um momento de sístole e outro de diástole. É abrir e fechar. Abrir no sentido de que o que cair na rede é peixe, fechar no sentido de que um dado tipo de peixe suscita a ideia de cozinhá-lo de uma certa maneira, com um certo molho. Ou seja, uma ideia leva a associações derivadas ou paralelas, as quais podem se mostrar úteis. Outras, como no exemplo que contei da carta de Van Gogh, não levam a coisa alguma. Também pensei no texto de Ernest Jones, *Fear, Guilt and Hate*, de 1929, que se refere ao artigo dele sobre ódio e culpa, de 1928, que costumo utilizar nessas circunstâncias.

Com estes primeiros elementos na mão, fui fazer o que acho indispensável: consultar os índices remissivos. Eu trabalho com uma edição alemã de Freud que se chama *Studienausgabe*, edição de estudos, que traz a tradução para o alemão dos comentários de James Strachey, o organizador e tradutor da *Standard*. Contém quase todos os textos de Freud; não é a obra completa, faltam algumas pequenas coisas. Mas o grosso está lá. Na *Edição Standard Brasileira*, os índices estão no volume 24; a *Studienausgabe* os coloca ao final de cada volume.

Lembrava que na *Interpretação dos Sonhos* temos o sonho da Irma, e esse sonho é de certa maneira um sonho de vingança. "Quero mostrar que não sou culpado pela doença da moça." Mas Freud também se vinga de Breuer e de vários amigos, que aparecem no sonho como personagens bastante ridículos. Sob o nome de dr. M., Freud faz Breuer dizer a seguinte barbaridade: "a moça está envenenada? Não há problema. Haverá uma disenteria, e o veneno vai ser eliminado pelas fezes". Há a história do licor de Otto, que cheirava mal, e que é uma vingança. Então, eu tinha esta vaga recordação.

Fui então ao índice, atrás das referências à questão da vingança na *Interpretação dos Sonhos*. E encontrei o seguinte, que está transcrito aqui: IS página 137: *Rache* contra Otto (sonho de Irma) pelo licor que cheira a *Fusel*, que é uma espécie de óleo, uma coisa que era usada para aquecimento. Depois: *Rache* situando Otto contra o seu competidor (Leopold), *Rache* contra a paciente substituindo-a por outra melhor; depois na página 142: *Rachedurst gegen Otto und Dr. M.*, isso é uma expressão de Freud. Ele diz que está possuído por uma sede de vingança contra Otto e o Dr. M.

Na página 208 do livro, contando a história do chapéu de pele atirado à lama, ele diz que exigiria do pai que se tivesse *vingado* daquele que o ofendeu. Aqui temos um ponto interessante: vingança e humilhação – começo a perceber que estou no caminho certo, por esta alusão totalmente independente. O menino Freud quer se vingar dos romanos, portanto dos cristãos – isso faz parte dos sonhos romanos – porque humilharam seu pai atirando à lama o chapéu de pele novo dele. Minha hipótese de que vingança e vergonha têm algo a ver encontra aqui uma confirmação inesperada, porque eu não estava procurando isso. Estava apenas procurando as passagens nas quais Freud fala de vingança, e eis que em uma delas ele faz diretamente o vínculo que me interessa entre os dois sentimentos.

Depois aparecem palavras semelhantes, como no dicionário: *Vergeltung*. *Vergeltung* seria "pagar na mesma moeda", é a desforra cobrada na mesma moeda (*Geld*). Isto está no sonho das três Parcas. Ele conta que tinha vontade de se vingar: nesse sonho das Parcas, faz uma série de trocadilhos com os nomes de amigos, e diz que isso é uma *Vergeltung*, uma desforra, contra as piadas de que ele, Freud, tinha sido alvo, porque seu nome (*Freude*) significa alegria. Na *Ode à Alegria* da Nona Sinfonia, ouvimos: *Freude! Freude!* Ao que parece, o menino tinha sido alvo de piadas porque o nome dele tinha conotações um tanto indignas, como em "viúva alegre", "solteirão alegre", etc. E surge o desejo de se vingar dessas humilhações, retribuindo na mesma moeda. Então, mais elementos para o tema da humilhação.

Depois, temos o sonho do Conde Thun, que é o sonho revolucionário, em cuja análise, entre outras coisas, Freud se lembra das *Bodas de Fígaro*. Neste sonho, ele se vinga de várias coisas. Primeiro, ele vê o Conde Thun, um ministro, entrando no trem sem pagar; e num vagão de primeira classe, enquanto ele está viajando num vagão de segunda classe, e tem que pagar sua passagem inteira. Em segundo lugar, não há banheiro no compartimento; em certo momento ele acorda com vontade de urinar, e propõe ao cabineiro fazer um buraco no chão para urinar sem ter que sair da cabine. Ele foi *preterido*; o funcionário do governo não pagou o que devia, e ele pagou todo o bilhete;

portanto, mais uma vez surge o elo entre ter sido preterido, humilhado, não receber o que lhe é devido, e o tema da vingança.

Depois, mais adiante nas minhas notas: ele fala de Hamlet nos "sonhos típicos", e copiei a passagem correspondente da *Interpretação dos Sonhos*. O texto diz o seguinte: "Hamlet pode tudo, exceto completar a vingança sobre o homem que afastou seu pai e ocupou o lugar dele junto à sua mãe, sobre o homem que lhe mostra a realização dos desejos reprimidos da infância. A repulsa que o deveria impulsionar à *vingança* é substituída nele por autorrecriminações por escrúpulos de consciência, que o acusam de, literalmente, não ser melhor do que o pecador que ele deveria castigar. Esta é a tradução livre dessa passagem de Freud, que está no capítulo V, seção D - Sonhos Típicos.

Aqui temos um paralelo entre a vingança e o complexo de Édipo; evidentemente, é uma ideia a ser comprovada a de que o pai de Hamlet teria sido *humilhado* pelo assassinato. Isso não está em Freud, é a minha ideia. Por que será que o pai pede vingança? Se isso que estou pensando tiver lógica, deveria haver alguma humilhação no fato de ele ter sido assassinado. É uma ideia para ser examinada depois; não parece nada evidente que alguém que tenha sido assassinado deseje se vingar de uma humilhação.

Em seguida, no artigo sobre o amor de transferência, no trecho em que Freud escreve que a paciente se vinga do analista que não a gratifica, encontro novamente a vingança (graças aos índices remissivos). Ela está associada à *Verschmähung*, que significa desprezo, desdém; a paciente se sente objeto de desdém pelo analista, e se vinga deste desprezo abandonando o tratamento. Isso aparece em duas frases, uma depois da outra, e fiz uma alusão rápida aqui a esse texto.

Quando é necessário tratar de emoções e sentimentos, nunca deixo de recorrer ao livro terceiro da *Ética*, que contém as definições dos sentimentos dadas por Espinosa. É invariavelmente útil se reportar a esse texto, porque há uma lista de quarenta ou cinquenta sentimentos e emoções humanos, obviamente definidos de acordo com os parâmetros da *Ética* espinosana. Isso está no final do livro III. Neste caso, se quero falar sobre vingança, vou a Espinosa para ver se diz algo a respeito, e encontro a definição. Quando precisei escrever alguns anos atrás um artigo sobre a inveja, fiz a mesma coisa: utilizei a definição de Espinosa. É sempre útil, mesmo que não se vá usar.

Esta é a definição 37 do livro III da *Ética*: "Vingança é o desejo que, surgindo do ódio recíproco, nos impele a ferir aqueles que, a partir de um afeto semelhante, nos feriram". O importante aqui parece ser o *ódio recíproco*: "a partir de um afeto semelhante". Quem com ferro fere, com ferro será ferido: a vingança surge do ódio recíproco. O próprio Espinosa faz referência ao Escólio da proposição 40, no seu 1º corolário. Aí copiei do texto como estava: *"The attempt to bring evil"*, a tentativa de fazer mal àqueles que nós odiamos, "*is called anger*", é chamada cólera. *"And the attempt to return the evil inflicted on ourselves is called vengeance."* A diferença entre a cólera e a vingança é que em ambas desejamos o mal para o outro, mas a cólera é a tentativa de produzir o mal para aqueles que odiamos, ainda que não nos tenham feito nada, e a tentativa de devolver – *Vergeltung*, devolver na mesma moeda – o mal que nos infligiram se chama vingança.

Nesses dois elementos, temos a ideia de que a vingança é algo que envolve uma *reciprocidade*. A vingança se diferencia da cólera, do ódio, da fúria, da raiva e de emoções análogas pelo fato de envolver um elemento de reciprocidade; e a vingança adequada é aquela que restabelece o equilíbrio das trocas. Idealmente, quem com ferro fere com ferro será ferido: é a ideia de que a vingança, para ser justa e não se exceder, não deve ir além do mal que nos foi causado. Só que o único juiz do mal que nos foi causado somos nós mesmos. Então, há um risco de excesso, e começa a *vendetta*. *Vendetta* é o termo italiano para vingança, mas é também aquilo que os mafiosos fazem na Sicília, na Calábria.

Continuando com a vingança: havia esta reminiscência bíblica, "Minha é a vingança, diz o Senhor". Coincidiu de eu estar lendo também, na mesma época, um livro que recomendo a vocês, e que depois a Companhia da Letras publicou em português: *Uma história de Deus*, da teóloga e ex-freira inglesa Karen Armstrong. Ela conta a história das religiões monoteístas, de Jeová na montanha até o Concílio Vaticano II, discute a questão dos profetas, e fala também sobre o surgimento do islamismo na Arábia do século VII d. C.

Maomé recebeu a revelação do Alcorão em uma gruta perto de Meca, e eu pensava que essa revelação tinha sido feita de uma só vez. Mas na verdade não é assim. Karen Armstrong explica com detalhes que Maomé entrava em uma espécie de transe; na primeira das revelações que lhe foram feitas aparece um anjo, Gabriel – segundo o que Maomé disse – o qual lhe ordena que ele vá ser um profeta. Ocorre que "ser um profeta" em Meca no ano 610 d. C. era mais ou menos ser um adivinho de rua. Ela diz que Maomé responde ao anjo, segundo a tradição islâmica, que não está disposto a ficar procurando camelos perdidos pelo deserto, predizendo o futuro e outras coisas que os profetas faziam, algo no estilo das videntes que prometem, nos postes de rua, trazer de joelhos o "amor perdido". E o anjo então agarra Maomé e luta com ele. Este é um tema bíblico, a luta de Jacó com o anjo, que está reproduzido dessa forma na tradição muçulmana. No final, Maomé acaba quase sendo estrangulado pelo seu oponente, e aceita a missão. Gabriel lhe diz: você deve recitar aquilo que eu disser para recitar. E Maomé, ao que parece, tem uma espécie de crise, talvez epiléptica: sua profusamente, gagueja, enrola a língua, e vai balbuciando as palavras, de maneira muito difícil, com o corpo doendo; e finalmente saem as palavras que devem ser recitadas.

Esta referência a Maomé e à revelação, à criação literária na dor, me pareceu interessante porque se juntava com aquilo que a própria Armstrong havia mencionado nas páginas anteriores: a experiência dos profetas hebreus ao receberem as revelações de Jeová. O que ela conta é que vários desses profetas se rebelam contra a missão, não querem ser profetas, e a experiência de profetizar ou de receber a revelação divina é absolutamente horripilante, é uma experiência de dor. Jeremias, por exemplo, diz que seus ossos estão quebrados com a palavra divina; Isaías fica aterrorizado; Ezequiel tem que comer o rolo da revelação, literalmente ingerindo as palavras que vai dizer.

Como eu tinha pensado na sentença "minha é a vingança, diz o Senhor", essa história dos profetas veio a calhar. Os profetas anunciam que Deus vai se vingar dos hebreus, porque eles não cumpriram suas leis, tornaram-se idólatras, e assim por diante. Copiei algumas referências que Karen Armstrong menciona em seu livro, especialmente de Jeremias, e fui ao texto bíblico ver o que Jeremias diz. Então, está aqui a transcrição desses textos. A palavra vingança em hebraico se diz *nekamá*; o verbo *vingar-se* (*lehinakém*) está ligado a essa raiz. Diz aqui: "não castigarei a estes, e com um povo como esse não se vingará minha alma?". Depois a mesma frase é repetida no capítulo 9, depois no capítulo 46: "Esse é o dia do Senhor Jeová dos Exércitos, dia de vingança, *yom nekamá*, para se vingar dos seus adversários: a espada devorará, e fartar-se-á, e embriagar-se-á com o sangue deles".

Então, havia várias referências a essa questão da vingança entre os profetas, e depois no Salmo 94. Aqui outra dica, a última. Se vocês usam uma boa edição da Bíblia, normalmente embaixo das páginas aparece uma *concordância*. Uma concordância é um trabalho feito com paciência beneditina: ela diz em que outras passagens bíblicas se encontra a mesma palavra, ou a mesma citação. Não foi graças a nenhuma memória especial, mas seguindo a pista da concordância, que fui remetido ao Salmo 94, cujo autor concluía: "*El Nekamót*, ó Deus da vingança...". E depois, mais adiante nesse mesmo Salmo 94: "e fará recair sobre eles a sua própria iniquidade; com sua própria malícia os destruirá, os destruirá o Senhor nosso Deus".

Isso me interessou, porque a ideia de "com sua *própria* iniquidade... fará cair sobre eles a sua *própria* malícia", é exatamente aquilo que Espinosa, bom leitor da Bíblia, colocou na sua definição da vingança, falando da reciprocidade do ódio. O Deus bíblico aparece aqui antropomorfizado, em uma visão bastante humana; sente-se humilhado, e vai se vingar dos que o ofenderam pagando-lhes em sua própria moeda. Mas, além disso, o que o salmista pede é que Deus vingue, suponho eu, o próprio salmista, ou os hebreus, prejudicando com sua própria malícia aqueles que fizeram mal à voz que fala no Salmo.

Quis percorrer detalhadamente essa primeira parte do material, e deixar com vocês esse tipo de anotações, porque entre isso e o texto final há toda uma elaboração. Mas esse processo de "toró de palpites", de *brainstorming*, acaba produzindo algumas linhas diretrizes. Na próxima vez, vou comentar como estas ideias soltas foram sendo transformadas num trabalho com pé e cabeça, num argumento como o que apareceu no artigo finalizado.

O que temos até esse momento? Vejamos:

a. uma pista ligada à vingança, com os diferentes textos bíblicos, Espinosa, Freud, *Hamlet*, Lupicínio Rodrigues, etc.

b. a ideia de que uma obra pode ser produzida na dor, estando ligada à elaboração dela, e especificamente à elaboração de uma dor precisa, a da perda do pai.

c. qual é a ponte entre essas duas coisas? É a frase de *Hamlet*, vingança exigida por um pai: *Hamlet, revenge!* O que mais? Não sei ainda. Onde vai dar isso, na elaboração final? Também não sei. Só sei que algumas obras importantes foram compostas na sequência da morte do pai, estas que mencionei: o próprio Freud, Shakespeare, Van Gogh, Mozart.

d. também há algumas referências casuais; calhou de eu estar lendo o livro de Karen Armstrong na mesma época em que estava interessado neste tema. Poderia tê-lo lido seis meses antes ou seis meses depois, e neste caso não haveria nenhuma referência à questão da revelação entre os profetas, como Maomé e Jeremias.

e. a ideia de que a revelação e os textos de tipo religioso, como o Salmo, o Alcorão ou as profecias, também podem estar ligados a uma experiência emocional muito intensa – esta ideia me parece interessante. Não é preciso acreditar em Alá ou em Jeová para entender que alguém possuído pelo verbo divino passa por experiências físicas e mentais que geram um estado de grande angústia. Por isto, a revelação dá um "gancho" para pensar a elaboração de textos literários a partir de uma experiência emocional poderosa, que não é a da morte do pai, mas pode servir de paralelo ou de contraponto.

Tenho então alguns eixos básicos para a elaboração do artigo. Além disso, disponho do texto da senhora Brophy, de uma série de hipóteses e análises que ela faz a respeito das óperas de Mozart, e que eu gostaria de aproveitar. Eu sabia que *Don Giovanni* foi composto depois da morte do pai de Mozart, e aqui encontro mais algumas informações, que vou mencionar na próxima vez.

Então, por enquanto o que se tem, algumas semanas antes da conferência, é isto. Achei que já bastava, não precisava mais procurar bibliografia: já podia trabalhar com esses elementos. E agora começa o jogo de armar, que eu gosto de comparar com o jogo das contas de vidro de Hermann Hesse: não sabemos como cada uma dessas peças vai se encaixar com as outras. Assim, o que vamos discutir na próxima vez é a montagem do texto a partir do material "bruto".

3. O diagrama em colunas

Na aula anterior, detive-me no primeiro momento da elaboração deste trabalho: a fase de livre associação. Livre associação que começa com uma ideia extremamente ampla e vaga, a de que a obra artística poderia ser também fruto da elaboração de uma dor, especialmente de uma perda. Aos poucos esta ideia vai se especificando, através de alguns temas que mantêm entre si relações variadas; alguns destes foram incorporados ao trabalho definitivo, e outros não.

A razão pela qual entrei nesses meandros todos foi mostrar o caráter não programável com antecedência da feitura de um texto desse gênero. Obviamente, não havia qualquer intenção de assustar as pessoas. Mas me foi feito o seguinte comentário: "as pessoas ficaram aterrorizadas com a aula, porque, se para escrever um trabalho é necessário tanto capital acumulado, então ninguém vai sair nunca da estaca zero!". Não sei qual é a abrangência dessa impressão, se muitos ficaram apavorados ou não. Aos que ficaram, gostaria de dizer que não é para se apavorar. A finalidade de uma discussão como essa é simplesmente mostrar que nenhum trabalho nasce pronto, mas que há um processo extremamente laborioso, complicado, sim, com impasses de várias naturezas, desde pistas que não levam a nada (o exemplo de Van Gogh), até outras que se revelam fecundas e interessantes. E nós não chegamos ainda a observar o que quero discutir hoje, o "trabalho de armar" a partir destes materiais. Por enquanto, como falei no final da outra aula, o que temos é uma coleção de ideias bastante disparatadas, com vagas relações entre si, ainda muito precárias.

Em todo caso, a análise detalhada e precisa de um determinado texto leva inevitavelmente a essa impressão: é um pouco como a análise de um sonho. Para poucos instantes de sonho sonhado, os pensamentos latentes ocupam várias páginas, ou vários minutos de sessão. O que estamos fazendo aqui, de alguma forma, é "descondensar" esse artigo: é claro que isso nos leva em todas as direções que estão implicadas na construção dele.

Feito esse reparo, voltemos à construção do artigo. Depois da fase "*brainsstorming*", ou "toró de palpites", o que fiz foi me dirigir a alguns livros e trabalhar com o material que encontrei neles.

As leituras

O primeiro livro que fichei foi o de Karen Armstrong sobre a história de Deus. Lendo esse texto, o que me chamou a atenção foi a ênfase que ela coloca na diferença entre a experiência ocidental de um Deus monoteísta, e a experiência religiosa budista-hinduísta, em que não há a figura de um Deus pessoal. Se esses deuses existem – Brahma, Siva, Vishnu, etc. – eles não têm o mesmo caráter absoluto que divindades como Jeová ou Alá. Que relação isso tinha com o assunto que eu queria discutir? Era a ideia de que essa experiência de tipo hindu, a experiência do Nirvana, experiência de dessubjetivação, de fusão num grande todo, não pode, diz ela numa citação que copiei, ser explicada racionalmente.

Vou ler a citação dela: "a experiência de Brahma ou do Nirvana não pode ser explicada racionalmente, da mesma forma que um trecho de música ou um poema" (foi isso que atraiu meu olho). "A inteligência é necessária para criar um tal trabalho de arte e para a sua apreciação" (as duas pontas do processo), "mas ele oferece uma experiência que vai além da faculdade puramente lógica ou cerebral. Este será também um tema constante na história de Deus". Isto está na página 31 da edição inglesa de *Uma História de Deus*.

A ideia de que a experiência religiosa exige inteligência e racionalidade, assim como um trecho de música ou um poema, mas que não pode ser explicada *apenas* pela faculdade lógica ou cerebral – o que a meu ver é verdadeiro – me fez pensar em como esta informação poderia ser aproveitada no artigo, porque achei que esta seria uma forma bastante original de abordar o problema. O pedido era para falar sobre "Arte e Dor"; à primeira vista, não faz parte deste tema um estudo sobre a experiência religiosa. Do meu ponto de vista, se um assunto puder ser abordado de forma não previsível, certamente o resultado será melhor.

A temática do budismo *versus* a experiência de um Deus pessoal era assim explicada por essa autora como uma oposição entre o terror provocado pelo contato com o Sagrado personalizado e esta outra experiência, que é basicamente de harmonia, de esperança de acabar com a dor (o Nirvana).

Os budistas experimentam esse estado quando descobrem a forma de se liberar da dor, que na perspectiva budista está ligada à individuação. De onde o interesse de seguir pela linha da dessubjetivação, que os psicanalistas entenderiam como uma experiência de tipo fusional, como a que Freud comenta no começo de *O Mal-Estar na Cultura*. Ali lemos sobre o sentimento oceânico, o mergulho na grande nebulosa materna. Este seria um rumo possível, e, neste sentido, poder-se-iam fazer comparações com o tema lacaniano da dessubjetivação como um dos objetivos da análise: a "desegoização", a aniquilação do ego e a sua reconstrução após a travessia do fantasma, por exemplo. A ressonância religiosa de um tema como este é evidente.

Estou mencionando essa questão porque são exemplos de coisas às quais o que fui lendo me conduzia, mas que por uma razão de coerência com a temática principal acabaram ficando de fora. É diferente do caso de Van Gogh, que não levou a nada porque eu não consegui resolver o problema que o quadro dele me colocava. Aqui são ideias (budismo, Nirvana, a dessubjetivação em Lacan) que estão, digamos assim, nas "pontas" das associações. Mas a partir de um certo momento, é necessário fazer uma escolha: supondo que o tema seja simbolizado pelo centro de um círculo, as associações vão em todas as direções, como filamentos ou raios de uma roda. Chega um momento em que é preciso fazer uma espécie de fronteira, e dizer: o que está dentro do círculo entra, o que está fora do círculo é outra coisa, para outro momento.

O segundo material que usei foi o fascículo da Abril sobre Lupicínio Rodrigues. Nele há um estudo do crítico musical Tarik de Souza sobre a dor de cotovelo, aliás também estudada por Fabio Hermann num dos capítulos de *Andaimes do real*. A dor de cotovelo é uma fonte de criação literária ou poética extremamente frequente, e caberia bem para o tema que eu queria focalizar.

Neste caso, poderia ser interessante seguir a pista da voz lírica que fala nas canções, e confrontá-la com as experiências a que ela está tão diretamente ligada. Esta ligação pode ser um *prolongamento,* isto é, exprime a dor: exemplo, Nervos de Aço. "Você sabe o que é ter um amor, meu senhor", e assim por diante. Lupicínio descreve a experiência de ver a mulher amada e desejada "nos braços de um outro qualquer". Ou ao contrário, a experiência pode ser expressa pela forma da *reação*. Há uma música em que a mulher volta para casa depois de o trair. E aí ele diz: tudo bem, você é bem-vinda, você pode compartilhar meu pão, meu teto; mas não pense que vou gostar de novo de você, eu não tenho amor para te dar, só tenho pão. Então, ou vem como expressão direta – é um *ai* em forma de música – ou, ao contrário, como reação elaborativa e defensiva contra o trauma, a perda, a humilhação, etc.

Fabio Penna Lacombe, um psicanalista que escreve no fascículo da Abril, colocou no seu texto uma frase que eu copiei porque me pareceu interessante: "É no nível da poesia que artistas como Lupicínio Rodrigues fazem da dor-de-cotovelo não apenas o tema da sua decepção, mas também a *essência da criação*. Não se deixam aprisionar na teia do seu sofrimento, antes fazem do seu canto um universo onde pulsam de forma a poder ser reconhecidos pelos que os ouvem. Assim convocados, os desfrutadores da arte são provocados, em sua própria capacidade de criação interpretativa, a evocar suas experiências, e a advogar a causa do amor plural". O amor plural não tinha nenhuma veleidade monogâmica...

O que me interessou nessa passagem de Lacombe foi a ideia de que a dor de cotovelo não é somente o *tema* da decepção, mas ainda a *essência da criação*. Então, o motor da arte, no caso de Lupicínio – e a meu ver também em outros compositores ou poetas – seria a necessidade de se reafirmar narcisicamente, falicamente, diante da humilhação imposta pelo abandono ou pela traição da mulher. Isso é interessante: a ideia de que a dor de cotovelo é a essência da criação significa colocar a criação como um *mecanismo de reequilíbrio narcísico*, na medida em que aquele que cria reafirma a sua independência do objeto que o humilhou.

Essa é uma tese interessante sobre a natureza da criação, a ser discutida e pensada. Não é sempre assim; às vezes sim, às vezes não, mas seria interessante seguir essa pista também. Essa é uma outra questão que ficou de lado.

Em seguida, me deparei com o texto da autora que mais empreguei nesse artigo: o livro de Brigid Brophy sobre Mozart. Aqui não vou me deter muito, porque boa parte do que tirei desse livro acabou entrando no artigo definitivo: por exemplo, a sugestão de comparar os interesses de Mozart pelo Iluminismo e pela religião é uma ideia que veio dela, com alguns exemplos; a referência a *Totem e Tabu*; a questão da ambivalência; a questão do artista filho de artista. O gradiente de figuras paternas mais ou menos aterrorizadoras presentes nas óperas de Mozart – o conde Almaviva nas *Bodas de Fígaro*, que é o pai incestuoso, que quer a filha a qualquer custo; o Comendador em *Don Giovanni*; e Sarastro na *Flauta Mágica* – também provêm desta leitura.

Agora, quero discutir com vocês o diagrama em colunas que aparece nas páginas seguintes, porque ele dá a ossatura do artigo.

Esta ideia de fazer um diagrama em colunas eu uso já há muitos anos; parece-me que é um momento muito importante da feitura de um trabalho. Qual é a ideia? É que no texto vão existir alguns grandes temas; estes temas precisam ser arranjados numa certa ordem. O diagrama elenca, por grandes divisões temáticas, as diferentes informações reunidas através das leituras, das associações, dos fichamentos, de forma a obter uma certa consistência.

Aqui temos quatro colunas. A primeira está encabeçada pelo título *Dor psíquica → criação: expressão*; a segunda *Mozart e seu complexo de Édipo/Don Giovanni*; a terceira: *Iluminismo em geral; questão da interpretação psicanalítica do iluminismo e das obras de arte*; e uma última, sobre a vingança. Eram quatro eixos – primeiro, dor em geral, criação, etc., tudo que eu tinha acumulado a esse respeito; segundo, o exemplo que tinha escolhido trabalhar com mais intensidade, que era a ópera e o seu compositor; depois a questão do iluminismo em geral e da interpretação psicanalítica dessa questão; e por fim a vingança, ligada ao Complexo de Édipo e ao narcisismo (CE e N). Os números de página, p. l, p. 2, etc., se referem ao resumo que eu tinha feito dos diferentes trabalhos.

Conjunto B

1. Processo de Criação: Dor/Expressão

p. 1: experiência religiosa não racional: Budismo: inteligência *necessária* para fazer a obra e para apreciá-la; mas não é conceitual.

Experiência do Buda foi de iluminação *harmoniosa*.

Nirvana: esfriar, apagar-se.

p. 2: Isaías aterrorizado – KADOSH-outro – *mysterium terribile et fascinans* – R. Otto: exp. como a do erotismo ou da música (cap. 6): *hineini shlakheini*.

Amós forçado a profetizar – Hoshea sexual – *Daat Elohim*.

p. 3: ansiedade e repressão → ódio.

Jeremias – ossos quebrados 23:9.

Ezequiel – angústia 3:14-15.

p. 4: *Maomé* – terror – abraço poderoso, ar espremido do corpo → estado de choque.

Revelações: experiências terríveis – "he must not rush to force words ..." – processo criativo difícil.

p. 5: Lupicínio – vida / 1951: Linda Batista grava "Vingança".

Amor: projeção da imagem N perfeita.

"dor de cotovelo" = *essência da criação*.

p. 6: criadores não se deixam aprisionar na teia dos sentimentos: *universo* onde pulsam para ser reconhecidos (LACOMBE).

Capacidade de *criação interpretativa* do receptor.

p. 7BB: ≠ entre impulso irracional e *working out cs* inteligência *artística* de M. Imagens extraordinárias.

p. 9: Psicanálise não pode *explain away* o gênio ou a obra – *throw light*.

p. 14: fontes da criação de M. são as mesmas que para todo mundo – ics.

p. 14: no artista o mat. infantil parece ser + acessível à cs e ao controle do ego (técnica) – a forma é dirigida cs/.

p. 19: Ferreira Gullar: obra não é grito de dor; pode ser matéria-prima da arte, mas ela resulta da elaboração *complexa* da emoção e da linguagem estética. *Distanciamento* entre experiência e obra.

A dor real *incapacita* e não estimula: $\#_s$ distâncias com respeito à dor vivida. A obra é a *superação da dor*, sua transformação.

p. 20: experiência da arte é "fictícia" – lida com significações; a dor do real perde sua especificidade e, por se assimilar ao $\nabla \Sigma$ do poeta, transforma-se em puro *significado*.

Arte situa-se entre a exp. direta do mundo e o conceito abstrato; rejeita a exp. imediata do R e sua transferência em conceito abstrato, porque deseja preservá-la como vivência *individual* e *afetiva*.

2. Mozart e seu CE/Don Giovanni

p. 7: DG, como *Hamlet*, é uma autobiografia inconsciente. Temas velhos *adotados* por Mozart. DG mata o "sogro" → a ópera o apresenta como culpado mesmo se em própria defesa: PARRICÍDIO.	**p. 12**: bom texto BB – DG não pode ser punido em termos humanos porque não simpatiza com ele – (hesitação). Comenta sobre a sequência *Mi tradi/cemitério/Non mi dir* ↓ Hamlet
p. 8: DG persegue seu prazer ← desobedece ao pai → K → provas constantes de virilidade. **p. 8**: germe Ψ de DJ na carta de 15.12.1781 "erro + de l vez"; a ópera é anti-iluminista e pró-catolicismo (Sobrenatural). Outras são pró-Iluminismo (*Bodas, Flauta*).	Tb. *Shakespeare*: sobre *seu* filho e seu pai. **p. 13**: *Ambivalência* profunda de M. DG vai para o inferno, mas o impulso rebelde é imortal. O material que criou a ambivalência é a relação muito *close* com Leopold. DG – ato ambíguo de submissão. Deus ou diabo? Mozart sugere que o inferno não existe (ironia).
p. 9: ambivalência de M. frente à rebelião Iluminista porque era artista e *filho de artista*. Material *adequado* à expressão destes sentimentos de culpa: FANTASMA redivivo. Pedido de perdão ao pai, por ter pecado na Ilustração (*Bodas*, p. ex.). A punição era contar a história de DG: *estátua* reanimada. **p. 11**: culpa: reanimação da estátua reassevera o poder criativo de Deus e reafirma que o Iluminismo não devia ter desobedecido a ele. *Comparação com Hamlet*/M. viu *Hamlet* em 1780 e o menciona em carta de 29.11.1780 (voz subterrânea). Cena // à de *Hamlet* em DG – D. Anna: "*lo giuro*". D. Anna ~ *fantasma*. **p. 12**: *Mi tradi* é o solilóquio hamletiano de M. – rondó.	**p. 14**: não resolução do dilema edipiano → moto-perpétuo criativo. Infl. constante de LM – provoca a rebelião e o traz de volta ao redil. Mozart foi sempre um *filho*. Identificação com o pai: a propôs e a incentivou – suplantar o pai seria obedecê-lo (*double bind*). Dupla identificação – pai como ele, ele como pai. Conseq.: infantilismo escatalógico. Também: busca de pais musicais alternativos. Outra figura paterna ambígua: Sarastro; sábio mas raptou Pamina, a faz sofrer, etc. Reconciliação com o Pai pela iniciação ritual: tema que pode ter atraído M para compor A *Flauta Mágica*.

3. Iluminismo – em geral, interpretação ψ	
p. 7: DG como protótipo do ateu iluminista. Parricídio "coletivo".	Pigmalião e Galateia, Prometeu, Frankenstein.
p. 8: Terminou no inferno do Terror.	EREÇÃO – tema da Medusa, a estátua que se move é um Σ da ereção do pênis.
Flauta Mágica é pró-*ilustração* (maçonaria).	**p. 13:** D. Juan no inferno – Iniciação (Orfeu) tema da *Flauta Mágica*.
Libertino corteja sua própria destruição – ego escravizado ao hedonismo como antes aos pais.	D. Juan tem coragem – recusa a hipótese da submissão e do arrependimento sob ameaça.
Ilum.: *quintessentially a rebellion of sons against fathers*.	– A busca desesperada do prazer não liberta, escraviza.
p. 9: DG é queda da Contra-Reforma – inimigo do pai, punido pelo pai – Deus.	**p. 15:** Tema da reconciliação com o pai pela iniciação ritual maçônica (*irmandade, fraternidade* – irmãos de TT).
p. 11: DG é um herói ilustrado *e* um aristocrata egoísta, libertino; comparação com *Conde Almaviva*.	Iluminismo recusava-se a levar em conta o ics – Catolicismo oferecia convenções que permitiam expressar isto (DG, *Hamlet*).

4. Vingança – meta ψ do C.E. e do N.	
p. 8: as forças ics *(hell)* vão exigir vingança pelo parricídio de DG. **p. 9:** fantasmas são projeção do ódio frente ao morto. Culpa quando pai morre – *Freud* → autoacusação (ex. Hamlet). Essência da ambivalência: *sentimento de culpa* do filho após a morte do pai. **p. 10:** o poder que anima o Com. morto é a *VINGANÇA DIVINA*: necessi// de compensar a autori// paterna pelos desejos assassinos do filho. Vingança como retaliação pela humilhação N (anotações). **p. 13:** Comendador em DG: Deus ou diabo? Condena DG, é onipotente, responsável pelo inferno – persegue a vingança. **p. 14:** CE (BB). Identificação incompleta e favorecida pelo pai – situação psicodin. *peculiar*. **p. 15:** o ics não aceita a irrevogabilidade da morte – nos sonhos, voltam as sombras. **p. 16:** Vingança em Freud: na DT *Verschmähung*: despeito Pac. → Méd. Na IS, vinga-se dos romanos pela humilhação do pai. *ridículo* → brinca com nomes no sonho das Parcas. Conde Thun: foi *preterido*.	**p. 17:** (IS) Freud sobre *Hamlet*: não pode cumprir a vingança contra Claudius, não pode se vingar porque não há nada contra o que se vingar – Claudius, não o *humilhou*. Definição de Espinosa: desejo surgido do ódio – *RETURN the evil inflicted on ourselves* (o *evil* em questão é a *capitis diminutio*). **p. 19:** Jer. 5:9 *lo titnakém nafshi?* (rep. 9:9). 46:10 Dia do Senhor p/ vingar-se dos *adversários*. Sal. 94:11 *EL nekamot hofia!* 94:23 – *Vaiássev aleihem et onam uveraataám yatzmitém, yatzmitem Elohim* – caráter de "judô" da vingança – com sua própria iniquidade os castigará – mostra o espelhamento que aparece na definição de Espinosa. **p. 21:** *or sai chi l'onore /rapire a me volse – vendetta ti chiedo – chi mi tolse il padre*. Parricídio: a mulher está como ele: foi abandonada e ainda gosta do N (um soluço cortou sua voz). *Espelha/o*. *Remorso* → o que V. praticou: *infideli//* – passar vergonha c/ 1 companheiro. Vergonha: herança > que meu pai me deixou *Vingança*: V. há de rolar como as pedras sem descanso (Perigo). – A alma vagueia sem *descanso, agitação* → espelha/o do que sofre o narrador.

O que faço neste momento é percorrer as anotações sistematicamente, do começo ao fim, colocando em cada uma das colunas onde está aquilo que anotei. Por exemplo: p. 1: "experiência religiosa não-racional: (Índice) – Budismo – inteligência *necessária* para fazer a obra e para apreciá-la, mas a experiência não é conceitual". Isso é um resumo daquilo que li no início desta aula. Continua: "Experiência do Buda foi de iluminação harmoniosa, Nirvana: esfriar, apagar-se". Então, em estilo telegráfico, isso resume a página 1 dos meus fichamentos. Obviamente, isso diz respeito a dor, criação e expressão em geral; não tem nada a ver com Mozart e seu complexo de Édipo, muito menos com o Iluminismo. Por isso vai para a coluna 1. Na p. 2 : "Isaías aterrorizado", essa palavra hebraica *kadosh*, que quer dizer "radicalmente outro", e também é traduzida como Santo, e toda a questão do que Armstrong chamava de *mysterium terribile et fascinans*, mistério terrível e fascinante, etc., etc., ligado a uma experiência semelhante, a do erotismo ou da música; aqui era um autor que ela citava, Rudolf Otto.

Continua: "Amós foi forçado a profetizar; no profeta Hoshea, a palavra é sexualizada; *Dáat Elohim*", conhecimento de Deus, tanto no sentido de conhecer intelectual quanto no sentido bíblico de conhecimento carnal. *Dáat* é o termo que se usa no Gênesis para a relação entre Adão e Eva. Então, o conhecimento de Deus nesse contexto é obviamente alguma coisa erotizada. Temos a comparação do povo judeu com a prostituta que desonrou seu marido; é um tema clássico, que aparece na teologia cristã como a Igreja sendo a noiva de Cristo. Quer dizer, a relação com a divindade é carregada de erotismo na sua expressão mesma. Então isso ia entrar na parte sobre os profetas.

Depois, página 3: "ansiedade e repressão → ódio – Jeremias", era uma referência à época na qual profetiza Jeremias, o século VII a.C., por volta de 610-580 a.C. aproximadamente. "Jeremias: ossos quebrados, capítulo 23:9, Ezequiel: angústia no capítulo 3:14-15", e por aí vai. Vocês podem ler isso com calma, ponto por ponto.

Vai-se formando, então, uma sucessão de elementos relativos a dor/criação, que podem ser facilmente encontrados nas anotações. Nessa hora os livros já são guardados, ou ficam ali só para conferir. Daqui para a frente, trabalha-se com um volume de material que foi reduzido a poucas páginas: aqui havia vinte páginas de anotações. Quinze páginas são manejáveis, dá para se trabalhar com elas; já com dez ou vinte livros não se sabe mais por onde começar. É uma questão de escala.

Então, até as páginas 5 e 6 eu estava usando o livro de Karen Armstrong, e portanto tudo isso vem para a primeira coluna. Na página 7 começa BB,

Brigid Brophy, e aí, nas anotações relativas a ela, uma parte vai para cada coluna, segundo o tema a que se referem. Por exemplo: ainda na primeira coluna, página 7: "diferença entre impulso irracional e *working out* consciente, elaboração consciente. Inteligência artística de Mozart". Ela fala em algo a que chama *inteligência artística*, que não é uma questão de faculdade de raciocínio, mas é a habilidade para inventar elementos dramaticamente eficazes. No caso de um compositor de teatro ou de ópera, é preciso que na música apareçam elementos dramáticos capazes de manter o interesse do público durante três horas numa história sem pé nem cabeça, como são as histórias das óperas.

Voltando às anotações: "Capacidade de criar universos amplos e profundos é uma forma de experiência; o criador anima e o apreciador reanima"; o apreciador, o ouvinte entra na pele do criador e participa, recria na sua própria imaginação tudo aquilo que o criador foi fazendo.

Ainda na página 7 das minhas anotações, havia algo que foi para a segunda coluna, porque se referia a Mozart e seu complexo de Édipo: "*Don Giovanni*, como *Hamlet*, é uma autobiografia inconsciente. Temas velhos adotados por Mozart. Don Giovanni mata o sogro – a ópera o apresenta como culpado, mesmo se em própria defesa: *parricídio*". Esse é um tema interessante: o Comendador morreu porque desafiou Don Giovanni para um duelo; sendo Don Giovanni um espadachim reconhecido, tem escrúpulos e não quer, de início, lutar com o velho. Ele diz: isso é vergonhoso, porque o Comendador não tem a menor chance. Então, Don Giovanni tem o impulso cavalheiresco de não matar um velho indefeso. Mas como é desafiado pelo outro, que tira a espada e vai para cima dele, obviamente se defende e mata o adversário.

Nesta hora Don Giovanni não é criminoso, de forma alguma; ele só se torna passível de punição quando pratica uma blasfêmia, o que é muito diferente. Esta ocorre na cena do cemitério: Don Giovanni manda Leporello convidar a estátua para jantar. Aqui, ele está infringindo as leis morais de respeito aos mortos, e por isso vai ser castigado, além de o ser pela sua soberba e pelos inúmeros pecados sexuais que cometeu.

Don Juan é uma figura de filho rebelde. Do ponto de vista do inconsciente, isso expressa a rebelião do filho contra o pai, do mais jovem contra o mais velho; e nesse sentido, justificado ou não pelas regras da cavalaria, matar o Comendador é um parricídio. E, como todo parricídio, tem que ser punido pelo pai de todos os pais, que é Deus. Então, Brigid Brophy vai fazer uma interpretação das figuras da ópera em termos do complexo de Édipo, mostrando que as mesmas posições são ocupadas por personagens variados; mas estes são desdobramentos da mesma posição. Este é um interessante recurso técnico da interpretação psicanalítica, e que merece ser assinalado.

Recentemente bati o olho num estudo que eu mesmo fiz sobre essa questão.[1] Trata-se do desdobramento da figura do pai em diferentes personagens, na cerimônia da circuncisão. A interpretação consiste em mostrar que, nesta pluralidade de figuras, Fulano, Sicrano, Beltrano, é a *mesma* posição paterna que está sendo ocupada, como que fracionada entre diferentes pessoas empíricas.

No ritual da circuncisão, isso aparece da seguinte forma: a criança, que designo como o número 3, é trazida para circuncisão e apresentada ao *mohel* por um padrinho. Este padrinho é uma figura que representa o pai, o qual está entregando seu filho para que o *mohel* – o cirurgião – o circuncide. O *mohel* também representa um aspecto do pai da criança, porque é ele quem executa o ato pelo qual este pai da criança faz uma oferenda ao seu próprio pai. Na minha leitura, o ritual visa acalmar a ansiedade de castração do filho (por ele ter tido um filho) diante do seu próprio pai.

Onde está o desdobramento? O avô é 1, o pai é 2 e o filho é 3, mas tanto 1 como 2 aparecem refratados em mais de uma pessoa: por exemplo, o pai da criança – o 2 – está fracionado no padrinho e no circuncidador. Qual a relação que une esses diferentes elementos? A interpretação via complexo de castração, angústia, etc. – ou seja, que mobiliza os elementos da psicanálise – repousa sobre a identificação, através dos personagens da cerimônia, das *posições* do triângulo edipiano. Ou seja, encontra-se uma certa estrutura por trás da pluralidade de personagens.

O que Brigid Brophy faz com a ópera de Mozart é exatamente a mesma coisa. Temos Don Juan, o Comendador, a filha do Comendador, etc. Quando

---

[1] Cf. *Psicanálise e Judaísmo: Ressonâncias*, (1988), Imago, 1995, capítulo 2.

ela faz sua leitura em termos psicanalíticos, o Comendador se torna uma figura paterna, Don Juan é uma figura de filho rebelde, e assim por diante; a possibilidade de usar a teoria do complexo de Édipo para entender a história repousa sobre a validade destas substituições. É uma regra de três. Se no complexo de Édipo é assim, assim e assim, se nessa história as posições são ocupadas por tais e quais pessoas, então conclui-se que, etc.

Esta é uma questão fundamental em qualquer interpretação psicanalítica, seja de uma obra literária, seja do discurso do paciente. Quando o sujeito diz: "O barulho lá fora me irrita", e o analista entende: "você está bravo comigo", ou "o barulho na sua cabeça, nas suas associações e nas suas fantasias deixa você angustiado", ou qualquer coisa assim, e faz uma interpretação que parece de pato para ganso, ela está fundamentada em uma analogia julgada pertinente; está-se usando exatamente o mesmo recurso.

O princípio que justifica esse tipo de interpretação é que, de todas as ideias passíveis de surgir na cabeça do paciente, surgirão aquelas que de alguma maneira *dão forma* a uma experiência que está ocorrendo nesse momento. Ou seja, se o indivíduo está vibrando, pulsando em termos de alegria, surgirão representações ligadas à alegria, aquelas que estiverem disponíveis no seu estoque: o que aconteceu ontem, uma festa, alguma coisa que ele leu ou viu em um filme, e assim por diante. Há uma relação entre o tipo de afetos, o paralelogramo de forças vigente naquele momento, e nós aqui na sessão. As imagens que vão ocorrer à pessoa na dita associação livre (que sob esse prisma não tem nada de livre, apenas expressa em termos de representações o clima afetivo predominante), são as que expressam as tendências operantes naquele instante.

O que Brophy faz, agora voltando a ela, é exatamente isso: mostra de que forma é possível ler nas entrelinhas da história os elementos de natureza inconsciente que ali estão presentes.

Nas colunas, isto vai sendo inscrito item por item, acompanhando as anotações. Voltando à segunda coluna: na página 8 tal coisa, na página 9 tal outra coisa: "ambivalência de Mozart", etc. "Material adequado à experiência destes sentimentos de culpa, seria um fantasma redivivo? Pedido de perdão ao pai, por ter pecado na ilustração (*Bodas*, por exemplo). A punição era contar a história de Don Juan, a estátua era reanimada." Todas estas anotações telegráficas são depois desenvolvidas no artigo.

Há também uma ideia de Brophy que eu achei muito grotesca, e não coloquei no meu texto: a ideia de que a estátua, por ser vertical e de pedra, representava o pênis ereto, e portanto o medo de impotência do filho por ter pecado contra o pai. Mas incluí a comparação da ária de Donna Elvira (*Mi tradi*) com o solilóquio "Ser ou não ser", por causa da hesitação: isto é explicado no próprio artigo.

A terceira coluna enfeixa o que obtive a respeito da interpretação do Iluminismo, e informações gerais, por exemplo: "Don Giovanni é uma história que vem da Contra-Reforma, mostrando o que acontece com os pecadores. Don Giovanni é também um herói ilustrado e um aristocrata libertino: comparar com o conde Almaviva. Outras figuras de criadores que se defrontam com a criatura que os supera: Pigmalião e Galateia". Aqui, há uma outra linha de associações que não foi seguida, porque me levaria para muito longe dos temas que desejava tratar no artigo. De fato, a relação do criador com a criatura tem algo a ver com a relação entre o autor e sua obra, mas não tanto com o processo da criação, onde os afetos têm papel maior. Para mostrar isso, é preferível seguir o processo de elaboração dela, como fui fazendo no decorrer do artigo.

Em resumo: essa parte, que vocês podem olhar com cuidado depois, coloca um conjunto de temas próximos uns dos outros, e termina no que eu denomino a *estrutura do artigo*, esquematizada pelo Conjunto C.

Conjunto C - Estrutura do artigo

I- Processo de criação em geral

- Expressão + técnica (Ferreira Gullar, Brophy, Morel ...) – *Metade de mim*.
- Processo da experiência religiosa: *profetas, Maomé* (vínculo com o pai).
- Dor? *uma em especial* – Freud julgava a maior a da morte do pai.

II- Mozart e Hamlet

- CE dele – alusão a *Hamlet*.
- Iluminismo como revolta contra os *pais*, iluminismo de Mozart.
- Elaboração em *Don Giovanni*: Deus-Pai, vingador.
- Temas da vingança   → em DG — ária "Or sai chi l'onore".
   → nos profetas.

III- Metapsicologia da vingança

- Freud, *Amor de transf.* – desdém/desprezo.
- Freud, sonhos – figuras paternas.
- Deus nos Profetas: *Pai* → N, vergonha
- Vingança e CE → humilhação do pai: Shakespeare/Mozart: *mi tradì*.
- Samba *Vingança* – análise: vergonha.

Agora, o que se trata de decidir é em que ordem esses elementos vão ser utilizados. Decidi que iria fazer da forma como está marcado neste conjunto C: (começar com observações sobre o processo de criação em geral, e enumerei aqui: "expressão e técnica, Ferreira Gullar – que deu uma conferência no mesmo ciclo, e eu imaginava utilizar alguma coisa desta conferência – Brigid Brophy", etc. A canção de Chico Buarque *Metade de Mim*; depois, "dor em geral e uma dor em especial, que Freud julgava a maior de todas (a questão do pai); processos da experiência religiosa, profeta Maomé, vínculo com o pai".

Decidi, nesse caso, ir do geral para o particular, e depois, novamente, desse particular para uma conclusão geral, *que não devia ser idêntica àquilo com o que se começou.*

Em segundo lugar haveria uma parte sobre *Hamlet* e Mozart, que ia ser o miolo do artigo: "complexo de Édipo dele – alusão a *Hamlet*, a questão do Iluminismo, a revolta contra os pais; o iluminismo de Mozart; em seguida o tema da elaboração em Don Giovanni, Deus-Pai, vingador. O tema da vingança em Don Giovanni e a ária "Or sai chi l'onore", e este tema nos profetas.

Assim, a sequência ia ser a seguinte: começar com a questão da dor em geral. Observação sobre o criador em geral, especificando para a questão da dor da perda do pai. Ilustrar isso com a questão da experiência religiosa, que também dá origem a criações literárias de grande beleza e impacto. Falar dos profetas, em especial de Maomé. Ou seja: circunscrever um plano mais geral, e nesse caso, na hora de escrever, eu iria ao diagrama das colunas, para saber o que incluir em cada momento do texto. Esta é a utilidade do diagrama.

Em seguida, deveria haver alguma transição para o tema Mozart/*Don Giovanni*/*Hamlet*. Isso podia ser feito justamente através da questão do pai. Quer dizer, da dor em geral para o Édipo, via a dor da perda do pai: é uma espécie de dominó. O jogo de dominó funciona exatamente desta forma; nas pedrinhas, uma metade é igual à anterior, e a outra é diferente. Esta por sua vez é igual à metade de uma terceira, que por sua vez se combina com uma quarta, e assim vai. O que dá *continuidade* ao texto é o princípio do dominó. Cada elemento novo tem que estar introduzido por um gancho, por uma faceta do dominó que o vincule ao anterior.

Aqui isto funciona assim: dor em geral → dor da perda do pai; pelo elemento *dor* está ligado à dor em geral, e pelo elemento *pai* vai entrar o complexo de Édipo: este é o dominó. O termo intermediário é *dor da perda do pai*; *dor* remete para o elemento anterior, *pai* para o seguinte.

Esta função de dobradiça exercida por um determinado tema é uma coisa muito interessante, que a meu ver precisa ser pensada *antes* de começar a escrever: quais, entre os elementos de que dispomos, podem exercer a função de dobradiça? Para cá da dobradiça é um tema, para lá da dobradiça é outro. Assim se tem uma espécie de coluna vertebral do texto, que está organizada *antes* de começar a escrever, pelo menos nas suas principais linhas.

No item 2 temos a mesma coisa: Mozart, *Don Giovanni*, o que eu tinha utilizado do livro dessa senhora inglesa. Fui colocando: complexo de Édipo dele – alusão a *Hamlet*, elaboração em *Don Giovanni*; Deus-Pai, vingança; Iluminismo como revolta contra os pais; iluminismo de Mozart, porque essa era a ordem em que os temas apareciam nas colunas. Em seguida me dei conta de que, depois do trecho "complexo de Édipo dele - alusão a *Hamlet*", seria melhor falar não da elaboração, mas do Iluminismo como revolta contra os pais. O tema do pai teria então uma vertente psíquica e uma vertente cultural. Dessa vertente cultural – revolta contra a religião – sairia todo um desenvolvimento; e em seguida, da outra parte, viria o tema da vingança, que era a dobradiça com o terceiro elemento.

Então ficou: "complexo de Édipo de Mozart - alusão a *Hamlet*: Iluminismo como revolta contra os pais, o iluminismo de Mozart". Aqui vemos o mesmo princípio, do geral para o particular: no geral é assim, neste caso é assim. Da relação dele com os pais – simbólico e real – à elaboração do complexo em *Don Giovanni*; em *Don Giovanni*, a figura do pai vingador, através do Comendador, e daí para a relação com a religião, na medida em que o Comendador também é uma figura religiosa.

E assim se abre espaço para o que, no artigo, eu queria discutir com mais detalhe: a estrutura do desejo de vingança. Uma vez feita a análise de *Hamlet* e de *Don Giovanni*, interessava a mim, como psicanalista, aprender alguma coisa sobre como é o ser humano, a partir destas obras de arte.

Para isso, já havia decidido tomar o tema da vingança e procurar entender como ele funciona. Daí o item 3: *metapsicologia da vingança*. Temos aqui: "Freud, amor de transferência", o tema do desdém e do desprezo, que mencionei na aula 2; "Freud, sonhos – figuras paternas; Deus nos Profetas, figuras de Pai, narcisismo, vergonha; a vingança e o complexo de Édipo → humilhação do pai: Shakespeare/Mozart: *mi tradì*, me traiu; samba da vingança – análise e ligação com a vergonha". Esta sucessão de anotações diz respeito à parte final do artigo.

No projeto desse artigo, havia uma parte mais ou menos conhecida, que não trazia grandes novidades em termos de teoria psicanalítica: quando o pai morre, o filho passa por uma situação difícil; a elaboração dessa situação é ligada à culpa, ao remorso, à agressividade, e pode resultar em uma obra de arte, a qual vai mostrar os traços do processo que a engendrou. A demonstração prática disto em *Don Giovanni* é interessante, mas não é uma coisa nova. É um tema tradicional, apenas ilustrado com um novo exemplo.

Como eu não queria ficar nisso, tinha que encontrar alguma coisa um pouco mais original, pela qual valesse a pena esse trabalho todo. Tudo indicava que eu havia encontrado esta possibilidade na questão da vergonha e da vingança e na análise, feita no final do trabalho, da metapsicologia desses sentimentos. É uma análise para ser discutida e questionada; talvez daqui a três anos eu pense diferente, mas no momento era o que eu tinha a dizer a esse respeito.

Há outra ideia original neste artigo, a partir do caso de Mozart; não cheguei a desenvolvê-la, talvez um dia eu a elabore melhor. É a ideia de que pode haver complexos de Édipo em forma de *double bind*, como o do próprio Mozart, que nem é inteiramente esmagado pela figura paterna castradora, nem chega, na elaboração do complexo, até o ponto de um luto suficiente da figura paterna. Fica o acúmulo; ser e não ser, eis a questão – não *ou*, mas *e*. O problema teórico aqui era não fazer isso de maneira chapada, levando em conta o destino peculiar da agressividade, trabalhando com uma certa figura da identificação, um conjunto de coisas que estão aí apenas indicadas, porque não pude desenvolver mais. Por fim, vem essa outra parte, a da vingança e da vergonha, que é uma questão teórica colocada para a discussão dos leitores.

Com isso, o artigo já fica com um tipo de estrutura muito diferente do que era o caso no final da aula passada, em que tínhamos uma multidão de ideias, algumas interessantes e outras menos, algumas mais distantes do tema, outras mais próximas, mas em todo caso algo completamente *informe*. O que quis ilustrar com esta aula é uma etapa onde há menos elementos primários e mais elementos do processo secundário: a construção do jogo de armar, utilizando o princípio do dominó. Como, naqueles elementos de que dispomos, se podem encontrar as mediações que servirão de passagem entre um tema e outro? Acho muito bem gasto o tempo empregado pensando nestas mediações, de maneira que, na hora de escrever, tenhamos alguma ideia de por onde começar, aonde queremos chegar, e quais as etapas intermediárias que serão percorridas.

A ideia de colocar os assuntos em colunas, ou algo equivalente, permite ter uma primeira visão do conjunto do material. No início, são vários livros, somando centenas de páginas. O fichamento deles os converte em vinte páginas de anotações. Agora, com o diagrama, são duas ou três páginas que podem ficar na nossa frente, e que dão uma noção do roteiro a seguir. Ou seja, foi feita uma miniaturização da informação, que agora está disposta de forma a facilitar a consulta.

Com isto concluímos a segunda etapa, o "jogo de armar". Na próxima aula, vamos ver mais de perto como ficou o próprio artigo.

4. O encadeamento das ideias

Depois de seguirmos passo a passo a fase da associação livre e a fase do dominó, vamos ver hoje como ficou a execução do trabalho, o artigo propriamente dito. Para não sobrecarregar este volume, transcrevi abaixo somente os parágrafos que serão discutidos nesta aula. O texto completo encontra-se no número 15 da *Percurso*, e também na coletânea *Tempo de muda*, cuja segunda edição foi lançada em 2021 pela Editora Blucher.

"Tempo de muda"

> *O que é a muda para os pássaros, a época em que trocam de plumagem, é a adversidade ou a infelicidade, os tempos difíceis, para nós, seres humanos. Uma pessoa pode ficar neste tempo de muda; também pode sair dele como que renovada.*
>
> Vincent van Gogh, carta 133 a Theo

1. Que a emoção seja um dos fatores que impulsionam o artista à criação, eis uma ideia que poucos se atreverão a recusar. Mas a emoção apenas não basta para fazer surgir a arte; ela deve ser transformada e expressa num

meio gestual, plástico, sonoro ou verbal, para que possa contribuir à gênese de uma obra. É preciso que o artista dê forma à sua experiência, e a forma não é uma questão de afetos. É uma questão de cultura, neste termo estando incluídos o domínio das técnicas apropriadas a cada meio, a história das obras que nele já se compuseram, o estilo, os debates contemporâneos, o repertório das maneiras de representação comuns a uma época ou a um círculo, e outros elementos mais.

2. A própria ideia de *experiência* convida a pensar. Uma vivência rotineira não costuma ser apta a pôr em marcha o processo de criação; ao que parece, uma certa intensidade afetiva que não se enquadre nos esquemas habituais do sujeito, que transborde os limites do cotidiano, parece indispensável como disparador da necessidade artística. Esta intensidade pode estar associada a diversas emoções: alegria, tristeza, amor, medo, compaixão, ódio, etc. O decisivo parece residir no abalo infligido às certezas costumeiras, ao deslizar sem obstáculos da existência, à tranquilidade de estar no mundo e de nele conviver com outros seres humanos. Neste sentido, *uma* experiência é algo que se recorta contra o pano de fundo mais ou menos neutro *da* experiência do dia a dia; introduz um *a mais* de excitação que a psique tratará de *ligar*, isto é, vincular a representações, utilizando-a como combustível para um trabalho mental. Nem sempre este trabalho dará origem a uma obra de arte: a psicanálise nos ensina que ele pode suscitar um sonho, um devaneio – ou uma neurose. O que nos interessa neste colóquio é o caso em que a experiência resulta na construção de uma obra que o incorpora, o elabora e o transcende.

3. A dor pode ser concebida como uma das modalidades em que este choque é sentido; dor psíquica, entende-se, já que a dor física exige alívio imediato, até como imperativo da autodefesa e da sobrevivência. Quando sofremos no corpo, não podemos pensar em outra coisa, pelo menos até que o sofrimento seja reduzido a um grau suportável, o que significa precisamente que ele se incorpora ao "pano de fundo" e deixa de ser a *Gestalt* que conforma a experiência. Já o sofrimento psíquico – que, repito, não é a única forma do abalo emocional – justamente por ser psíquico, pode encontrar vias psíquicas de ligação/elaboração/alívio que eventualmente conduzam ao nascimento de uma obra. Este é um momento intermediário no processo

vinculador, uma cristalização provisória que por sua complexidade mesma, pela obrigatoriedade de passar por outros canais que não o puro sentir, permite uma poderosa catarse. Mas, dependendo da natureza e da intensidade do sofrimento, a criação da obra pode não bastar para esgotá-lo. A expressão dele talvez necessite ainda de outras obras, ou, apesar da criação, ele pode se manter tão forte e parecer tão insuportável que o artista se veja conduzido ao desespero – o qual é fracasso, não da arte, mas da vida. Van Gogh artista foi dos maiores, mas isso não impediu Van Gogh, o homem, de se suicidar.

Mysterium terrible et fascinans

4. A transformação da dor em algo diferente dela é um momento essencial do movimento criador. A própria verbalização do *sentido-como-dor* já implica um certo distanciamento, uma superação da experiência que ao mesmo tempo a prolonga e a transcende. Temos um testemunho disso num campo em certos aspectos semelhantes ao da criação artística, o campo da experiência religiosa. Os profetas hebreus descreveram em palavras inesquecíveis o momento essencial desta experiência, o confronto com a Presença aterradora da divindade. Isaías, que viveu em meados do século VIII a. C., a narra em termos vívidos: teve uma visão do Senhor assentado sobre um trono, e seu séquito enchia o Templo, enquanto os serafins clamavam "*kadósh, kadósh, kadósh Adonái Tzevaót, meló kol haáretz kevodó*" (Is. 6:5). Esta passagem costuma ser traduzida como "Santo, santo, santo é o Senhor dos Exércitos, toda a Terra está cheia da Sua glória". Mas "santo" não expressa o sentido exato do hebraico *kadósh*, que significa "inteiramente separado, radicalmente outro". Aquilo com que Isaías se depara, e que toma para ele – como aristocrata e membro da família real – o aspecto de Deus sentado sobre um trono, é a alteridade absoluta, aquilo que não tem registro na experiência dos homens, e que Rudolf Otto chamou de *mysterium terrible et fascinans*[1] – mistério terrível porque choca e enche de terror, mistério fascinante porque manifesta um imenso poder de atração. Uma vez seus lábios tocados com o carvão em brasa, porque eram impuros e indignos de

---

[1] Cf. Karen Armstrong, *A History of God*, Ballantine Books, 1994, p. 41.

proferir a palavra do Eterno, Isaías responde ao chamado *"hinêini, shlakhêini"* – eis-me aqui, envia-me.

5. A relutância dos profetas em aceitar o encargo que Deus lhes ordena assumir – Moisés diz que é "duro de fala", Jeremias protesta, Ezequiel tem literalmente que comer o rolo de pergaminho em que está escrito o que deve dizer – expressa a violência e o impacto aterradores, a angústia indescritível da experiência que os avassala. O primeiro da série dos profetas éticos, Amós, é forçado a profetizar ("o leão ruge: quem não terá medo? O Senhor Yahveh chama: quem não profetizará?" – Am. 3:8). Oséias fala do conhecimento de Deus – *"dáat Elohím"* – com o mesmo termo empregado pelo Javista para designar a relação carnal entre Adão e Eva. Jeremias grita de dor: "meu coração está alquebrado dentro de mim; todos os meus ossos estremecem; sou como um homem embriagado, e como um homem vencido pelo vinho, por causa do Senhor e por causa das *divrei kodshó* – das palavras de sua santidade/alteridade radical" (Jer. 23:9). Violência da penetração pelo divino (pela angústia, metaforizada como o numinoso) que lembra um estupro, e embriaguez que age com suavidade: *mysterium terribile et fascinans*, defloração e sedução, como nota Karen Armstrong.[2]

6. Talvez o relato mais impressionante desta transformação da angústia em palavras seja o que nos deixou o fundador do islamismo. Em 612 d.C., este homem iletrado, mas profundamente inquieto com o destino do seu povo, é arrebatado por uma visão que o deixa em estado de choque. Segundo a tradição muçulmana, um anjo lhe apareceu e lhe ordenou: "Recita!" Maomé se recusa a "recitar", imaginando que o anjo estava exigindo que saísse pelas ruas de Meca predizendo o futuro ou indicando o paradeiro dos camelos desaparecidos no deserto. O anjo então o abraça com força tal que ele se sente sufocar; isto é repetido três vezes, e só na terceira Maomé cede. Então surgem nele as primeiras palavras do texto a recitar – *Kur'an* – sem que ele saiba exatamente o que lhe está acontecendo. Consolado e acalmado pela esposa, o Profeta se convence gradualmente de que esteve em contato com Alá, o Supremo. Durante vinte e três anos,

---

[2] Armstrong, *op. cit.*, p. 55 ss. A analogia com a violência sexual é do próprio Jeremias: cf. Jer. 20:7-9.

periodicamente, este choque se repete, às vezes mais, às vezes menos avassalador. De sua reiteração resultou o Alcorão; as revelações eram aterrorizadoras, o Profeta transpirava profusamente, a alma parecia estar-lhe sendo arrancada do corpo.[3] A revelação era muitas vezes inarticulada, "como as reverberações de um sino", e Maomé precisava ouvi-las atentamente até que, por assim dizer à sua revelia, elas ganhassem algum sentido. A surata 75 do Alcorão descreve este processo:

> "Não movas a língua (repetindo as palavras da revelação)
> pois vê! Nós é que a reuniremos (no teu coração)
> e faremos com que seja recitada (como deve ser recitada).
> Assim, quando Nós a recitarmos, tu segue a formulação (com toda a tua mente)
> e então, vê! Nós tornaremos claro o seu sentido."[4]

7. Maomé estava compondo, como notou Armstrong, um dos mais belos e comovedores textos da literatura universal, e esta descrição do processo pelo qual literalmente ele se compunha em seu espírito revela bastante do que pode ser a experiência da criação, quando acompanhada de afetos intensos: estes o tomam por inteiro, inclusive fisicamente, e só aos poucos, desta massa de sensações, de fragmentos de palavras e de sentimentos, é que vão-se destacando simultaneamente o sentido e a forma. Apenas então o trecho pode ser "recitado". Não é preciso tomar ao pé da letra a ideia de que nestas ocasiões a divindade se manifestava ao Profeta; basta perceber que estamos diante de uma poderosa vivência emocional, interpretada nos termos que a cultura oferecia – como revelação divina – e que dá lugar, de modo convulso e fragmentário, às suas expressões, no caso poéticas e literárias. A expressão traduz em representações algo que, como matéria bruta, não pode ser representado, mas apenas sentido – e estas representações vão assumindo a forma de "palavras para recitar", isto é, versos ritmados e encadeados em estrofes. A virulência do vivido transpõe-se

---

3   Armstrong, *op. cit.*, p. 140.
4   Alcorão, 75:17-19, citado por Armstrong, *op. cit.*, p. 139.

como poder evocador no discurso, em Maomé como nos profetas bíblicos: ele é construído como imagens de forte impacto, de uma beleza sombria, grandiosa e solene. Constrói-se uma língua nova, que cria suas próprias regras retóricas e torna-se capaz de veicular toda a gama de emoções que o orador experiencia, assim como toda a gama de emoções que ele quer despertar no seu público – terror, exaltação, admiração, arrependimento, esperança, indignação...

8. Pouco sabemos, porém, das origens pessoais destes textos poderosos. Isaías, Jeremias e Maomé são figuras demasiado distantes de nós para que possamos sequer tentar compreender ao que neles, como pessoas, respondiam as visões que tiveram. Para o psicanalista, é necessário mais: em primeiro lugar, uma dor específica, de cujo exame se possam talvez tirar ilações gerais; e, em segundo, uma informação mais precisa sobre as maneiras pelas quais o sujeito a experimenta, algo comparável às associações do paciente em sessão, com todo o seu caos aparente e com toda a sua riqueza de conotações. Este tipo de informação só pode ser fornecido, fora do processo analítico, por dados biográficos e por documentos tais como obras específicas, depoimentos, cartas, retratos, etc. Por esta razão, vamos dar agora um salto de vários séculos e examinar uma história de vida, ou melhor, momentos de uma história de vida, que estão bem documentados e que encontraram expressão numa obra ainda hoje enigmática: refiro-me a Mozart e à sua ópera *Don Giovanni*.

O tema e suas ressonâncias

9. Entre as experiências de dor que podem ser vividas por um homem, a morte do pai é das mais intensas, ou, a crer no que escreve Freud no prefácio à segunda edição da *Interpretação dos sonhos*, "o acontecimento mais significativo, a perda mais cortante na vida de um homem".[5] Para alguns criadores, e dos maiores, a reação à morte do pai se materializou numa obra de grande envergadura, na qual são naturalmente perceptíveis os

---

5 Freud, Sigmund. (1908). *Die Traumdeutung, Vorwort zur zweiten Auflage, Studienausgabe*, Frankfurt, 1976, volume II, p. 24. As obras de Freud citadas neste livro o são a partir desta edição (SA).

traços da experiência *e* da elaboração da experiência: o próprio Freud escreveu a *Interpretação dos sonhos*, Van Gogh pintou *Os Comedores de Batatas*, Shakespeare produziu seu *Hamlet*, e Mozart compôs *Don Giovanni*.

10. A ópera foi escrita no verão de 1787; o pai de Mozart, Leopold, faleceu em 28 de maio, e o espetáculo estreou em Praga em 29 de outubro. Mozart vinha de um êxito estrondoso, o das *Bodas de Fígaro*, cujo tema fora escolhido por ele e em cujo tratamento libretístico por Lorenzo da Ponte o compositor colaborou ativamente. O enredo das *Bodas* é de desafio ao *Ancien Régime*: o astuto Fígaro consegue evitar que sua noiva seja seduzida pelo Conde Almaviva, derrotando a prepotência da nobreza e mostrando que as velhas distinções de casta estão a caminho do fim. Ao escolher este tema e ao dar-lhe a esplêndida forma musical que conhecemos, Mozart coloca-se do lado da Ilustração contra a ordem estabelecida, na medida em que a autoridade do Conde, descrita como tirânica, vem a ser derrotada pela inteligência do jovem lacaio e pela cumplicidade das mulheres (e do pajem Cherubino) com ele. Esta opção não é inocente, nem em termos político-ideológicos, nem em termos emocionais: ser adepto do Iluminismo significa opor-se à monarquia absoluta e à religião católica, tomar partido pela razão e pela liberdade, desafiar a tradição e o costume. Significa por isso uma retomada – mediatizada como se quiser, mas ainda assim uma retomada – do conflito edipiano, porque afirma o direito dos filhos contra a imposição dos pais, e esta afirmação não é sem riscos no universo do inconsciente. Desde a "querela dos Antigos e dos Modernos", a Ilustração foi uma corrente de pensamento propícia a ser investida emocionalmente como revolta contra os pais, representados metaforicamente, no campo da sociedade e da cultura, pelo poder constituído dos monarcas e pelo poder espiritual da Igreja. Revolta simbólica na área do racional e do público, mas também, e principalmente, revolta experienciada afetivamente, psiquicamente, pelos autores iluministas.

[...]

15. Os objetos queridos são no inconsciente alvo de grande ambivalência, e talvez o mais completo exemplo desta ambivalência seja o que se manifesta no complexo de Édipo. "O desejo assassino que um filho cultiva em relação ao pai, que por outro lado ele pode admirar, inconscientemente, se dirige

contra si mesmo, quando a situação infantil se vê recrudescida. Amar e imitar, coincidentemente, é o protótipo da ambivalência nas relações humanas; e o protótipo por excelência dos escrúpulos que atormentam os enlutados é a recriminação que o filho dirige a si mesmo, quando a situação infantil vê acrescida a sua intensidade através da morte real do pai", escreve Brigid Brophy parafraseando Freud.[6] A situação emocional de Mozart, quando seu pai morreu, não foi diferente da de tantos filhos; ao contrário, pelas circunstâncias muito específicas que plasmaram a relação entre eles, foi extremamente acentuada, no sentido de uma exacerbação do conflito edipiano. Este é o motor oculto da composição da ópera.

Um Édipo em *double bind*

16. Mozart era um músico, filho de um músico, com quem manteve uma ligação de extrema intimidade durante quase toda a sua vida – morreu menos de cinco anos após o pai. Leopold Mozart supervisionou toda a educação do menino-prodígio, ensinou-lhe o ofício de instrumentista e de compositor, abriu mão de seus projetos pessoais para transformar a carreira do filho num projeto pessoal, e controlou minuciosamente, em pessoa ou por carta, todos os detalhes da existência de seu pupilo. Sem chegar a ser um *padre padrone,* como tentou ser o de Beethoven, foi sempre vigilante, contribuindo para criar uma relação de grande proximidade com o jovem e depois com o adulto. Este, por sua vez, confia no pai e lhe expõe a alma em centenas de cartas, comentando cada aspecto de sua vida e de modo geral aceitando a orientação tanto artística quanto moral que aquele lhe propicia.

17. Mas a dor não paralisou Mozart. O conflito insolúvel entre o ódio ao pai e o amor por ele encontrou uma via de elaboração na ópera, através das peripécias do enredo e das significações dramáticas de cada personagem. A lenda de Don Juan havia sido tratada por Molière, que Mozart leu, e por uma ópera recentemente encenada em Viena, de Bertati e Gazzaniga. Os temas de vingança paterna, da punição do parricídio e dos desejos

---

6   Brigid Brophy, *Mozart the Dramatist,* Da Capo Press, 1988 (1964), p. 237.

sexuais proibidos eram, como é óbvio, muito adequados para representar as complexas e poderosas emoções suscitadas pela perda do pai. A ambivalência mozartiana em relação às figuras paternas encontra eco, aliás, em outro personagem do mesmo gênero, o Sarastro da *Flauta Mágica*: sábio e tolerante, ele no entanto raptou Pamina, faz sofrer a Rainha da Noite e a própria Pamina, deixa-a passar por perigos (por exemplo com Monostatos), e de modo geral tem atitudes muito pouco suaves. Sarastro corresponde, no entanto, a um outro momento da elaboração por Mozart do seu complexo paterno, pois apesar de tudo é um pai que se reconcilia com o filho, e o acolhe na Maçonaria após o calvário da iniciação. Incidentemente, esta iniciação é uma descida aos infernos (como a de Don Juan, e como a de Orfeu, a flauta substituindo a lira), da qual o herói retorna (à diferença do que acontece com Don Juan) e retorna com a esposa (ao contrário do que acontece com Orfeu).

18. O que, na ópera, pode ser visto como fruto da elaboração da perda? Em primeiro lugar, a ideia do fantasma. Um fantasma é a negação da morte; equivale à ideia de que o pai não morreu, mas permanece vivo e vigiando os passos do filho. A estátua animada representa a realização do desejo de que o pai não tenha morrido, e a reunião com ele (ainda que no Além) se concretiza no decorrer da trama. Mas a visita do fantasma é também punição ao filho pelo ódio inconsciente, na vida real, e na ópera pela dupla ofensa do duelo e do convite. Punição que não pode ser realizada pelos personagens humanos: o crime de Mozart, identificado com Don Juan, é de outra ordem, acima e além da violação da lei civil. A ambivalência aparece ainda no fato de que Don Juan não *morre*: não deixa atrás de si um corpo, mas é levado ao fogo infernal de corpo e alma. Brigid Brophy, em quem me baseio para estas considerações, nota com muita argúcia que o ímpeto rebelde materializado em Don Juan se torna desta forma propriamente imortal. *Don Giovanni*, diz ela, é um ato de submissão muito ambíguo.[7] Ambíguo, como disse atrás, porque retoma uma lenda católica contrária ao espírito do Iluminismo, mas a trata de modo tal que o compositor aparece identificado com o pecador, ainda que este pereça no fim. A religião vence, mas o coro que encerra a ópera é tão carola, tão

---

7 Brophy, *op. cit.*, p. 256.

santimonioso, que é impossível não perceber uma nota irônica, cuja inteira responsabilidade incumbe a Mozart.

Don Giovanni e *Hamlet*: paralelos

(...)

21. Perda do pai ou perda do filho, ambas são perdas, e muito dolorosas. O que se perde nesta perda é mais do que um membro da família; entre pais e filhos, existe um complexo jogo de identificações cruzadas, e a perda é por isso também perda de uma parte de si. O mesmo vale para a perda de um cônjuge, no qual, tantas vezes, estão depositadas funções de pai/mãe ou de filho/filha. É o que Chico Buarque expressa, magistralmente, quando na *Ópera do Malandro* Teresinha e Max Overseas se despedem com versos que bem poderiam estar na boca dos personagens de Shakespeare ou de Mozart:

> *Oh! pedaço de mim*
> *Oh! metade arrancada de mim*
> *Leva o vulto teu*
> *Que a saudade é o revés de um parto*
> *A saudade é arrumar o quarto*
> *Do filho que já morreu*
> *Oh! pedaço de mim*
> *Oh! metade amputada de mim*
> *Leva o que há de ti*
> *Que a saudade dói latejada*
> *É assim como uma fisgada*
> *No membro que já perdi*

22. Não é difícil imaginar que a saudade, a fisgada no membro que perdi, presentifica exatamente este membro como meu, como existente ainda,

já que nele sinto a mordida. Movimento que se apaga e se complementa com a arrumação do quarto do filho que já morreu, e que portanto não voltará mais para pôr em ordem suas coisas. Sutil é o poeta, quando fala da fisgada *depois* de evocar o quarto vazio, indicando que a aceitação da realidade não é ainda completa, que o membro dói como se estivesse presente *depois* que o quarto do filho ausente foi arrumado: oscilação a que Freud chamou "trabalho do luto", e que só termina quando o sobrevivente renuncia a levar consigo a "mortalha do amor" – quando finalmente pode dizer "adeus".

[...]

28. A figura de pai que Mozart traçou em *Don Giovanni* é portanto sumamente ambígua, dando vazão à ambivalência da relação com seu próprio pai. Contando a história da derrota do filho rebelde, ele fazia um ato de contrição e pedia perdão ao pai; contando a história de um fantasma, reanimava o morto e lhe erigia uma estátua; contando a história da vingança de um pai, criava uma figura aterradora, que retorna do túmulo para continuar a vigiar seu filho, e aceitava que a revolta blasfema deste não fora suficiente para aniquilar o pai, cujo poder de criar e de punir – poder divino, portanto – jamais deveria ter sido desafiado, nem pelo filho carnal, nem pelo Iluminismo, que representava o pensamento e a força dos filhos.[8]

Metapsicologia da vingança

[...]

32. Naturalmente, a vingança de Don Ottavio não se realiza, cedendo lugar à do Comendador. Também em *Hamlet* é só na última cena, e quase sem perceber, que o príncipe mata Claudius, aliás ao preço de sua própria vida, usando a mesma espada envenenada com que Laerte o atingira. Freud assinala na *Traumdeutung* que "Hamlet pode tudo, menos completar a vingança sobre o homem que afastou seu pai e tomou seu lugar

---

8   Brophy, *op. cit.*, p. 241 e *passim*.

junto à mãe, sobre o homem que lhe mostra realizados seus desejos infantis reprimidos".[9]

33. Tudo se passa como se somente um pai pudesse efetivar a vingança, que, no caso de *Hamlet*, é explicitamente exigida por ele. Esta situação é bastante curiosa, já que, aparentemente, nada predestina a vingança a ser um atributo exclusivo do pai. Haveria muitos exemplos a citar em que um "não pai" exerce sem problemas uma vingança, o mais evidente sendo *O Conde de Monte Cristo*. No entanto, convém reformular a questão, pois talvez este pequeno exercício de psicanálise aplicada – ou implicada, como diz Célio Garcia – que fizemos até aqui possa nos conduzir a compreender melhor um aspecto do funcionamento psíquico *tout court*. É esta a justificativa de toda psicanálise *extra-muros*, para empregar a expressão de Laplanche: a partir de um exemplo que de início ilustra a teoria, a própria teoria pode se ver enriquecida, ou um conceito aprofundado. Tal é o caso, me parece, neste momento. Em vez de assimilar a vingança à figura do pai e incluí-la no contexto mais óbvio do complexo de Édipo, pode ser interessante nos perguntarmos *do que o pai deve se vingar*, tal que sua figura se preste exemplarmente a ser o agente da vingança, ao menos com base nos exemplos que aqui trabalhamos.

34. Voltemos um instante aos profetas bíblicos e à terrível experiência que era para eles o encontro com a divindade. Um aspecto importante da pregação dos profetas foi a rejeição da idolatria, isto é, a afirmação exaltada da legitimidade exclusiva de Yahweh e da falsidade dos outros deuses. A devastadora crítica social de que se fizeram portadores tem como contrapartida a exigência de que os hebreus cultuem apenas a Yahweh, banindo de seus corações o interesse pelos deuses canaanitas até então venerados por muitos deles. Yahweh exige fidelidade absoluta, e castigará seu povo com a destruição pelo pecado das idolatria – que é o mesmo que o da opressão social: é porque seguem outros e falsos deuses que os hebreus não se conduzem como prescreve a Lei, e oprimem seus concidadãos.

35. Ora, o castigo prometido é expresso em termos de *vingança*. Entre muitos outros exemplos, cito Jeremias, em cujo livro o tema volta com frequência: em Jer. 5:9, lemos: "*Haál êile lo efkód, neúm Adonái, veím gói kazé lo titnakém*

---

9   Freud, *Die Traumdeutung*, V, D: "Sonhos Típicos"; *Studienausgabe*, II, p. 269 ; OCCL IV.

nafshí?" (Não castigarei a estes, e com um povo como este não se vingará minha alma?). A mesma frase é repetida em Jer. 9:9. Em Jer. 46:10, o profeta fala do *"yom nekamá lehinakém mitzaráv"*, do dia da vingança do Senhor dos Exércitos contra seus adversários; e prossegue em tons dramáticos: "e a espada fartar-se-á do seu sangue, e se embriagará com o sangue deles". Para citar outro autor, no Salmo 94 surge o *El Nekamót*, o Deus da vingança, quando o salmista exclama: "Aparece, ó Deus da vingança!" (Sal. 94:11). E na conclusão do cântico, lê-se: "*Vaiássev aleihém et onám*, "e fará cair sobre eles a sua iniquidade", *uvraatám yatzmitém, yatzmitém Elohêinu*, "e com sua própria malícia os destruirá, os destruirá o Senhor nosso Deus".

36. Eis aqui uma pista interessante: é *com sua própria malícia* que os iníquos serão castigados; contra eles voltar-se-á o que fizeram com aqueles a quem prejudicaram. Olho por olho, dente por dente; estamos no território da justiça retributiva. Quem com ferro fere, com ferro será ferido; amor com amor se paga, e ódio também. Este espelhamento da ofensa no castigo é aliás um dos princípios da legislação que vigora no "Inferno" de Dante Alighieri: por exemplo os luxuriosos, que viveram em perpétua excitação e não souberam conter o fogo do desejo, são castigados com uma chuva de fogo perpétua, que nunca permite descanso às suas almas, da mesma forma como em vida elas não conheceram o repouso.

37. Nas palavras de Jeremias, Yahweh se mostra *ofendido* pela idolatria (...)

38. A vingança aparece assim em estreito vínculo com a ofensa e com a *humilhação*. Pode-se dizer que, rebaixando Yahweh à categoria de mais um entre os deuses, os israelitas o humilharam também; deixando de lado um certo antropomorfismo, inevitavelmente associado às representações de um Deus pessoal, é inegável que Yahweh manifesta sua cólera por ter sido equiparado a ídolos como Baal ou Astarté. (...)

39. Se, como começamos a suspeitar, a vingança tiver um elo interno com a humilhação, então podemos colocá-la, do ponto de vista metapsicológico, do lado do narcisismo. Neste caso, ideias como as de *dignidade, honra* e *vergonha* estarão próximas da vingança, já que dependem do registro narcísico; e esperaremos que, numa sociedade aristocrática, estes valores sejam altamente apreciados, de modo que a ofensa contra eles deva ser, propriamente,

vingada. É o que nos mostra Mozart na ária de Donna Anna, *Or sai chi l'onore*, cantada quando ela descobre que o homem que a atacara no quarto é o mesmo que Donna Elvira desmascarou:

> *Or sai chi l'onore rapire a me volse,*
> *chi fu il traditore che il padre mi tolse.*
> *Vendetta ti chiedo, la chiede il tuo cor.*
> *Rammenta la piaga del misero seno,*
> *rimira di sangue coperto il terreno.*
> *se l'ira in te langue d'un giusto furor.*

(Ato I, cena 13)

41. A vingança se mostra assim como castigo pelo desdém. É deste modo, aliás, que Freud a introduz em "Observações sobre o Amor de Transferência"; nas duas vezes em que emprega o termo *Rache*, ele aparece ao lado da *Verschmähung*, o desprezo: a paciente apaixonada "não compreende que o analista recuse seu amor, sentirá apenas o desprezo, e não deixará escapar a oportunidade de vingar-se dele"; "a paciente poderá se fazer de desprezada, e assim, por vingança e amargura, poderá furtar-se à cura".[10] Da mesma forma, nos sonhos relatados na *Traumdeutung*, a vingança surge regularmente associada à humilhação: no sonho de Irma, Freud vinga-se de Otto, que lhe trouxe um licor malcheiroso e assim ofendeu seu bom-gosto, e do Dr. M., devolvendo-lhe o ridículo em que se sentia posto por ele (o Dr. M. diz: "haverá disenteria e o veneno vai ser eliminado"). Nos sonhos de Roma, pretende vingar-se dos romanos identificando-se com Aníbal, quando seu pai lhe conta o incidente do chapéu de pele. No sonho do conde Thun, onde aliás *As Bodas de Fígaro* é explicitamente mencionada, quer vingar-se por ter recebido no trem um lugar pior do que o do funcionário do governo, e por ter que pagar um bilhete inteiro, quando aquele viaja com desconto. E no sonho das Parcas vai à desforra (*Vergeltung*),

---

10 Freud, "Bemerkungen über die Übertragungsliebe", *Studienausgabe, Ergänzungsband*, p. 224 e 227; OCCL, Vol. X.

brincando com o nome de seus conhecidos, para se vingar das incontáveis piadas que haviam feito com o seu (Freud significa *alegria*).[11]

(...)

Vergonha e vingança

43. Mas se na alma de Hamlet se agitam a culpa, o remorso, a dúvida, os escrúpulos e outras emoções mais, nela não há lugar para a *vergonha*. Este é o sentimento associado à humilhação, e que estimula a vingança. O desejo de fazer sofrer quem nos fez sofrer, da mesma forma como nos fez sofrer, é a essência da vingança; não é a sua causa. É o que percebeu Espinosa, quando, na definição dos afetos que conclui a Parte III da *Ética*, escreve: "a vingança é o desejo que, surgindo do ódio recíproco, nos impele a ferir aqueles que, a partir de um afeto semelhante, nos feriram".[12] E remete ao escólio do corolário 2 da proposição 40, nesta mesma parte: "o esforço para fazer mal àqueles que odiamos chama-se *cólera*, e o esforço para retribuir o mal que nos infligiram chama-se *vingança*". A reciprocidade no ódio revela-se assim como o atributo essencial da vingança, aquilo que a distingue da cólera, da indignação e de emoções semelhantes. É por esta razão que, em *O Conde de Monte Cristo*, Edmond Dantès se esmera para que a punição dos seus inimigos seja lenta. Não basta arruiná-los ou matá-los: é preciso que sejam humilhados pelos que os respeitavam, e que sofram aquilo a que nossa língua chama *passar vergonha*. Pois a vergonha se distingue da humilhação pelo fato de ser pública. O que nos faz sentir vergonha é o olhar reprovador dos outros, como bem sabia Édipo, que se cega para não ver nem ser visto por ninguém; como a fama dos seus feitos hediondos o precederá onde quer que puser os pés, seria impossível fitar um heleno sem enrubescer.

(...)

---
11   Freud, *Die Traumdeutung*, *SA*, II, respectivamente pp. 137, 208, 217 e 219.
12   Baruch de Espinosa, *Ética*, parte III, definição 37.

45. Esta relação intrínseca entre a vergonha e a vingança é exposta numa das mais famosas composições de Lupicínio Rodrigues, o samba-canção "Vingança", gravado em 1951 por Linda Batista. A letra diz:

> *Eu gostei tanto, tanto, quando me contaram*
> *Que lhe encontraram*
> *Chorando e bebendo na mesa de um bar*
> *E que quando os amigos do peito por mim perguntaram*
> *Um soluço cortou sua voz, não lhe deixou falar*
> *Ai, mas eu gostei tanto, tanto quando me contaram*
> *Que tive mesmo que fazer esforço prá ninguém notar*
>
> *O remorso talvez seja a causa do seu desespero*
> *Você deve estar bem consciente do que praticou*
> *Vai me fazer passar essa vergonha com um companheiro*
> *E a vergonha é a herança maior que meu pai me deixou*
>
> *Mas enquanto houver força em meu peito*
> *Eu não quero mais nada*
> *Só vingança, vingança, vingança aos santos clamar*
> *Você há de rolar como as pedras que rolam na estrada*
> *Sem ter nunca um cantinho de seu prá poder descansar.*

46. (...) O espelhamento entre a dor dele, quando ela o trai com o companheiro, e a dela, agora que o companheiro a abandonou ou a traiu, é o que dá ao narrador a alegria dos primeiros versos – alegria que precisou ser ocultada, "prá ninguém notar". A emoção é aqui privada, ao contrário da vergonha, que foi pública quando a mulher o humilhou. E ele a imagina desesperada, torcendo-se de remorso "pelo que praticou": ela o fez "passar vergonha com um companheiro". O remorso dela se refere ao mal que fez a ele, no

que se assimila à culpa, sentimento cuja metapsicologia é totalmente diferente da vergonha.

47. Vem então um verso dos mais ambíguos: "a vergonha é a herança maior que meu pai me deixou". À primeira vista, o pai ensinou o filho a *ter vergonha*, isto é, a portar-se direito: fantástica duplicidade de sentidos, pois *ter vergonha* justamente é o que impede de *passar vergonha*. Mas o verso também pode-se entender no sentido oposto: o pai fez coisas erradas que envergonharam o filho, ao que se vem somar agora a vergonha passada por causa do comportamento da mulher. Em todo caso, a *vingança* consiste em que a adúltera jamais possa repousar, assim como, traído ou abandonado, o protagonista também é presa de uma grande agitação: olho por olho, dente por dente.

(...)

49. Vemos agora que não há relação direta entre paternidade e vingança: se há desejo de vingança, é porque houve humilhação, e é na medida em que o pai pode se sentir *humilhado* que buscará se vingar. Na constelação edipiana, à culpa pelos desejos parricidas e incestuosos – eventualmente reativada pela morte efetiva do pai – vem se somar o temor à vingança, quando o filho tem motivos para crer que o humilhou, que o fez passar vergonha. Se o pai puder ocupar esta posição na fantasia inconsciente do filho, surgirá como expressão desta crença o receio de que ele se vingue de um modo ou de outro pela ofensa sofrida. Mas não é o desejo parricida ou incestuoso que provoca, diretamente, o temor da vingança: nem toda punição é vingança, e a ameaça de castração não deve ser confundida com a intenção vingativa. A fantasia da vingança paterna pode surgir quando são narcísicos os elementos em jogo, e certamente o desejo inconsciente de incesto com a mãe pode ser associado, no inconsciente, a uma humilhação imposta ao pai.

50. Contudo, na lógica edipiana o desejo parricida costuma ser secundário em relação ao desejo incestuoso: quer-se afastar o pai porque ele bloqueia o caminho para a mãe. Isto é de molde a sugerir que não são todos os filhos que temem vingança dos seus pais, vivos ou mortos, embora todos possam temer o poder do pai, a cólera do pai, ou a castração pelo pai. Temem a

vingança do pai aqueles filhos que, em suas fantasias inconscientes, imaginam tê-lo *ofendido*, seja pelo desejo parricida, seja pelo desejo incestuoso, seja porque foram mais longe do que ele, ou porque julgam tê-lo vencido de forma desleal.

51. Mozart, para voltar a ele, foi um destes filhos, e a história do Convidado de Pedra parece ter fornecido o conteúdo perfeito para expressar sua angústia, sua culpa e seu desejo de submissão a este pai, ao qual devia tanto e que tanto lhe exigia. A relação entre Wolfgang e Leopold foi não só especialmente intensa, mas ainda atravessada por componentes narcísicos pouco usuais. Em todo caso, o filho erigiu ao pai um momento bem mais duradouro do que uma estátua de pedra: do abismo angustiante do seu luto, encontrou forças e meios para criar uma obra imortal.

O início do texto

Assim como no nobre jogo de xadrez, que Freud lembra no artigo sobre o início do tratamento, na "nobre arte da escrita" também há várias maneiras de começar. Se vocês pensarem um instante em frases que começam textos, algumas delas são memoráveis, são boas do ponto de vista literário. O romance *E o vento levou* começa assim: "Scarlett O'Hara não era bela". *Em busca do tempo perdido*: "Longtemps je me suis couché de bonne heure", "Durante muito tempo fui dormir cedo". *A Divina Comédia*: "No meio do caminho de nossa vida". A Bíblia: "No começo criou Deus os céus e a Terra".

Notem que estas frases introdutórias são, de maneira geral, curtas e "lembráveis". Existe em música um termo italiano, *orecchiabile*: é aquilo que cai bem no ouvido, uma melodia fácil de se lembrar.

A meu ver é bom começar um texto com uma frase curta, que diga logo o que tem que dizer, e não seja muito cheia de sinais de pontuação, subordinações e orações intercaladas umas nas outras, porque deve chamar a atenção do leitor e enganchar essa atenção. É um pouco como a primeira sequência de um filme: se for um primeiro plano que dure quinze minutos, provavelmente as pessoas logo estarão bocejando no cinema.

Voltemos ao texto. Aqui, quis começar com uma declaração, enfática, a respeito exatamente do tema que tinha sido proposto: a emoção e a criação. O primeiro parágrafo coloca a ideia geral que vai ser desenvolvida: "que a emoção seja um dos fatores que impulsionam o artista à criação, eis uma ideia que poucos se atreverão a recusar". Isto é uma declaração muito genérica.

Por isto, me parece desejável introduzir agora um *contraste*. A emoção é um dos fatores necessários, ponto. "Mas a emoção apenas não basta para fazer surgir a arte. Ela deve ser transformada e expressa num meio gestual, plástico, sonoro ou verbal, para que possa contribuir à gênese de uma obra." Então, aqui se introduz a distinção entre emoção como puro vivido, e *algo mais*, necessário para configurar essa emoção em uma obra de arte. Esta vivência precisa ser transformada e expressa em um meio, que pode ser gestual (dança), plástico, sonoro ou verbal, para que ela, emoção, possa tornar-se elemento de uma obra.

"É preciso que o artista dê forma à sua experiência"; estes são termos que vão ser usados ao longo de todo o artigo, e por isto os estou introduzindo logo no início. "A forma não é uma questão de afetos; é uma questão de cultura, nesse termo estando incluídos o domínio das técnicas apropriadas a cada meio, a história das obras que nele já se compuseram, o estilo, os debates contemporâneos, o repertório das maneiras de representação comuns a uma época ou a um círculo, e outros elementos mais." Fim do primeiro parágrafo.

O que temos aqui? Primeiro: uma afirmação bem enfática: poucos negarão que a emoção, etc., etc. Segundo: uma oposição, uma restrição a essa afirmação, ou seja, a emoção apenas não basta para fazer arte, se não qualquer grito seria o mesmo que uma sinfonia. E depois é especificado o que *falta* à pura emoção para configurar uma obra de arte. Nos termos que estou propondo, falta que essa emoção seja *informada*, colocada dentro de uma forma. Ora, se a forma fosse também uma questão de emoção, nós teríamos que "emoção mais emoção igual a arte". O que estou dizendo é que emoção, *mais algo diferente de emoção*, que é a forma, são elementos necessários para produzir uma obra de arte. E é isto que me leva a dizer que, na minha maneira de ver, forma não é uma questão de afetos, é uma questão de cultura. E por isso dou aqui alguns exemplos do que estaria incluído no termo "cultura": domínio da técnica, conhecimento do repertório daquela arte, e assim por diante.

Este primeiro parágrafo está organizado de acordo com um princípio que vai se manifestar durante todo o artigo, e que é o *princípio da oposição*. Alguma coisa é assim, mas é necessário que seja levado em conta também tal outro aspecto, para que ela possa ganhar sua significação. Ao escrever, eu não tinha me dado conta disso; foi só preparando essa aula que o vi com nitidez. E notei que essa estrutura oposicional – isso, mas aquilo; um parágrafo se opondo a outro; um tema opondo-se a outro; uma ideia opondo-se a outra – na verdade espelhava uma característica da questão psicanalítica que eu queria focalizar. Essa questão eu chamei de Édipo em *double bind*, um Édipo que nem se resolve inteiramente, nem paralisa inteiramente Mozart; na verdade está constituído por uma ambivalência, por uma *oposição interna* entre as correntes de amor e ódio, que não chega a se resolver. Sem me dar conta disso, um elemento central do conteúdo veio a impregnar a forma. O que estou chamando de *oposição* reflete, em termos lógicos e literários, a mesma ideia central que acaba sendo desenvolvida no artigo.

O primeiro parágrafo apresenta, assim, uma afirmação geral sobre o tema que me foi pedido para comentar, "Arte e Dor". Esta é a ideia mais ampla e que ninguém vai contestar. O roteiro do texto consiste em ir desta ideia ampla até a análise detalhada de algumas árias de uma ópera. Vai portanto do geral para o particular. É necessário então ir estabelecendo elementos mais particulares, como dentro de uma pirâmide. Os grandes elementos de oposição vão ser de um lado a emoção e de outro lado a forma; estes elementos estão ligados entre si por três ideias: expressão, elaboração e transformação. A forma *exprime, elabora e transforma* a emoção: é isso que está dito, *grosso modo*, no primeiro parágrafo.

Então, agora vou discutir esses elementos da emoção: aqui está o dominó. Reparem: "É preciso que o artista dê forma à sua *experiência*". Dominó do segundo parágrafo: "a própria ideia de *experiência* convida a pensar". Estabeleceu-se uma ligação. Por quê? Porque agora preciso começar a detalhar através de quais meios a forma expressa, elabora e transforma a emoção. Aqui eu criei um argumento; é preciso demonstrar esse argumento, persuadir o leitor de que isso que estou dizendo é verdade, e não apenas uma afirmação gratuita. Por este motivo, agora vou trabalhar com a noção de *experiência*, já que é exatamente a experiência emocional que o artista transforma em uma obra de arte.

"A própria ideia de experiência convida a pensar." Qual é a função desta sentença? Por que ela está aqui, e não antes ou depois? Porque a noção de experiência pode ser tomada num sentido amplo (uma pessoa que tem experiência), e no sentido mais restrito de *uma* experiência. Na língua portuguesa, o termo *experiência* significa algo muito amplo, que se acumula, e também algo pontual, singular. Essa ambiguidade do conceito de experiência vai servir para criar uma nova oposição. Dessa vez, o que resulta desse parágrafo é que a experiência, para merecer ser elaborada em forma artística, precisa ter uma certa *intensidade*. É esta a ideia do parágrafo.

Quando uma experiência é demasiado intensa, ela precisa ser "ligada": sua ligação com certos elementos, especialmente com certas representações, resulta – juntamente com a forma – em uma obra.

Vocês devem ter notado aqui a presença do *Além do Princípio do Prazer*. É a teoria do traumatismo que é utilizada neste ponto, sem muita originalidade, diga-se de passagem. Nos termos de *Além do Princípio do Prazer*, há uma ruptura do pára-excitações, e uma enorme invasão de energia dentro do aparelho psíquico. O aparelho psíquico busca ligar essa energia a representações (compulsão de repetição). Através disso, se cria um certo padrão; esse padrão vai servir para o escoamento desta energia conforme o princípio do prazer. Até aqui, *Além do Princípio do Prazer*, primeiro e segundo capítulos. É esta a teoria psicanalítica que está por trás desse parágrafo. *Esta* experiência tem que ter uma certa intensidade, para merecer se destacar contra o pano de fundo *da* experiência no sentido mais banal.

"Nem sempre esse trabalho dará origem a uma obra de arte; a psicanálise nos ensina que ele pode suscitar um sonho, um devaneio, ou uma neurose. O que nos interessa hoje é o caso em que a experiência resulta na construção de uma obra que a incorpora, a elabora e a transcende." Digo isto porque me parece óbvio que uma obra de arte não pode dizer respeito apenas e tão somente ao seu próprio criador. Aqui o que me guia é o eco distante de uma observação muito interessante de Joyce McDougall.[13,14] Ela compara o fetiche e a obra de arte. Diz que a construção psíquica do fetiche é semelhante à construção de uma obra de arte, com a diferença que o gozo do fetiche é inteiramente particular, porque em geral não é compartilhável.

Então, mais um elemento é incluído aqui: a forma deve ajudar a emoção a transcender a sua singularidade, e a se configurar num produto que seja socialmente compartilhável. Além de ter para o seu autor um efeito intrapsíquico de ligação e de elaboração, a criação de uma obra deve resultar em alguma coisa que possa ser usufruída por outros, os espectadores ou ouvintes, que de algum modo vão reproduzir dentro de si os movimentos psíquicos do criador da obra.

Ou seja, agora juntando as duas partes estabelecidas até aqui: para que algo possa comover outros, precisa estar minimamente estruturado, de forma a que estes outros possam se identificar, projetar, e assim por diante. Um espinho nessa teoria é a questão da arte dita "incomum", a arte produzida por gente louca, que obviamente não tem intenção de comunicação, e no entanto pode ser extremamente comovente. Este é outro problema, para ser discutido num curso de estética e psicanálise, não neste aqui. Mas de qualquer modo está presente a ideia de que é preciso que a obra vá além da pura experiência e de uma ligação demasiado simples, que dela, emoção, fizesse apenas um sonho ou eventualmente um sintoma. É alguma coisa da mesma série, mas que já está imbuída de outros elementos.

Tendo falado da intensidade, o próximo dominó é que a dor é *uma* das modalidades em que esse choque do pára-excitações pode ser sentido. Falou-se de intensidades, e existem intensidades positivas e negativas. Alguém pode estar tomado por uma intensa felicidade, por exemplo; isso não é uma dor. Então, vou falar do caráter negativo da dor, porque o colóquio não era sobre felicidade e arte, mas sobre dor e arte. Uma intensidade excessivamente negativa pode ser dolorosa, mas também precisa estar contida dentro de um

---

13   McDougall, J. (1991). *Em defesa de uma certa anormalidade: teoria e clínica psicanalítica.* ArteMed.
14   McDougall, J. (1992).*Teatros do Eu. Ilusão e Verdade na Cena Psicanalítica.* Zagodoni

certo limite, se não a ligação toma toda a energia psíquica disponível, e não permite este transcender a si mesma que vai gerar a arte.

Agora notem: esse parágrafo vai espelhar o anterior, isto é, apresentar o reverso da ideia central daquele. No parágrafo anterior, eu dizia que certas experiências rotineiras não são *suficientemente* intensas para mobilizar a criação. Aqui o que vai ser dito é o contrário: experiências *excessivamente* intensas não produzem arte nenhuma. Atrás dessa ideia está a passagem da *Introdução ao Narcisismo* na qual Freud diz que o sujeito que tem dor de dente está inteiramente mergulhado na sua dor de dente, e não tem tempo nem interesse para nenhuma outra coisa. É necessário que essa intensidade chegue a um determinado valor ótimo: incomodar o suficiente para engendrar uma elaboração artística, e ao mesmo tempo não ser tão banal a ponto de cair no caso mencionado no parágrafo anterior, em que a vivência se torna rotineira e não produz elementos artísticos.

O terceiro parágrafo vai trabalhar a ideia de que a dor, para produzir uma obra de arte, precisa ser intensa, *ma non troppo*, e precisa ser uma dor psíquica. Se este artigo pudesse ser comparado a uma composição musical, aqui estariam os compassos de abertura, que basicamente introduzem os elementos com os quais se vai trabalhar: a questão emoção *versus* forma, o vínculo que estou propondo entre essas duas coisas (que não tem nada de original), a ideia de uma elaboração formal do emocional, e algumas considerações de caráter econômico, em termos de metapsicologia, sobre a intensidade necessária para que isso possa ocorrer.

Agora têm que vir, na minha opinião, alguns exemplos mais precisos. Tem que vir alguma coisa que comece, dentro dessa pirâmide da qual falei, a mostrar mais de perto para onde o argumento vai se encaminhar. Podia ser interessante começar focalizando a dor como matéria-prima da criação literária, no caso das profecias bíblicas e no caso de Maomé, sobre quem já falei um pouquinho nas outras vezes. Dependendo do espaço de que dispomos, convém utilizar esse recurso de dizer "vamos por aqui", e depois dizer ao leitor: "talvez seja melhor ir por ali". Por quê? Em primeiro lugar, porque permite introduzir informações que podem vir a ser úteis mais adiante, mas que não são necessariamente indispensáveis. Segundo, aquece o motor. Terceiro, cria uma expectativa e depois frustra esta expectativa, irrita um pouco o leitor, mas também atiça a sua curiosidade. No caso aqui, no parágrafo 32, lá na frente, vou retomar a questão dos profetas, por causa do tema da vingança. Essa é uma das razões pelas quais os profetas aparecem no início do texto; a outra é ilustrar o problema da elaboração, através da descrição da experiência do sagrado, que, como já vimos, pode ser muito angustiante.

"Não é lá, é depois"

Então, foi feito aqui um desenvolvimento que ocupa os parágrafos 4 a 8. No parágrafo 4, "a transformação da dor em algo diferente dela", etc., o dominó é a ideia de *verbalização*. Estávamos falando de intensidade e de forma. Agora vou falar da verbalização da dor, que pode ser um grito; já é uma primeira forma de se afastar do puramente sentido como dor. Vem em seguida a possibilidade de *falar* da dor, e consequentemente, através do dominó, vou escolher como exemplo um tipo de arte que seja *verbal*. Eu não posso afirmar que a *verbalização* da emoção já é uma primeira maneira de a transcender, de se afastar da pura vivência de dor, e em seguida falar da dança. Isso seria um erro técnico na construção do artigo. Se quisesse falar da dança, teria que dizer que o *gesto* de dor já é uma primeira forma de indicar, etc. O dominó tem que ter sempre uma peça que vincule o que veio antes ao que vem depois. O dominó aqui é a ideia de *verbalização*, e portanto vou falar de uma experiência verbal: a profecia, obviamente, é uma experiência de linguagem.

Isto porque a experiência religiosa é sob certos aspectos análoga à experiência artística (para justificar por que estou falando dela), e vou dizer quais são esses aspectos análogos; é o que se segue nesses parágrafos, do 4 até o 8.

Como isso está montado? Há uma série de exemplos: "A própria verbalização do sentido como dor já implica um certo distanciamento dele, uma superação da experiência que ao mesmo tempo a prolonga e a transcende". *Continua* a experiência e ao mesmo tempo *vai além* dela.

Todo o problema da expressão e da elaboração está implicado aqui. Por quê? Porque, se a elaboração é *de* uma determinada emoção, essa elaboração tem que ser uma *continuação* dessa emoção. Tem que haver uma não ruptura, para que a elaboração seja uma elaboração *disto*, e não de outra coisa. Mas ao mesmo tempo ultrapassa, supera, transcende o puro sentido: caso contrário, não teríamos a obra.

O que estou querendo introduzir aqui é que a própria ideia de expressão deve ser tomada num sentido dialético, porque ela é habitada por uma contradição interna. Não é qualquer oposição que funciona como contradição, e não é qualquer contradição que funciona como motor da dialética. É preciso que essa contradição seja *interior à própria coisa*.

"Temos um testemunho disso num campo em certos aspectos semelhante ao da arte, o campo da experiência religiosa." Aí vêm os profetas bíblicos, falando sobre suas experiências. Em seguida, o parágrafo 5: "A relutância dos profetas em aceitar os encargos que Deus lhes ordena assumir..." mostra que eles não estavam muito felizes. Em seguida: "o relato mais impressionante talvez seja o de Maomé", aquele ao qual dediquei mais espaço. E depois, digamos, uma espécie de pequena decepção ao leitor: nós não vamos continuar por esse caminho. Por quê? Porque sabemos muito pouco das origens pessoais desses textos poderosos, parágrafo 8: "Isaías, Jeremias e Maomé são figuras demasiado distantes de nós para que possamos sequer tentar compreender ao que neles, como pessoas (e não agora mais como tipos ideais, como profetas) respondiam as visões que tiveram. Quis convocá-los para essa exposição como ilustrações convergentes do nosso tema comum, a dor como fonte da criação. Para o psicanalista, porém, é necessário alguma coisa um pouco mais detalhada".

Esta não é uma meditação sobre a dor e a criação em geral, mas um exercício de psicanálise aplicada. Então, para o psicanalista é preciso alguma coisa um pouco mais pessoal; não se pode fazer psicanálise *do* profeta. Eventualmente, pode-se imaginar uma psicanálise além-túmulo do indivíduo Maomé, do indivíduo Isaías, do indivíduo Jeremias; mas sobre isso, a nós, no século XXI depois de Cristo, 2.700 anos depois de Isaías ou 1.400 depois de Maomé, nos faltam os elementos pessoais. Não sabemos nada da biografia de Isaías, qual foi a infância dele, como ele atravessou a fase anal, nem o que era a fase anal naquela época, e assim por diante. Então, não podemos dizer coisa alguma a respeito da relação entre a visão que ele tem do Santo, como Deus no trono, e a sua biografia pessoal. Ora, o que é o exercício de psicanálise aplicada senão *retrotrair*, trazer novamente, *dessublimar* de alguma maneira a obra em relação à figura do seu criador? Então, para isso não serve o exemplo dos profetas; ele serve só para introduzir de maneira um pouco mais vívida a possibilidade de uma criação *na* dor. Por isso esses parágrafos estão aí, neste ponto do trajeto.

Isso me faz pensar em uma coisa que minha irmã contou sobre Portugal, e que acho deliciosa. Ela vai com frequência a Portugal para pesquisar nos arquivos, porque trabalha com História Colonial Brasileira. E descobriu que, quando você pede a um português uma informação, para ir a tal lugar, eles dizem assim: "a menina está a ver aquele edifício?". A pessoa responde: "estou". E o português: "Pois não é lá! É depois!". É exatamente o princípio do "não é lá, é depois", que foi usado nesta parte da composição do texto. Está vendo, leitor, a experiência dos profetas? Pois não é lá, é depois. Isso cria uma espécie de cumplicidade com o leitor, cumplicidade que tem um laivo ligeiramente histérico. Vamos provocar o desejo dele; mas não é lá, é depois. Em alguma medida esse desejo, imagina-se, será satisfeito depois.

Com isso, o primeiro item do artigo está concluído. O que se conseguiu fazer até aqui? Colocou-se a relação, que vai ser explicitada, entre emoção em geral e arte; a emoção é um ingrediente indispensável, porém não o único: é necessário ainda introduzir a forma. Falou-se do problema da emoção do ponto de vista econômico, isto é, da sua intensidade, e no vínculo dela com a forma. Isso tudo no conjunto, em geral. Em seguida, dentre as emoções alegres e as tristes, foram escolhidas as tristes, porque é o assunto do colóquio. Entre essas, por sua vez, a dor física foi brevemente mencionada e logo despachada, porque não é o nosso assunto; sobra a dor psíquica, é disso que vamos falar. Então, nos três primeiros parágrafos, está apresentado o tema. Este texto tem 51 parágrafos. Não quis gastar muito tempo, nem muita paciência do leitor, para introduzir o assunto.

Em seguida, os parágrafos 4 até o 8 vão *particularizar* esse geral. Vamos escolher um caso, o dos profetas; e aí vem cada um dos parágrafos, de novo no sistema da pirâmide invertida. Dos profetas em geral vamos para os profetas bíblicos, e para alguns profetas; falo brevemente de Isaías, de Jeremias, de Amós, etc. E depois vamos para um caso particular, que vai ser examinado com uma lupa maior: o caso de Maomé, a quem são dedicados os parágrafos

6 e 7. Depois, parágrafo 8, conclusão e inversão: não vamos falar disso, porque para a psicanálise – esse é um trabalho de psicanálise, leitor, não esqueça – é necessário um tipo de informação que esses casos não oferecem.

Uma vez chegados aqui, tiramos uma conclusão, e dizemos: muito bem, vamos deixar isso um pouco na geladeira. Mais adiante, quando o leitor encontrar, no parágrafo 32, a história da vingança, ele vai se lembrar daquilo que foi dito agora; mas por enquanto vamos passar para outro assunto. Volta-se então a uma conclusão geral: a psicanálise precisa de elementos biográficos como documentos, cartas, etc. Onde podemos encontrar isto? Por exemplo, em Mozart, no *Don Giovanni*, etc. Fim da primeira parte, começa a segunda.

Isto que estou desenvolvendo sobre a introdução não vale apenas para esse texto, mas para qualquer outro: ela proporciona ao leitor o seu primeiro contato com o escrito. É conveniente que a introdução tenha uma certa substância, não seja apenas "encheção de linguiça", para dizer as coisas em português castiço. Nesse caso, creio que temos essa substância: a introdução está apresentando o problema nas suas grandes linhas, dá uma primeira pincelada no modo como as coisas vão ser pensadas, e termina. Uma introdução que ocupasse três quartos do artigo não teria cabimento.

Experiência da perda e criação

Isto colocado, vai haver uma nova particularização. "Entre as experiências de dor vividas por um homem (parágrafo 9), a perda do pai é das mais intensas, a crer no que escreve Freud no prefácio da 2ª edição da *Interpretação dos Sonhos*": e vem então a citação famosa, "a perda mais pungente, mais importante na vida de um homem...". Esta será a experiência específica a partir da qual vamos estudar a relação da arte com a dor. "Para alguns criadores, essa é uma experiência marcante", e vêm alguns exemplos: *Hamlet*, Van Gogh, e Mozart.

Aqui foi aplicado de novo o princípio do dominó. Se vou falar de *Don Giovanni*, não devo colocar o nome desta ópera no início da lista de exemplos, porém no fim, porque isto permite continuidade: agora vamos falar disso.

Nessa frase: "o próprio Freud escreveu a *Interpretação dos Sonhos*, Van Gogh pintou *Os Comedores de Batata*, Shakespeare produziu seu *Hamlet,* e Mozart compôs *Don Giovanni*", a sequência não é absolutamente casual. Freud vem primeiro, porque ele foi mencionado duas linhas acima, a respeito da *Interpretação dos Sonhos*. Depois, como *Hamlet* e *Don Giovanni* vão ser comparados ao longo do artigo, convém que estejam perto um do outro. Por exclusão, Van Gogh é o segundo, e é por isso que a sequência está nessa ordem. O primeiro e o último estão claramente determinados pela lógica; perto de *Don Giovanni, Hamlet,* com o qual se estabelecerão teias de relações mais próximas; e o outro, do qual não vou falar, mas que já foi mencionado rapidamente na epígrafe – entrou aí num modesto segundo lugar.

O autor tem que pensar também, a meu ver, no *efeito* que quer produzir. Um texto desse tipo, que vai ser lido por outras pessoas, é um pouco o equivalente, se vocês quiserem, de um traje de baile. Você não vai ao baile com as costuras aparecendo, o nó da gravata não pode estar torto; precisa se olhar ao espelho várias vezes para ver se o nó da gravata está no lugar. Qual é *o* lugar? É aquele onde você quer que ele esteja para que produza o efeito necessário.

Lembro aqui de outro momento de abertura de um romance: *O Cardeal*. Talvez alguns de vocês tenham lido *O Cardeal*, que depois virou um filme famoso. É a história de um padre que estudou em Roma e volta para os Estados Unidos. O livro começa no navio; é a noite do baile do Comandante, daí a minha associação. O comandante do navio tem que fazer o que se chama *l'entratura*, que é a sua aparição. Para desincumbir-se a contento da *entratura*, ele faz o seguinte gesto: pega o seu quepe e o alinha no mesmo ângulo da chaminé do navio. O navio tem chaminés, e a linha do quepe está na paralela da chaminé, porque é junto a ela que os passageiros serão recebidos. É para esse tipo de detalhe que estou chamando a atenção aqui; o alinhamento do quepe com a chaminé produz um efeito de simetria imperceptível à primeira vista, mas tremendamente eficaz.

Em seguida, vem uma série de informações a respeito da ópera, que são necessárias porque nem todos conhecem o enredo e os personagens. São os parágrafos 10 e seguintes. Depois, no parágrafo 16, o problema de superar o pai, que nesse caso é quase obedecer ao pai. O pai prescreve ao filho que o supere. Portanto, toda a dimensão da revolta edipiana fica um pouco comprometida; em geral nos rebelamos contra aqueles que não querem perder sua autoridade, aqueles que não querem que os mais novos progridam, e assim por diante. Fica difícil a rebelião contra a autoridade paterna quando o pai é muito "estimulador", como é o caso do pai de Mozart. Por outro lado, Leopold Mozart não era um pai liberal; controlava a vida do filho quase cotidianamente, interferia mesmo, dava conselhos, como sabemos através das cartas.

Então, como Mozart se adapta a isso? Há uma série de observações, no parágrafo 17, a esse respeito: "Mozart não podia usurpar o lugar do pai porque esse pai precisamente lhe ordenara que ocupasse tal lugar. E o ocupasse melhor do que ele mesmo, pai, o poderia fazer".

Neste ponto, havia uma parte que depois tirei do artigo, mas que consta do manuscrito original. Diz assim: "Acresce que a mãe de Mozart, objeto dos seus desejos inconscientes, como se pode supor, morreu em uma viagem feita a Paris com o filho, que assim, literalmente, privava o pai da sua esposa. Imagine-se a culpa e o remorso desse filho, envolvido até a medula em uma situação edipiana inextrincável; imagine-se a dor profunda que a perda da mãe deve ter-lhe causado, dor multiplicada pela ambivalência excepcionalmente intensa que não podia deixar de acompanhar uma relação tão íntima e tão prolongada com o pai".

Esta era a única referência à mãe de Mozart durante o artigo. Uma primeira leitora deste texto, porém, considerou que essa referência à mãe de Mozart estava muito "chapada". Toda a análise sobre o Édipo estava sendo conduzida a partir da *singularidade* de Mozart, de seu pai e da relação precisa e única entre eles. A história da musicalidade, o fato de que um foi professor do outro, em que medida – ideia interessante de Bridgid Brophy – o talento de Mozart será *dele* ou *deles*, dele e do pai; pois esse talento foi cultivado pelo pai, mas, se não houvesse no filho tal talento, o pai não teria conseguido fazer coisa alguma – toda esta parte está de acordo com um princípio essencial da psicanálise, que é seguir os meandros da singularidade.

Já no caso da mãe, ela de fato morreu em Paris, durante uma viagem que estavam fazendo. Esta viagem não era uma excursão de fim de semana; naquele tempo as viagens demoravam meses. Ela acompanhou o filho, mas pegou uma febre e morreu. Eu dizia então que a relação de Mozart com sua mãe foi caracterizada por culpa e remorso, na medida em que o filho literalmente privava o pai da sua esposa. O pai entregou a esposa aos cuidados do filho, o filho não tomou conta direito da mãe, e ela morreu. Então, é como se ele tivesse cometido um incesto, e privado o pai da sua esposa.

O comentário feito pela leitora da versão original era que essas afirmações não estavam baseadas na análise da relação de Mozart com sua mãe; e, caso estivessem, eu não tinha dado no artigo nenhum elemento que justificasse esta minha conclusão. Eu estava simplesmente aplicando a teoria do Édipo sobre esta história: filhos devem ter impulsos incestuosos em relação às suas mães, isso provoca culpa e remorso em relação ao pai, portanto Mozart, etc., etc. Achei que ela estava certa, e que das duas uma: ou eu completava a análise do Édipo de Mozart com dados sobre sua mãe, dos quais não dispunha e que não eram meu assunto, ou então cortava esse trecho, o que me pareceu mais indicado. E é por isso que no texto publicado ele não saiu.

Parágrafo 17: "Mozart não se paralisou com a dor". Agora, depois de explicar qual é a relação edipiana de Mozart com seu pai, é necessário dizer o que isso tem a ver com o que estamos discutindo, pois o nosso tópico é "arte e dor". Wolfgang passou por uma dor profunda com a morte de seu pai, mas esse conflito entre o ódio e o amor, que ele não podia solucionar na vida privada, encontrou uma via de elaboração na ópera, através da história e das significações de cada personagem. Por esta razão, por um instante, vou deixar de lado Mozart e seu pai, e vou falar um pouco da ópera e das significações ligadas aos diferentes personagens. Isso ocupa, no texto, os parágrafos 17 e 18.

O que aconteceu aqui? Nós estávamos no geral: pais e filhos, dor dos filhos diante da morte dos pais. É escolhido um particular, a saber a ópera. Essa ópera tem um autor e tem um conteúdo, e aqui digo que este conteúdo consiste em história e em certos personagens. Estou tomando como base o enredo, e faço algumas considerações sobre o aspecto musical, porque afinal de contas Mozart escreveu a música e não o libreto. O ideal teria sido ilustrar isso musicologicamente, através de uma análise dos temas sonoros; mas no texto fica muito mais simples ver isso no enredo, nas figuras do Comendador, de Don Giovanni e das mulheres que ele seduziu.

Então, vai-se falar alguma coisa sobre o autor e o seu complexo de Édipo, já que o que estou afirmando é que a obra é uma elaboração do Édipo possibilitada pela morte do pai e pelo influxo de amor e de ódio que essa morte não deve ter deixado de suscitar. A morte do pai é um evento do complexo de Édipo que permite uma elaboração dele, a qual vai resultar em uma determinada obra de arte; mas também resulta em uma transformação *no* complexo de Édipo, caso contrário não seria justificado dizer que é elaboração *do* complexo de Édipo. Estou interessado agora na psicodinâmica de Wolfgang Amadeus, e por esta razão, já que estou dizendo que foi a elaboração dessa ópera que produziu essa mudança psíquica na pessoa, é preciso que eu diga *o que*, na ópera, me permite avançar essa hipótese.

Para isso, é necessário agora estudar a figura do filho (Don Giovanni) e a figura do pai (Comendador), já que são esses os elementos que estão em jogo no complexo de Édipo. Especialmente, não tanto o ódio do filho pelo pai, mas algo que é muito interessante, a saber o ódio do pai pelo filho. Isto aparece aqui sob a forma da história do fantasma que vem se vingar de uma ofensa que lhe foi feita. Sendo rebelde, o filho está no seu papel edipiano; no entanto, o Comendador, a figura paterna, não aceita essa rebeldia, assim como o pai de Mozart não a aceitava. Na ópera, o filho se rebela através da sua sexualidade desbragada e do seu narcisismo exagerado; e o pai vem castigar esse filho.

A hipótese que está sendo desenvolvida é que esta lenda da Contra-Reforma, da qual dou uma série de detalhes que as pessoas não são obrigadas a saber, favorece a elaboração do complexo de Édipo de Mozart porque na história aparecem significações que correspondem ao que Freud chamava de *representações-meta* ou representações de expectativa, às quais o paciente é conduzido nas suas associações.

Por que a interpretação psicanalítica funciona? O que fazemos, diz Freud, é oferecer ao paciente uma representação que está muito próxima da sua consciência, e para qual todo o processo associativo está caminhando. Esta é a representação-meta. (Estou me referindo aos escritos técnicos dos anos 1912 a 1914.) O termo que ele usa é *Erwartungsvorstellung*, que quer dizer representação de expectativa. Como se o processo associativo fosse indo em uma certa direção regrediente, até chegar a uma determinada representação.

A interpretação consistiria, neste exemplo, em dizer qual pode ser essa representação, em enunciá-la, e ajudar o paciente a tomar conhecimento dela.

Minha hipótese em relação à ópera é parecida. Essa história de um conflito entre um filho e um pai, um filho rebelde e um pai que morreu, é análoga àquilo pelo que Mozart está passando.

Já o Comendador, parágrafos 17 e 18, é um personagem muito menos ambíguo; é uma figura absolutamente unívoca da punição pelo desejo edipiano, e, como vai se mostrar no final do artigo, pela ofensa que é feita a ele convidando-o para jantar depois de morto. Por isto ele vem se vingar e, a partir da ofensa que lhe foi feita, vai aproveitar para ser o instrumento da vingança celeste contra todos os pecados de Don Giovanni. É evidente que Mozart se identifica com Don Giovanni, com o filho.

Na ópera, o Comendador é uma figura solene; a música para ele é sombria, feita em tons graves, e a maior parte do tempo ele não está em cena. Mas é uma presença difusa que ocupa toda a história, já que foi o assassinato dele que desencadeou todos esses episódios, assim como o pai de Mozart é uma figura difusa, que boa parte do tempo permanece na contraluz do seu pensamento, mesmo quando não está presente. Leopold está em Salzburgo, enquanto a partir de 1782, quando completa vinte e cinco anos, Mozart vive em Viena.

Em suma: o que estou sugerindo é que a história contém elementos que são muito próximos, como representações-meta, daquilo que se passa na biografia concreta de Mozart, e que esta semelhança tem algo a ver com o fato de ele ter selecionado essa história, e não outra, para pôr em música nos meses que se seguiram à morte do seu pai. Ele está expressando aí culpa, remorso, identificação com os personagens, e ao mesmo tempo tentando se livrar disso tudo através da construção de uma obra de arte; toda a primeira parte do artigo começa agora a ser ilustrada com estes temas.

É nesse ponto que intervém uma série de comentários a respeito da perda do filho e da perda do pai, e a primeira ilustração musical, *Pedaço de mim*. Depois destas informações sobre a obra e sobre o autor, chegou o momento de falar sobre o assunto *perda*, já que este é o tema do artigo: arte e dor, a dor sendo exemplificada pela situação de *perda*. Por isto, vão ser mencionadas diferentes perdas, e também a possibilidade de que essas perdas não sejam exatamente equivalentes em termos do aspecto que nos interessa, que é a ambivalência.

Há na música uma passagem que me pareceu muito interessante, em que Chico diz: "a saudade é o revés de um parto/a saudade é arrumar o quarto/ do filho que já morreu/a saudade dói latejada/é assim como uma fisgada/no membro que já perdi". Faço uma pequena análise dessa passagem no parágrafo 21, em que a "fisgada no membro que já perdi" é associada ao tema clássico do membro fantasma, como se chama na psicologia. Essa música não foi escolhida por acaso, pois tem algo a ver com a nossa temática: não só por causa do tema da perda, mas também do dominó entre *membro fantasma* e *fantasma*; a questão apareceu no texto depois de falar de *Hamlet* e de *Don Giovanni*.

O verso "o membro que já perdi" presentifica esse membro como meu, como existente ainda, já que nele sinto a fisgada. "Movimento que se apaga e se complementa com a arrumação do quarto do filho que já morreu, e que portanto não voltará mais para arrumar suas coisas. Sutil é o poeta quando fala da fisgada *depois* de falar do quarto vazio." Na ordem da música, primeiro vem o verso: "Saudade é arrumar o quarto do filho que já morreu", e depois o da "fisgada no membro que já perdi". Penso que aqui Chico está se referindo ao que Freud chamava de *trabalho do luto*. Primeiro eu arrumo o quarto e reconheço, digamos assim, que o filho já morreu; *depois*, sinto a fisgada no membro que já perdi, e seguimos a sequência em que os versos estão na canção.

A que se refere isso? Ao trabalho do luto, como Freud escreve em *Luto e Melancolia*, quando descreve como é reinvestida, objeto por objeto, figura por figura, situação por situação, a pessoa querida que morreu. Isto não ocorre de uma vez por todas: arrumou o quarto, encerrou o assunto. Inteligentíssimo Chico Buarque, quando coloca a fisgada do membro *depois* do arrumar o quarto, e não antes. Se fosse o contrário, primeiro sentir a fisgada e depois arrumar o quarto, esta sequência não corresponderia ao que efetivamente se passa no trabalho de luto. Na vida real, como as coisas são, primeiro arrumo o quarto e tenho a impressão que está tudo resolvido; um mês depois, vem a fisgada no membro que já perdi, porque encontro um objeto da pessoa que morreu, ou vejo uma fotografia, ou é o aniversário, ou qualquer outro elemento que traga o morto de novo à baila. É então que se sente a fisgada no membro perdido. O trabalho de luto prossegue por ondas; isso me pareceu muito inteligente, ao ser descrito na música do Chico, e é por esta razão que aqui se faz o comentário do poema.

Em toda esta parte do artigo, que vai até o parágrafo 28, estou mencionando elementos que vão trazendo água para o moinho de uma demonstração mais precisa. Saber que Mozart sentiu a morte de seu pai e reagiu a isso compondo uma obra musical – mesmo que seja extensa como uma ópera – não é preciso ser um psicanalista muito sagaz para formular semelhante conclusão. O que interessa é explorar *na própria obra* os elementos que possam substantivar a hipótese que estou propondo.

O parágrafo 18 começa assim: "O que, na própria obra, pode dar margem a comprovar a hipótese ...?" Responder a esta pergunta implica analisar dois ou três personagens, e algumas situações do enredo, por exemplo essa do fantasma. Nesta análise, detive-me mais na questão do fantasma, e não na questão da sedução, por exemplo, primeiro porque já tinha estudado isso em outro trabalho,[15] e segundo porque a temática aqui deve convergir para o que vamos discutir em seguida, que é a última seção do artigo, sobre a vingança. Como a vingança é exigida pelo fantasma, eu quero que o fantasma seja, por assim dizer, o foco das atenções. É esta estratégia que me leva a fazer convergir uma série de análises sobre a ambivalência, sobre o tabu dos mortos em *Totem e Tabu*, sobre o fantasma em Hamlet, sobre o fantasma em *Don Giovanni*, e assim por diante. Isso está preparando a questão da vingança, no final do artigo.

Explicitação dos pressupostos e construção do problema

Aqui há um problema interessante: quanto de familiaridade o leitor terá com aquilo que estamos expondo? Não é um problema simples de resolver; depende do assunto tratado e do público a quem o autor imagina estar se dirigindo. Por exemplo, se eu tivesse que escrever um artigo sobre o Homem dos Ratos, daria por pressuposto – se estiver me dirigindo a uma plateia de

---

15 Cf. "A Sombra de Don Juan: a sedução como mentira e como iniciação", in *A Sombra de Don Juan e outros ensaios*, Brasiliense, 1993; 2ª edição, Casa do Psicólogo, 2005.

psicanalistas – o conhecimento dos elementos básicos da história. Mas, se vou dar uma aula sobre este mesmo caso no primeiro ano do curso de Psicologia, não tenho o direito de supor que as pessoas conheçam as minúcias da história; então preciso contar, com o detalhe que me for necessário, aqueles elementos dos quais vou me servir. No caso da ópera de Mozart, ela não é exatamente desconhecida, mas também não é um sucesso da Rádio Cidade, que está tocando todos os dias. Assim, me parece necessário retomar e reexpor os detalhes que vou analisar.

É por essa razão que, para o meu gosto pessoal, esse artigo ficou um pouco carregado demais de informações e de nomes. Mas optei pela clareza, porque não me parecia nada óbvio que as pessoas estivessem informadas de detalhes que, no entanto, são centrais para a construção do meu argumento.

Estou levantando essa questão porque muitas vezes aparece o problema de saber *quanto se cita e quanto se resume* daquilo que são os pressupostos do trabalho de cada um. Posso dar um exemplo real: a tese de Maria Auxiliadora Arantes *Pacto Re-velado,* que foi publicada em 1995 pela Editora Escuta. Recordo rapidamente do que se trata. Era uma tese de psicanálise aplicada sobre a vivência do clandestino político; o problema era determinar quais elementos teóricos iam ser discutidos. E depois de muitas dúvidas, a autora chegou à conclusão de que tinha que falar do narcisismo. Ser clandestino significa assumir o papel de um outro, o nome de um outro, a biografia de um outro, e recalcar, por assim dizer, a sua própria. Então, supõe-se que isso exerça uma certa pressão sobre o funcionamento narcísico de cada um de nós, funcionamento que está ligado à nossa própria imagem, pessoa e nome.

Posto isso, era preciso determinar *quanto* sobre o narcisismo precisava estar explicado nesse livro, para que o leitor pudesse entender o argumento. Ela acabou optando por uma coisa que acho de bom senso, levando em conta que o público-alvo dela não era necessariamente profissional. Este livro foi escrito também para a militância de esquerda, para mostrar que psicanálise e política não são tão incompatíveis assim. Ela não pode imaginar que o militante do PCdoB tenha lido *Introdução ao Narcisismo*, são coisas um pouco distantes demais. Se ela estivesse escrevendo especificamente para psicanalistas, não poderia imaginar que os psicanalistas tivessem lido, por exemplo, *O que fazer* de Lênin. A partir disso, a questão que mais interessava – o problema do equilíbrio narcísico e dos fatores que se opõem à sua manutenção – tinha que ser tratada com mais detalhe, e foi o que a autora fez.

A meu ver, é necessário citar, parafrasear ou resumir tudo aquilo que possa servir de base para o que *efetivamente vai ser discutido no texto.* Este é o critério fundamental. Não adianta citar páginas e páginas que depois não vão ser usadas.

Por outro lado, toda e qualquer citação deve ser *comentada,* sempre. Se você copiou um trecho de um livro, esse trecho tem que ter uma função no seu texto; seja ele um parágrafo, uma linha ou uma página, não importa, tem que ser comentado. "Comentar" significa enxertá-lo no seu argumento. Por exemplo: concordar, discordar, mostrar que introduz uma nova perspectiva, ou que é um exemplo inesperado, que aparentemente contradiz o que vinha se dizendo, porém na verdade o confirma, etc.

No artigo sobre Mozart, por exemplo, as canções não figuram só para enfeitar, nem para apenas distrair a plateia em uma exposição prolongada. As músicas estão aí porque são efetivamente usadas: a do Chico Buarque para ilustrar a questão da perda em geral, as árias em seus respectivos contextos, e o samba do Lupicínio Rodrigues por causa da frase específica "a vergonha é a herança maior que meu pai me deixou".

Em suma: convém apresentar o lastro de citações e referências necessário e suficiente para o texto que vocês estão escrevendo, de maneira que o problema que estão focalizando vá sendo construído na frente do leitor. A construção desse problema é uma parte importante do trabalho teórico em ciências humanas, e em particular na psicanálise.

Ao contrário do que ocorre em uma tese de ciências naturais ou de matemática, a construção do problema se faz, dentro de uma tese de ciências humanas, *na tese.* Quando o sujeito faz uma tese de Química ou Biologia – todos nós temos amigos que trabalham nessas áreas – o essencial do trabalho é feito no laboratório, na máquina de calcular ou no computador, mas não no texto; o texto reproduz aquilo que aconteceu em outro lugar. Há uma descrição dos métodos e dos resultados, através de tabelas, gráficos ou o que seja, que concentram às vezes cinco anos de trabalho em duas páginas. E então vem a discussão destes resultados, que é a parte mais importante neste tipo de tese.

No nosso tipo de trabalho não é assim. Como não existe a fase do laboratório, é preciso ir montando o problema paulatinamente, na frente do leitor. Esta é a função, em geral, do primeiro ou dos primeiros capítulos de uma tese. Por que este tema é interessante? Como vim a me interessar pela questão? No que consiste *esta* questão, finalmente?

A *questão* de uma tese consiste em muito mais do que o seu simples enunciado; se não, não daria uma tese. Existem certos temas que não dão para uma tese; dão para um artigo ou para uma comunicação. Ao contrário, há outros que podem dar para um livro de duas mil páginas, para uma enciclopédia, uma coleção. Se alguém resolvesse escrever a história do movimento psicanalítico de Fliess ao presidente atual da IPA, isto não seria assunto para uma tese: é excessivo. Daria cinco, oito ou dez volumes de uma obra coletiva, que levaria muitos anos para ser escrita. Já estudar o uso do conceito de "ódio" no *Homem dos Ratos* de Freud também não dá uma tese. É muito limitado esse assunto. É uma questão de escala: assim como certos temas dão para fazer um conto e não um romance, e vice-versa, uns dão para uma sinfonia, outros para uma peça curta, da mesma maneira o tema de uma tese tem que estar numa certa escala.

Uma vez determinada essa proporção, o problema do qual vai se tratar não consiste somente no seu enunciado. No exemplo da tese que estou mencionando, a questão é *mais* do que as seguintes palavras: "qual é o peso das pressões contra o narcisismo na vida psíquica do clandestino?". Esta é a forma básica da questão. Mas o que quer dizer "peso na vida psíquica"? O que é "clandestino"? Descrever a vivência do clandestino é diferente de procurar no dicionário a definição do termo *clandestino*. O que a autora fez foi *montar* o problema, através dos depoimentos dessas próprias pessoas e do contexto histórico do golpe de 1964, assim como das organizações de luta contra o regime militar.

Resumindo, então: primeiro é *construída* a questão da clandestinidade. Em seguida introduz-se a noção de narcisismo, *na medida em que afeta a primeira questão*. Depois, as duas coisas são aplicadas uma sobre a outra, para chegar à solução que ela decidiu adotar para o problema da sua dissertação.

Um risco que sempre corremos ao escrever é querer colocar no mesmo texto tudo o que nos parece interessante. Isto produz monstrengos sem pé nem cabeça. O resultado desta falta de juízo – juízo no sentido de capacidade de avaliação, de discriminação – é colocar no texto muito mais do que vai ser efetivamente utilizado. Quando se faz a revisão, é hora de cortar o que tiver ficado supérfluo. Se você escreveu cinco páginas sobre fetichismo, e depois não veio a usar esse tema da maneira como imaginava usar quando as escreveu, a solução é cortar; ou fazer disso uma nota de rodapé.

A nota de rodapé é frequentemente subutilizada. As pessoas costumam utilizá-la apenas para indicar referências bibliográficas. Nas teses, as notas de rodapé devem vir no rodapé, por isso chamam-se *notas de rodapé*; e o computador permite colocar as notas no rodapé com extrema simplicidade. São muito chatos os livros que têm as notas no fim do capítulo; em outros é pior ainda, vem tudo no fim do livro.

Na nota de rodapé, cabe às vezes uma pequena digressão que não entra no texto. Mas também existem notas de rodapé mais extensas: lembro-me de uma de Merleau-Ponty na *Fenomenologia da Percepção*. É uma nota importante sobre o corpo sexuado, e tem várias páginas. Outras vezes, podemos indicar na nota alguma coisa que pretendemos desenvolver, mas não agora. Eu mesmo aproveitei durante vários anos as notas de rodapé de *Freud, Pensador da Cultura* para escrever artigos e dar cursos.

Um dos exemplos a este respeito é algo que me parece muito extraordinário que nunca tenha sido explorado: um lapso que Freud faz em plena carta 69 a Fliess, a famosa da renúncia à teoria da sedução. Freud faz uma citação errada da Bíblia. Alguma coisa me dizia que aquela citação estava errada, não podia ser daquele jeito, e fui pesquisar. Logo na primeira consulta, descobri o que estava errado: James Strachey diz que ali havia uma *misquotation*, e, além disto, dá a citação correta (tirada do II livro de Samuel). Desde que Strachey escreveu isso, porém, os analistas olimpicamente ignoraram o fato. Eu fiz uma notinha, e só dez anos depois é que pude retomar essa questão com mais cuidado, o que resultou em um trabalho que hoje pode ser lido no *Figuras da Teoria Psicanalítica:* "As Filhas dos Filisteus".

Convergindo para a questão teórica: vingança, vergonha e narcisismo

Voltando agora ao "Tempo de Muda": essa quantidade de dados, tendo sido usada efetivamente para construir o problema, deve agora convergir para o que me parecia a ideia teórica mais interessante que o artigo iria conter, a discussão da vingança e da sua relação com o narcisismo e com a vergonha. Então, do material da ópera foi selecionado aquilo que conduzia naturalmente, pelo menos em tese, a colocar *este* problema: a questão da agressividade e do ódio, a comparação com *Hamlet*, as outras figuras paternas nas óperas de Mozart, especialmente com o Sarastro da *Flauta Mágica*. Este é um pai que, no final, se reconcilia com o filho (Tamino) e o admite na confraria de Osíris, ao contrário do Comendador, cujo conflito com Don Giovanni termina com a punição e com a morte dele.

Assim, é possível seguir a elaboração do Édipo e da relação de Wolfgang com seu pai, através de temas literários que se prestam, porque muito próximos da vivência psicológica, a marcar as etapas dessa elaboração. Isso colocado, interessava-me explorar um pouco a questão da vingança, que vem nos últimos parágrafos.

Aqui também usei a técnica do "não é lá, é depois". Primeiro, no parágrafo 32, fala-se da vingança do pai, usando o gancho de *Hamlet*. Nesse momento vem uma comparação sugerida por Brigid Brophy, que reforça a ideia do paralelismo *Hamlet/Don Giovanni*. É o momento em que, em *Hamlet*, o príncipe insiste para que seus amigos jurem novamente; o fantasma diz lá do fundo: *"swear! swear!"*; ouve-se aquela voz cavernosa vindo do fundo do palco, até que o juramento seja realizado como o príncipe quer. Essa cena é reelaborada em *Don Giovanni* da forma como digo aqui; foi Brophy que me contou isso, mostrando como Donna Anna e seu namorado repetem o juramento.

Essa é a forma que encontrei para introduzir a questão da vingança, não só como aparece em *Don Giovanni*, mas em geral. Aqui era necessária uma transição muito bem planejada. Se estou falando desta ópera e quero chegar até a vingança, o princípio do dominó me diz que preciso encontrar em *Don Giovanni* um elemento que fale de vingança; este é o dominó. Eu o encontrei nesta ária, quando Donna Anna, que foi a primeira ultrajada, pede a seu noivo Don Ottavio que a vingue, e que vingue a morte do pai. Com isso se faz o dominó; daqui para a frente, a ópera vai ficar cada vez mais na sombra, e vai-se destacar a reflexão sobre a vingança. Este é o elemento de ligação; por essa razão esta ária é transcrita e comentada exatamente neste momento da redação do artigo.

No início da ópera, Donna Anna não sabe quem entrou no seu quarto, ou pelo menos julga não saber. E, num certo momento do primeiro ato, ela descobre que quem entrou foi Don Giovanni; ela o reconhece pela voz. "Agora eu sei quem entrou no meu quarto; esse homem é um celerado...", e pede então a vingança. Na conferência, aqui entrava a "trilha sonora", ou seja, ouvia-se a ária *Or sai chi l'onore*, que é justamente a do pedido de vingança: *Vendetta io ti chiedo/ La chiede il tuo cor.*

Nessa parte do texto sobre a vingança, o que procurei fazer foi algo inspirado no que se chama, em música, *apoggiatura*. Consiste em que a penúltima nota de uma melodia seja mais longa, apoiada (*apoggiata*), e então vem a nota final, que geralmente é a tônica daquela tonalidade. Algo assim: *siiii, do!* Há uma tensão criada pela nota longa, que se resolve com a nota tônica final. É muito comum este recurso, especialmente em Mozart; vocês podem prestar atenção ao ouvirem uma gravação, dá para perceber perfeitamente. É algo semelhante ao princípio do "não é lá, é depois".

Neste caso, procurei criar uma certa tensão propondo essa primeira hipótese de que a vingança é um atributo do pai. Digo mais ou menos o seguinte: em *Hamlet* é um pai que quer se vingar, em *Don Giovanni* é um pai que quer se vingar. Será que a vingança é sempre paterna? Este é um exemplo de um raciocínio equivocado, porque é "apressado" demais. Vocês conhecem a história do cientista português que estudava o aprendizado entre as formigas. Ele pega uma formiga, diz: "formiguinha, anda!", e a formiga anda. Ele arranca uma pata da formiga, e diz: "formiguinha, anda!"; vai arrancando as patas uma a uma, até que, quando arranca as seis patas, a formiga não anda mais. "Formiguinha, anda!", e ela não se move. Conclusão: formigas sem pernas são surdas. Aqui minha hipótese lembra o mesmo tipo de raciocínio. Se nesses dois casos a vingança é exercida pelo pai, será que ela é por natureza um atributo paterno? É uma hipótese feita para ser contestada, mas é útil introduzi-la, e depois mostrar o que penso por meio de uma refutação desta hipótese um tanto improvável.

Aqui, temos novamente o dominó. Estou falando do pai e da sua vingança, e retomo um exemplo de vingança exercida pelo pai, a de Jeová contra o povo judeu, tal como é descrita pelos profetas. Nesse artigo, os profetas têm uma dupla função. Na introdução, serviam para ilustrar a criação na dor; agora, voltam para ilustrar o tema da vingança. O mesmo elemento – profetas – serve assim para dois momentos diferentes do texto, e a meu ver isto é bom, porque com poucos meios se conseguem dois efeitos diferentes, sem precisar de um elemento para cada efeito. Na Bíblia, Jeová diz que vai se vingar dos hebreus através da destruição do seu país, do Templo, etc.; os profetas todos dizem isso. Vem então um parágrafo ou dois nos quais são citadas algumas passagens que falam da vingança divina.

De novo o dominó: agora ele está numa passagem dos *Salmos* em que o salmista diz: "com sua própria malícia os destruirá, os destruirá o Senhor nosso Deus." Por que dominó? Porque agora aparece a questão da *reciprocidade*. *Com sua própria malícia* eles serão destruídos; quem com ferro fere, com ferro será ferido. Então, a vingança deve ter alguma ligação teórica, conceitual, com a reciprocidade; de onde a definição de Espinosa – "a vingança é a reciprocidade no ódio" – outro dominó.

Esse texto está deliberadamente construído de maneira a criar um argumento "passo a passo". Cada parágrafo está ligado ao anterior e ao que o sucede, e introduz um elemento novo. Isso foi feito com cuidado, para produzir exatamente o efeito de um encadeamento lógico: *pai/vingança*, através dos profetas; *vingança/reciprocidade*, através do Salmo; *reciprocidade/ódio*, através de Espinosa; e assim por diante. Etapa por etapa, vai sendo construído um argumento.

Volta-se aos profetas, no parágrafo 37, para dizer que através de Jeremias Deus se mostra *ofendido* pela idolatria, e que essa ofensa está ligada à humilhação. E aqui entra a ária da ópera sobre a vingança, porque ela mostra o elo da vingança com a humilhação. "Se isso for verdade, podemos colocá-la, do ponto de vista metapsicológico (parágrafo 39), do lado do narcisismo; e neste caso ideias como dignidade, honra e vergonha estarão próximas da de vingança, já que dependem do registro narcísico. Esperaremos que, em uma sociedade aristocrática, esses valores sejam altamente apreciados, de modo que a ofensa contra eles deva ser propriamente *vingada*."

Agora vem a parte do texto que me parece mais original. Ela diz respeito a questões teóricas: o complexo de Édipo e o sentimento da vingança, na medida em que este se encontra intrinsecamente associado à experiência da vergonha.

O primeiro elemento teórico a ser focalizado é a questão do Édipo. Mas esta era mais "carne de vaca": que Mozart tivesse um Édipo, e esse Édipo fosse intenso dada a sua biografia, não era preciso ser muito arguto para poder demonstrar. O interessante está em partir dessa coisa mais ou menos óbvia para uma outra, que não fosse tão óbvia. Qual? "N" possibilidades se apresentam. De acordo com isso que estou expondo a vocês, as ideias foram se encaminhando para o tema da vingança: em parte porque eu estava interessado nele, queria discuti-lo e pensá-lo, mas em parte também porque cabe bem na análise de uma história que se passa no século XVIII, portanto em uma sociedade onde humilhação e vingança têm um peso decisivo e importante.

Aí vem o parágrafo central nessa demonstração, que é o 41. Depois de dar alguns exemplos, digo que a vingança se mostra como castigo pelo desdém, pela humilhação. Volto a Freud, com seus exemplos do sonho de Irma, etc., etc., e o parágrafo seguinte usa essa ideia do desdém para explorar uma pista nova: por que Hamlet não pode se vingar do seu tio.

Aqui utilizo um recurso que expus em um trabalho já antigo sobre "Pesquisa em Psicanálise", que está em *A Sombra de Don Juan*. O que estudo nesse artigo é o modo como, cada vez que Freud cria uma noção (no caso ali examinado, era a de etapa sádico-anal), ela é imediatamente *exportada* para outros territórios da teoria. A ideia de fase sádico-anal é primeiramente introduzida a propósito da neurose obsessiva, como vocês talvez se lembrem, no artigo intitulado "A Disposição à Neurose Obsessiva" (1912). Terminada esta discussão, nós vemos Freud, na página seguinte, *experimentando* com essa ideia, para ver como ela pode ser ligada a problemas como a homossexualidade, o desenvolvimento do caráter, a dúvida compulsiva, a atividade e a passividade sexuais, etc.

Este é um procedimento de pesquisa muito interessante. Uma vez criada uma ideia em determinado contexto, se ela tiver validade para além desse contexto, pode-se revelar ainda mais interessante. No artigo que estamos examinando, uma vez esclarecido o caso da vingança do Comendador contra Don Giovanni, vamos ver agora se isso funciona no outro exemplo que foi trazido ao longo de todo o texto, isto é, Hamlet e seu pai.

Freud diz que Hamlet não pode se vingar do seu tio porque o tio fez exatamente aquilo que ele sempre quis fazer: realizou o incesto. Freud tem toda a razão; mas, já que foi descoberta essa ligação da vingança com o desdém, faço uma pergunta um pouco diferente: será que Hamlet tinha *do que* se vingar em relação a esse tio? E a minha resposta é não. Ele pode ter *ódio* pelo tio, *desprezo* pelo tio (cito uma passagem em que ele fala isso); mas não foi *ofendido* pelo tio. Se vingança é a reciprocidade pela ofensa e pela humilhação, devemos esperar que se vinguem, como diz Dostoiévski, aqueles que foram humilhados e ofendidos. Ora, Hamlet não foi nem humilhado nem ofendido pelo assassinato de seu pai. Se meu argumento for correto, segue-se das suas premissas que o príncipe da Dinamarca não tem razão nenhuma para se *vingar*. Ele tem razões para odiar, para ter medo, para se fingir de louco, para ter a ambição de governar o reino, para ter nojo pela mãe, que com 38 anos ainda está com a libido funcionando, e para outras emoções; mas não para se vingar.

Ou seja, a ideia criada em um certo contexto é brevemente testada em outro. Para o meu gosto, funciona; talvez outros pensem que não, tenham objeções: é um assunto aberto à discussão. Com isso, se mostra o que estou chamando de relação *intrínseca* – agora é um termo forte – entre vergonha e vingança. A vingança é a retaliação pela vergonha que se passou. Com esse tema da vergonha, vem mais um dominó: o samba de Lupicínio, e nos parágrafos 47 e 48 é feita uma breve distinção, a partir das ideias que aparecem na letra do samba, entre o remorso, a vingança e a vergonha.

Nesta letra há uma série de coisas interessantes, que quero destacar. Primeiro, o narrador é *ele*. Não está muito claro no início, porque há um erro de português frequente, "quando *lhe* viram chorando e bebendo na mesa de um bar". Devia ser quando *a* viram, ou quando *te* viram; se fosse *a* viram, já saberíamos que é *ele* falando *dela*. O que aconteceu? Ela, a mulher dele, o traiu com um companheiro. O que de fato aconteceu, na biografia de Lupicínio: é o caso de uma mulher chamada Mercedes, que o traiu quando ele viajou.

Primeiro, descreve-se a situação *dela*. Ela está mal porque praticou esse adultério: "o remorso deve ser a causa do seu desespero". O que ela sente chama-se *culpa*, porque fez alguma coisa errada, que o prejudicou. Já ele não sente culpa nenhuma: no primeiro verso, mostra que está gozando, exatamente como diz Freud em *Pulsões e Destinos de Pulsão*, na identificação com o sofrimento dela.[16]

No samba, ela deve estar "bem consciente do que praticou"; ele, por sua vez, não sente culpa nem remorso. O que ele sente é *vergonha*. Por quê? Porque ela o humilhou ao fazer o adultério de maneira que outros soubessem; ela o fez "passar vergonha com o companheiro".

A primeira vingança dele está no fato de que ela sente culpa: praticou alguma coisa que é uma agressão contra ele, e, muito kleinianamente, o que sente – castigo pela agressão – é *culpa*. A culpa dela alimenta e satisfaz em parte a sede de vingança que ele tem. Mas não basta. Ele diz: "enquanto houver força em meu peito, eu só quero uma coisa, vingança, vingança, vingança, aos santos clamar". Qual é a vingança? "Você há de rolar como rolam as pedras na estrada"; é uma metáfora do judeu errante.

Ora, o nomadismo como castigo tem ecos bíblicos. Não é diferente (mais uma razão pela qual eles estão aqui) daquilo que os profetas profetizavam quando diziam que os hebreus iriam ter o seu país destruído e iriam viver no exílio. O que ele está querendo que ela sofra é exatamente o exílio, "sem ter nunca um cantinho de seu", etc. Temos aqui mais um fio subterrâneo ligando essas duas questões.

Depois de ouvir a música várias vezes, acabei me dando conta de que havia uma ambiguidade muito importante, que valia a pena explorar. A expressão ambígua que destaco é: "e a vergonha é a herança maior/que meu pai me deixou". Isso pode querer dizer no mínimo duas coisas: que o pai fez algo errado, do qual o filho deve se envergonhar; o pai deixou a vergonha como

---

16   Freud. (1915). *Triebe und Triebschicksale*, SA III. OCCL, vol. XII.

herança para o filho. Ou, ao contrário, que o pai ensinou o filho a ter vergonha; acho que é esse o sentido, mas também poderia ser entendido no outro.

Essa é uma expressão de grande ambiguidade na língua portuguesa: *ter vergonha* impede alguém de *passar vergonha*. Quem não *tem vergonha*, no sentido de contenção, de autocontrole, faz coisas ridículas e *passa vergonha* diante dos outros.

O elemento da vergonha permite criar uma hipótese metapsicológica, que a meu ver é a contribuição teórica desse trabalho: qual é o laço – via narcisismo – entre o sentimento da vergonha e a vingança, distinguindo vergonha, culpa e remorso, na medida em que a metapsicologia de cada um destes sentimentos envolve uma área diferente do funcionamento mental. Aqui, por exemplo, não temos amor de objeto: temos a vaidade ferida. Se a mulher o tivesse traído de uma maneira que não se soubesse, ele sentiria raiva, ódio, desprezo, mas provavelmente não vergonha. A vergonha não é em relação a *ela*, e sim em relação ao companheiro; "vai me fazer passar vergonha com um companheiro."

O artigo então se encaminha para o seu final. São os últimos três ou quatro parágrafos, que apresentam as conclusões teóricas: primeiro, que não há relação *direta* entre paternidade e vingança, mas que em certas configurações do Édipo, nas quais faz parte das fantasias do filho a ideia de ter humilhado ou ofendido o pai, essa temática da vingança pode se incorporar.

Aqui, vejo um certo paralelo com algo que foi dito anteriormente ao longo do artigo; a ideia de um Édipo em *double bind*. O que estou propondo é que não se pode tomar o complexo de Édipo num sentido tão maciço. Tornou-se um pouco moda, na psicanálise pós-freudiana, considerar que o Édipo é meio superficial. Não é a minha opinião. Acho que a psicanálise clássica tem algumas zonas obscuras também, e que é interessante fazer um levantamento das diferentes modalidades do Édipo. Ele não é tão maciço e global quanto pode parecer cem anos depois da sua descoberta.[17]

Então, o Édipo em *double bind* é uma variante do Édipo; a que comporta fantasias de vingança é uma outra, que pode estar associada à primeira. É uma variante que não se aplica a todo e qualquer complexo de Édipo, mas,

---

17 Este problema é retomado na aula 12 ("O estilo kleiniano"), neste volume.

segundo a hipótese que estou fazendo, a determinadas constelações ou configurações do Édipo, quando na fantasia do filho existe a ideia de ter de alguma maneira ofendido ou humilhado o seu próprio pai. Se for assim, esse pai aparecerá a ele como um pai vingativo, e aí a lógica metapsicológica que procuro esboçar vai se pôr em ação.

No parágrafo final, então, *back to* Mozart, e o artigo se encerra dizendo que ele construiu para o seu pai, na ópera e na sua obra, um monumento funerário bem mais importante do que uma estátua de Comendador.

Muito bem. Chegamos ao final do comentário deste artigo. Em suma, procurei mostrar o seguinte: há um momento de total caos – foi a aula dos rabiscos, da livre-associação. Depois vem um esforço consequente para diminuir esse caos, utilizando alguns procedimentos de *estruturação do material*. É o que falei na aula passada sobre a pirâmide invertida, a regra do dominó, a preocupação em fazer as ideias responderem umas às outras ao longo do artigo. Quer dizer: aquilo que está no artigo deve ter uma *função*, seja ela a de exemplo, ou a de introduzir um problema, ou a de construir um arcabouço simétrico com o que vem antes e o que vem depois, etc. Há certos procedimentos formais que, na minha maneira de ver, contribuem para tornar este artigo tecnicamente bem-feito. Eu também os aprendi, e agora os coloco à disposição de vocês.

5. O Homem dos Ratos: entrevista preliminar

A aula de hoje e as próximas duas serão dedicadas a uma comparação entre a versão publicada do caso do *Homem dos Ratos* e o que se chama o *Original Record* deste mesmo caso. Vocês sabem que Freud tomava notas depois de cada sessão deste paciente; estas notas estão publicadas no volume X da *Standard Edition*, sob o nome *Original Record* – registro original – destas sessões.

Quero seguir a transposição do que há de mais próximo à escuta – as notas que Freud redigia logo depois que o paciente ia embora – até a elaboração disso no caso publicado: o que ficou ou não de fora, etc. Vamos tentar seguir esse caminho, para nos aproximarmos mais propriamente do tema "escrita da clínica".

Vou me servir em especial de dois textos. Um é o livro de Patrick Mahony, *Freud e o Homem dos Ratos*; está publicado pela editora Escuta.[1] Patrick Mahony é um professor do Canadá, que fez uma pesquisa ao mesmo tempo empírica e literária a respeito do Homem dos Ratos. Pesquisa empírica, porque tomou a providência de ir a Viena e consultar os arquivos do Exército, já que o Homem dos Ratos fez manobras militares; foi aos arquivos da comunidade judaica, já que ele era judeu; e descobriu quem era, sua biografia, a história da família, o pai, a mãe, seus antecedentes, etc. E pesquisa literária, porque faz um estudo detalhado do texto de Freud. Mahony tem uma série de ideias

---

1 Mahony, J. P. (1991). *Freud e o Homem dos Ratos*. Escuta.

interessantes a respeito da duração desta análise, que segundo ele teria sido de quatro meses, razão pela qual o *Original Record* se interrompe depois desta época. É um livro bastante polêmico, que inclui naturalmente uma supervisão póstuma do trabalho de Freud.

O outro texto é a versão franco-alemã do *Original Record,* preparada por Pierre e Elza Hawelka. Esta era uma analista brasileira que morava na França; jovem estudante da Maria Antônia, apaixonou-se pelo seu professor de literatura francesa, o qual era um linguista de origem tcheca, Pierre Hawelka; casaram-se, foram morar na França e viveram felizes durante muitos anos. Este trabalho foi realizado pelos dois.

O interesse dele é trazer o texto original de Freud, a tradução comentada em francês e uma série de notas muito interessantes, além do prefácio: um aparelho crítico bastante razoável. O livro se chama *L'homme aux rats: Journal d'une analyse*; é um texto já antigo, de 1974, publicado pela Presses Universitaires de France – PUF.

Depois do artigo que comentamos nas últimas aulas, pareceu-me melhor utilizar um trabalho de Freud, que todo mundo conhece, porque assim não precisamos nos inteirar primeiro da história. O que eu gostaria de fazer hoje e nas próximas duas aulas é acompanhar o movimento da escrita de Freud, nestas primeiras sessões do Homem dos Ratos. Estes comentários irão basicamente em duas direções.

Primeiro, o que nos interessa mais: a transposição do que se passa na sessão para o texto escrito. Vamos ver que inicialmente há uma anotação quase literal daquilo que o paciente diz. Ela já vem, contudo, entremeada com alguma elaboração por parte de Freud, e isto desde as primeiras sessões. A partir da sessão número 8, Freud diz que não vai mais acompanhar a fala literal do paciente, mas basicamente dará um resumo dela. Em seguida, vai havendo um afastamento progressivo daquilo que é dito *in extenso* em favor de um certo desenho de conjunto, que aparece especialmente na primeira parte do caso publicado. É nesta parte que se conta a história do paciente e do tratamento, até a "solução da ideia dos ratos". De todo este caso, com todas as possibilidades de teorização e de reflexão que ele oferece, Freud vai se deter exclusivamente na questão da neurose obsessiva; isto já é um recorte.

Na segunda parte do texto publicado, "Sobre a teoria", Freud ressalta três aspectos: primeiro, "certas características gerais das formações obsessivas"; segundo, "algumas peculiaridades psíquicas dos obsessivos, especialmente sua relação com a realidade, com a superstição e com a morte"; e depois uma parte mais teórica, "a vida pulsional e a origem da compulsão e da dúvida". Há portanto um movimento crescente de abstração e de conceitualização.

A segunda ordem de considerações que quero fazer incide mais sobre o caso publicado. Isto vai ficar para uma das próximas aulas. Falaremos a respeito de questões de construção do texto propriamente dito, independente do trabalho clínico.

Eu hesitei um pouco sobre por onde começar o estudo destas sessões. Mahony recorre a uma técnica muito engenhosa: faz uma biografia paralela de Freud e do paciente, desde 1878. Quando esse homem nasce, Freud tem 22 anos, está na faculdade de medicina, no laboratório de Brücke. As histórias correm paralelas até o momento em que eles se encontram, em 1907. Não deixa de ser um recurso inteligente, que excita a curiosidade do leitor e vai trazendo os dados de forma muito pitoresca.

Por outro lado, se não estamos interessados na biografia do Homem dos Ratos – como é o caso de Mahony – mas na relação do escrito com o escutado, este caminho não é o melhor, porque, quando Mahony finalmente chega à primeira sessão, já sabemos muitas coisas sobre o paciente: aquilo mesmo que se revelou no decorrer do tratamento, e que ele organiza para a comodidade do seu leitor. Assim, isso que estamos tentando captar – os mecanismos de transposição do ouvido para o escrito – se torna mais difícil de apreender.

A postura de Elza e Pierre Hawelka é um pouco diferente. Antes de começar com o texto propriamente dito, eles colocam uma introdução que diz respeito à história do texto, ao que se poderia chamar de "fortuna crítica", expressão utilizada pelos especialistas de teoria literária. "Fortuna crítica" é o que se disse a respeito de algum escrito. É um termo um pouco pomposo para aludir aos comentários que foram feitos a respeito de uma determinada obra.

A primeira parte do texto de Elza e Pierre Hawelka é exatamente sobre isso. Diz por exemplo em que trechos das minutas da Sociedade de Viena Freud comentou esse caso, fala a respeito dos outros casos dele, etc. E depois vem uma parte chamada "Apresentação Material e Formal", que é uma explicação sobre as folhas manuscritas por Freud, já que em 1974 elas não eram acessíveis ao leitor. Aqui ficamos sabendo, por exemplo, que elas se apresentam em forma de páginas de tantos centímetros, como foi feita a fotocópia, ou o sistema de edição que eles usaram; são uma série de explicações que justificam o formidável aparelho crítico que cerca o material original.

Os editores comentam também as abreviações, que são um problema seríssimo nesse manuscrito: como Freud escrevia para si mesmo e não para leitores futuros, pelo menos não no começo, ele usava todo tipo de abreviação; algumas ele inventava no momento, outras são abreviações comuns da língua alemã. Por exemplo, *Zwang* (compulsão, obsessão), quase sempre é abreviado "*Zw*".

Isso já é um pouco mais próximo do nosso interesse, na medida em que nos explica alguma coisa sobre o documento que temos na mão, aqui apresentado de uma forma mais legível. Saber o tamanho da página que ele usava não é tão relevante, mas saber por exemplo como e quando ele abrevia pode já ter algum interesse. Por exemplo, há várias passagens sublinhadas: algumas a lápis, outras a caneta. A hipótese dos editores é que Freud sublinhou isso quando foi redigir o caso, para chamar sua própria atenção sobre um ponto interessante. Isto está reproduzido no livro: aquilo que está sublinhado no manuscrito aparece com negrito no impresso.

As concepções freudianas em 1907

Agora algo sobre o contexto deste tratamento. Quando Freud recebe o Homem dos Ratos, em 1907, ele tem já uma série de teorias e hipóteses a respeito da neurose obsessiva. Em termos do contexto histórico, o Homem dos Ratos vem consultar Freud mais ou menos na mesma época em que Jung, Ferenczi, Rank e os outros primeiros discípulos se aproximam dele. Ao longo do ano de 1907, início de 1908, Freud começa a se tornar um pouco mais conhecido, para além do pequeno grupo que se reunia em sua casa desde 1902.

Ora, o que é a psicanálise em 1907, no dia primeiro de outubro, quando o Dr. Ernst Lanzer toca a campainha no consultório de Freud? É alguma coisa muitíssimo diferente do que se apresenta aos nossos olhos hoje. Penso que é de grande importância ter isso em mente, para não se perder nas observações de Freud, e também para poder avaliar de que maneira este caso contribuiu para alterar os paradigmas conceituais da própria psicanálise.

Para que fique um pouco mais claro ao que estou me referindo, vou entrar com algum detalhe nessa questão, que para nossos propósitos atuais é um desvio lateral. Acho que é possível mostrar que existem na obra de Freud pelo menos quatro grandes modelos metapsicológicos. Seria uma leitura de Freud um pouco diferente da forma mais comum de periodizar a sua evolução, que separa a primeira tópica da segunda, as duas teorias das pulsões, a primeira e a segunda teorias da angústia, faz um grande corte em torno de 1920, por causa da pulsão de morte e *Além do Princípio do Prazer*, etc.[2]

De alguns anos para cá, fui levado a fazer outro tipo de recorte, movido pela preocupação de vincular à obra de Freud os desenvolvimentos pós-freudianos: Melanie Klein, Lacan, a escola das relações de objeto e a psicologia do ego. Minha hipótese de trabalho é que cada uma dessas escolas de psicanálise se constitui, entre outras coisas, através do recorte, na obra de Freud, de certos temas e de certos ângulos, privilegiando aquilo, e deixando mais ou menos na sombra o que não é "aquilo". Este "aquilo" de alguma forma funciona como solo germinador das teorias de cada escola. A julgar pela diferença de resultados entre um Lacan, uma Melanie Klein e um Hartmann, minha ideia foi que eles não teriam recortado em Freud exatamente as mesmas ideias.

Já que esse recorte serve como uma das fontes de constituição das escolas, a hipótese seguinte é de que não é o mesmo Freud, obviamente, que serve de base para cada uma delas. Assim, fui levado a explorar detidamente uma ideia que me foi sugerida por Paul Bercherie, que escreveu um livro chamado *Gênese dos Conceitos Freudianos*.

No fim do seu livro, Bercherie propõe uma ideia que me pareceu genial, mas que depois de escrever 390 páginas de texto para sua tese ele não tinha mais condições de desenvolver. A ideia era de que haveria em Freud uma série de modelos metapsicológicos, e ao longo do livro vai explicando quais são.

---

[2] Esta é a forma de periodizar que adoto em *Freud: a Trama dos Conceitos*, (Perspectiva, 1982); 14ª ed, 2020.

Depois, em cada um desses modelos estaria enganchada o que ele chama uma "corrente pós-freudiana". O interessante é que essa derivação se faz de um jeito bastante parecido com aquele que eu estava, de maneira independente, suspeitando, mas não tinha chegado a formular com essa sistematicidade. As coisas são assim no mundo da pesquisa.[3]

O primeiro desses modelos freudianos – isto é evidente e indiscutível para qualquer leitor que se aproxime das obras de Freud – é baseado no estudo da histeria. Ou seja, a histeria serve como prisma através do qual são consideradas todas as patologias, todo o desenvolvimento psíquico e o processo analítico. É como se fosse uma neurose paradigmática.

Considero que uma teoria psicanalítica, freudiana ou outra, na verdade é constituída por quatro gomos, se quisermos pensá-la como uma grande laranja. Um gomo básico é a metapsicologia, ou seja, um conjunto de hipóteses a respeito do que é a alma humana, como ela funciona, o que há dentro dela. Basicamente, o âmago da metapsicologia é uma teoria sobre o inconsciente, o que existe nele e como ele funciona. No caso de Freud, fazem parte da metapsicologia as tópicas, a teoria das pulsões, etc. No caso de Melanie Klein, a teoria das posições depressiva e esquizoparanoide; no caso de Lacan, a teoria do simbólico, real e imaginário, e do seu entrelaçamento. Cada uma das grandes escolas tem uma metapsicologia, ou várias, que dizem no fundo como é o aparelho psíquico. Há uma espécie de anatomia – ele é constituído disso, daquilo e daquilo outro – e uma espécie de fisiologia, que diz como o aparelho funciona.

A partir daí, três outros grandes gomos se organizam. Um é a teoria do desenvolvimento, ou seja, esta entidade, este organismo psíquico, evolui de um ponto zero (em geral colocado no nascimento, e atualmente, por alguns autores, antes do nascimento, no psiquismo do feto) até um ponto "ômega" qualquer, que é historicamente colocado como "o adulto normal". O adulto normal é o sujeito capaz de funcionar de acordo com as regras básicas da sua sociedade, quaisquer que elas sejam. Na obra de Freud, a teoria do desenvolvimento corresponde à sequência das fases oral, anal, ao complexo de Édipo, enfim, a todo tipo de discussão sobre a maturação psíquica.

---

3   Esta perspectiva foi desenvolvida em Mezan, R. (2019). O tronco e os ramos. Blucher, 2ª edição.

Outra parte importante é uma psicopatologia, ou seja, uma teoria dos tipos de desarranjo que o aparelho psíquico pode sofrer na sua evolução. Em Freud, embora não em outros autores, a psicopatologia está estreitamente ligada à teoria do desenvolvimento, através das noções de fixação e de regressão. Há uma sucessão de fixações e/ou regressões às diferentes fases do desenvolvimento psíquico, e, dependendo de onde a evolução emperra, ou se fica lá (fixação) ou se volta para lá (regressão). O quadro mais completo e mais sistemático dessa visão é o fornecido por Karl Abraham na sua famosa *História da libido*, onde há inclusive uma tabela com as diferentes fases – oral, anal retentiva, anal expulsiva, etc. – e das diferentes patologias que correspondem à exacerbação de cada fase.

Por fim, há uma teoria do processo analítico. Ou seja: dado que a alma humana é como a metapsicologia diz que é; dado que a teoria do desenvolvimento permite dizer mais ou menos em que fase do desenvolvimento psíquico se encontra aquele indivíduo na minha frente; dado ainda que a combinação dessas coisas me dá um primeiro diagnóstico da patologia desse indivíduo (é provavelmente um caso *borderline*, ou provavelmente uma neurose obsessiva, ou qualquer outra coisa); dado isso tudo, a teoria do processo analítico vai dizer até onde e através de quais instrumentos – não só nesse caso, mas em geral – é possível intervir num processo psicopatológico. Conceitos como os de transferência, contratransferência, interpretação, tato, profundidade da interpretação, resistência, reação terapêutica negativa, cura, etc. –, noções como essas fazem parte da teoria do processo analítico.

A meu ver, uma corrente de pensamento psicanalítico, para ser denominada uma "escola", precisa conter teses próprias em todas estas quatro vertentes. Estas teses formam os "gomos" da laranja. E minha hipótese é que em Freud, com a sua fecundidade mozartiana, existem pelo menos quatro grandes modelos que cobrem o conjunto destas quatro vertentes. Cada um deles, se Freud tivesse morrido ao terminá-lo, já seria suficiente para fundar a psicanálise inteira. O primeiro desses modelos – que contém uma metapsicologia, uma teoria do desenvolvimento, uma psicopatologia e uma teoria do processo analítico inteiras – está pronto por volta de 1905, quando ele publica simultaneamente o *Caso Dora*, o livro sobre a piada e os *Três ensaios para uma teoria sexual*. É isso que torna Freud coerente e faz com que se aproximem dele os seus primeiros discípulos.

Quando Freud começa a atender o Homem dos Ratos, ele dispõe de uma visão do que é a vida psíquica, visão esta modelada sobre a histeria. Esta visão contém, entre outras coisas, um certo ângulo de abordagem dos "transtornos neuropsicóticos", como se dizia então. O que a histeria permite ver, quando é tomada como prisma para a teoria psicopatológica? Ou seja, quando a neurose obsessiva é vista à luz da histeria, quando a paranoia é vista à luz da histeria, quando a esquizofrenia, as neuroses atuais, etc. são vistas à luz da histeria? Basicamente, o seguinte: Freud se dá conta, nos seus escritos desde os anos 1880 e no início dos anos 1890, da intensidade de certos fenômenos psíquicos. O que chama a atenção dele, nos seus primeiros trabalhos sobre a histeria, são reações excepcionalmente exageradas, por exemplo as paralisias inexplicáveis, todo o cortejo de sintomas espetaculares da histeria, as ideias excessivamente intensas. Ele tenta então teorizar isso dizendo que a psique é constituída de tal maneira que nela circula uma certa energia, comparável à energia elétrica, a qual era então (1890) uma grande novidade tecnológica. Ainda não é a energia sexual, a libido, mas é uma energia. E essa energia *besetzt*, isto é, investe ou ocupa uma representação, uma imagem, exatamente como o filamento da lâmpada é invadido pela energia elétrica e ela se acende. Esta metáfora é do próprio Freud, em um dos seus artigos.

A energia circula pelas representações, movimento ao qual Freud chama *deslocamento*, e pode desocupar uma delas, por causa da repressão. Neste caso, tal representação se torna "inconsciente". Ora, é fácil perceber, lendo os textos, que estas teses derivam diretamente do estudo da histeria. É a histeria que mostra a Freud, através dos seus sintomas espetaculares e dramáticos, a possibilidade do deslocamento, da condensação de imagens, da circulação de energia, da mobilidade, da labilidade dessas representações. Ele constrói a partir daí uma teoria do sintoma, uma teoria da defesa, etc.[4]

Do ponto de vista que me interessa hoje, que é a teoria psicopatológica, o grande problema é o que acontece com a energia retirada pela repressão das ideias que se tornaram inconscientes. Se esta energia for de uma maneira ou de outra para o corpo, através de uma conversão, o resultado vai ser uma histeria. Se ela permanecer na esfera psíquica e se ligar a outras imagens, a outras

---

[4] Este tema foi mais bem desenvolvido no Capítulo 3 de *O tronco e os ramos: estudos de história da psicanálise* (Blucher, 2019, 2ª ed.)

representações, o resultado vai ser uma neurose obsessiva, e essas representações vão se tornar representações obsessivas. Se, ao contrário, essa energia for projetada para fora junto com uma imagem, e com seu sinal invertido (se aquilo que acontece na minha cabeça me volta de fora, sob a forma de que os outros querem para mim aquilo que na verdade eu quero para eles), o resultado é uma paranoia. Então, não sou eu, por exemplo, que tenho interesse sexual por uma mulher, mas é a mulher que me persegue e me obriga a dormir com ela, ou, ao contrário, me detesta porque acha que eu quero dormir com ela, e assim por diante. Há uma inversão de sinal, e a percepção de um conteúdo interno à psique como vindo de fora; o resultado é então uma paranóia.

Em suma: o resultado psicopatológico depende do mecanismo pelo qual a energia é deslocada. É com esta teoria psicopatológica que Freud está equipado quando, no dia primeiro de outubro de 1907, o Dr. Lanzer vem consultá-lo. Eu insisto nisto porque, neste contexto, a neurose obsessiva é uma variante da histeria; ela é uma histeria sem conversão. O seu mecanismo básico é a repressão, que consiste na separação entre a ideia e sua energia, já nesse ponto uma energia sexual, libidinal. A ideia da qual se separou a energia, através deste mecanismo de defesa, torna-se uma ideia recalcada; no caso, vocês vão ver, é a ideia de matar o pai. Por isto as ideias obsessivas são hiperinvestidas, de acordo com o deslocamento e a condensação, como está explicado no capítulo VII da *Interpretação dos Sonhos*. Esta é a ideia básica de Freud quando se defronta com seu paciente.

Pesquisando isto, me deparei casualmente com uma carta que Freud escreveu a Abraham, um pouco antes de começar a trabalhar neste caso. Abraham o consulta sobre um paciente obsessivo que está atendendo; manda uma espécie de resumo do caso, e Freud faz uma supervisão por escrito, que está publicada na correspondência com Abraham. É muito interessante, porque ele prediz o que vai acontecer com o paciente. Algo assim: "já tratei muitos casos de neurose obsessiva; a cada vez que acontece alguma coisa que exacerba o funcionamento sexual do paciente, por exemplo se ele vê uma mulher do tipo que o interessa, os sintomas recrudescem. A interpretação é parecida com a da histeria, mas a técnica é um pouco diferente".[5]

---

5   Freud, S., Karl, A. Correspondance. Gallimard, 1969, 28 de abril de 1908, p. 28.

Tive a sorte de encontrar esta carta *depois* de ter formulado o que acabei de expor a vocês: ela funciona então como uma prova de que, para o Freud de 1907, a neurose obsessiva deve ser compreendida e tratada como uma histeria, levando em conta o fator determinante da sexualidade; o mecanismo básico é a repressão; e o inconsciente está povoado de representações desenergizadas através deste mecanismo.

Reparem que não há, nesta visão da neurose obsessiva, nada do que caracteriza a compreensão dela a partir de o *Homem dos Ratos*: nada relativo à analidade, nada relativo à agressividade, nada relativo aos mecanismos de defesa próprios da neurose obsessiva, como o isolamento ou a formação reativa.

O que vai acontecer com toda a teoria freudiana da psicopatologia – *toda*, não só a parte sobre a neurose obsessiva? Ao teorizar sobre a sua experiência com o Homem dos Ratos, Freud vai ser levado, por assim dizer, a *mudar de paradigma psicopatológico*. E durante algum tempo, se essa observação que estou fazendo for correta, vão coexistir dentro da psicanálise o modelo da histeria e um novo modelo, que vai se desenvolver em outros textos, baseado agora na neurose obsessiva.

Esta se converte numa "neurose paradigmática", fazendo com que todo o conjunto da psicopatologia seja visto através deste prisma. Não temos agora tempo para entrar nestes detalhes, mas é possível demonstrar, a meu ver, que este modelo organiza toda uma série de desenvolvimentos teóricos de Freud durante os primeiros anos da década de 1910, por exemplo quando estuda os primórdios do superego, através dos fenômenos religiosos (em *Totem e Tabu*).

Reparem que, dependendo de qual é a matriz clínica que serve como prisma global da teoria, o conjunto da psicopatologia é organizado de maneira diferente. Exemplo: na primeira versão, ligada à histeria, a paranoia é uma psiconeurose e não uma neurose atual: está no *mesmo* campo que a histeria e que a neurose obsessiva. Por quê? Porque todas elas se ligam a um trauma infantil. Assim, é analisável através do método freudiano, que envolve a interpretação da transferência. Mas no modelo que toma como matriz clínica a psicose – que é elaborado simultaneamente ao da neurose obsessiva, principalmente nas discussões com Jung, e do qual não vou falar para não nos afastarmos demais do nosso assunto – a mesma paranoia vai para um campo *oposto* ao da neurose obsessiva e da histeria.

Neste modelo baseado na psicose, o que distingue as estruturas patológicas umas das outras é o nível atingido pela regressão: se até as fantasias inconscientes, ou se até o narcisismo propriamente dito. Como a paranoia regride até um dos momentos do narcisismo (veja-se o *Caso Schreber*), torna-se uma neurose narcísica, e é decretada inacessível ao método freudiano, porque se o indivíduo regride até o narcisismo perde todo interesse no mundo exterior, e portanto não é capaz de estabelecer uma transferência analisável. O nosso assunto hoje não é esse, mas é absolutamente fascinante entender como funciona esse mecanismo epistemológico, e mostrar de que maneira as diferentes psicopatologias de Freud – pois há mais de uma – vão-se ordenando em relação à matriz clínica predominante.

Quanto ao modelo da neurose obsessiva, o grande problema que ele coloca – e que aparece por causa do Homem dos Ratos – é o que se faz com o *ódio*. Ódio não é um termo que figurasse na teoria psicanalítica até a chegada do Homem dos Ratos ao consultório de Freud. Ele percebia que as histéricas tinham comportamentos hostis, podiam ser agressivas, malcriadas, ter raiva das pessoas, e assim por diante. Mas o *conceito* de ódio não ocupa nenhum lugar eminente na metapsicologia calcada sobre a histeria; nesta, a sexualidade e a libido têm o papel teórico predominante. Quando aparecem o ódio ou a raiva, é em função da libido: por exemplo, a libido insatisfeita produz raiva de quem frustrou a demanda. A sexualidade é primeira, a reação hostil é secundária, e vem por uma insatisfação da demanda sexual.

Com o Homem dos Ratos, Freud se dá conta que na neurose obsessiva o ódio tem um papel absolutamente fundamental, e isso desde a segunda sessão, com a história do capitão cruel. O prazer na agressividade, na destruição, na crueldade, tem nessa patologia um papel essencial.

Por que entrei nesses detalhes? Porque é importante ler este texto tendo em vista tanto o que Freud *já sabe* quanto o que ele *ainda não sabe*. Freud vai se chocar, por exemplo, com a intensidade do ódio do Homem dos Ratos, e vai tentar repetidamente explicar ao paciente que esse ódio é de origem sexual, ligado à masturbação e à repressão que o pai lhe teria feito. Logo nas primeiras sessões, Freud supõe ter ocorrido uma situação na qual o Homem dos Ratos teria se masturbado aos 6 anos de idade; seu pai o teria então recriminado violentamente, do que decorreu o ódio contra ele. Ou seja, tenta dar uma explicação das fantasias destrutivas e agressivas do Homem dos Ratos em termos apenas da sexualidade.

Mas, aos poucos, o paciente o vai convencendo de que o ódio tem uma origem independente da sexualidade, é *outra* coisa. E no final do texto, nas "Construções Teóricas", especialmente na parte sobre a vida pulsional, vocês podem assistir a Freud tentando encontrar um lugar para o ódio na metapsicologia. Os esforços dele para fazer isso são, neste momento, ainda malsucedidos; somente no final de *Pulsões e Destinos de Pulsão* é que o problema encontra uma solução satisfatória. Mas isso já é uma outra questão.

As expectativas de cada um

Aquilo a que vamos assistir nas próximas páginas do texto de Freud é ao mesmo tempo o início do tratamento e o início deste processo epistemológico da evolução dos conceitos psicanalíticos. No começo, Freud tem uma ideia muito clara do que significam as falas do Homem dos Ratos, e propõe suas interpretações com a maior liberdade. Paulatinamente, vai sendo obrigado a modificar o estilo e o tom dessas interpretações, porque o paciente o coloca diante de uma explosão de agressividade e hostilidade surpreendente até mesmo para ele, que no entanto já havia visto antes outras neuroses obsessivas. É como se de repente esta patologia se apresentasse como uma novidade absoluta; ele está desarmado, sem instrumentos para poder trabalhar com esses fenômenos.

A sua teoria, muito bem arrumada, é coerente e consistente, aliás coisa inédita na história da psicologia. Era a primeira vez que existia no mercado uma doutrina que cobria de maneira sistemática e coerente os quatro gomos da laranja: aquilo a que se costuma chamar o "primeiro sistema de psicanálise". Este sistema articula sexualidade, repressão, inconsciente, mecanismos de deslocamento e condensação, processo primário, processo secundário, primeiras percepções da transferência, uma técnica de interpretação baseada nos sonhos e na elucidação do significado inconsciente. Ou seja, é uma psicologia clínica, a primeira e única até o momento (1907), que contempla aquilo que toda psicologia clínica, ou toda psicanálise, deve contemplar.

Mas sabemos que para ninguém é fácil mudar de paradigma; o Homem dos Ratos tem que sacudir Freud com demonstrações de ódio explícito e violento, com uma transferência extremamente hostil, envolvendo inclusive membros da família dele, para que os conceitos se movam. Ernst Lanzer encontra às vezes a filha ou a mulher de Freud, subindo as escadas do prédio; ele então tem fantasias a respeito dessas pessoas, fantasias absolutamente chocantes, por exemplo que Frau Professor Freud vai lamber o cu dele, isso está dito com todas as letras. Noutro dia, ele encontra a filha de Freud, e imagina que ela tem duas manchas de cocô no lugar dos olhos. Então, é um tipo de imaginação transferencial de extrema crueza, de extrema violência, que deixa o Homem dos Ratos horrorizado. Ele, que tinha visto em Freud o capitão cruel (como aparece logo na segunda sessão), fica apavorado com isso, e se pergunta como um homem da qualidade de Freud pode suportar semelhantes barbaridades vindas de alguém que, como ele, não vale nada.

> **Ouvinte:** *Onde estão estas fantasias?*
>
> **R.M.:** *Estão no texto original. A história das manchas de cocô no lugar dos olhos está no caso publicado; a história da mulher de Freud lamber a bunda dele eu não lembro se está no caso publicado, mas está no Journal d'une analyse.*

Então: esta é uma história extremamente violenta. E podemos perceber ao longo desse texto a contratransferência de Freud em relação ao Homem dos Ratos, fincada, se é possível dizer assim, na transferência dele, Freud, com sua própria teoria. O narcisismo teórico de Freud, somado ao abalo que essa experiência impõe à sua própria teoria tão duramente construída, é a meu ver uma das razões que o levam, como analista, a ser um pouco surdo a certas manifestações transferenciais do Homem dos Ratos. E muitas vezes, num movimento compensatório, vemos um Freud supercomplacente com o Dr. Lanzer, o qual o ataca não só como pessoa, como indivíduo ali sentado, sua mulher, sua filhas, mas ainda o ataca num ponto que ele, Homem dos Ratos, não pode saber: a fé que Freud deposita na sua própria teoria. O Homem dos

Ratos tem um movimento de sedução em relação a Freud, quando diz que veio procurá-lo porque, naquele desespero todo, depois da história do tenente e dos óculos, ele tinha encontrado, no meio de alguns livros que precisava devolver a um amigo, um exemplar da *Psicopatologia da Vida Cotidiana*. Folheando esse livro, do qual gostou muito, decidiu procurar seu autor. Portanto, já se apresenta a Freud como uma espécie de discípulo: há um elemento de sedução aí. "Li seus trabalhos, gostei e vim procurá-lo, porque o admiro muito."

Esse ponto da transferência e da contratransferência está presente nessas primeiras notas, de forma às vezes clara e às vezes menos clara. Por exemplo, num certo momento Freud não sabe mais se estas lembranças que anotou são do Homem dos Ratos ou de um outro paciente. Ele escreve: "coisa curiosa, não sei se essas lembranças são de Lanzer ou de Thüringer". No dia seguinte, ele verifica que eram mesmo de Lanzer, e escreve entre parênteses: "esqueci por causa dos meus próprios complexos". Mas não diz quais são esses complexos.

É possível fazer a partir daí, como fazem Mahony e tantos outros, uma supervisão póstuma de Freud. A literatura sobre o caso do Homem dos Ratos é extremamente abundante. Estudar a técnica de Freud não é o nosso assunto, mas não deixa de ser interessante perceber, neste movimento de escrever a clínica e pensar sobre a clínica – e, ao pensar, alterar radicalmente a estrutura teórica da própria disciplina, o que é o caso aqui – como o elemento contratransferencial está presente. Ele está embutido, às vezes explicitamente, às vezes de maneira não tão explícita; e através das notas, do aparelho crítico, muitas vezes os comentadores nos chamam a atenção para esses pontos. Esse é o panorama geral.

Ouvinte: *Foi ele quem batizou o paciente de "Homem dos Ratos"?*

R.M.: *O texto de Freud chama-se "Observações sobre um caso de neurose obsessiva". Homem dos Ratos é uma designação dada por outros que não Freud, para se referir comodamente àquele paciente cuja obsessão envolvia o suplício dos ratos. No caso publicado, temos um capítulo inteiro sobre os ratos: ele o chama "A solução da ideia* *dos ratos". Ali Freud diz, mais ou menos, que em torno da questão do rato se polariza toda a neurose desse indivíduo.*

Ouvinte: *(...)*

R.M.: *Sim. Freud mostra de diferentes maneiras, de uma forma quase pré-lacaniana, se você quiser, o funcionamento do significante rato nesse caso. Octave Mannoni, por exemplo, no comentário que faz desse caso, baseia-se muito na pista das palavras: Raten são as prestações, os pagamentos, como rate em inglês; heiraten é casar-se; etc. Há coisas que na tradução se perdem um pouco, porque as línguas não são sempre superponíveis; em português, por exemplo, não falamos em rato de jogo, falamos em rato de biblioteca. Mas o Homem dos Ratos não é um rato de biblioteca, nem o pai dele. Para "jogador" nós não temos na nossa língua uma metáfora animal, ao menos que eu conheça. (Aliás, seria uma coisa muito interessante ver alguém tentar fazer um desenho usando essas metáforas. Algumas são bem concretas: mão de gato, cara de pau, boca de siri, etc. Seria curioso fazer um desenho que tivesse: boca de siri, mão de gato, perna de pau, olhos de lince; já é mais complicado tentar desenhar ouvidos de mercador, ou um ombro amigo. Tentar dar uma concretude a essas expressões idiomáticas podia ser uma coisa muito interessante.)*

Fechando os parênteses, a história dos ratos é central porque forma o núcleo em torno do qual o conjunto da patologia se estruturou. Nos *Estudos*, no capítulo sobre a psicopatologia da histeria, Freud compara uma neurose a uma espécie de novelo em círculos concêntricos e diz que a resistência aumenta à medida que nos aproximamos do núcleo desse novelo. Essa imagem de um núcleo central da neurose é muito útil. Os lacanianos vão falar em fantasma fundamental, o que não é tão diferente assim.

A primeira entrevista

Gostaria agora de comentar brevemente a introdução do caso, quando o Homem dos Ratos procura Freud pela primeira vez. Vou ler o que está escrito no início do *Journal d'une analyse,* traduzindo o mais literalmente possível. Diz o seguinte:

> *"1º de outubro de 1907 – terça-feira*
>
> *O Dr. Lanzer, 29 anos e meio, sofre de obsessões, particularmente intensas desde 1903, porém datando da sua infância. Conteúdo principal: medo que algo aconteça a duas pessoas que ele ama muito, seu pai e uma dama que ele venera. Além disso, impulsos obsessivos, por exemplo cortar a garganta com uma navalha, e proibições vinculadas a coisas indiferentes. Durante seus estudos, ele perdeu anos lutando contra suas ideias, e por essa razão só recentemente se tornou estagiário no tribunal [esse homem tem 29 anos e meio, já deveria ter acabado a faculdade há um certo tempo]. Em sua atividade profissional, essas ideias aparecem somente quando se trata de direito penal [que em alemão tem um conteúdo mais concreto: diz-se Strafrecht. Strafen é castigar, Recht é o direito; Strafrecht é o direito do castigo. Portanto, a história do castigo já está presente desde aqui]. Diz também sofrer de impulsos de fazer mal à dama venerada, impulso que na maior parte do tempo se cala quando ela está presente, mas aparece ou se manifesta quando ela está ausente. Porém, estar longe dela (ela habita em Viena) sempre lhe faz bem. Entre os tratamentos já tentados, nenhum foi de proveito, exceto uma hidroterapia em Munique que lhe fez muito bem, precisamente porque lhe permitiu estabelecer uma ligação que o conduziu a manter relações sexuais regulares. Aqui em Viena ele não tem ocasiões desse tipo, só relações muito raras e irregulares, quando por acaso alguma coisa se apresenta. Quanto às prostitutas, elas o enojam. Sua vida sexual foi muito pobre, a masturbação só desempenhou um papel muito reduzido, em torno dos 16 ou 17 anos. Potência normal, primeiro*

coito aos 26 anos. Ele dá a impressão de um espírito claro e sagaz. Depois de eu lhe ter indicado minhas condições, diz que precisa falar com sua mãe, volta no dia seguinte e aceita."

Ouvinte: *Qual é o nome dele completo?*

R.M.: *Lanzer, Ernst Lanzer.*

Ouvinte: *Por que em Strachey está Lorenz?*

R.M.: *Porque cada editor o batizou com um nome. Na edição dos Hawelka, é Lehrs. A única coisa que se mantém é a inicial, porque isto permite ao editor identificar quem é quem. Por exemplo, o homem chamava-se Lanzer: Strachey pôs Lorenz, Elza Hawelka pôs Lehrs. Mais adiante aparece um sujeito que se chama Galatzer, o grande amigo dele, em quem ele confia. Não lembro mais o que Strachey colocou; Elza Hawelka pôs Guthmann. E assim vai. De maneira que aquele que começa com "G" é sempre o amigo, e aquele que começa com "L" é sempre o paciente.*

Ouvinte: *E Gisela, a dama?*

R.M.: *Gisela deve ser Gisela mesmo, porque aqui temos um elemento contratransferencial fortíssimo por parte de Freud. Gisela Fluss foi a primeira grande paixão da vida dele, e ele exige que o paciente traga uma fotografia dessa mulher, "para quebrar a resistência".*

Então: "Dr. Lanzer, 29 anos e meio, sofre de obsessões, particularmente intensas desde 1903, data-as porém da sua infância". Freud começa as anotações com uma anamnese; supõe-se que ele perguntou ao paciente, mais ou menos, o que o trouxe até ali. Diz a sua idade, ou Freud pergunta, e imediatamente o relato começa *pelo sintoma*.

Aqui temos uma pequena discrepância de tradução. O texto de Freud diz: "Dr. Lanzer, 29 anos e meio, *leide an Zw (Zwangsvorstellungen)*, sofre de representações obsessivas." Na tradução dos Hawelka está *dit souffrir*, "diz que sofre". É a mesma coisa, mas há uma pequena nuance entre "sofrer" de obsessões e "dizer que sofre" de obsessões. Isto se deve, creio, ao fato de que estas anotações estão em discurso indireto – sobre isto, falaremos mais adiante.

Em todo caso, ele começa justamente pelo sintoma. "Conteúdo principal", depois sublinhado no texto: "medo de que algo aconteça a duas pessoas que ele ama muito, seu pai e a uma dama que ele venera". Strachey coloca: "que ele admira".

"Venera", "*verehre*", é um termo muito curioso. A raiz dele é *Ehre*, a honra; *verehren* é prestar honrarias a alguém, mas também é mais que isso, é o que se faz com as imagens dos santos. Ele tem veneração por essa dama. É muito estranho que um homem de 29 anos e meio se refira, mesmo em 1907, a uma mulher de quem gosta, que poderia ser a namorada dele, como alguém que *venera*. É um termo muito singular, antes de mais nada. Além do que, "pessoas de quem ele gosta muito" inclui o pai, que depois ficamos sabendo que faleceu há oito anos; mas "gosta muito" está no presente do indicativo.

Há outra coisa interessante a respeito desta palavra *verehren*: *Verehrter* é a forma respeitosa para começar uma carta. As cartas endereçadas a Freud geralmente começam com "*Verehrter Herr Professor*". Claro que não é "venerado sr. professor", é um termo mais coloquial, como em português "Prezado sr. Professor". *Verehrter* também não é excelentíssimo, nem ilustríssimo. Equivaleria em inglês ao *Dear Sir*: "dear" não quer dizer aqui que eu gosto dessa pessoa. É uma fórmula que marca uma certa distância, uma hierarquia de inferior para superior. Quem se dirige a outro como *Verehrter* não se coloca no mesmo plano onde situa o destinatário. Quando Freud, no decorrer das suas correspondências, passa a chamar seus correspondentes de *Lieber Kollege*, caro colega, ou *Lieber Freund*, caro amigo, esta nova fórmula marca uma mudança na relação com o correspondente, seja ele Ferenczi, Jung ou Abraham.

As traduções de Freud

Felipe: (*Pergunta sobre as traduções Standard e de Laplanche*)
R.M.: *A Standard inglesa, a meu ver, não deve ser condenada, porque é um monumento de coerência tradutiva, obra de uma*

vida inteira, ou quase, de James Strachey, em parte junto com a mulher dele. Como toda tradução, ela é datada e representa uma certa ideologia da tradução que hoje está bem esclarecida, graças às correspondências que estão publicadas. Há um analista italiano que mora em Londres, Riccardo Steiner, que escreveu bastante sobre isso; os textos foram publicados pela International Review of Psychoanalysis. *Há as críticas feitas por Bettelheim e por outros a um certo cientificismo, julgado excessivo. Tudo isso é muito bom, muito bonito, mas o fato é que a tradução existe, e é competentíssima. Muitas e muitas vezes, as opções feitas por Strachey se justificam, como se justificariam outras; afinal, ele é um inglês da Inglaterra nos anos 1950. A própria língua da tradução envelhece. Lidas na Califórnia no ano de 1995, devem soar ligeiramente ridículas certas expressões ou certas construções gramaticais que Strachey usa. É como se, no Brasil, Freud tivesse sido traduzido por um autor da primeira metade do século XX, como Monteiro Lobato ou Mário de Andrade. Hoje em dia, naturalmente, certas construções pareceriam estranhas, assim como quando lemos outros textos da época.*

Já a tradução espanhola de Ballesteros y Torres, os três volumes da Biblioteca Nueva que muitos usam, foi feita com uma intenção diferente. Tem erros também, sem dúvida. Mas é uma tradução feita para difusão, e não para estudo. Faz parte de um projeto de divulgação do pensamento alemão na Espanha, com a finalidade de civilizar os espanhóis, de trazer a Espanha para o século XX. É o projeto de uma revista dirigida por Ortega y Gasset, grande figura da intelectualidade espanhola na época em torno da Primeira Guerra, que se chamava *Revista de Occidente*: era um pouco a revista *Civilização Brasileira* dos anos 1920, na Espanha. Ballesteros era amigo de Ortega y Gasset, e se encarrega de traduzir a obra de Freud com a finalidade de difundir a psicanálise, mas certamente não de oferecer aos leitores um livro de texto. Ninguém imaginava, em 1920, que as pessoas iriam um dia se debruçar sobre o texto de Freud como se estuda Aristóteles ou Sófocles. A tradução visava a que as pessoas conhecessem suas ideias. Às vezes aparecem paráfrases, às vezes a tradução é muito apressada – em poucos anos saiu quase tudo que havia sido publicado até então, e já era bastante.

Então, é uma tradução feita com a intenção de divulgar um pensamento, assim como Ortega y Gasset recomendou a outros amigos que traduzissem Husserl, Max Scheler, Thomas Mann e outros autores; todos eles são publicados em espanhol, a partir dos anos 20, nesse mesmo projeto editorial. Por isto, enfatiza muito a legibilidade e a compreensibilidade do texto, às custas da elegância e da precisão. No "Caso da Jovem Homossexual", que estudei recentemente, na tradução espanhola diz-se que o irmão dessa moça é ligeiramente mais *novo*, quando Freud escreve que ele é ligeiramente mais *velho*. Se você está estudando o texto no detalhe, a divergência se torna importante. Já para o leitor que lê no bonde, para saber um pouco sobre a sexualidade feminina, tanto faz que o irmão seja mais velho ou mais novo

No Brasil, nos anos 1940, havia a Editora Globo, de Porto Alegre. Talvez vocês tenham visto, na casa dos seus pais, uns livrões da Editora Globo, com textos de Platão, Aristóteles, etc. Nos livros estava escrito *Biblioteca dos Séculos*. Eram livros que se tinha de abrir com espátula; o papel ficava todo crespinho em volta, tinham um cheiro muito peculiar. Eram livros maravilhosos. Quem traduziu Proust na *Biblioteca dos Séculos*, por exemplo, foi Mário Quintana. Lembro disso porque o projeto cultural do qual fazem parte estas edições é semelhante ao de Ortega y Gasset com sua revista.

Ouvinte: *(Pergunta sobre a tradução feita por Marilene Carone)*

R.M.: *Sim, mas essa tradução só pôde ser publicada há poucos anos. Marilene traduziu pouca coisa: as Conferências e mais um ou outro artigo, publicado na* Revista Brasileira de Psicanálise.

Ouvinte: *(Pergunta sobre a tradução da Delta)*

R.M.: *A Delta foi uma primeira tradução para o português, baseada no mesmo espírito que a do Ballesteros; foi realizada ainda nos anos 1940.*

Felipe: *(Pergunta sobre a tradução para o francês)*

R.M.: *Na verdade a tradução francesa são traduções, dezenas delas. Como os direitos não haviam sido comprados para o conjunto da obra de Freud, cada um traduzia como bem entendia e o que bem entendia. Há muitas traduções feitas por um filósofo*

chamado Jankélévitch, e outras feitas por outros autores. Por exemplo, a Interpretação dos sonhos *foi conhecida na França até pouco tempo atrás como* La Science des Rêves, *a ciência dos sonhos. Freud jamais escreveu um livro chamado A Ciência dos Sonhos, mas era assim que os franceses se referiam àquilo que a rigor deveria ser traduzido como A Interpretação do Sonho; em* Die Traumdeutung, Traum *– o sonho – está no singular. Nós conhecemos como Interpretação dos Sonhos, e ficou, o uso acabou predominando, mas a rigor seria A Interpretação do Sonho.*

Até recentemente, por volta de 1980, o que havia na França eram traduções as mais variadas, dos mais variados textos. Alguns foram vertidos ainda nos anos 20; é o caso da *Interpretação dos Sonhos*, traduzida em 1926. Deste livro foi feita, nos anos 1970, uma revisão, porque a tradução existente já estava abaixo do nível desejável em 1970. Aí surgiu o projeto de Laplanche: fazer uma tradução o mais próxima possível do texto original.

Quem tem discutido isso com bastante competência e inteligência é Paulo César Souza, que assina a versão traduzida do oficial que a Companhia das Letras publicou aqui no Brasil. A tese de doutorado dele, *As palavras de Freud – O vocabulário freudiano e sua versão na Standard Edition e na nova edição francesa*, defendida na USP, no departamento de alemão, também foi sobre o tema das traduções de Freud. O problema da tradução de Laplanche é que ele pretende, e fez um esforço colossal para isso, manter sempre o mesmo termo francês para o mesmo termo em alemão. A este critério ele chamou "nunca perder a pista do significante".

Um exemplo que interessa para nós aqui. Freud usa muito a palavra *Zwang*, que quer dizer compulsão, coerção: *Zwangsvorstellung* é a representação obsessiva, *Wiederholungszwang* é a compulsão de repetição, *Zwangsneurose* é a neurose obsessiva. Isso era traduzido em francês por várias palavras: *névrose obsessionnelle, représentation obsédante, compulsion de répétition*, etc. Laplanche escolhe como termo único a palavra *contrainte*, que quer dizer coerção; vem da mesma raiz que constranger. A cada vez que aparece *Zwang*, o texto francês coloca *contrainte*. A neurose obsessiva se transformou em *névrose de contrainte*; a compulsão de repetição virou *contrainte de répétition*, etc. É fácil para o leitor francês, então, perceber qual o termo que Freud usou. A desvantagem é uma certa artificialidade, um francês pesado e um tanto germanizado, que foi e é alvo de muitas críticas dos especialistas em língua e dos analistas. É um pouco como a *parapraxe* ou a *catexia*: as pessoas às vezes fazem atos falhos, ou como no caso de Magda do "Sai de Baixo", às vezes ela faz "atos fálicos", mas ninguém faz *parapraxes*, da mesma maneira como ninguém conta *chistes*, e sim piadas.

O *Zwang* é um caso até dos menos graves. Há outros em que a língua fica muito forçada; e aquilo que é tão característico do texto de Freud, justamente a sua maciez, a sua flexibilidade, o encanto literário, que pode ser sentido em boas traduções – isso vai inteiramente para o brejo. A tradução Laplanche é muito mais técnica do que literária.

Já a tradução de Strachey tem outro espírito. Strachey escreve no seu "Prefácio geral" que, ao verter Freud para o inglês, desejava dar a impressão de que Freud falava como um *gentleman* britânico do século XIX. Hoje podemos avaliar como isto é forçado: Freud está muito longe deste tipo sociocultural. É um judeu da Europa Central, cujo pai teve seu chapéu de pele atirado na lama por um antissemita tcheco. Era um leitor de Goethe, mas também atraído por certas coisas místicas, interessado na numerologia, acreditando supersticiosamente que iria morrer aos sessenta e dois anos... Não tem absolutamente nada a ver com um inglês vitoriano do campo, que poderia ser por exemplo Lytton Strachey no filme *Carrington*. Este personagem e Freud não têm nada em comum; mas para James Strachey, o tradutor (que era irmão de Lytton Strachey, o personagem do filme), Freud deveria falar inglês "como um *gentleman* educado, com interesses científicos", um tantinho aristocrático. Por este motivo, é essa a linguagem que Freud fala na *Standard Edition*.

Um outro exemplo, que dá bem a ideia dos artifícios a que a equipe de Laplanche é obrigada para não perder "a pista do significante", é o que acontece com a expressão *manifester Trauminhalt*, conteúdo manifesto do sonho, termo corriqueiro tanto na língua alemã quanto em freudês. Como eles consideram que *Trauminhalt* é uma palavra só, propõem como tradução *contenu-du-rêve manifeste*. Só que *contenu-du-rêve manifeste*, traduzido literalmente, significa "conteúdo do sonho manifesto", o que é um pouco diferente de "conteúdo manifesto do sonho". Como dizíamos quando éramos pequenos: não confunda...

O argumento mais razoável que ouvi a esse respeito, e me parece muito sensato, é que esse tipo de tradução pretende dispensar o indivíduo de aprender alemão, de mergulhar nesta língua para entender Freud no original. Mas quem está interessado em entender as nuances do alemão de Freud vai ao original, não vai ler Laplanche. Então, é um enorme esforço para coisa nenhuma, perdendo justamente algo importante. Não é só a graça do estilo de Freud, que nem sempre é muito sensível; às vezes ele é confuso, às vezes pesado, às vezes hesita; nesse exemplo que dei – a parte final do *Homem dos Ratos* – é difícil acompanhar seu pensamento, porque ele não tem certeza do que está falando, e isso se expressa na forma precária com que por vezes ele escreve.

Mas, além disso, Freud usa muito, como qualquer grande escritor, os níveis da linguagem. Às vezes é coloquial, às vezes enfático, etc.: emprega todos os recursos de retórica que um autor pode usar, e ele conhece muito bem o seu idioma. Explora certas características da língua alemã, como a capacidade de construir palavras novas juntando outras já existentes. Por exemplo, criou vários neologismos ligados à ideia de trabalho, *Arbeit*: *Traumarbeit*, o trabalho do sonho, é uma invenção de Freud, assim como *Trauerarbeit*, o trabalho de luto. Há inúmeras palavras que ele foi criando, aproveitando-se dos recursos da sua língua. Se tivesse escrito em húngaro, em russo ou em japonês, teria provavelmente criado outras palavras, aproveitando os recursos dessas línguas.

Mas, quando Laplanche decide traduzir Freud para o francês com essa fidelidade canina, os recursos naturais do francês não são utilizados. Ao contrário, são pouco empregados; esta a crítica que os linguistas fazem, com toda a razão. Fora isto, é evidente que a tradução é bem-feita e coerente; podemos dizer, usando uma expressão francesa, que ela "tem os defeitos das suas virtudes". Aquilo mesmo que são suas virtudes – a exatidão, a preocupação com o vocabulário – se transforma em defeito, sob outro ponto de vista.

Resultado: se você quer apreciar a sutileza linguística de Freud, não há outro jeito senão lê-lo no original, como a qualquer outro escritor. Se você quer apreender a sutileza de Dostoiévski, o único jeito é estudar russo e ler Dostoiévski em russo; não há tradução possível, nem a de Boris Schnaiderman, que restitua integralmente esse clima. Agora, se alguém está em dúvida quanto a certo ponto de tradução, minha solução de bom senso é recorrer a mais de uma. Verifica-se uma tradução inglesa e uma francesa, ou as que estiverem à mão, para confrontá-las e decidir sobre eventuais pontos obscuros.

Tenho a impressão de que, entre todas as traduções disponíveis no mercado, uma bem-sucedida é a da Amorrortu argentina. Primeiro, está numa língua muito próxima à nossa, fácil de entender sem grandes problemas. Segundo, foi feita por um homem só, como a de Strachey.

Outra bastante boa é a da Companhia das Letras, porém é uma tradução que não traz aparelho crítico, salvo alguma observação aqui e ali. É como a versão inglesa de bolso da bolso de Pelican Library: é a tradução de Strachey sem o aparelho crítico. Para ler e saber do que se trata, também serve. Eu pessoalmente gosto do aparelho crítico de Strachey, uso-o muito, seja na tradução brasileira (uma coisa que presta na edição da Imago são os prefácios e as notas), seja na versão alemã, que incorporou esse aparelho crítico: é a versão que uso, a *Studienausgabe* da Fischer Verlag.

Bem, acabamos falando bastante das traduções e deixamos de lado o Homem dos Ratos. Para a próxima vez, pretendo comentar as primeiras sessões desta análise.

6. As primeiras sessões

Na outra aula, começamos a estudar a primeira entrevista, que Freud transcreve rapidamente, e que se dá no dia 1º de outubro de 1907. Gostaria hoje de estudar mais de perto os mecanismos de *transposição* do escutado para o escrito.

Deste ponto de vista, a entrevista preliminar é bastante tradicional. Lendo esse texto, a mim chama a atenção, em primeiro lugar, a memória prodigiosa de Freud. Convém lembrar que essa pessoa vem todos os dias, mas não necessariamente no último horário, e Freud não tinha necessariamente uma "janela" depois de atender o Homem dos Ratos: se a consulta era às quatro da tarde, o texto era redigido às onze da noite, nas horas noturnas de trabalho que sabemos terem sido as de Freud. Neste caso, chama a atenção primeiro a relativa fidelidade da transcrição. Há trechos inteiros que estão quase entre aspas, e não há nenhuma razão para supor que Freud estivesse inventando palavras e colocando-as na boca do Homem dos Ratos.[1]

A segunda coisa que a mim chamou a atenção é algo que talvez se note mais no texto original: o emprego do estilo indireto. O alemão tem a seguinte

---

[1] Aqui uma sugestão do autor: convém ter à mão o texto de Freud, especialmente as duas primeiras sessões, que podem ser encontradas na *Standard Brasileira*, volume X, p. 164 e seguintes ou na OCCL, vol. IX. A aula se baseou no texto transcrito pelos Hawelka, de modo que pode haver ligeiras discrepâncias nesta ou naquela frase. Em todo caso, sempre que foi preciso especificar como Freud escreveu no original, cito e traduzo as frases necessárias. As referências de página e linha são ao *Journal d'une analyse*, PUF, 1974.

peculiaridade: quando dizemos em português "eu disse que vou ao cinema", ou "eu digo que sofro de representações obsessivas", esse *que sofro*, a frase subordinada, vem no presente do indicativo. "Dr. Lehrs diz que *sofre* de representações obsessivas". No alemão, por razões de gramática, isso vem no presente do subjuntivo. Então a tradução literal seria: "Dr. Lehrs diz, ele *sofra* de representações obsessivas". Se vocês olharem na página 30 do livro *Journal d'une analyse*, está escrito: "Dr. Lehrs, 29 anos e meio, *leide an Zw,* desde 1903 especialmente fortes, *datiere aber* – data-as porém desde a sua infância". São as primeiras frases da anotação.

Freud *transpõe* o que o Homem dos Ratos diz; em toda essa parte, e inúmeras outras vezes, o texto está escrito dessa forma. Isso chama a atenção justamente porque às vezes ele *não* usa o discurso indireto; transcreve no presente do indicativo aquilo que o Homem dos Ratos fala. Por exemplo, na página 34, linha 7: logo depois de evocar os camaradas e os amigos, o paciente começa a falar da sua vida sexual. Freud não coloca aspas; quem põe as aspas são os editores, na linha inferior do texto alemão. Ele transcreve literalmente: *Mein Sexualleben hat sehr früh begonnen. Ich erinnere mich*, etc.: "minha vida sexual começou muito cedo; eu me lembro...". Um estudo realmente detalhado desse texto, em termos filológicos, teria que levar em conta as oscilações do discurso direto para o indireto e vice-versa, e se perguntar por que motivo Freud, em alguns momentos, é levado – eu não diria *escolhe*, mas *é levado* – a falar como o Homem dos Ratos, portanto de alguma maneira se identifica com ele, colocando as palavras tais como provavelmente o paciente as pronunciou, enquanto na grande maioria das vezes ele escreve do ponto de vista de quem está contando, e não de quem está vivendo: portanto, na posição de um narrador.

Se ele se coloca na posição de narrador, cabe perguntar quem é o seu interlocutor imaginário. Para quem ele está escrevendo isso? De uma maneira jocosa: com quem ele pensa que está falando? Ou *para quem* pensa que está falando? Por exemplo, na página que inicia a oitava sessão, que é a página 91 na edição Hawelka, lemos: "das sessões seguintes, só quero observar alguns fatos essenciais, sem reproduzir o movimento da análise". É uma observação para si mesmo? Talvez. Mas não é assim que escrevemos normalmente. Quem desejasse dizer isso, numa anotação para si mesmo, escreveria provavelmente alguma coisa do tipo "fatos essenciais da análise"; não colocaria uma observação detalhada, aparentemente dirigida a um leitor que não é ele mesmo. Por outro lado, com toda a evidência isso é um rascunho. Minha impressão é que rapidamente – depois das primeiras duas semanas – ficou óbvio para Freud que ele iria usar este material para uma publicação. Então, ele já parece escrever, não diria para o leitor futuro, mas levando em conta a possibilidade de utilização relativamente rápida desse texto para uma comunicação escrita.

As sessões são do final de 1907, início de 1908. Sabemos pelas biografias de Freud que em abril de 1908 ocorre em Salzburgo o primeiro Congresso Internacional de Psicanálise. Ernest Jones conta que, depois de todos apresentarem suas comunicações, Freud começou a falar às 9 horas da manhã e foi até às 3 da tarde sem interrupção. Falou sem parar seis horas, e foi essa a história que ele levou para o congresso. E aqueles primeiros aprendizes de psicanálise ficaram fascinados, primeiro com o conteúdo da história, que já era suficientemente espantoso, e segundo com a facilidade e com a articulação com que Freud a narrava.

Portanto, em abril do ano seguinte havia o suficiente para ser apresentado numa longa comunicação. O caso é publicado no início de 1909, numa das primeiras revistas psicanalíticas. Ou seja, em poucos meses, o material já se encontrava estruturado na forma em que o conhecemos.

É visível o interesse de Freud em conservar o máximo possível daquilo que ocorre nestas primeiras sessões; procura reproduzir exatamente o movimento da análise, coisa que, sabemos, é muito difícil. É mesmo uma das razões frequentemente aduzidas para que os analistas não escrevam sobre a sua clínica. Diz-se que é difícil transmitir o "clima inefável" que se institui entre analista e paciente; como se todas as sessões fossem banhadas num halo de mistério, e como se a grande maioria das sessões que cada um de nós conduz com nossos pacientes não fossem de certo modo rotineiras, dentro do que é para cada um de nós a rotina do seu trabalho, e dentro do que é para o paciente a rotina da sua vida psíquica.

Aqui podemos ver isto com clareza. Depois que Freud dá, logo nos primeiros dias, interpretações bastante chocantes para o Homem dos Ratos, durante toda a segunda parte da semana nós o vemos tentando absorver o que ouviu. Várias sessões começam: "agora ele pergunta"; "eu lhe expliquei tal coisa, mas obviamente ele não acreditou em uma palavra." Ou: "Ele volta no dia seguinte e retoma o mesmo tema: mas como pode ser isso?" Há um processo de absorção, ou de filtragem, por parte do Homem dos Ratos, daquilo que Freud lhe diz sobre a psique em geral, sobre a psicanálise, e sobre a sua história pessoal. Há altos e baixos, momentos de maior densidade, sessões longuíssimas, que dão impressão de terem sido muito mais compridas; outras são transcritas de forma mais condensada. Na verdade Freud tinha sessões de 55 minutos, com cinco minutos de intervalo entre uma hora e outra; todas eram rigorosamente iguais. O espaço de tempo é sempre o mesmo; mas algumas sessões aqui ocupam quatro ou cinco páginas do livro, outras dez. Obviamente, há uma espécie de elasticidade da memória narrativa, se podemos dizer assim; o texto está ora mais condensado, ora mais detalhado.

Quem estiver com o livro dos Hawelka poderá notar trechos em negrito. Os editores explicam que colocaram em negrito aquilo que, ao redigir o caso, Freud sublinhou para chamar sua própria atenção. A partir de um certo momento, ele coloca anotações na margem: "exemplo de suicídio"; depois: "intenção de morte ou de assassinato"; depois, em outra página: "sinal de conflito". Então, visivelmente isso é um documento de trabalho do próprio Freud, anotado e rabiscado. Às vezes acontece de ele começar uma palavra e se interromper, porque não era a correta. Por exemplo, em relação à morte do pai: ele começou a escrever *dezembro*, riscou, e escreveu em cima *maio*. Isto os editores reproduziram colocando entre colchetes o que está riscado, e em cima o que Freud pôs como correção.

Dado então o caráter absolutamente pessoal desse escrito, chama a atenção exatamente a sua fluência, o estilo semipronto, que pode ser comparado com aquilo que dessas páginas entrou tal e qual no texto publicado, e com aquilo que foi deixado de lado.

Características da entrevista preliminar

Vejamos agora a entrevista preliminar. É uma entrevista de tipo médico, bem tradicional, centrada sobre o sintoma, com uma ligeira anamnese ligada às condições de eclosão da doença: nome do paciente, idade, conteúdo das suas obsessões, as diferentes proibições que ele se impõe, os estudos, sua atividade profissional. Portanto são coisas presentes, atuais; e também: "sofre de impulsos a fazer mal à dama venerada". Comentei detalhadamente esta palavra na outra vez.

Segue-se a hidroterapia de Munique, que ele aproveitou muito, não porque a água e as massagens fossem boas para a neurose obsessiva, mas porque no sanatório encontrou alguém com quem podia ter relações sexuais frequentes, e isso lhe fazia bem. Aqui ele não tem ocasiões desse tipo. Ele fala, ou Freud pergunta, sobre a frequência e a qualidade das suas relações sexuais: ambas são péssimas. Não gosta de prostitutas, se masturba pouco, etc.

Ou seja: poderia ser uma entrevista psiquiátrica, ou de um urologista. Se o paciente fosse uma mulher, a de um ginecologista: ela menstrua com regularidade, dói, tem cólicas? E Freud vai anotando. Faz um comentário no final: "ele dá a impressão de um espírito claro e sagaz". Indica suas condições, ou seja, preço e horários. O paciente diz que é preciso conversar com a mãe, volta no dia seguinte e aceita. Está encerrado o assunto. Quem lesse apenas essas primeiras anotações, escritas num tom seco, profissional, objetivo, não poderia imaginar a intensidade seja do que vai se passar nas sessões seguintes, seja do vínculo que Freud vai desenvolver rapidamente com esse homem.

> **Ouvinte:** *(...)*
>
> **R.M.:** *Exatamente. Freud tem a convicção de que a sexualidade é fundamental para a compreensão da neurose. Ou bem ele pergunta: como é sua vida sexual? Ou então, como o Homem dos Ratos já tinha lido algumas coisas de Freud, é possível que conte aquilo que lhe parece ser o que ele deseja saber. As duas coisas são possíveis.*

Podemos acentuar o seguinte: nesta forma seca, objetiva, *matter of fact*, Freud coloca duas observações que são já sugestivas. Primeiro, ele faz uma interpretação, que está sublinhada ou em itálico no final da página 31, três linhas de baixo para cima. Falando da hidroterapia em Munique, que ele diz: que lhe fez muito bem *precisamente* porque ali encontrou alguém que o conduziu a ter relações sexuais regulares.

Então: ou bem Freud interpreta para si mesmo que essa terapia no sanatório de Munique havia sido boa por essa razão, ou então o próprio Homem dos Ratos – oferecendo a Freud, transferencialmente, uma oportunidade de gozo intelectual, de satisfação fálico-narcísica – diz realmente que os dias passados em Munique foram positivos por causa da possibilidade de ter relações sexuais regulares. Os editores optam pela segunda possibilidade: o Homem dos Ratos está tentando seduzir Freud, no que provavelmente eles têm razão, na medida em que todo o conteúdo dessa primeira entrevista está centrado sobre a vida sexual atual. Freud anota: primeiro coito aos 26 anos, potência normal.

A outra observação que quero fazer é sobre o primeiro sinal de contratransferência de Freud em relação ao paciente, quando comenta que ele tem um espírito claro e sagaz. Mais adiante, nessas mesmas sessões, três ou quatro dias depois, Freud fará um elogio ao Homem dos Ratos pela clareza com a qual ele se expressa. Ou seja: Freud gostou deste paciente pessoalmente, para além do interesse intelectual que a história poderia despertar para ele.

Deixemos Freud de lado um instante para colocar a seguinte questão. Vale a pena notar, quando pessoas vêm para supervisão, ou quando vamos participar de um seminário clínico, a forma como se narra a história do paciente. Frequentemente, ela é contada de uma maneira que se aproxima muito da que vemos nesta primeira entrevista: uma série de dados biográficos. O paciente tem três irmãos; é o segundo de uma série de tantos, tem tal idade; é casado, profissão tal... Trazem-se detalhes desse tipo, e então se fala do sintoma, que no nosso vocabulário local se chama a "queixa". Do que ele se queixa? De tal coisa. Depois, no decorrer da sessão trazida para a discussão, vê-se que aqueles dados não têm nenhuma participação. O fato de sabermos que ele é o irmão mais novo, o filho mais velho, ou que é viúvo, ou que tem três filhos ou algo parecido – dados em geral apresentados como sendo úteis para a compreensão do que vai ser exposto – na grande maioria das vezes não têm a mais remota relação com aquilo que efetivamente é exposto.

Sempre me admiro com a tranquilidade com que nós mesmos, eu inclusive, redigimos apresentações clínicas contando dados *externos* da vida do paciente, que não dão nenhuma indicação, ou não têm nada a ver, com os movimentos relevantes para a análise, por exemplo os da transferência. É raro que a apresentação inicial seja pensada em função da sua pertinência para aquilo que vai ser exposto na discussão. O primeiro a fazer isso é o próprio Freud, que se limita a transcrever de maneira razoavelmente precisa aquilo que o paciente lhe conta, acrescentando um breve comentário: parece uma pessoa inteligente, vai falar com a mãe, e aceita no dia seguinte as condições que lhe propus.

Nesse texto também estão contidos alguns dos temas – como o direito penal, a crueldade, a sexualidade – que ocupam as primeiras sessões. Mas há algo sobre o que Freud não comenta nada: o fato de que ele diz que é preciso falar com sua mãe. Sabemos que o pai morreu; mais adiante na história, ficamos sabendo que é a mãe quem controla os cordões da bolsa da família, portanto ele tinha que perguntar para a mãe. Mas não é só isso. A mãe autoriza, por assim dizer, a análise, e a sombra dela paira sobre essas páginas. Curiosamente, ela foi expurgada na sua quase totalidade do caso publicado; lendo-o, mal se imaginaria que esse paciente teve uma mãe. Fala-se da dama, do pai e de outras coisas, mas a figura da mãe não tem muita importância na exposição definitiva de Freud.

O que me leva a pensar o seguinte: Freud não quis, e não poderia de forma alguma, escrever uma psicobiografia integral do seu paciente. O texto que ele publicou chama-se exatamente "Observações sobre um caso de neurose obsessiva": há um *recorte*. De tudo aquilo que o paciente diz para ele, Freud escolhe recortar *alguns* aspectos, que já são suficientemente interessantes para nos manter atentos, noventa anos e cinco mil páginas de comentários depois, a esse caso. Não é uma crítica dizer que ele não falou da mãe; também não falou em muitas outras coisas da história, porque fez esse recorte.

Mas é verdade que essa figura da mãe tem um papel relevante. Ela me fez associar com uma história que é um excelente exemplo de uma interpretação psicanalítica numa entrevista preliminar. A sessão se passa na França, e serve para mostrar a diferença entre o que Freud faz aqui e o que é possível fazer hoje em dia.

A história é a seguinte: um homem de seus quarenta anos vem e fala bastante sobre sua mãe, sobre o peso que essa figura materna tem, inclusive no controle das finanças dele. Diz que não pode fazer isso e aquilo porque a mãe não deixa, não lhe dá dinheiro. E nessa entrevista inicial, o analista, depois de ouvir longamente essa história, diz o seguinte: "*comment vous êtes-vous arrangé pour que ce soit votre mère qui compte?*" Ou seja: "como você se arranjou para que seja a sua mãe que conte?" *Conte* nos dois sentidos, contar o dinheiro e ter importância extraordinária na sua vida.

Essa história – como você se arranjou para que seja sua mãe que conte – a meu ver mostra uma concepção do que é uma entrevista preliminar bastante diferente desta que vemos no texto de Freud. Por quê? Primeiro, ela contém um primeiro comentário destinado a abalar um pouco o paciente, a servir como uma espécie de grão de areia em torno do qual ele possa construir sua pérola, um pouco como a ostra. É uma frase que tem as características do que os franceses consideram uma boa interpretação: lacônica e ambígua, como Freud recomendava na *Gradiva*, quando dá o exemplo de Zoé, que fala sempre com discursos de duplo sentido. Tal ambiguidade é desejável, segundo essa visão, porque com meios econômicos pode fazer reverberar diferentes significações, às vezes muito distantes uma da outra. Além disso, coloca a responsabilidade nas mãos do paciente. O paciente falou que a mãe, a mãe, a mãe; o analista comenta: como é que *você* fez para que seja sua mãe que conte?

O que me chamou a atenção nesta história é que o analista escolhe uma maneira de falar que já é uma interpretação, já é uma amostra daquilo que, ao longo das sessões futuras, possivelmente esse paciente ouvirá dele. Este analista considera então que a entrevista preliminar *já é uma sessão;* aquilo que é escutado já é, por assim dizer, processado como material analítico. Este não é o caso nas primeiras anotações de Freud.

A primeira sessão

Em compensação, a primeira sessão é suculenta: já traz todas as características do que nos interessa aqui. No primeiro dia, Freud diz a ele quais são as "duas condições principais". Não se sabe muito bem quais são essas condições principais; devem ser a regra fundamental, que Freud fazia questão de enunciar por extenso: diga tudo o que vier à sua cabeça, mesmo que pareça pouco relevante, ou moralmente condenável.

Aqui, uma observação marginal: há um texto de Conrad Stein, em *O Psicanalista e seu Ofício*,[1] em que ele se interroga exatamente sobre a regra fundamental. Stein se pergunta qual é o interesse psicanalítico em enunciar a regra fundamental no início do tratamento, coisa que de alguma forma o costume foi deixando de tornar necessário. Não é mais preciso dizer a quem se deita num divã que deve dizer o que vem à cabeça. Mas mesmo assim é uma intervenção do analista, e toda intervenção do analista tem um peso. Seja como for, Freud comunica as duas condições principais, que depois, no texto publicado, viram uma só; "e eu o deixo livre para começar como quiser".

E o paciente começa falando do amigo por quem tem uma estima extraordinária. Freud detalha o relato, transcrevendo-o em forma do discurso indireto: *Er habe einen Freund, den er ausserord(entlich) hoch stelle*: ele diz ter um amigo que valoriza muito. Fala em seguida desse Sr. Levi, seu preceptor, que na verdade estava interessado na irmã dele, e contava lorotas. No início da página 35, falando de Levi, relata a decepção por ter sido enganado e ridicularizado por alguém que dizia ser seu amigo e interessar-se por ele.

"Ele continua sem transição": no caso publicado, vem "sem transição *aparente*", porque vai na verdade falar sobre a sua vida sexual infantil, com a história da governanta, a srta. Robert. Aqui Freud introduz um comentário: "o nome chama minha atenção". Por quê? Porque, no Brasil como na Áustria, empregadas são geralmente chamadas pelo prenome e não pelo sobrenome, e Robert não pode ser o primeiro nome de uma *Fräulein*.

---

[1] Stein, C. (1988). *O Psicanalista e Seu Ofício*. Editora Escuta.

Há certas nuances culturais nesta questão, que varia segundo as épocas e os países: quando se usa o primeiro nome, quando o sobrenome, quando se chama alguém por você ou por senhor, etc. Na história de Ernst Lanzer, isso tem importância, porque, depois de começar a sua primeira sessão falando de um amigo a quem dá grande valor, e de um outro amigo que abusou dele e da sua confiança (portanto com uma ponta transferencial evidente no que está se passando ali, indicando tanto o respeito como as suspeitas que ele pode ter em relação a Freud; Freud é os dois amigos, em suma) – depois desta "introdução", Lanzer vem a falar da sua vida sexual, que começou com uma senhorita chamada Robert. Freud conclui daí, rapidamente, aquilo que ele chama de "componente homossexual", e introduz o tema no fim dessa sessão, está na página 39: "eu volto à srta. Robert, quero saber o seu prenome, mas ele o ignora". E Freud pergunta: "você não se espanta de ter esquecido o prenome, que normalmente é o único usado para designar uma mulher, e só ter conservado o seu nome de família? Ele não se admira disso, mas segundo suas primeiras palavras, e pelo compromisso *Robert*, eu o identifico como homossexual".

Quer dizer: não é que ele seja homossexual clinicamente falando, do ponto de vista da psicopatologia, mas há uma componente homossexual forte nesse homem. Isto vai ser confirmado, para grande alegria de Freud, com a história dos ratos, quando Freud finalmente diz: os ratos entram onde, no ânus? E faz um pequeno comentário triunfal nas suas próprias anotações: "eu não o tinha identificado como homossexual?" Freud se dá um autocumprimento, um autoelogio, por ter sido tão sagaz no início da análise.

Em resumo: nesta primeira sessão, Freud deixa o Homem dos Ratos falar quinze ou vinte minutos sem interrupção. A transcrição é praticamente literal; há vários momentos em que aparecem as aspas, e os comentários são muito discretos. Por exemplo, depois de falar sobre o grande choque da sua vida, na página 35, que era a história do amigo Levi, ele continua *sem transição*. *Sem transição* é um comentário que Freud faz no próprio texto. Ele continua *un-vermittelt*, literalmente sem mediação, de maneira ininterrupta. Depois, como no caso publicado Freud utiliza esse material para fazer suas primeiras inferências, isto se transformou em "ele continua sem transição *aparente*," o que também é um comentário. Não é uma interpretação, mas um comentário sobre a forma como o discurso se encadeia.

Aqui, então, Freud vai utilizar os dados da vida sexual, das pequenas sacanagens deste menino de seis ou sete anos, interessado no corpo das governantas, como um *interpretante* do primeiro movimento, que era a história dos dois amigos. O amigo de quem ele gosta muito é Guthmann, que o acalmou quando ele volta das manobras, aquela história amalucada do correio; e esse outro, Levi, é o contrário do primeiro, uma figura de aproveitador, que promete mas não cumpre. Aqui é evidente a cisão da figura transferencial de Freud em duas: Guthmann (*homem bom*) representando os aspectos confiáveis, protetores, e Levi representando o contrário disso, aquele que seduz e atrai, e depois trai, porque na verdade estava interessado em uma das suas irmãs. Outra linha possível de comentário: três sessões depois, Freud vai exigir que o paciente traga uma fotografia da mulher a quem ele venera. Não é muito difícil imaginar que o Homem dos Ratos fizesse a ponte entre Levi, que fingia estar interessado nele, mas queria sua irmã, e Freud, que fingiria estar interessado nele, mas na verdade queria a fotografia de Gisela.

Freud deixa então o Homem dos Ratos falar por duas páginas, praticamente, e aí coloca sua primeira pergunta sobre a srta. Robert. Quer saber o seu prenome, se o Homem dos Ratos não se espantou por se esquecer dele, e coloca no texto sua interpretação, não comunicada: "eu o identifico como homossexual". Continua o Homem dos Ratos: a história das ereções, o medo de que seus pais soubessem dos seus pensamentos; para ilustrar esses primeiros temores, ele indica (fim da página 39): "por exemplo, que meu pai viesse a morrer", e Freud faz aqui seu famosíssimo comentário, "o exemplo é a própria coisa". Não é *por exemplo*; este *era* o conteúdo dos seus temores.

Com isso, termina a primeira sessão. Freud tem vontade de perguntar ao paciente quando o pai morreu, mas se contém, e nas anotações coloca uma interrogação: quando?

Observações sobre essa sessão: não há muito o que comentar do ponto de vista da transcrição; ela é extremamente fiel. Falei no início sobre a memória fantástica de Freud, quase fotográfica, se pensarmos que isso foi escrito várias horas depois que o homem foi embora. Uma impressão subjetiva minha: lendo o texto francês, tive a sensação de que o relato parece mais elaborado, no sentido literário, do que lendo o texto original que está ao lado, e que de forma geral é mais coloquial. Isso é inevitável: qualquer tradução acaba por parecer mais rebuscada do que o original, especialmente se o original for falado, como neste caso.

O tom das falas

Podemos ilustrar esta impressão com o início da segunda sessão. O paciente está falando sobre o seu interesse em mostrar para os militares que os reservistas eram tão machos quanto eles. Do ponto de vista do estilo, na página 41 (francês), a segunda e a terceira frases dizem: "*j'ai trouvé intéressant de montrer aux officiers*", achei interessante mostrar aos oficiais que éramos capazes não só de aprender alguma coisa, mas também de "dar provas de resistência". O texto alemão correspondente é mais coloquial, "*dass man etwas aushält*". *Aushalten* é resistir a, mas também suportar, sofrer, aguentar, aturar. Assim, "quis mostrar não só que a gente tinha aprendido alguma coisa, mas também que podíamos aguentar o tranco" seria algo talvez mais próximo deste tom mais livre.

Depois: um dia, partindo de Spas, fizemos uma pequena marcha: "*nous fîmes une petite marche*", que em francês é uma construção muito pouco frequente. No "Prefácio", os editores explicam como resolveram o problema dos tempos verbais, na transposição desses tempos do alemão para o francês; não é o que nos interessa aqui, e certamente tiveram razões para proceder como fizeram. Mas não é tão coloquial: é como se, na nossa língua, alguém falasse empregando o pretérito mais-que-perfeito: "nós fizéramos". Não é assim que falamos; "nós tínhamos feito" é uma forma mais coloquial.

Então, fica a impressão de um discurso um pouco mais elaborado, tanto do lado do paciente quanto do lado de Freud. Já no original, a impressão é de uma grande adaptabilidade de Freud ao estilo do paciente, inclusive nos seus maneirismos, na maneira peculiar que ele tem de construir as frases, na tonalidade; vê-se uma plasticidade muito grande do próprio Freud. Por assim dizer, ele se amolda ao estilo do paciente, e chega a lamentar que não consiga reproduzir exatamente certas características do discurso dele. Isso está na página 63 do livro dos Hawelka, no fim da terceira sessão. Diz assim: "*die eigentümliche Schönheiten des Falles versäumt, verwischt*" – "não bem reproduzido, muito das particulares belezas do caso perdidas, ou faltando" (*versäumt*). *Verwischt* é o que acontece com a figura que vai se afastando, fica esfumada, perde a nitidez.

Estou insistindo nisso porque em toda essa primeira parte, nessas primeiras vinte ou trinta páginas, em termos de *transposição* há na verdade muito pouco. Na grande maioria das vezes, vemos Freud rente ao discurso do paciente, anotando da maneira mais exata possível o que este diz. Não é muito diferente daquilo que nós mesmos fazemos quando anotamos uma sessão, e os comentários dele também são comentários "leves": aqui não está bem reproduzido, ali não entendi bem, etc.

> **Ouvinte:** *(Pergunta sobre a tradução francesa, "Que mon père ne vienne à mourir")*
>
> **R.M.:** *Este é o drama da negação em francês. A frase significa "que meu pai venha a morrer". Esse* ne *é um expletivo, como eles chamam; não tem função negativa. Se o sujeito tivesse querido dizer: que meu pai não morra, teria que estar escrito: "que mon père ne vienne pas à mourir". Falta o* pas *para ser uma negação completa. Esse* ne *é uma partícula de realce, não se traduz; tanto que o termo em alemão, na penúltima linha da página 38, é* "mein Vater würde sterben", *meu pai morreria.*
>
> **Mariana:** *Como "você não quer vir comigo?" em português.*
>
> **R.M.:** *É isso, é a mesma forma.*

A impregnação da linguagem interpretativa pelos termos do paciente

Na sessão seguinte, o paciente vai começar pela vivência que foi a ocasião decisiva para ir ver Freud. É toda a história arquiconhecida dos óculos perdidos, do pagamento a ser feito à moça do correio, etc. Freud transcreve literalmente o diálogo, que neste ponto tem a ver com o desejo dele de acalmar o Homem dos Ratos. Este fica angustiado ao narrar novamente o suplício, e de uma maneira muito sedutora, eu diria, quando o Homem dos Ratos lhe pede que não seja obrigado a contar qual era o suplício, Freud diz: eu não posso desobedecer às regras do tratamento. Quem me chamou a atenção para isso foram os Hawelka, na nota 36, comentando que Freud quer reassegurar o paciente, e não quer ser tomado pelo capitão cruel.

Mais adiante, na nota 37, a expressão empregada é "*Zwei Kometen zu schenken*"; *schenken* quer dizer tanto dispensar alguém *de* alguma coisa, quanto dispensar *a,* no sentido de oferecer, dispensar algo a alguém. Então, Freud encontra justamente um exemplo de duplo sentido, que se perde na tradução: poderia igualmente me pedir que eu o/lhe dispensasse dois cometas. Esse caráter um pouco artificioso da expressão – que eu lhe oferecesse dois cometas, que eu lhe desse de presente dois cometas, ou alguma coisa semelhante, seria mais coloquial – está justificado aqui, porque o que o Homem dos Ratos está solicitando é ser dispensado de cumprir a regra fundamental, e Freud diz: eu não posso fazer isso, porque eu também estou sujeito à regra fundamental.

Aqui cabe um comentário. Nos anos 1940 e 1950, instalou-se na psicanálise um debate sobre se ela era uma *two-body psychology*, como se dizia, uma psicologia de duas pessoas; ou se, como queria Lacan, há sempre um terceiro envolvido; ou, como alguns ainda disseram, na verdade não eram três e sim quatro, porque cada um dos dois estava sempre em transferência com mais um. O mais evidente seria: analista e paciente são dois, logo uma *two-body psychology*. Lacan diz: na verdade, há sempre um terceiro. Para Lacan o terceiro é a linguagem, como um personagem autônomo na análise. Outros diziam, deixando a linguagem de lado: o analista, ao falar e escutar seu paciente, tem também atrás de si um outro com quem ele está em transferência, para quem se dirigiria tudo o que se passa na análise. Pode ser seu próprio analista, a mãe, o colega, o leitor, pouco importa; alguém que ele tem em mente e que de alguma maneira materializa ou corporifica sua contratransferência, ou sua transferência, simplesmente, em relação ao paciente.

E obviamente, quando o paciente chama Freud de "meu capitão", este último está presente. Então, temos Freud, o paciente e aquele cuja imagem está sendo transferida para Freud, ou seja, o capitão. Assim, seriam quatro nessa história, se incluirmos aquele (o leitor? seus colegas da Sociedade Psicanalítica de Viena? outros mais...) com quem Freud está em transferência.

Freud pareceria aqui dar razão à interpretação de Lacan, só que, em vez de ser a linguagem, o terceiro é a psicanálise. Assim como mais adiante, em uma das sessões, ele vai dizer: "considero agora adequado dar a ele um fragmento de teoria. A teoria diz...". Ele explica ao Homem dos Ratos o que é o inconsciente, e que o conteúdo dele é formado pelo infantil-sexual. O terceiro presente aqui, então, é a psicanálise, a teoria, algo a que Freud de alguma maneira finge também estar submetido, e que usa para tourear a resistência do Homem dos Ratos. Ele diz: assim como não posso dispensar você de dizer o que lhe vem à cabeça, também não posso me dispensar de seguir a regra, isto é, ser conivente com a sua resistência.

E continua: "superar as resistências é um *Gebot* do tratamento". Aqui quero comentar este termo. O Homem dos Ratos havia se queixado de inibições variadas, de impulsos variados, e de *ordens (Gebote)*. Começa a contar uma história que se passa num campo militar, onde o comandante, o capitão, o sargento, o tenente, têm papéis a desempenhar. Ora, Freud usa naturalmente as palavras do paciente, e isso me parece uma coisa de extrema importância, tanto do ponto de vista técnico quanto do literário. Primeiro tecnicamente: Freud poderia ter dito que é um *princípio* do tratamento, uma *exigência*, ou, como os tradutores colocam, um *imperativo* do tratamento, uma regra: termos não faltam para designar isso a que ele deseja se referir. O que lhe vem naturalmente ao espírito – não temos nada forçado aqui – é usar um termo do repertório semântico do paciente. É uma *ordem* ou um *comando* do tratamento, exatamente, não apenas porque o assunto é um assunto militar, e termos como "ordem" e "comando" estão na ordem do dia (!), mas ainda porque essa é uma palavra carregada de significação para este homem.

Quando Freud faz isso, por um lado mostra uma sensibilidade muito grande ao vocabulário do seu paciente. É a isso que estou chamando amoldar-se ao que o paciente lhe propõe. Mas, por outro lado, trata-se de um vocabulário militar. Consequentemente, quando mais adiante, no fim dessa sessão, o paciente pensa que ele é o capitão, não está tão delirante assim, e não está apenas transferindo no vazio, porque afinal de contas o próprio Freud utilizou uma terminologia militar, dizendo-se um leal soldado da psicanálise, ou um capitão da psicanálise. O tenente Lanzer é o paciente, está aprendendo, é subordinado; quem manda ali é Freud. E o paciente responde: "Sim, senhor capitão". Freud diz: "eu não sou cruel, não sou capitão, não tenho intenção de torturar o senhor". Freud não analisa aqui como talvez se faria hoje, isto é, chamar a atenção para a transferência que está sendo feita. Ele diz: "eu não sou o capitão cruel, fique você com sua transferência. Não vou aceitar o papel que você me propõe". Mas o primeiro a falar em *ordem* foi Freud!

Mais adiante na mesma sessão, página 44, há algo do mesmo gênero que se perdeu na tradução. Lanzer está falando do castigo dos ratos. Freud anota: "Questionado diretamente, afirma que não é ele a pessoa que realiza o castigo, mas que, de maneira impessoal, ele é realizado: *realiza-se* esse castigo". E aí vem o ponto que estou destacando: "*Nach kurzem Raten*, [após um curto intervalo], sei que é à dama venerada que ele está se referindo neste momento".

Aqui temos mais um exemplo desta impregnação do discurso de Freud pelas palavras do seu paciente. Ele não disse isso para o paciente; é uma observação para si mesmo. Depois de um breve intervalo: em espanhol, *después de un rato*. "Depois de um curto intervalo, percebo que ele está se referindo à dama", na história dos ratos que iam entrar pelo ânus. Freud aqui está pensando para si mesmo com as palavras do paciente, e usa o termo *Rate*, bem próximo do *Ratte* que faz parte do suplício chinês. Ele mesmo está impregnado com isso, e anota no seu papel: "logo em seguida, percebo que é à dama que ele se refere". Isto ele não disse ao paciente, mas é um outro exemplo, agora na anotação, do que estou chamando de *impregnação* dele pela fala do paciente.

Creio que isto ajuda a entender por que esse relato é tão fiel e tão detalhado. Freud literalmente embarca na história que está sendo contada, e é por isso, a meu ver, que a reproduz de modo tão vivo.

Nessa mesma sessão – não vou mais adiante, vamos ficar nessa segunda por hoje – aparece uma interpretação fantástica, que ele também não comunica ao paciente. É quando ele diz, na página 45 da tradução: "em todos os momentos do relato que têm uma certa importância, pode-se observar nele uma expressão estranha, que só posso interpretar como o horror de uma volúpia que ele mesmo ignora".

Esta é uma interpretação que o próprio Freud fez na hora, e depois consignou por escrito, mas que apresenta uma complexidade extraordinária. Não está mais no mesmo nível rente ao discurso: "ele disse isso, eu disse aquilo".

Já é um pulo para uma dimensão mais ampla. Não é exatamente a dimensão teórica; Freud refere-se a esta ideia como sendo uma interpretação – "uma expressão que eu só posso *interpretar* (*deuten*) como horror diante da sua própria volúpia, que no entanto ele mesmo desconhece". Ou seja, Freud enfatiza a dimensão de gozo e prazer que o Homem dos Ratos tem ao contar essa história tenebrosa, e ao mesmo tempo o horror, o conflito que ele experimenta ao contá-la. Porque, ao "perceber" obscuramente, inconscientemente, que essa história lhe agrada muitíssimo, ele se identifica com o capitão cruel, mas na verdade ele é ainda mais cruel do que o capitão. O capitão se limita a fantasiar que o suplício é feito num prisioneiro, alguém relativamente indiferente, cuja vida não tem muito valor. Já o Homem dos Ratos imagina esse suplício realizado com a dama que ele diz venerar, e com o pai, que é seu melhor amigo e de quem ele é o melhor amigo.

Esta observação de Freud é notável ainda por outro motivo: é uma leitura corporal. Assim como Freud antecipou tanto de Lacan, ele antecipou muito de Reich. O que nos mostra inclusive que as posições relativas do divã e da cadeira de Freud eram tais que o paciente não podia ver o analista, *mas Freud podia ver o rosto do paciente*. Ele então nota essa expressão estranha, e tenta descrevê-la de uma forma que eu não chamaria vaga, mas sim *recherchée*, rebuscada. "O horror de uma volúpia que ele mesmo ignora" é muita coisa junta numa frase só. Nisto talvez Freud tenha conseguido reproduzir um pouco o estilo peculiarmente vago do próprio paciente. Embora seja uma descrição extremamente precisa quanto ao conteúdo – fala em prazer, horror, conflito, etc. – temos uma grande condensação nesta maneira de dizer as coisas.

Podemos notar que o que chama a atenção de Freud nesse relato não são apenas as representações, mas principalmente o *jogo dos afetos*. Isso é uma característica daquilo a que Freud presta atenção. O Homem dos Ratos se queixa de representações obsessivas, que consistem em ideias e em imagens. Freud tenta compreender a sequência das representações e das imagens; por exemplo, na terceira sessão lemos: "hoje o paciente contou com detalhes como foi a história das manobras, o que me permite corrigir alguns erros no relato da sessão anterior sobre quem era quem, de onde foram para onde, etc." Isto mostra que ele está interessado na sequência das representações, no que vem à cabeça do paciente; mas toda a interpretação, assim como toda a metapsicologia presente nesse estudo, está baseada numa psicologia dos afetos. Nessa interpretação que estamos comentando, horror e volúpia são afetos. Esse é o conteúdo da interpretação: "observa-se um horror", etc. Isto não vai além, de momento, porque é uma anotação para ele mesmo, uma interpretação sobre a dinâmica psíquica do paciente. Mas o que há para ser interpretado, essencialmente, é o jogo de afetos, e é sobre isso que Freud vai insistir com o paciente. O paciente diz: eu tenho representações. Freud retruca: não, você tem desejos. Ah! Mas como um desejo pode ser inconsciente? Freud responde: este desejo está sustentado pelo amor e pelo ódio, um inibindo o outro, etc. Ou seja, o jogo dos afetos é aquilo que Freud considera útil mostrar ao paciente, visando ao efeito terapêutico.

Gostaria de fazer mais algumas observações, para encerrarmos por hoje. Em primeiro lugar, como é visível o *equilíbrio* entre os detalhes e o conjunto da história. Embora a transcrição seja extremamente minuciosa, percebemos nitidamente que Freud não perde o fio da meada. Ele olha cada folha, cada galho da floresta, mas o conjunto não deixa de estar claro.

Em segundo lugar, quanto à técnica de anotação: Freud procura seguir a sequência do que foi dito. A sessão é contada como aconteceu; o que se disse no início está no início, o que foi dito no fim está no fim. Ocasionalmente, aparece uma observação lembrada depois, por exemplo a de que num certo momento o paciente o chama de capitão. Mas de modo geral o relato é linear.

Em terceiro lugar, todo o relato é pontuado por palavras como: "ele se interrompeu para dizer", "então ele falou", "neste momento ele se levanta". Quer dizer, nessa primeira modalidade de escrita, o relato é praticamente paralelo ao ocorrido. Chamo a atenção para esse aspecto porque em seguida ambos vão se distanciar, até o ponto em que, para fazer as construções sobre esse paciente, e depois as construções teóricas e conceituais, a ordem em que as informações aparecem já não tem mais nenhuma importância. No momento, Freud está tentando apenas reproduzir o que o paciente falou, para posteriormente elaborar; por isto a reprodução é literalmente paralela ao que ouviu.

Muitas vezes, temos a preocupação de transcrever literalmente o que o paciente falou. Isto seria o desejável, embora, na minha maneira pessoal de ver as coisas, se isso não for possível também não é nenhuma tragédia. Por quê? Primeiro porque algo pode ser lembrado depois: o próprio Freud escreve que a um momento dado – não sabemos quando – ele o chama de capitão. Eu suspeitaria que é um pouco depois de Freud ter dito: é uma ordem do tratamento, uma prescrição. Pouco depois disso, ele deve tê-lo chamado de capitão. Mas esta é uma conjetura, sem prova possível.

Se não conseguimos anotar literalmente uma sessão, isto significa simplesmente que essa sessão já foi filtrada, e a própria natureza desse filtro pode ser interessante, por exemplo para uma supervisão. O que mesmo eu não consigo lembrar? Onde a minha memória se tornou confusa? Como a finalidade obviamente não é a publicação *ipsis litteris* do que o paciente falou, mas sim conseguir compreender o movimento dele, o meu movimento e o cruzamento destes dois movimentos, na própria reprodução da fala do paciente eu mesmo posso me flagrar mutilando, modificando, enfatizando; isto também tem a sua importância. Ou seja, assunto nunca falta, essa é uma das vantagens da análise.

7. Do relato à teorização

O que vamos fazer hoje é comparar o rascunho das duas primeiras sessões do Homem dos Ratos com a forma que este material tomou no caso publicado, e fazer alguns outros comentários.

Podemos começar assinalando que, no prefácio do caso publicado, Freud menciona que "a linguagem da neurose obsessiva, os meios pelos quais ela expressa seus pensamentos secretos, são por assim dizer apenas um dialeto da linguagem da histeria". Isto vem confirmar o que procurei mostrar numa aula anterior, falando do papel paradigmático da histeria para as concepções freudianas, na época do atendimento ao Homem dos Ratos.

Se lermos em paralelo os dois textos – as primeiras quinze ou vinte páginas do manuscrito e o caso publicado – na linha do que estou chamando de transposição do escutado para o escrito, notaremos primeiramente a reprodução quase literal das notas manuscritas nas primeiras páginas do caso publicado. Basta ler um texto na mão esquerda e o outro na mão direita para vermos que praticamente tudo entrou.

Mahony comenta que está *quase* tudo lá, e diz que Freud não incluiu na versão publicada cerca de 140 linhas dessas primeiras sete sessões; destas 140 linhas, uma parte razoável se refere à mãe do paciente, e outra a comentários que Freud vai fazendo aqui e ali. No entanto, boa parte delas refere-se ao que vem mais adiante, às sessões três, quatro e cinco, e não tanto às primeiras duas.

Primeiramente, vejamos o prefácio do caso publicado. Os prefácios de Freud são sempre muito interessantes, porque se dirigem ao leitor de uma forma aparentemente clara e objetiva, mas na verdade bastante sedutora. Ele diz aqui, com todas as letras, que vai oferecer extratos *fragmentários* da história, complementando-os com algumas afirmações *"aphoristische"* – que eu traduziria como *assistemáticas* – "sobre a gênese e os mecanismos psicológicos mais finos dos processos obsessivos, e assim procurarei desenvolver minhas primeiras observações publicadas em 1896", ou seja, mais de dez anos antes.

São duas coisas diferentes: a primeira parte do livro dirá algo sobre o paciente, *este* caso, *esta* história; a segunda é a respeito dos processos obsessivos em geral; e, enfaticamente, Freud insiste em que nenhuma das duas será sistemática. Este ponto do prefácio merece atenção por duas razões: primeiro, é óbvio que Freud estava tentando se proteger contra acusações que lhe poderiam ser feitas, como a de não fornecer à comunidade científica os dados que apoiavam suas conclusões. Portanto, ele já vai avisando sobre o que *não* se deve esperar do livro. Por outro lado, está sendo bastante franco em relação a algo de que mesmo sua extraordinária capacidade literária não dá conta: a reprodução do processo analítico, caso fossem levados em conta todos os elementos, ao longo de semanas ou meses.

Temos a prova disso nas primeiras sessões. As primeiras sete ocupam cerca de 30 páginas na edição dos Hawelka; seriam talvez 15 ou 20 se os espaços entre as linhas fossem menores. A vinte páginas por semana, se multiplicarmos o material de uma semana por 40 semanas, ou um ano de tratamento, teríamos algo em torno de 800 páginas de anotações em forma de livro, ou seja, um volume maior do que *Freud, Pensador da Cultura*, que tem 620 páginas. A partir disso tudo é que seria necessário desencavar o que Freud chama "mecanismos mais finos dos processos obsessivos".

Isso é impossível, pura e simplesmente, porque o volume de dados seria grande demais. Além disto, diz Freud na passagem seguinte do prefácio, mesmo que fosse fisicamente possível, tal esforço seria totalmente desprovido de interesse. Isto nós podemos notar com facilidade lendo o material da primeira semana. Alguém que lesse apenas este texto, sem saber o que Freud fez com ele no caso publicado, a meu ver dificilmente conseguiria extrair desta matéria-prima os "mecanismos obsessivos" aos quais ele se refere no prefácio.

Temos uma quantidade enorme daquilo a que Olavo Bilac chamava "ganga impura". Esta metáfora é usada pelo próprio Freud, assim como por Marx e por outros autores, para dizer que de um grande volume de material apenas uma pequena parte é realmente importante e aproveitável.

Deste ponto de vista, o que a mim pareceu importante, ao contrário de Mahony, não é que Freud, ao transpor para o caso publicado essas primeiras sessões, tenha deixado de lado 140 linhas, que dariam quatro ou cinco páginas num total de 35. A meu ver, temos que admirar que Freud tenha conseguido colocar as *outras* 1.200 linhas de forma absolutamente compreensível. Lendo o texto publicado, chama a atenção a quantidade de material das primeiras sessões que *sim* entrou. Aquilo que não entrou, a meu ver, se deve à necessidade de dar ao relato uma conformação legível, e permitir ao leitor acompanhar as informações minimamente necessárias para poder entender do que Freud vai falar.

Tanto que, no caso publicado, logo depois de contar as duas primeiras sessões – a entrevista preliminar e aquela sobre a sexualidade infantil – Freud faz uma pausa para dizer: "Encontramos portanto um instinto erótico, a revolta contra ele", etc. Faz assim uma primeira *apreciação metapsicológica* daquilo de que o leitor acaba de tomar conhecimento sob a forma de *descrição clínica*. Freud conta logo no início o que o paciente lhe disse, e, de maneira praticamente imediata, nas primeiras páginas do caso publicado seu, faz uma interrupção para dizer, pelo menos provisoriamente, o que isto *implica*, o que existe como *processo* nesse material bruto, narrado sob a forma de eventos, de acontecimentos.

Questões éticas na publicação dos relatos

Em seguida, Freud entra em questões ligadas à ética profissional, que, como sabemos, é um problema sério quando se quer publicar uma história clínica. E escreve algo que também se aplica a ele, Freud, na *Interpretação dos Sonhos*, e de maneira geral quando ele usa o seu próprio caso como exemplo para ilustrar suas teorias. Diz em suma que, para proteger a identidade de um paciente, é mais fácil e mais útil omitir dados irrelevantes para a análise, como por exemplo o endereço e o telefone do paciente, e comunicar os processos psíquicos mais íntimos e mais recônditos, porque estes não permitem facilmente a identificação. Alguém que lesse apenas que o paciente está impressionado com o suplício dos ratos não poderia com isto identificá-lo. Enquanto se Freud dissesse, por exemplo, onde se deram as manobras militares que ocorreram poucas semanas antes do início do tratamento, a possibilidade de descobrir o nome e a patente deste homem seria muito maior. Aliás, foi assim que Mahony o identificou: foi aos arquivos militares austríacos e procurou onde foram as manobras, quem eram os advogados reservistas e judeus do regimento, e, por exclusão, chegou ao nome de Lanzer.

Fica assim colocada a questão da proteção da identidade, necessária para poder publicar o caso. Numa das edições posteriores do caso Dora, creio que a de 1924, Freud retoma essa questão e diz que a história do Homem dos Ratos foi publicada com a autorização do paciente; ele concordou que esse texto fosse divulgado numa revista científica. Este pedido de Freud, em si mesmo, suscitaria hoje em dia diferentes questões. O fato de se saber objeto da atenção privilegiada do analista, a ponto de este escrever sobre o nosso caso, não é inteiramente inocente no andamento de um processo analítico, ou eventualmente na resolução da transferência pós-processo analítico. Isto porque, por mais que nos dirijamos aos leitores em geral, quando se escreve sobre um paciente, tal escrito é ainda parte da análise desse paciente, um diálogo com ele. O paciente é por definição um dos mais importantes destinatários do escrito que o concerne.[1]

Em todo caso, quando Freud publica esse texto, ainda não havia experiência a respeito; ele pergunta para o Homem dos Ratos se seria permitido publicar o texto, e o Homem dos Ratos concorda. Não se sabe se leu ou não esse artigo; talvez tenha lido. Como ele morreu na Primeira Guerra Mundial, pouco depois de se casar com Gisela, também não sabemos quais teriam sido os efeitos posteriores da leitura do texto. Mas sobre o Homem dos Lobos, de quem se sabe mais, porque foi acompanhado por mais tempo, sabe-se que esses efeitos foram desastrosos. Não vamos falar disso agora, mas, se vocês quiserem mais

---

1 Nota de 2023. Desde a primeira edição deste livro, o debate sobre a publicação de material clínico caminhou bastante. Uma discussão aprofundada do tema, no Brasil e no exterior, pode ser encontrada em: Schivartche, M, G. (2020). *A Resolução nº 510/16 do Conselho Nacional de Saúde e a pesquisa psicanalítica com material clínico de paciente*. [Tese de Doutorado]. Pontifícia Universidade Católica; e também na seção de Apresentação de Telles, S., Coroa, B. T. M., Peron, P. (2019). *Diálogos clínicos*. (Vol. 1). Blucher.

informações, podem ler um livro bastante interessante que se chama *O Homem dos Lobos por ele mesmo,* organizado por Muriel Gardiner e publicado em inglês pela Basic Books, de Nova York.

Voltemos ao Prefácio do *Homem dos Ratos.* Freud não deixa de fazer também a sua pequena brincadeira sobre o interesse de uma grande cidade na sua prática, o que é um pouco provocativo, como se Viena inteira não tivesse outra coisa a fazer exceto esperar a publicação dos casos do Dr. Freud para fazer os seus comentários. É verdade que ele era um homem um pouco escandaloso, e a publicação do Caso Dora, alguns anos antes, tinha gerado uma certa celeuma em torno da psicanálise. Mas *alguma* celeuma; Viena tinha outros assuntos de fofoca cultural e social além da psicanálise, e Freud aqui, sem dúvida, magnifica um pouco as consequências nefastas da publicação do caso. Fala do "interesse importuno de uma grande cidade, focalizado com atenção particular sobre as minhas atividades médicas". Isso é um pouco de charme, sem dúvida.

Outro aspecto interessante diz respeito às distorções. Freud comenta que elas acabam sendo inúteis, porque, se são pequenas demais, não protegem o paciente, e, se são grandes demais, prejudicam a compreensão do caso. De maneira que acaba optando pela omissão de alguns dados, em vez de mudar ou distorcer radicalmente esses mesmos dados.

Podemos saber, lendo os dois textos paralelamente, o caso publicado e o manuscrito, que de fato ele seguiu essa regra. Se vocês lerem com atenção, vão ver que as distorções ou transposições se limitam aos nomes. A governanta *Fräulein* Robert vira *Fräulein* Peter, os nomes das irmãs e irmãos são alterados; do próprio paciente Freud sequer diz o nome: é um "jovem advogado". As alterações são realmente de pequena monta, nada de muito radical; ele seguiu portanto sua própria regra.

Estou enfatizando isso porque, de uns tempos para cá, tornou-se moda aquilo que em inglês se chama *Freud-bashing. Bashing* quer dizer difamar, caluniar, chutar o cachorro morto. Principalmente nos Estados Unidos, virou chique considerar Freud como um charlatão; tudo aquilo que escreveu seria uma grande mentira, nenhum dos seus casos deu certo. Vocês sabem que, num país puritano como os Estados Unidos – apesar de todas as revoluções nos costumes, continuam tão puritanos quanto no século XVII – a necessidade de um inimigo em quem projetar paranoicamente as ansiedades destrutivas é muito grande. Primeiro foram os comunistas, depois os extraterrestres, em outro momento foram os bêbados (Lei Seca), hoje são os fumantes, amanhã serão os carecas. E, na medida mesma de idealização colossal de que até 1960 ou 1970 foram objeto nos Estados Unidos Freud e a Psicanálise, a crítica é agora devastadora.

Ela toma várias formas. Uma é o ataque direto à honestidade pessoal e científica do indivíduo Freud. Outra está materializada nos livros do tipo "Freud e a Ciência". O mais recente é de um filósofo chamado Adolf Grünbaum, que escreve grossos volumes a respeito da falta de lógica de Freud, como Freud não sabe argumentar, como suas provas não provam nada, etc.

O que me parece mais grave é o ataque moral: Freud é um mentiroso, nada do que escreve é digno de fé, tudo está distorcido de maneira grotesca. Mas, se fizermos este exercício de comparação que estou sugerindo – ler ao mesmo tempo o *Original Record* e o texto publicado – o que ressalta nas primeiras duas ou três sessões é a fidelidade absoluta de Freud. As distorções são de fato mínimas, como ele diz no prefácio que na sua opinião devem ser. E as famosas 140 linhas omitidas, na minha apreciação pessoal, são o resultado da capacidade fantástica de Freud de montar uma história coerente com as *outras* 1.200 linhas, deixando de lado um volume muito pequeno desse material.

O objetivo do relato

Além disso, Freud diz com muita franqueza que em 1909 ainda não tinha conseguido entender direito o que é uma neurose obsessiva, o que requer um bocado de coragem. Refiro-me à passagem do prefácio em que ele escreve: "Devo confessar que ainda não consegui ter êxito em penetrar completamente a textura complicada de um caso severo de neurose obsessiva. E que, ainda que eu conseguisse fazer isso, reproduzindo a análise *ipsis litteris*, seria impossível para mim tornar visível a outros a estrutura, tal como com a ajuda da análise nós a conhecemos ou a entrevemos, através da massa de trabalho terapêutico superposta sobre ela".

Gostaria de comentar isso, porque me parece da mais extrema importância. O que Freud está dizendo é o seguinte: Qual é o objeto de um escrito clínico? Para que serve fazer isso? Serve para várias coisas, mas principalmente para expor o que ele chama aqui de "a estrutura." Esta estrutura é invisível a olho nu, porque está recoberta pelas *Auflagerungen der Behandlung*, que são as camadas sobrepostas pelo próprio material do tratamento. A estrutura ficaria invisível, porque há uma quantidade enorme de trabalho terapêutico sobreposta a ela. Na expressão "trabalho terapêutico" na verdade estão contidas duas coisas: primeiro, o que o paciente disse; segundo, o que o analista disse.

O que Freud pretende fazer é mostrar a estrutura; mas esta não é algo estático. Freud usa outra palavra, que costuma ser oposta a "estrutura": *Vorgänge*, os processos. São os processos obsessivos – *Zwangsvorgänge* – que ele procura descrever, ainda que de forma fragmentária.

Depois do lacanismo, há toda uma discussão a respeito de se as estruturas psicopatológicas são mutáveis ou imutáveis, o que é uma vasta perda de tempo. Se fossem imutáveis, não teria sentido nenhum fazer psicanálise. Quem é louco, fica louco; quem é neurótico, fica neurótico; quem é normal, fica normal. A psicanálise seria então digna de uma crítica que se fez à filosofia: é aquela disciplina com a qual ou sem a qual o mundo permanece tal e qual. A psicanálise seria algo semelhante, o que é absolutamente falso.

Se isso que fazemos tem algum sentido, existe uma incidência do trabalho analítico sobre a organização psíquica, quer se a queira chamar de estrutura, processo ou mecanismo. A psicanálise tem algum efeito sobre o paciente, e sobre o analista também. O objetivo da análise é realizar um conjunto de mudanças na organização psíquica daqueles que se submetem a ela.

Dado isso, a oposição de estrutura como algo fixo ao processo como algo móvel ou evolutivo não se justifica; o que existe é uma estrutura processual, se podemos dizer assim. O termo *mecanismo*, que Freud usa tanto, dá exatamente a ideia que estou tentando transmitir. O que é um mecanismo? Por um lado, é um aglomerado de peças estáticas; por outro lado, por definição ele deve funcionar, isto é, ao ser ligado deve movimentar-se, seja de que maneira for. O liquidificador é um mecanismo, para não falar em coisa mais complicada, como o motor de um automóvel.

A metáfora do mecanismo recobre aquilo que Freud procura descrever na segunda parte do caso publicado, a parte sobre a teoria: é isso que deve ficar claro. Tais processos, mecanismos ou estruturas estão embutidos, são *imanentes* ao material, tal como este se revela na fala. Esse é outro pressuposto: o mecanismo está *dentro* daquilo que é dito. Um exemplo disso é dado quando Freud primeiro relata o que o paciente disse: "minha sexualidade começou..." e então faz uma pausa. Vamos ao texto, logo nas primeiras páginas, no item *Sexualidade infantil*, um pouco antes do subtítulo *O grande medo obsessivo*. Ele acabou de contar o que o paciente lhe disse na entrevista preliminar e na primeira sessão, a história dos medos dele e assim por diante.

Então Freud: "Encontramos portanto" – agora vem a descrição da estrutura – "um instinto erótico e uma revolta contra ele; um desejo que ainda não se tornou compulsivo, e, lutando contra ele, um medo que já é compulsivo; um afeto doloroso e um impulso para a realização (*performance*) de atos defensivos. O inventário da neurose está completo. Na verdade, algo a mais está presente, a saber, uma espécie de formação delirante, com o estranho conteúdo de que seus pais conheciam seus pensamentos porque ele os dizia em voz alta, sem ouvi-los".

Freud continua: "pois a situação é clara: a neurose elementar da infância já envolvia um problema e um absurdo aparente, como qualquer neurose complicada da maturidade. Qual pode ter sido o sentido da ideia da criança de que, se tivesse esse desejo lascivo, seu pai morreria? Seria puro absurdo? Ou há meios de compreender estas palavras, e olhar para elas como uma consequência necessária de acontecimentos e premissas anteriores? Se aplicarmos conhecimentos obtidos em outra parte a esse caso de neurose infantil, não poderemos evitar a suspeita de que, nesse caso como em outros, antes que a criança alcançasse seu sexto ano, tinham ocorrido conflitos e repressões, eles mesmos superados pela amnésia, mas deixando atrás de si, como resíduo, o conteúdo particular desse medo obsessivo. Mais adiante, aprenderemos como é possível redescobrir essas experiências esquecidas, ou reconstruí-las com algum grau de certeza".

Para os propósitos que estamos perseguindo neste curso, estas passagens são fundamentais, porque nos mostram *o que Freud está tentando fazer* ao escrever o caso, e de que maneira está lidando com as dificuldades que ele mesmo apontou no prefácio: o excesso de fundos, vamos dizer assim. Vocês talvez conheçam um personagem chamado Emílio de Meneses; era uma espécie de Millôr Fernandes da Primeira República. Emílio de Meneses vivia no Rio de Janeiro, era um grande boêmio e um humorista de primeira linha. Uma vez ele estava num bonde. Os bancos naquela época eram de madeira; entra uma senhora gordíssima, com uma bunda monumental, senta-se e quebra o banco do bonde. Emílio de Meneses vira para o seu amigo ao lado e diz assim: "Puxa! É a primeira vez que vejo um banco quebrar por excesso de fundos!". Este é um dos riscos que corre o analista ao escrever sobre o seu paciente: quebrar o banco por excesso de fundos.

Diante dessa necessidade de selecionar, o que Freud faz? Primeiro, apresenta um quadro bastante completo, tirado quase *ipsis litteris* das anotações que fez pouco depois de o paciente sair: como ele se apresenta, do que se queixa, qual é o seu sintoma, o que conta nas primeiras sessões. Logo Freud percebe que já tem material demais; propõe-se então a fazer um levantamento, em termos de estrutura, do que já tem na mão. Ora, o que está contido, imanente, nesse relato do Homem dos Ratos? Freud enumera:

1. um instinto erótico: está se referindo à história da criança que queria entrar embaixo da saia das empregadas;

2. a revolta contra ele;

3. o desejo de ver as mulheres nuas, ainda não-compulsivo; não-compulsivo porque só aparece de vez em quando;

4. um medo que já é compulsivo: cada vez que aparece o desejo, o medo vem junto. "Se eu tiver o desejo de ver as mulheres peladas, meu pai vai morrer." É essa associação já automática do medo e do desejo que faz com que o medo seja compulsivo, embora o desejo não;

5. um afeto doloroso;

6. um impulso para a realização de atos defensivos, tanto contra o medo como contra o prazer provocado por todo esse processo.

Estas são as peças do mecanismo. Aqui a metapsicologia aparece nesta série de noções ainda muito rentes, muito próximas do relato, porém já utilizando todas as categorias metapsicológicas: pulsões, instinto erótico de ver, etc. A ideia central de toda a metapsicologia é que os impulsos e as defesas estão em campos opostos; do seu combate resultam os sintomas e o conjunto da vida psíquica. Podemos ainda refinar essa lista, que contém seis elementos, colocando, como penso que se deve fazer cada vez que tentamos entender um processo psíquico, o que é da coluna dos impulsos e o que é da coluna das defesas. Esta é, a meu ver, a primeira classificação a fazer quando queremos entender um processo psíquico à luz da psicanálise.

Do lado dos impulsos, temos nesta lista de Freud: um instinto erótico, o desejo ainda não compulsivo de ver as mulheres nuas, o medo já compulsivo e o afeto doloroso, essa sensação de angústia que impulsiona a atos defensivos. O instinto é o substrato do desejo: Freud está falando aqui da pulsão parcial de ver. O desejo ainda não compulsivo e os afetos concomitantes já são resultado de uma primeira defesa, daquilo a que Freud chama a defesa primária. Então, temos uma pulsão que se atualiza no desejo, desejo este que produz angústia. Este é o afeto doloroso: a angústia é uma espécie de "afeto de base" comum, o menos específico, o mais próximo das pulsões. Um pouco como o dólar no mercado financeiro mundial: tudo é conversível em angústia, e a partir da angústia se torna conversível em outra "moeda psíquica". O medo de que "algo aconteça" é consequência desse conflito, e seu conteúdo é o temor de que o pai morra.

Do lado da defesa, temos por um lado a revolta contra esse desejo – o menino não pode, não deve tê-lo – e a tendência a praticar aquilo que Freud chama de atos defensivos, destinados magicamente a impedir aquilo que o medo diz que vai acontecer: a morte do pai. Este medo começa a invadir a mente do menino, ligando-se a tudo o que é sexual. Por exemplo, logo mais vem o interesse por uma garota – ele tem sete ou oito anos – e o pequeno Ernst pensa: se me acontecesse uma desgraça, essa menina gostaria de mim. Que tipo de desgraça? Que meu pai morresse.

Este conjunto de coisas engloba uma certa ideia do que é um mecanismo psíquico, embora ainda não se saiba com precisão, como Freud diz no trecho que li, o que isso significa. Não há *interpretação do conteúdo* desse conjunto; o que há é uma *categorização* daquilo que o paciente diz, em termos de tendências, de defesas e dos compromissos que essas duas coisas engendram, transformando-os em novas tendências, que produzem novas defesas.

O que Freud está mostrando aqui é de que forma os ingredientes universais da experiência humana – pulsões, inconsciente, defesas, etc. – estão singularizados neste caso. Mas o tempo todo procura sair do imediato, do singular, para chegar até o mais abstrato e distante.

A escala de Waelder

Neste ponto, é útil usar uma espécie de escala, que acho muito cômoda e prática, proposta por Robert Waelder. Esse é mais um dos tantos alemães exilados nos Estados Unidos, que se interessou muito pelas questões ligadas à psicose. Entre outras coisas, Waelder escreveu um artigo famoso, "Psychoanalysis, Scientific Method and Philosophy", publicado no *JAPA* (*Journal of the American Psychoanalytic Association*) em 1962 (n. 10,617-637). Ali propõe uma escala de abstração crescente, para tentar responder de uma vez por todas a questão epistemológica da psicanálise. A ideia de Waelder é que, partindo do imediato, existem seis níveis diferentes de abstração. Primeiro os *dados da observação clínica*; segundo, as *interpretações clínicas*; terceiro, as *construções para o caso*; quarto, a *teoria clínica*; quinto, a *metapsicologia*; e sexto, as *concepções filosóficas gerais*.

O material que estamos examinando ilustra a escala de Waelder: ela, por sua vez, ajuda a entender do que estamos falando. Dados da observação clínica são exatamente isso que estamos lendo: o que Freud diz que o paciente disse, o relato, os fatos, etc. *Interpretações clínicas* são aquilo que fazemos o tempo todo com o paciente, comunicando-as ou não; por exemplo, quando Freud o identifica como homossexual pela história do sobrenome masculino da governanta; ou quando diz: "na verdade você não tem *medo* que seu pai morra; você tem também um *desejo* que seu pai morra".

As *construções para o caso* são já fruto de uma maior generalização. Um exemplo ocorre quando Freud propõe, numa das sessões iniciais, que aos seis anos o paciente teria feito alguma coisa inconveniente do ponto de vista sexual, o que teria acarretado um forte castigo por parte do pai. O paciente lembra uma cena na qual teria xingado o pai, porque ao que parece tinha mordido alguém e o pai bateu nele. *Herr* Lanzer sênior diz então: esta criança será um criminoso ou um grande homem; e Freud comenta no rodapé: ou um neurótico. A construção é formulada nos mesmos termos que, trinta anos depois, Freud utiliza em "Construções em Análise": "Quando você tinha seis anos, aconteceu tal e tal fato...". Ou seja, uma tentativa de encontrar uma relação de causa e efeito plausível entre certos acontecimentos da infância, instauradores dos processo psíquicos fundamentais dessa pessoa, e os sintomas que ela vai desenvolver futuramente.

Já a *teoria clínica* está fora do campo direto das sessões. Ela correlaciona processos ou mecanismos entre si, por exemplo a agressividade e o erotismo anal, na chamada fase sádico-anal. Estabelece portanto relações entre variáveis, e cria hipóteses que, sem serem absolutamente gerais, também não se referem apenas a um caso singular. Outro exemplo: a homossexualidade masculina ligada a um certo tipo de relação com a mãe e com o desejo inconsciente dela por e para este filho. Este tipo de afirmação é de abrangência intermediária. Por este motivo, a teoria clínica é exatamente aquilo que nos permite trabalhar: ela faz a dobradiça entre a singularidade do caso e o domínio da metapsicologia, o quinto nível, no qual estão as grandes hipóteses e conceitos da disciplina, como os de pulsão, angústia, desejo, inconsciente, etc.

A teoria clínica funciona como aquilo a que Kant chama na *Crítica da Razão Pura* os esquemas da imaginação transcendental. Na linguagem kantiana, há a sensibilidade, que apreende o diverso, os estímulos que estão à minha volta. O entendimento, também na linguagem kantiana, aplica sobre esse diverso um conceito, mas para isso é preciso uma dobradiça, e essa dobradiça é constituída por aquilo a que Kant chama os esquemas da imaginação transcendental; por exemplo, a *permanência do real no tempo* como esquema da categoria de substância, ou o *número* para a categoria de quantidade. Outros esquemas são, por exemplo, a *sucessão segundo uma regra* (para a categoria da causalidade), ou a *existência num tempo determinado* (para a categoria da realidade). Em suma, entre o percebível e o pensável, alguma coisa deve estabelecer um elo, de forma que o conceito possa se aplicar ao caso. Isso vale para a medicina: alguém se queixa de uma dor "aqui", este é o diverso sem conceito. O médico, através de uma série de raciocínios e hipóteses, chega à conclusão de que o paciente tem um tumor no fígado. Entre o conceito de tumor no fígado e a dor da pessoa existe um elo, que é exatamente o equivalente médico da teoria clínica em psicanálise. Este é o coração do raciocínio analítico.

Para que essa teoria clínica possa ser pensada, é preciso que haja conceitos metapsicológicos: o inconsciente é isso, a pulsão é aquilo, a angústia é outra coisa. A metapsicologia define as grandes classes de objetos psíquicos e as modalidades básicas de relação entre eles. Por exemplo, entre pulsão e defesa existe o conflito: essa é uma composição metapsicológica. Parece óbvio, depois de cem anos de psicanálise, mas é uma grande descoberta. A pulsão se opõe a alguma outra coisa, e a forma de coexistência entre pulsão e defesa é o conflito. Isso é uma afirmação que caracteriza e especifica a psicanálise, distinguindo-a do behaviorismo, da psicologia da Gestalt e de outras teorias sobre a alma humana.

Ora, além disso, acima disso, há algo a que Waelder chama *concepções filosóficas gerais*, tais como o pessimismo de Freud. O ser humano está fadado à infelicidade. Essa é uma opinião de Freud, em parte fundada sobre a psicanálise e em parte fundada sobre as suas idiossincrasias pessoais. Outro exemplo é o otimismo kleiniano: com a integração que resultará da interpretação profunda e rápida, as coisas irão melhor para você. Ou ainda o célebre dito de Laing: *schizophrenia is good for you*, esquizofrenia te faz bem. É a concepção geral do ser humano, que se poderia dizer fundada sobre o conhecimento psicanalítico, mas que extrapola o domínio propriamente factual e técnico, já é uma ideia sobre o que é o homem.

No texto que estamos examinando, todos esses níveis estão presentes. Voltando agora: os dados clínicos são óbvios, a partir do manuscrito de Freud. Das interpretações clínicas, algumas são fornecidas e outras não; algumas ele reserva para si mesmo. A construção para o caso, nas primeiras vezes, ainda não é tão evidente, até porque é necessário um volume maior de dados e a possibilidade de confirmá-los uns pelos outros. Mesmo assim, dentro desse contexto podemos dizer que a identificação da componente homossexual está mais próxima de uma construção do que, por exemplo, a interpretação de que o medo de o pai morrer significa o desejo de o pai morrer.

A teoria clínica presente aqui é exatamente o que aparece nos elementos enumerados por Freud. Se há um instinto erótico, deve haver uma revolta contra ele; se essa revolta existe, isso provocará um impulso defensivo; a ação do impulso defensivo provocará a angústia; o sintoma é um compromisso entre a tendência e a defesa, e por aí vai. A metapsicologia está presente quando Freud pensa em termos de pulsões e de defesas, por enquanto é isso. E as concepções gerais estão, a meu ver, ainda muito longe desse material das primeiras páginas.

Na passagem do prefácio que comentei, Freud falava a respeito do fragmentário. Agora podemos perceber que ele fornece dados de fato parciais, porém suficientes para compor uma história. Segundo: as interpretações clínicas vão dizer respeito apenas àqueles elementos que efetivamente foram incluídos. Houve muitas interpretações dadas ao paciente, como podemos ver lendo os *Original Records* (vários sonhos, por exemplo, são interpretados), que não aparecem no caso publicado. Mahony diz que dois sonhos da *Interpretação dos Sonhos,* incluídos na edição de 1909, são do Homem dos Ratos. Então, muita coisa do que se disse não vai entrar. Por quê? Porque é preciso *selecionar*, tendo em vista a apresentação tão clara quanto possível dos mecanismos: seja dos mecanismos básicos, essenciais para este caso, seja das teorias clínicas e dos avanços metapsicológicos que este material permite realizar. Eis o elemento central que determina, no caso de Freud, a seleção do material.

Mas este é um problema com o qual todos nós nos havemos o tempo todo, seja para escrever um caso clínico, seja para escrever um artigo teórico: temos uma massa de material muito grande, e é preciso selecionar. Os exemplos que dei quando estava comentando o artigo sobre Mozart vão na mesma linha. Desta massa, é preciso extrair uma estrutura, ou seja, uma configuração que Freud chama *sichtbar*, visível, um pouco como se fosse uma radiografia. Talvez essa metáfora sirva bem: uma radiografia do caso, mostrando a estrutura óssea que está por baixo da massa de pele, carne e músculos que a recobre. O que vai aparecer são alguns elementos que permitem compreender a ossatura, o esqueleto da neurose obsessiva. E Freud diz: meu aparelho de raios X ainda não está muito aperfeiçoado, a ossatura é muito complicada; o que dá para perceber por enquanto é isto.

A meu ver, é muito importante ressaltar essas questões, porque o que se pode observar, pelo menos lendo o primeiro capítulo do caso publicado, é que

Freud vai fazer um movimento de oscilação entre os dados estritamente individuais do Homem dos Ratos, isto é, os dados da observação clínica e as interpretações clínicas para esses dados, para em seguida ir subindo na escala da abstração até as construções, até as teorias clínicas, e, no final, nos últimos parágrafos da segunda parte, tentando um avanço metapsicológico no que diz respeito à questão do ódio.

Essa maneira de trabalhar de Freud faz com que seja possível entrar no texto por duas portas. A primeira é a porta da singularidade, e é possível então a supervisão póstuma: este caso poderia ter sido tratado de outro modo, houve coisas que não foram vistas por Freud, o vínculo entre Ernst Lanzer e seu analista era mais forte do que aparece nos comentários, do ponto de vista técnico Freud cometeu certas falhas com esse paciente, etc.

Mas também se pode ultrapassar o plano da singularidade, se nosso interesse for mais teórico, e fazer uma leitura como por exemplo faz Lacan no "Mito Individual do Neurótico": reinterpreta o conjunto da neurose obsessiva à luz desse caso, mas se movendo do plano da metapsicologia e da teoria clínica. Por exemplo, dizendo que o essencial na neurose obsessiva é algo que tem a ver com a *dívida não paga*, e o que o filho obsessivo tenta pagar essa dívida do pai. Ao fazer isso, Lacan está propondo uma generalização, para a neurose obsessiva enquanto tal, de um episódio da biografia individual deste paciente. Seu pai tinha sido um jogador compulsivo, não pagou a dívida, perdeu o dinheiro do regimento, etc.; o filho se enrosca em questões semelhantes. Isto tudo diz respeito à individualidade do Homem dos Ratos. O que Lacan faz nesse artigo famoso, "O Mito Individual do Neurótico", é generalizar, dizendo que não apenas o Homem dos Ratos tinha essa dívida, mas que este é um elemento típico da neurose obsessiva, que aqui se materializa mais uma vez, assim como em outros casos. Isto é: Lacan elabora uma teoria clínica utilizando os mesmos dados de que Freud dispunha, porém em outra direção, ligada à sua forma particular de pensar.

Já Melanie Klein, ao ler esse mesmo material, deve ter tirado dele um dos elementos fundamentais para a sua teoria sobre o sadismo na oralidade. O rato *morde*; quando entra no ânus do prisioneiro, o que ele faz é dilacerar. Mahony cita o texto do *Jardim dos Suplícios*, em que o autor francês Octave Mirbeau descreve detalhadamente no que consiste o suplício. O rato entra no ânus e vai rasgando as carnes; o rato morre, o homem morre, com todos os detalhes macabros que se possa imaginar.

Laplanche talvez tenha sido o primeiro a chamar a atenção para o fato de que o suplício do rato é um suplício *oral*, não apenas anal: a entrada se dá pelo ânus, mas o que o rato faz não tem nada de anal. O rato é um símbolo do sadismo oral: os dentes, a mordida, o roer, e assim por diante. Laplanche compara o rato com o superego; o superego do Homem dos Ratos é um rato, procede por essa forma oral de morder, dilacerar. A própria palavra *remorso* vem de *morsus*, que é o particípio passado do verbo morder em latim. Remorso é aquilo que morde; no espanhol isto é mais evidente, porque se diz *remordimiento*. A questão da oralidade do Homem dos Ratos não é abordada no texto de Freud; ele vai por outro caminho.

O mesmo material permite, portanto, a construção de diferentes teorias clínicas: elas são convergentes, mas não suscitam as mesmas concepções metapsicológicas. Eu diria que no plano da metapsicologia a incompatibilidade é maior. Por exemplo, quando Melanie Klein coloca a discussão do sadismo em termos orais, e vincula isso ao superego, insistindo no caráter oral do superego, a conclusão metapsicológica disso é que esse superego deve ter algo a ver com os fenômenos orais. Disso se segue uma teoria que já não é mais uma teoria clínica, mas uma afirmação metapsicológica: o superego começa com o desmame. Já para Freud, o superego começa com a introjeção da autoridade paterna. Portanto, as figuras dominantes no superego kleiniano vão ser a figura da mãe e a própria voracidade do bebê devorador. O superego estará frequentemente associado à ideia de voracidade: é movido por impulsos orais, e emprega defesas vorazes contra a própria voracidade. Estaríamos assim no plano da metapsicologia, a partir de uma teoria clínica que enfatiza a oralidade: Melanie Klein leria a história do Homem dos Ratos à luz da voracidade, ou talvez da avidez, do rato.

Há, embutida em cada um destes modos de ler, uma concepção sobre o que é o ser humano. Na perspectiva kleiniana, esse ser humano é basicamente uma mônada em situação. Por que uma mônada? Porque é a projeção dos seus próprios impulsos que, atacando o objeto, faz com que o objeto se vingue, que retorne malevolamente contra o indivíduo. Há os objetos, eles existem, mas estão moldados pelas pulsões internas. Esta é uma ideia sobre o que é o ser humano. Já Lacan, quando escreve o seu artigo sobre o mito do neurótico (na época do imaginário), está interessado exatamente na especularidade e no peso que o outro tem para a formação da subjetividade. Curiosamente, nesse momento, ele é mais "relação de objeto" do que Melanie Klein. A forma da relação de objeto é diferente, mas é a mesma coisa. Lacan está dizendo que o ser humano não se constitui como uma mônada que projeta pulsões para fora de si, mas que é constituído na e pela relação com o semelhante, com o outro: mais perto portanto de Winnicott do que de Melanie Klein. Dentro dessa concepção, ele está interessado em encontrar na história do Homem dos Ratos os elementos que permitam compreender essa especularidade, e a maneira como ela é elaborada na dívida mostra o espelhamento entre o jovem Lanzer e seu pai. Ou seja: as concepções filosóficas sobre o que é o ser humano estão latentes na metapsicologia.

Agora, descendo a escala: na metapsicologia e nas teorias clínicas que ela permite construir. Mas se isso não é pura e simplesmente um delírio, o que diferencia Freud de Schreber e Freud do Homem dos Ratos é que as teorias clínicas, que são as dobradiças de toda a escala, estão montadas sobre a observação cuidadosa dos dados clínicos. Não é uma pura especulação, "eu acho que é assim"; há todo um trabalho de depuração dos dados, que, por outro lado, estão retratados o mais fielmente possível nas páginas do manuscrito.

Podemos acompanhar a passagem de um registro a outro, partindo destes dados. Eles começam com o mais literal: "Dr. Lanzer, 29 anos e meio, diz sofrer de obsessões". Essa é uma forma. Outra forma é a reprodução entre aspas: "minha sexualidade começou muito cedo, com seis anos eu estava atrás da saia das empregadas". Daí Freud passa para o que poderíamos chamar de *resumo*, a partir da oitava sessão: não darei mais agora o relato fiel, porém resumirei os acontecimentos principais da análise.

A partir daí começa a teorização. Mas, para isso, o material precisa ser visto ou ouvido com vistas a destrinchar a ossatura da carne que a recobre. Esse vaivém entre o singular e o geral, entre o imediato e o mais distante, é o que vai definir exatamente a plausibilidade, e mesmo a veracidade, das afirmações que Freud vai fazer.

O tempo todo ele está preocupado com a compreensão *do caso;* mesmo quando está apenas escrevendo para si mesmo, nós o vemos trabalhando diariamente com a categorização do material. Isto é evidente quando lemos essas primeiras páginas, tendo a oportunidade única de comparar o rascunho com a versão definitiva.

O que é preciso averiguar, e requer uma paciência beneditina, é de que maneira as afirmações gerais que o autor faz estão vinculadas aos dados de observação que em princípio deveriam lhes servir de base. Se procedermos assim, estaremos fazendo com a psicanálise algo semelhante ao que se faz em outras disciplinas, para avaliar a consistência dos procedimentos metodológicos. O que não se pode fazer – sob pena de incorrer no erro lógico a que Aristóteles chamava *metábasis eis állo génos*, e que eu traduzo como misturar as bolas – é exigir que numa disciplina como a psicanálise se utilizem processos de validação próprios de uma disciplina como a Química, que trabalha com experimentos de laboratório. E não porque a Química seja mais "científica" do que a nossa disciplina, mas porque o que precisa ser preservado é a *consistência* dos métodos, e não a identidade deles.

Bem. Poderíamos ainda levar várias aulas comentando este texto de Freud, mas, para o meu gosto, ele já rendeu o suficiente; assim, vou aplicar a nós mesmos o que acabei de dizer sobre a necessidade de selecionar e dar por encerrado – ou por interrompido – o comentário desta história. Quem quiser que conte outra!

8. Simplicidade de recursos, riqueza de efeitos

Hoje gostaria de trabalhar com um artigo que saiu no *Estado de S. Paulo* sobre o teatro de Arena, a fim de mostrar como se pode construir um texto curto e informativo. Antes, faremos uma pequena excursão musical, com a ária "Non più andrai", das *Bodas de Fígaro*, para ilustrar como se podem obter efeitos muito bons com um material extremamente simples. E, para a próxima vez, leremos um artigo de Nicole Berry, psicanalista francesa, que está no *Boletim da Livraria Pulsional*, n.º 88, agosto de 1996. Chama-se "A Experiência de Escrever" e, como vocês verão, parece feito de encomenda para o nosso curso.

Várias vezes, ao longo destes últimos anos, referindo-me à questão da construção de um texto, insisti que para isso não é necessário nenhuma genialidade particular. Ninguém precisa ser Proust para escrever bem; basta prestar atenção no que se está fazendo. Frequentemente, para ilustrar esse ponto, me referi a aspectos musicais, mais como curiosidade do que propriamente como exemplo. Desta vez, o que fiz foi escolher uma ária que ilustra exatamente como se pode obter um efeito extraordinário a partir de elementos muito simples.

Uma ilustração musical

Para isso, talvez não seja inútil relembrar alguns pontos elementares de teoria musical, que gostaria que ficassem claros, e sem os quais não é possível compreender o que vou procurar mostrar.

A primeira coisa que é preciso compreender, e não é nem um pouco difícil, é o seguinte: a música ocidental está baseada *na sequência de intervalos entre os sons*. Foram os pitagóricos que descobriram, no século V a.C., que havia uma certa proporção matemática entre os sons produzidos pelas cordas da lira. Se uma corda tivesse um determinado comprimento e uma determinada espessura, produziria um certo som, por exemplo um dó. Se essa mesma corda tivesse o dobro do comprimento ou metade da grossura, produziria exatamente a mesma nota dó, só que mais aguda, uma oitava acima. E os pitagóricos descobriram então algumas relações entre os sons sucessivos, que hoje podem ser formuladas em termos de acústica, e que vão constituir uma *escala*. Descobriram o intervalo de quinta, e outros, e estabeleceram as proporções que governam essa sucessão de sons.

Para os nossos propósitos, interessa saber o seguinte: uma escala, dó-ré-mi-fá-sol-lá-si-dó, é constituída por uma sequência fixa de intervalos. Cada posição dessas é chamada, na teoria musical, um *grau* da escala. Há o primeiro grau, o segundo grau, o terceiro grau, etc., até o sétimo grau, e entre os graus a distância sonora é fixa. Entre o primeiro e segundo graus é de um tom, entre o segundo e o terceiro de um tom também, entre o terceiro e o quarto de um semitom, e assim sucessivamente. Na Figura 1 a seguir, vocês verão um teclado de piano no qual foram marcadas algumas notas – dó, sol, mi, etc. – para mostrar exatamente como isso funciona no caso da escala de dó maior.

Se começarmos essa sequência numa nota qualquer do piano, e a sequência dos intervalos for esta que indiquei, o resultado vai ser sempre uma escala dita *maior*. Se começarmos em mi, mantendo a mesma estrutura na sucessão dos intervalos, o resultado será uma escala de mi maior. Existem também escalas chamadas menores, mas essas não nos interessam no momento; vamos ficar só com as maiores.

Nesta reprodução do teclado do piano, foram marcadas as seguintes notas: o sol abaixo da oitava do meio do piano, o dó do meio, e algumas notas da escala de dó maior, que formam o chamado *acorde de dó maior*. Sol-dó-mi-sol-dó-mi-sol-dó-mi: essas notas são repetições do acorde. Este acorde é construído utilizando certas notas-chave a partir do primeiro grau de cada escala, assinaladas com as letras T e D. T significa *tônica* e D significa *dominante*, termos que vou esclarecer logo mais.

Figura 1

Dó Maior

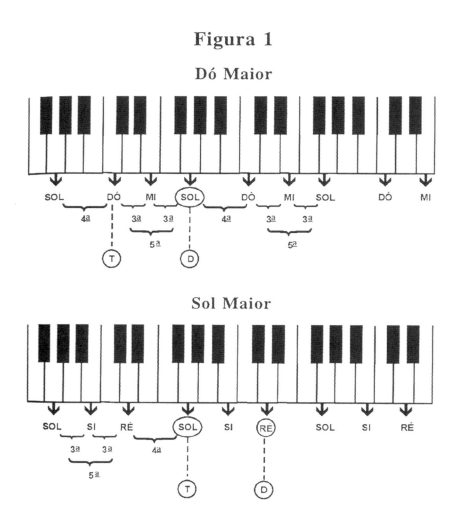

Sol Maior

São intervalos constantes: portanto, do 1º para o 2º graus temos uma *segunda* (de dó para ré), do 1º para o 3º uma *terça* (de dó para mi), do 1º para o 4º uma *quarta* (de dó para fá), do 1º para o 5º uma *quinta* (de dó para sol), etc., até uma oitava, de dó ao dó seguinte.

Então, um *acorde maior* é formado por um intervalo de terça, mais uma terça, mais uma quarta, até a oitava seguinte. Começando em qualquer nota, se os intervalos foram mantidos, o acorde vai ter sempre a mesma estrutura. Isto está mostrado nas Figuras 2 e 3, onde estão assinaladas as notas que formam os acordes de dó maior e de sol maior (ver página seguinte).

Repetindo: dada uma certa nota que começa uma escala, a quinta nota seguinte, que conclui o intervalo de quinta, é chamada *dominante* desta escala. No caso de dó maior, a dominante é sol; no caso de sol é ré, etc.

Isso é importante, porque na música dita clássica frequentemente há uma alternância entre temas baseados no tom da tônica e temas baseados no tom da dominante. É o que acontece na ária de Mozart que vamos ouvir. A sucessão das notas do acorde pode ser tocada de várias maneiras: dó-mi-sol-dó, mi-sol-dó, dó-mi-sol, sol-dó-mi, etc. Estamos sempre dentro do acorde de dó maior. No caso de sol é possível a mesma coisa. Observem os acordes, nas Ffiguras 2 e 3.

Figura 2

Estudo de Acordes no Tom de Dó Maior

Figura 3

Estudo de Acordes no Tom de Sol Maior

Isto feito, vamos observar a ária composta por Mozart para encerrar o primeiro ato de *As Bodas de Fígaro*. Ela começa assim:

Toda esta primeira parte é construída apenas com o acorde do dó maior. Chegamos à tônica, que é dó. Agora vem uma parte baseada no acorde de sol, que é dominante da tonalidade de dó maior. Observem os compassos 15 até 26, onde fiz um sinal:

A partir do compasso 26, Mozart vai retornando à tonalidade de dó maior, trabalhando dentro do intervalo entre sol e dó, até chegar ao sol com fermata, no compasso 31. Repete então a melodia inicial (compassos 1 a 13), que não incluí agora. Tendo repetido esta melodia, vêm os compassos 33 até 49, que são uma nova melodia, imitando uma marcha militar, na tonalidade de sol maior (observem o fá sustenido no compasso 41, por exemplo). No mesmo trecho, a partir do compasso 50, volta a tonalidade da tônica (dó maior), no acorde dó-mi-sol.

Por fim, do final do compasso 57 até 65 temos a mesma passagem dos compassos 27 até 31, que prepara a nova repetição da melodia (compassos 65 em diante).

(Sugestão para o leitor: no Youtube, no Spotify ou em outros serviços de *streaming* de música, procure esta ária e acompanhe a explicação ouvindo a música, antes de continuar. Você verá que fica bem mais fácil entender a estrutura do trecho.)

Espero que esse exemplo ajude a compreender os seguintes pontos. Primeiro, a forma como Mozart construiu as suas melodias, a partir exatamente desses acordes básicos dó maior e sol maior. O que ele empregou para construir isso, além da sua inteligência musical? Vocês talvez tenham visto *Amadeus*; neste filme, há uma cena famosa, que mostra uma competição musical na corte do imperador da Áustria. O compositor da corte, Antonio Salieri, apresenta uma marcha da sua lavra, meio sem sal. Aí aparece o jovem Mozart (no filme, um garotão todo espevitado), e diz: "Ah! Interessante essa marcha! Mas acho que é possível melhorá-la". E o que o ator toca no filme é exatamente a marcha do final do primeiro ato das *Bodas de Fígaro*.

O espectador pode perceber que a diferença entre a música de Salieri e a música de Mozart está apenas no *ritmo*. Vocês veem que a sucessão de notas pontuadas nos primeiros compassos (sol-sol-mi/sol-sol-mi/sol-sol-fá-ré) produz um efeito de ritmo, através da alternância de momentos fortes e fracos. O ritmo é fundamental na frase escrita, assim como numa frase musical. O que dá o ritmo à frase escrita é a pontuação: sobre isso vamos ter a oportunidade de falar quando comentarmos o texto do jornalista. A pontuação é crucial porque introduz os matizes de ritmo, através de vírgula, ponto-e-vírgula, dois pontos, exclamação, ponto final, parágrafo, e outros recursos desse gênero.

É interessante observar que o exemplo musical é adequado para ilustrar o que tenho em mente, mais do que se fosse um exemplo visual. As regras de composição (*composição:* pôr-junto, construir, montar) são mais ou menos as mesmas em termos visuais, sonoros ou verbais. A diferença é que num quadro esses elementos são estáticos. Existem por exemplo massas mais ou menos volumosas. Se vocês observam uma pintura, verão mais cor aqui, um volume maior ali, o fundo está mais claro ou mais escuro. São as regras da composição visual, No caso da música e da linguagem, de um texto falado ou escrito, existe uma sucessão, porque o discurso se desdobra no tempo; portanto é possível comparar de forma mais visível, ou melhor, mais audível, o desenrolar de uma frase musical com o de uma frase da língua cotidiana.

Linguagem oral e linguagem escrita: o "polimento"

Vocês devem ter já notado uma diferença importante entre o que é *escrito* e o que é *falado*. Por exemplo, a frase que estou dizendo agora, que comecei a pronunciar: tenho uma ideia de onde quero chegar com ela. Mas vocês, que estão ouvindo essa frase, não sabem qual é este ponto. A memória tem que desempenhar uma função de retenção, e ir guardando as partes que vão sendo sucessivamente enunciadas, até que, chegado o ponto final, todo o conjunto dito até esse momento se ilumina retroativamente.

O funcionamento da memória retentiva foi bem estudado. Sabe-se, através de experimentos em laboratório, que a nossa memória oscila em ciclos de aproximadamente 10 minutos. A cada dez minutos, nós relaxamos um momento, e depois voltamos a nos concentrar; depois relaxamos novamente, etc. E é por isso que, numa boa conferência, a cada tanto tempo o conferencista alerta para essa questão insere um momento de pausa, um relaxamento. Bebe um copo d'água, acende um cachimbo, faz uma piadinha, arruma os papéis, etc.; dá um pequeno tempo, que corresponde ao relaxamento da atenção do publico, e depois retoma sua exposição.

Agora, quando falamos, torna-se necessária urna quantidade de repetições extremamente grande. Vou trazer numa próxima vez algumas folhas da transcrição manuscrita das aulas. Vocês se surpreenderiam com a quantidade de repetições que ocorre nessa transcrição. Por quê? Porque ela é feita *ipsis litteris*, o que é dito vai para o papel. Mas entre o que vai para o papel no primeiro momento e o que vocês recebem como apostila, é feito um trabalho de edição, justamente para limpar todas essas repetições e tomar o texto legível.

Por que isso? Porque quando falamos, sendo limitada a capacidade de retenção do ouvinte, a repetição torna-se necessária para estabelecer pontos de orientação, para que as pessoas possam ir juntando isso com aquilo e formando parcialmente, na sua cabeça, o sentido. Já quando lemos, em primeiro lugar se lê bem mais depressa do que alguém é capaz de falar ou de ouvir, e em segundo lugar, pode-se voltar: é a mesma situação do quadro. Você pode olhar a parte da direita do quadro, depois a parte da esquerda, depois voltar novamente à parte da direita. Idem quando faço uma leitura: posso voltar três ou quatro frases numa página e retomar aquilo que não entendi. Na linguagem falada, isso não é possível.

Então, justamente para fornecer ao ouvinte ganchos nos quais apoiar a retenção daquilo que está sendo dito, o orador periodicamente retoma, repete (por exemplo, é o que estou fazendo agora, dizendo "retoma" e depois "repete") aquilo que estava sendo dito, de maneira a poder permitir o fechamento da frase e a captação do sentido que pretende transmitir.

Entre a linguagem erudita escrita e a linguagem coloquial oral, existe um estilo intermediário, que se chama o *coloquial escrito*. Esse é o tom no qual estão redigidas, por exemplo, as aulas deste livro. Outro exemplo são as *Conferências de Introdução* à *Psicanálise* de Freud, que foram pronunciadas oralmente na Universidade de Viena, e depois escritas. Ele manteve esse tom coloquial escrito, onde o autor, entre outras coisas, se dirige ao leitor: "Bom. Caro leitor, nesse momento você tem uma objeção, certamente. Essa objeção é tal, ela é justificada, e poderia ser respondida da seguinte maneira". Ou então, o autor faz uma pergunta um pouco retórica, que ele já sabe como vai responder: "Qual seria então o motivo de tal situação? Podemos levantar várias hipóteses".

Há uma espécie de diálogo, mantido sob a forma de uma conversa, porém por escrito. Essa maneira de fazer um texto pode ser muito útil quando alguém precisa dar uma conferência e se sente inibido para improvisar a partir de anotações. Pode então escrever o que vai dizer. Ao escrever o que vamos dizer, contudo, corremos o risco de ler o que está escrito, e aí criamos uma situação frequentemente monótona.

Outro exemplo: arguições de tese. Nós já vimos isso muitas vezes: o examinador traz o material escrito. Fica muito estranho! Nesses casos, é preferível adotar esse tom coloquial escrito; se é para ler, então que se leia pelo menos algo já pensado para ser falado e escutado, e não para ser lido e apreendido na leitura silenciosa.

Voltando um minutinho ao exemplo musical, gostaria de assinalar duas ou três coisas que a meu ver se aplicam também à escrita em geral, da clínica ou de outra coisa qualquer. O primeiro elemento, como estava dizendo, é o elemento da repetição. Na ária, há vários momentos em que é repetida a mesma célula sonora, ou a mesma célula rítmica. Isso produz uma espécie de redundância, necessária para que o ouvinte possa absorver aquilo que está sendo dito a ele, ou que está sendo tocado pela orquestra.

O segundo ponto que gostaria de ressaltar é o *contraste*. Este é um elemento muito importante, tanto na redação como quanto na composição. No caso da música, o contraste pode ser por exemplo de volume: em certos momentos de grande força, a orquestra toca com toda intensidade os instrumentos, e há outros momentos *piano,* que literalmente quer dizer devagar, mas em música significa *baixinho.* Esta alternância vai criando uma variedade, pela oposição entre certas partes da música e certas outras. No caso de uma composição orquestral, uma outra maneira de fazer o contraste é o jogo dos naipes: ora toca a clarineta, ora são as cordas junto com os sopros, depois só os sopros, em outro momento as madeiras, e assim sucessivamente. Isso produz um contraste de timbre. O outro contraste, mais sutil, é entre as tonalidades, como vimos na ária. Aqui ele é bem simples, entre a tônica e a dominante, mas mesmo assim produz um efeito extraordinário. Em outros casos, o jogo de tonalidades é mais complexo, mas isto já é uma outra história.

Qual é o equivalente disso na linguagem escrita ou falada? Na linguagem falada, é simples: a mímica, a entonação, as expressões faciais, as modulações de voz, a ênfase, equivalem ao timbre e à dinâmica na música. Todos esses elementos introduzem vivacidade num texto ou numa exposição. No caso do texto que tem que ser lido sem a voz que pronuncia as palavras, o efeito de vivacidade é obtido através da pontuação: sinais de exclamação, interrogação, travessões, parênteses, e também do destaque em itálico, negrito, sublinhado, etc. Se vocês lerem em voz alta um texto em que tenham sido deliberadamente empregados esses recursos, vão ver que o efeito é semelhante ao produzido pela audição de uma melodia. Isso se deve ao fato de que tanto o texto quanto a música implicam fatores sonoros, e portanto recursos válidos numa dessas artes podem também ser utilizados pela outra.

> **Cristiane:** *Você está enfatizando o lado racional da construção de um texto. Não há também um elemento inconsciente, de lapso, por exemplo?*
>
> **R.M.:** *Acho interessante você estar lembrando isto, mas estamos falando de coisas diferentes. Talvez possamos aproveitar sua observação se a tomarmos "pelo avesso". Por quê? Estas são construções que têm sem dúvida um elemento inconsciente, o qual se expressa com significantes musicais, literários, tanto faz. Mas a construção é feita, justamente, utilizando e silenciando simultaneamente o que poderia ser um lapso.*

Agora, nesse caso, os traços do que poderiam ter sido lapsos ou rupturas foram eliminados pela *consciência* do autor Um texto escrito deve conter elementos livre-associativos, porém estes não podem passar tal e qual para a redação. A redação é também, e principalmente, uma atividade consciente. Quando se está escrevendo ou falando, surgem ideias inesperadas, sem dúvida, mas há uma *elaboração*, e o que estou tentando focalizar nesta aula são exatamente alguns meios desta elaboração. O que estou tentando dizer, espero que fique claro, não é que devamos reprimir ou bloquear essa fonte inconsciente. Mas ela não pode passar em estado bruto para o texto; entre a emergência de alguma coisa que vem da "outra cena", como se costuma dizer, e a sua presença num texto musical ou escrito, intervém um processo de elaboração, a que poderíamos chamar *polimento*.

No caso do texto escrito, estas questões nos são mais familiares. Uma frase às vezes é muito longa, e pode ser desmembrada em duas mais curtas. Um exemplo: o Hino Nacional. É uma sucessão de anacolutos; anacoluto é o nome dessa figura de linguagem que inverte a sequência natural dos termos. Provavelmente, boa parte da população brasileira é incapaz de entender o que diz o Hino Nacional, tanto pelo léxico quanto pela gramática do poema. Quantos de nós sabemos o que é um *lábaro*? "O lábaro que ostentas estrelado...", dá para imaginar que é uma bandeira, pelo contexto, mas existem termos bastante preciosistas no Hino. Está tudo ao contrário: "Ouviram do Ipiranga as margens plácidas/de um povo heroico o brado retumbante...". Quer dizer: as margens plácidas do Ipiranga ouviram o brado retumbante de um povo heroico. Mas, escrito assim, não tem ritmo e não dá música. Outro exemplo de anacoluto. "Já podeis da pátria filhos/ver contente a mãe gentil"

O polimento do texto é importante, porque é aí que se vê o cuidado do autor com o leitor. Há uma certa cortesia em entregar um texto bem-acabado. Mas, muitas vezes, o que é simplesmente preguiça de fazer bem-feito, ou pouca vontade de investir na elaboração consciente, vem travestido de "este é o meu estilo".

Esta é uma questão complicada, que comporta várias posições. Por exemplo, no *Boletim* da Pulsional se lê uma declaração de princípio segundo a qual eles não editam os textos; do jeito que vem, sai. Levando em conta que é uma publicação mensal de 100 páginas feita por duas pessoas, é óbvio que não dá para fazer correção nenhuma. Então, há a transformação da necessidade em virtude, mas há também uma posição filosófica quanto ao que é publicar um texto. O livro de Contardo Calligaris, *Hello, Brasil!*, saiu escrito como ele escreveu. Há uma ideia que os erros de português que esse livro contém são importantes: indicam o olhar estrangeiro daquele que se debruça sobre os fenômenos ali estudados. É uma postura que não interessa discutir no momento; eu pessoalmente discordo dela. Acho que tem que se fazer revisão sim, e com vigor, se não o leitor é desconsiderado; esta é a minha posição. Mas é uma questão em aberto; outros têm outros argumentos.

O limite desta revisão é também um problema sério. No caso de um artigo de Química, o que interessa é apenas o conteúdo, e não a forma, que é mais ou menos padronizada: a "prosa científica aceitável". Um sujeito que está em pesquisa fundamental lê muitos artigos por mês, se for uma pessoa minimamente informada na sua área. O *New England Journal of Medicine* sai toda semana, com as últimas novidades no campo da medicina. Então, tem que ter um formato no qual não interessa o caráter literário; interessa dizer o mais brevemente possível que, feitos os testes tais e quais, descobriu-se que a enzima tal tem o efeito tal, e o assunto está encerrado. Não é o caso de um texto na área de psicanálise, onde temos também, além da informação, a questão de um certo estilo, de um certo gosto pela escrita e pela leitura.

> **Ouvinte:** *(Pergunta sobre a frase final de um texto)*
>
> **R.M.:** *Pessoalmente, eu tenho uma preocupação com o final do texto, baseada no que apontei em relação à música. Na minha opinião, convém que um texto acabe no equivalente da nota tônica: quer dizer, encerrar de preferência com uma frase boa, de impacto, que tem de ser procurada. Vejamos a última frase do artigo de Fernando Marques: ele está falando sobre uma tese acerca da produção teatral, e diz que o autor discorda de Décio de Almeida Prado e de outras autoridades. Aí ele termina assim: "Mas vamos e venhamos, a esse respeito, já é o caso de escrever outro livro. De mesmo nível, por favor".*

Este é um excelente final de texto, porque evita a banalidade. "Vamos e venhamos, já é o caso de escrever outro livro" seria uma terminação banal, uma variação do "isso é uma outra história, que fica para uma outra vez". Este era o bordão do Júlio Gouveia, no tempo do *Teatro da Juventude*. Júlio Gouveia foi um dos primeiros que se dedicaram à televisão, na TV Tupi. Faziam aqueles programas que vocês podem imaginar como eram, heroicos, nos anos 1950. No início do programa, ele abria um livro enorme e começava a contar uma história; os atores vinham, representavam, e terminava o programa. E o fecho era o Júlio Gouveia aparecendo de novo na tela e dizendo o seu bordão: "mas esta é uma outra história, que fica para uma outra vez", e fechava o livrão.

Agora, quando o autor põe o ponto e continua: "de mesmo nível, por favor", está introduzindo uma variação inteligente. É um bom final, instigante, e que diz o que quer dizer: que o livro que acabou de comentar é muito bom, e que outro autor, que vier dizer o contrário ou se opor aos argumentos da autora, deverá ser do mesmo nível, por favor.

Ou seja: assim como a primeira sentença de um texto, sobre a qual já falamos numa aula anterior, a última também pode ser burilada, para terminar o texto de maneira interessante. Um bom exemplo é o final do *Além do Princípio do Prazer*: Freud cita os versos de Rückert, "Onde não é possível chegar voando, há que chegar coxeando; o Alcorão diz que coxear não é pecado". Outro final memorável é o de *O Futuro de uma Ilusão:* "Nossa ciência não é uma ilusão; mas seria uma ilusão imaginar que podemos encontrar em outro lugar aquilo que ela não nos pode oferecer".

Vamos então ao artigo sobre o Teatro de Arena, escrito por Fernando Marques, que saiu no Caderno 2 de *O Estado de S. Paulo,* em 3 de agosto de 1996, p. 10.

"Tese sobre produção teatral é audaciosa"

1. O Teatro de Arena preparava-se para fechar as portas, por falta de dinheiro, quando José Renato teve a ideia de encenar *Eles não Usam Black-Tie*, de Guarnieri, à guisa de despedida. A escolha justificava-se por se tratar de uma peça inédita, de autor nacional, traços que correspondiam ao programa estético do grupo. Dias antes da estreia, Sábato Magaldi, que lera o texto, adiantava a Renato que *Black-Tie* iria "revolucionar a dramaturgia brasileira".

2. O ano é o de 1958. As personagens de Guarnieri, habitantes de uma favela onde evolui uma greve, conseguiram, na sua novidade, ficar por um ano em cartaz, salvando, de quebra, o Arena da falência. O interesse

dos homens de teatro pelos trabalhadores, agora vistos como classe que aspira ou deve aspirar ao poder, produzirá nos dez anos seguintes espetáculos como *Revolução na América ao Sul, A Mais-Valia Vai Acabar seu Edgar, Opinião, Arena Conta Zumbi, O Rei da Vela*.

3. *A Hora do Teatro Épico no Brasil*, de Iná Camargo Costa, trabalha sobre esse período, rico, que se estende de *Black-Tie* a *Roda Viva*, em 1968, meses antes do AI-5. O volume pertence à coleção *Estudos Culturais* da Editora Paz e Terra, que já publicou *As Marcas do Visível*, do americano Frederic Jameson, crítico de orientação marxista com quem a pesquisadora brasileira tem afinidades.

4. O trabalho arrisca uma tese audaciosa sobre aquela fase e seus produtos, afirmando que as boas intenções revolucionárias, que começaram a engordar no Arena, batem bruscamente não apenas contra o Estado policial, mas também contra o mercado, que disciplinou lucrativamente as dissidências, e contra a própria incapacidade dos agentes históricos – artistas, no caso – em perceber e aceitar a derrota em 1964. Eles alimentaram a quimera de uma arte participante que, no entanto, a partir do Golpe, volta a fechar-se em espaços políticos estreitos, restritos à classe média impotente, malgrado as ilusões de bilheteria. O sonho de um teatro político e popular, portanto forte, degrada-se melancolicamente no espancamento de atores, em julho de 1968, depois de uma sessão de *Roda Viva*.

5. Iná Camargo Costa procura revelar, em cada evento, o seu contrário, os avessos até aqui pouco notados. Assim, inverte sinais comumente aceitos no que diz respeito à história teatral, à crônica da cultura brasileira nas últimas décadas, polemizando e contradizendo interlocutores como Décio de Almeida Prado. Ela acredita – e é nesse sentido genérico que se pode falar em afinidades com Jameson – que as formas artísticas condensem os valores do tempo em que nasceram e, mais importante, da classe que as criou.

6. O drama, com diálogo e a limitação do espaço da ação, dados formais que lhe são inerentes, presta-se à exposição dos conflitos individuais através dos quais a burguesia, que o sustentou, compreende e reflete

sobre o mundo. Mas parece acanhado para a exibição de painéis, de quadros mais largos. O teatro épico, à procura do qual o Arena tateava, responderia a questões de caráter coletivo, supraindividual, lemas como o conflito entre proletários e patrões.

7. *Black-Tie* foi escrito na forma de um drama de que o protagonista é o jovem Tião, posto diante da escolha entre aderir ou não a uma greve, isto é, ser ou não ser fiel à sua classe. Tião terá como antagonista o próprio pai, Otávio, um militante comunista de velha cepa. Mas, se essa é a forma, o assunto ou conteúdo é outro: trata-se de traçar o quadro em que evolui uma rebelião de trabalhadores e de aferir seu impacto não somente sobre a vida de Tião, mas sobre a de toda a comunidade, a favela. O assunto é, portanto, épico, enquanto a forma permanece dramática. Pede outros recursos de expressão como, por exemplo, a voz de um narrador capaz de unificar o mundo cujos horizontes se abrem para além da sala de visitas. A autora obriga-se a concluir que o próprio sucesso de *Black-Tie* indicava, constituía o sintoma de que o brasileiro progressista pensava, naquela hora, ainda por esquemas *formalmente* conservadores.

8. O Arena sabia de que temas pretendia falar e buscava o melhor modo de tratá-los. A peça de Guarnieri efetivamente corresponde a um daqueles instantes em que velho e novo se atritam: o primeiro ainda não morreu, o segundo não pode nascer. A saída para o impasse político-estético aparece em 1960 com *Revolução na América do Sul*, de Augusto Boal, quando o autor abandona a casa, a sala, os ambientes da intimidade, para fazer o seu José da Silva passear, em clima de comédia, por uma série de espaços públicos, inclusive o da feira, onde o personagem descobre que, com ou sem emprego, será sempre o culpado pelos preços que não param de subir. O épico, a essa altura, tende a dominar a cena, e falar em épico não significa falar apenas em Brecht, cuja *Alma Boa de Setsuan* chegara ao Brasil em 1958 pelas mãos de Maria Della Costa, mas também nos processos tomados à farsa, à revista e ao circo.

9. O próximo passo é dado por Vianinha e Chico de Assis, autor e diretor de *A Mais-Valia Vai Acabar, seu Edgar,* que ocupa por oito meses o

teatro da Faculdade Nacional do Arquitetura, no Rio, em 1961, alcançando a média humilhante de 400 espectadores por sessão! A cena da feira e congêneres, em *Revolução na América do Sul*, servem de lastro ao espetáculo em que se quer destrinchar, para uma plateia ampla, a fórmula famosa. Vianinha irá subestimar um pouco a sua *Mais-Valia*, imaginando, em nota redigida depois da estreia, ter simplificado demais as coisas. Iná discorda de Vianna e mostra como, nesse instante, teatro e lutas populares parecem coincidir, ou quase.

10. O teatro de agitação e propaganda, que o Centro Popular de Cultura praticará de 1961 a 1964, encontra seu limite material no fato de que, ao contrário do que aconteceu noutros países – a União Soviética, a França, os Estados Unidos – as tarefas de agitação revolucionária, aqui, permaneceram nas mãos dos universitários, os militantes de classe média; não puderam ou não tiveram tempo de chegar aos trabalhadores, incorporando-os. Na verdade, às vésperas do Golpe, os grupos de lavradores nordestinos, pais dos atuais sem-terra, já ultrapassavam o estudante politizado e o próprio PCB na disposição para pegar em armas.

11. A atitude conciliatória que Vianinha irá defender em 1968, com ironia, no artigo *Um Pouco de Pessedismo não Faz Mal a Ninguém*, na contramão do que sustentara até *Os Azeredo mais os Benevides*, texto qualificado por Iná como obra-prima e espetáculo que o incêndio do prédio da UNE, em 1964, cancelou, passa a dar o tom. *Opinião*, com novas referências musicais, o Nordeste e o morro, e *Arena conta Zumbi*, crônica de Palmares, "foram festejadas como a senha para uma resistência política que não tinha acontecido nem estava acontecendo". Resumindo bastante o enredo: o Oficina e Zé Celso, em *O Rei da Vela* e em *Roda Viva*, com sua agressividade programática, apenas tripudiam sobre o cadáver da esquerda que, quatro anos antes, perdera o bonde e, agora, perdia a esperança e a compostura.

12. O livro é recomendável a quem quer discutir o período, mesmo quando se discorda de suas teses. Por exemplo, o preconceito contra revistas e burletas não foi unânime nos anos 50 e 60, ao contrário do que afirma a autora, sem razão em atribuí-lo a Sábato Magaldi que, no *Panorama*

do Teatro Brasileiro, de 1962, dedica páginas atentas a Artur Azevedo. E é um pouco anacrônico supor que Décio de Almeida Prado e outros críticos e artistas pudessem aceitar ou mesmo compreender plenamente as propostas brechtianas, quando estas mal aportavam em praias brasileiras. O próprio Décio, citado por Iná, admitiu na ocasião, talvez com certa malícia: "Cada crítico é mais ou menos circunscrito por seus hábitos e crenças". Mas, vamos e venhamos, já é ocaso de escrever outro livro. De mesmo nível, por favor.

Resenha do livro *A Hora do Teatro Épico no Brasil,* de Iná Camargo Costa, Editora Paz e Terra, 234 páginas, R$ 18,00.

Escolhi deliberadamente um texto não-psicanalítico, para não cedermos à tentação de fazer comentários do *métier* e podermos ver o que quero ressaltar. Numerei os parágrafos para maior comodidade de referência. Também foram feitos alguns intervalos entre certos parágrafos. Formaram-se assim blocos que correspondem, grosso modo, às partes desse artigo.

A abertura do texto

Aqui o autor, em vez de dizer algo *sobre o livro,* escolheu começar dizendo algo sobre a história que o livro conta. "O teatro de Arena preparava-se para fechar as portas, por falta de dinheiro, quando José Renato teve a ideia de encenar *Eles não Usam Black-Tie,* de Guarnieri, à guisa de despedida." O autor explica por que foi escolhida essa peça, que um crítico achou importante. Depois: "o ano é 1958". Fala um pouco sobre a peça: conseguiram ficar um ano em cartaz, salvando de quebra o Arena da falência. E isso é apresentado como parte de um tema mais amplo: "o interesse dos homens de teatro pelos trabalhadores produzirá, nos dez anos seguintes, espetáculos como tal, qual e qual"; e menciona meia dúzia de espetáculos que fazem parte do mesmo movimento.

A abertura dá uma ideia sobre o período e sobre o assunto do livro. Em seguida, vem uma série de informações importantes: quem escreveu a obra, sobre o que ela fala, de onde é, que período escuta; pertence à coleção tal, que já publicou o livro tal, do autor tal, com quem a autora desse livro tem afinidades. E diz em síntese qual é a tese do livro, afirmando que as boas intenções revolucionárias não levaram muito adiante, que alimentaram as quimeras de uma arte participante; e que isto terminou num fiasco, não estético, mas político, produzido pelo AI-5 em 1968.

Parágrafo 5: "Iná Camargo Costa procura revelar em cada evento o seu contrário, os avessos até aqui pouco notados". Ele volta ao livro, portanto, referindo-se agora à maneira como ela conta a história: "Inverte sinais, polemizando com interlocutores como Décio de Almeida Prado (que é um crítico eminente), acredita que as formas artísticas condensem os valores do tempo em que nasceram e, mais importante, da classe que os criou"; e assim vai.

Aqui, se formos ler atentamente, há uma sucessão, muito semelhante à da música, de ideias e temas, concentrados e tricotados, por assim dizer, uns dentro dos outros. Para o meu gosto, este texto tem vírgulas demais. Há frases com seis, oito, dez vírgulas; seria possível construí-las de outro jeito, para eliminar essa virgulação compulsiva. Mas, tirando isso, é um texto bem escrito, claro, que dá para entender.

"O Teatro de Arena preparava-se para fechar as portas, *por falta* de *dinheiro,* quando José Renato teve a ideia de encenar *Eles Não Usam Black-Tie, de Guarnieri,* à guisa de despedida." Como está formada essa frase? Há duas intercalações, dois apostos, entre vírgulas (como se deve) nessa frase, e a organização dela é a de *um, dois, três.* Entre *um* e *dois* tem um aposto; entre *dois* e *três,* outro aposto. "O teatro de Arena preparava-se para fechar as portas quando José Renato teve a ideia de encenar *Eles Não Usam Black-Tie* à guisa de despedida": este é o período principal. O que aparece em itálico, na nossa reprodução, são os apostos interpolados.

Depois: "a escolha justificava-se por se tratar de uma peça inédita, de autor nacional, traços que correspondiam ao programa estético do grupo". Aqui a ordem é importante: "a escolha justificava-se por se tratar de *uma peça inédita*", primeira razão; "de autor nacional" refere-se a *peça inédita*, e ambos eram traços que correspondiam ao programa estético do grupo. Então a escolha justificava-se pelo argumento A e pelo argumento B, que estavam de acordo com o programa estético do grupo.

Aqui, o que o autor fez? Foi colocando os argumentos, e pôs uma frase que não é tão "interpolada" quanto a primeira. Esse é o recurso da variedade: um jeito de fazer na primeira frase, outro jeito de fazer na segunda frase. "Dias antes da estreia, Sábato Magaldi, *que lera o texto,* adiantava a Renato que *Black-Tie* iria revolucionar a dramaturgia brasileira"; aqui temos de novo um aposto, que coloquei em itálico para destacar.

Ou seja, em termos de construção, o autor usou diferentes recursos: criou um parágrafo curto, com três frases que não têm nada de especial; mas já introduziu diferentes *formas*. Estas são equivalentes, na orquestração da música, a diferentes instrumentos que entram tocando para produzir diferentes efeitos. Quem acabou de ler o primeiro parágrafo sabe que o teatro estava mal das pernas; eles escolheram, coerentemente, uma peça para servir de canto do cisne. Não renunciaram ao seu programa estético, mas acontece que a peça que escolheram foi muito além das suas expectativas, porque, além de ter conteúdo estético, tinha também um conteúdo político muito importante. E Sábato Magaldi disse que essa peça iria *revolucionar* a dramaturgia brasileira.

O que o autor criou no leitor, até agora? *Curiosidade.* É um parágrafo de abertura muito bom, bem-feito, que vai introduzindo seu assunto calmamente, porém sem perder tempo, contando uma história que não conhecíamos. Todo mundo gosta de ouvir histórias; o teatro estava fechando as portas, aí veio a salvação. E agora, o que vai acontecer? Será que vai dar certo? Será que não? O crítico profetizou que *Black-Tie* ia revolucionar o teatro brasileiro. Será que isto aconteceu?

Continuando: "O ano é 1958. As personagens de Guarnieri, habitantes de uma favela onde evolui uma greve, conseguiram, na sua novidade, ficar um ano em cartaz, salvando, de quebra, o Arena da falência". Esta é uma frase com oito vírgulas. O que ele vai dizer? Que de fato conseguiram um grande impacto com essa peça, ficou por um ano em cartaz, salvando de quebra o Arena da falência. Aí encerra-se a história da contabilidade do teatro de Arena e do dinheiro que deviam, etc. e passa-se para o tema principal. "O interesse dos homens de teatro pelos trabalhadores, agora vistos como classe que aspira ou deve aspirar ao poder, produzirá nos dez anos seguintes espetáculos como...", e aí vêm alguns títulos.

Na verdade, aqui acontece o seguinte: o sujeito *as personagens de Guarnieri* dá origem a duas frases diferentes. Um pouco como acontece com a nota sol na ária de Mozart, a mesma célula origina duas coisas diversas. Reparem: "As personagens de Guarnieri conseguiram, na sua novidade, ficar um ano em cartaz, salvando o Arena da falência". Isto é o que as personagens de Guarnieri fizeram para o teatro de Arena. A outra frase, bem menor, é: "As personagens de Guarnieri, habitantes de uma favela onde evolui uma greve". Esta segunda conta alguma coisa sobre o que acontece *na peça*, não mais *na companhia teatral*. Aqui ele usou o seguinte recurso: a mesma ideia dá origem a dois desenvolvimentos. Um, as personagens como parte do programa de salvação financeira do teatro; e dois, as personagens como gente com quem acontecem coisas. São dois problemas diferentes.

As personagens funcionam então como *traço de união* para dizer como acabou a crise financeira do teatro; por serem novos, causaram impacto, a peça deu dinheiro, e o Arena evitou a falência. E ao mesmo tempo, como fosse a dominante de um acorde que vira tônica do outro acorde, a mesma ideia serve como origem de uma outra frase: são habitantes de uma favela onde evolui uma greve.

Para resumir, nos tens 1 e 2 o autor apresentou o livro que se propôs a resenhar por um ângulo inusitado; em vez de dizer simplesmente que o livro é bom, *mostra diretamente* o interesse do livro, reproduzindo uma história que se encontra nele. Mensagem implícita: leitor, leia este livro; você encontrará nele outras histórias tão interessantes como esta que acabou de ler.

Aspectos pessoais do estilo: a "trança"

Podemos também nos deter em uma questão de estilo. Como o autor tem esta preferência por vírgulas, ele opta por colocar vírgula onde outros não colocariam, ou escreveriam a frase de um jeito diferente. Exemplo, a primeira frase do parágrafo 3: "A hora do teatro épico no Brasil, de Iná Camargo Costa, trabalha sobre esse período, rico, que se estende de *Black-Tie*, em 1958, a *Roda Viva*, meses antes do AI-5". O *rico* que está aqui entre vírgulas é responsável por várias delas; é uma questão de opção. Não é errado, de jeito nenhum.

Comparado à formulação *sobre esse período rico...*, dá mais ênfase. Se ele tirasse completamente as vírgulas e deixasse: *Sobre esse período rico que se estende*, a meu ver ficaria mais pobre. Eu teria optado por escrever: *Sobre este rico período...* Se temos de usar essa ideia de um *período rico*, eu colocaria o adjetivo antes do substantivo, exatamente para evitar o que, na minha opinião, é um excesso de vírgulas. Mas isto é uma questão de ênfase e de gosto, não de regra fixa.

> **Ouvinte:** *Poderia colocar o rico entre travessões?*
>
> **R.M.:** *Poderia. Eu pessoalmente não poria, porque acho que é gastar munição demais usar dois vigorosos travessões para enquadrar uma ideia tão secundária quanto este rico. Ele usou os travessões, por exemplo, no parágrafo 9, para mencionar outros países que também tiveram um teatro político. Também no parágrafo 4, quando está falando da incapacidade dos agentes históricos de perceber e aceitar a derrota, etc., ele opta por colocar os travessões, porque está especificando, dentro do conjunto dos agentes históricos, os artistas em especial. Esta vírgula corresponde na verdade a um verbo que está oculto, eram artistas no caso, ou sendo artistas no caso, ou alguma coisa semelhante.*

Vejam bem, isso não atrapalha em nada a compreensão das ideias. É o estilo deste autor, pronto. Se fosse encarregado de copidescar o jornal, eu não mexeria nestes pontos; não vejo o menor problema nisso. O autor gosta das vírgulas? Deixam-se as vírgulas, porque não prejudicam a leitura do texto, dão a ele uma certa peculiaridade, materializam um aspecto do estilo deste autor. Agora, se tivesse um erro de concordância, seria corrigido e ponto final.

Agora, o parágrafo 4. "O trabalho arrisca uma tese audaciosa sobre aquela fase e seus produtos, afirmando que as boas intenções revolucionárias, que começaram a engordar no Arena, batem bruscamente não apenas contra o Estado policial, mas também contra o mercado, que disciplinou lucrativamente as dissidências, e contra a própria incapacidade dos agentes históricos – artistas no caso – em perceber e aceitar a derrota em 1964." Este período está no limite de tamanho aceitável para o jornal: tem cinco linhas.

Como o autor conhece as regras de subordinação e de coordenação da língua portuguesa, dá para entender. Vamos desmembrar a frase, e vocês vão ver como é uma trança com três ou quatro fios. Primeiro: *o trabalho arrisca uma tese audaciosa sobre aquela fase e seus produtos;* poderia terminar aí. Mas ele quer continuar. Vírgula, *afirmando que* as *boas intenções revolucionárias, que começaram a engordar no Arena...* As boas intenções revolucionárias batem contra três obstáculos: primeiro, o Estado policial; segundo, o mercado, que disciplinou lucrativamente as dissidências; e terceiro, a própria incapacidade dos agentes históricos, artistas no caso, em perceber e aceitar a derrota de 1964. Vamos ver brevemente a estrutura deste parágrafo.

O *trabalho arrisca uma tese audaciosa sobre aquela fase e seus produtos:* aqui não existe problema, é uma sentença linear, sujeito, verbo e predicado. *Afirmando que as boas intenções revolucionárias batem bruscamente...* e aí *não apenas, mas também;* e depois ele volta ao *contra. Batem bruscamente, mas também, mas ainda,* e em terceiro lugar...

Aqui a opção do autor o obriga a intercalar uma frase na outra, e a intercalar dentro do intercalado, como se fosse um tecido, um bordado num tear. Para isso, ele utiliza alguns dos recursos do português, por exemplo os travessões, para evitar as vírgulas dentro de vírgulas.

Outro recurso usado é a oração reduzida: *afirmando* está no gerúndio. *O trabalho arrisca uma tese audaciosa sobre aquela fase e seus produtos, afirmando...* E agora vem a praga da língua portuguesa, o *que,* que tem cinco ou oito funções diferentes. Afirmando *que,* conjunção subordinativa, que introduz uma oração objetiva direta. Afirmando o quê? Que as boas intenções revolucionárias, *que* começavam... "As boas intenções revolucionárias, *as quais* começavam a engordar no Arena" ficaria melhor para o meu gosto, pois evita o *que/que.*

As boas intenções revolucionárias batem bruscamente... Aqui ele vai usar o negativo e o positivo, *não apenas, mas também.* Assim introduz uma espécie de simetria, um paralelismo; *não apenas/mas também; tanto/quanto; não tanto/como;* são formas de estabelecer um contraste e ao mesmo tempo um certo paralelismo entre os termos contrastados.

Mas aqui surge um problema, porque o autor quer dizer que batem contra *três* obstáculos, e o *mas também,* vindo em seguida ao *não apenas,* dá conta só de *dois* obstáculos. Aí ele é obrigado a usar de novo o *contra*. Poderia ter dito alguma coisa mais ou menos assim: "batem bruscamente contra três obstáculos: a incapacidade dos agentes, o Estado policial e a questão do mercado". Teria sido mais claro. Mas, do jeito que está, também não compromete. Aqui realmente são questões de opção. Algumas pessoas prefeririam não ter que lidar com as complexidades da subordinação, optariam pelos dois pontos e colocariam as três frases em ordem direta, uma depois da outra.

Dá para ver, agora que estamos acompanhando a construção fina deste texto, que Marques tem uma certa preferência pelo "trançado intercalado". Ele gosta dos parênteses dentro dos parênteses, e fica bom. Para fazer isso, é preciso saber usar o tear, se não você dá o nó no lugar errado, porque este é um tricô com várias agulhas. O resultado é um certo padrão sonoro e de ideias, e um padrão rítmico também.

Por que o mercado era um obstáculo? Porque disciplinou lucrativamente as dissidências, ou seja, fez as dissidências deixarem de ser revolucionárias para se tornar objeto de consumo. O terceiro obstáculo era a própria incapacidade dos agentes em perceber e aceitar a derrota de 1964. "Eles alimentaram a quimera de uma arte participante que" – aí vem de novo o travessão – "volta a fechar-se em espaços políticos estreitos, restritos à classe impotente, malgrado as ilusões de bilheteria." Aqui, o tempo todo, Marques está trabalhando com o *contraste*, que, como disse, é essencial para qualquer texto, como para qualquer música.

Assim nos deparamos com um dos princípios básicos de organização deste texto. A meu ver o uso inteligente do contraste é responsável por uma boa parte da sua graça; além de o livro ser interessante, o texto está bem escrito, e faz um uso inteligente do contraste.

> **Camila:** *Eu ia dizer que acho interessante, no conteúdo daquela frase, que os três obstáculos no texto dele não têm a mesma importância.*
>
> **R.M.:** *Bem lembrado, exatamente. Ele colocou três obstáculos. O do mercado não tem maior importância, porque ele não vai falar deste assunto. Dos três, o primeiro seria mais evidente: o Estado policial. Está falando do golpe de 1968, e coloca o golpe*

> *logo no primeiro lugar: batem não apenas (como todos sabem, evidente, etc.) contra o Estado policial. Vem em seguida o obstáculo sobre o qual não vai se falar mais, que é o mercado. E em seguida: mas ainda – que é o que interessa – a incapacidade dos artistas, etc. A vantagem disso é fazer com que deste terceiro tópico possa sair a sequência do texto. Talvez ele não tenha pensado explicitamente dessa forma, mas esta ordem não é nem um pouco casual.*

Há aqui um exemplo, que quero apontar, do uso correto de um recurso muito difícil na língua portuguesa: o infinitivo pessoal. No meio do parágrafo 4: contra a própria incapacidade dos agentes históricos de *perceber*, ou de *perceberem*? *Aceitar* ou *aceitarem* a derrota de 1964? Usa-se infinitivo *pessoal* quando os sujeitos do verbo no infinitivo e do verbo principal da frase são diferentes. Aqui é o mesmo sujeito: a incapacidade dos agentes históricos. Quem tem que *perceber* e *aceitar*? Os agentes históricos. Então, não há necessidade, embora seja um plural, de usar o infinitivo pessoal.

Parágrafo 5: "Iná de Camargo Costa procura revelar, em cada evento, o seu contrário, os avessos até aqui pouco notados." Essa frase não tem nenhuma ciência, a não ser a preferência dele pelos apostos. "Iná procura revelar em cada evento o seu contrário. Assim, inverte sinais comumente aceitos no que diz respeito à história teatral." Aqui há uma rima interna, coisa de que pessoalmente não gosto: *aceitos*, *respeito*; mas também não é grave.

Do ponto de vista do conteúdo, o problema político-cultural é aquele a que o autor dá mais ênfase, e ao qual vai voltar. A autora contradiz, polemizando e contradizendo autores como Décio de Almeida Prado. Ela acredita (novamente o uso do travessão). "Ela acredita – e é nesse sentido genérico que se pode falar em afinidades com Jameson – que as formas artísticas condensem os valores...". Esta é uma ideia secundária no artigo, e, como poderia ser omitida sem prejudicar a compreensão, está entre travessões.

Esta questão do secundário e do principal merece um pouco de atenção, porque mostra um outro uso da "trança", agora entre diversos planos ou níveis dos dados que se quer apresentar. Poderíamos imaginar uma sucessão de planos diferentes que vão sendo percorridos. Temos a história da companhia; esta companhia encena uma peça; a qual tem uma série de personagens e um enredo. Mas a peça também faz parte de um movimento mais amplo, o do teatro político. Esse teatro político, por sua vez, tem a ver com a companhia, mas a ultrapassa, vai além; Marques dá uma série de exemplos. Tudo isso, por sua vez, é objeto de um livro, o de Iná Camargo, livro este que se insere numa certa tradição de crítica teatral, dentro da qual a autora polemiza com Décio de Almeida Prado e com outros críticos.

É interessante notar como o jornalista vai articulando os diversos planos. É o uso inteligente do "barbante" para amarrar esses diferentes aspectos que confere ao artigo o caráter de um texto bem escrito. A característica de boa qualidade, a meu ver pelo menos, está numa certa arte de *amarrar as coisas umas nas outras*, enquanto se move nesses diferentes planos. Eles vão do mais restrito e singular, a peça e os personagens, até uma dimensão mais ampla, a maneira pela qual a peça se insere na dramaturgia brasileira, por um lado, e por outro lado contando alguma coisa da história da companhia que a encenou; e falando também do livro que fala sobre a companhia e do contexto no qual esse livro se insere.

Então, ele tinha falado até aqui da companhia, do livro – os parágrafos 3, 4 e 5 – e das características do livro. Aí, entra uma pequena digressão sobre o gênero dramático, nos parágrafos 6 e 7, opondo o drama ao teatro épico. O drama seria caracterizado pela limitação da ação num certo espaço, pelo diálogo, por uma série de dados formais que se prestam à exposição dos conflitos individuais, através dos quais a burguesia que o sustentou compreende e reflete sobre o mundo. A referência aqui é provavelmente o livro de Arnold Hauser, *História Social da Literatura e da Arte*.

Por que ele faz essa afirmação? Porque *Black-Tie* parece estar a cavalo, na dobradiça destes dois gêneros, o gênero dramático e o gênero épico. A peça, diz ele, foi escrita na forma de um drama em que o protagonista é o jovem Tião, operário que tem que decidir se adere ou não a uma greve. "Tião terá como antagonista o próprio pai, Otávio, militante comunista da velha cepa", versão contemporânea do drama edipiano. Então, o que vai acontecer? Pelo tipo de conflito, é um drama, pai contra filho; relações familiares, exposição de conflitos individuais, etc., o que ele acabou de dizer no parágrafo anterior. Mas, se essa é a forma, ele prossegue, "o conteúdo é outro; trata-se de traçar o quadro em que evolui uma rebelião de trabalhadores, e de aferir o seu impacto não só sobre a vida de Tião, mas sobre a vida de toda a comunidade. O assunto é portanto épico, enquanto a forma permanece dramática". No restante do parágrafo ele vai comentar essa passagem para o teatro épico. "A autora obriga-se a concluir que o sucesso de *Black-Tie* constituía o sintoma de que o brasileiro progressista pensava naquela hora ainda por esquemas *formalmente* conservadores."

E aí vem a passagem para a história do teatro político, que se estende até o parágrafo 11; traça-se em suma um perfil do teatro brasileiro na primeira metade da década de 1960.

Conclusão, no parágrafo 12: o livro é recomendável para quem quiser discutir o período, mesmo quando se discorda das suas teses.

O "precursor" e a questão dos tempos entrecruzados

O resenhista aponta ainda alguns pequenos defeitos do livro, na opinião dele, como certas afirmações incorretas sobre o teatro de revista, ou um certo anacronismo na polêmica com Décio de Almeida Prado. Esta é uma espécie de ilusão de ótica bastante frequente quando nos referimos a um determinado autor ou a uma determinada ideia sem os localizar no contexto do período. Aqui o anacronismo é criticar Décio de Almeida Prado por não ter entendido o impacto de Brecht em 1958, imaginando que ele pudesse então pular por cima do seu tempo e ter o ponto de vista de um autor mais contemporâneo. *Mutatis mutandis*, é a mesma coisa que fazer a crítica de Karl Abraham por não ter feito, em 1910, a leitura de um certo sintoma em termos lacanianos, ou winnicottianos, ou kleinianos, ou qualquer outra coisa semelhante. Esse tipo de erro é bem menos raro do que se poderia supor.

É interessante essa questão, porque permite fazer um pequeno comentário sobre a questão do *precursor*. A noção de precursor nasce um pouco como o romance familiar: é uma ilusão retrospectiva. Uma vez que um dado processo chegou até determinado ponto, resultando por exemplo numa determinada obra, fazemos um recorte retroativo e pinçamos em outras obras, em outros pensamentos, aspectos que lembram de uma forma ou de outra essa obra acabada.

Isso não resiste a um minuto de reflexão. Para poder fazer esse recorte, é necessário primeiro ignorar a especificidade da ideia, ou da tese, ou da obra anteriores: só assim ela se insere na ascendência de algo que veio depois dela.

Quando trabalhamos com a história da psicanálise, isso é mais grave ainda, porque o mais comum é procurar mostrar como as ideias do autor "X", pelo qual me interesso agora, se encontram todas, sem exceção, no *Projeto de Psicologia Científica* de Freud; bastaria saber ler para as encontrar ali, em germe, latentes, adormecidas, etc. O *Projeto,* ou a obra de Freud de maneira mais geral, se torna a precursora de tudo aquilo que se fez em psicanálise, desde então até o momento que estou estudando. Esta é uma postura que *elimina* o novo, mostrando como na verdade ele já estava, de uma maneira ou de outra, contido no velho.

O risco oposto, que também acho de certa maneira perigoso, é insistir sempre na novidade absoluta, *ex nihilo*, de qualquer pensamento. Como há um certo peso das instituições e do instituído sobre a cabeça dos analistas, seja qual for esse instituído, periodicamente surgem certos movimentos espasmódicos, cujo resultado é elevar à categoria de profeta algum autor que, até então, ninguém pensara ser tão revolucionário assim. Alguns anos atrás, isto foi feito com Ferenczi. Na época, Ferenczi era a grande novidade. Mas lê-lo como sendo em tudo oposto a Freud, e muito melhor, implica frequentemente em contrassensos absolutos.

Na história da psicanálise, os que mais insistiram no tema da geração espontânea foram os lacanianos, enfatizando paradoxalmente o *retorno a Freud* operado por Lacan – portanto Lacan seria um discípulo, continuador, etc. – e ao mesmo tempo a *novidade radical* da mensagem lacaniana. Atualmente essa mesma moda existe em relação a Winnicott, que teria surgido em algum prado inglês feito cogumelo, sem pai, sem mãe, sem tradição, sem filiação; brotou, e assim como brotou, de repente ilumina o céu da psicanálise com o seu fulgor, e depois desaparecerá como um cometa, daqui a três ou quatro anos, quando resolverem ressuscitar algum outro herói do passado da psicanálise.

Por que ocorrem estas "ondas"? Em parte, porque as necessidades do presente conduzem a buscar no passado alguém que, devidamente retirado do seu contexto, possa dar a impressão de ter escrito prioritariamente para nosso deleite particular. Aqui o antídoto é prestar muita atenção, e tentar justamente reconstruir o contexto no qual se fizeram tais e tais afirmações. Por exemplo, é muito difícil, na minha opinião, entender o que quer que seja que Winnicott tenha escrito sem levar em conta que ele se opõe – embora os admire e respeite também – aos kleinianos. Quer dizer, quando ele apresenta suas concepções, está se referindo indiretamente, como pano de fundo, ao que na sua opinião são as aberrações da instituição kleiniana na Inglaterra, com a qual ele convive diariamente.

Em função disso, penso que a noção de precursor, que estou comentando a partir do que diz Marques no final do seu trabalho, deve ser pura e simplesmente abandonada; é uma maneira muito equivocada de se referir ao passado, seja da psicanálise, seja de qualquer outra disciplina.

Lembro que uma vez Claude Le Guen disse, num trabalho dele, uma coisa que me parece muito pertinente: cada sessão de análise, na verdade, se encontra no entrecruzamento de várias histórias. De novo o comentário pode parecer banal, mas tem o seu sentido. Ele fala: uma determinada sessão x faz parte da história do paciente, é uma vivência que ele tem na sua vida. Obviamente, faz parte da história do analista estar presente naquela sessão. Há uma história da própria análise, *desta*, é a sessão número 462 dessa análise, com tudo que a precedeu, e que ela de alguma maneira contém. Faz parte da história da psicanálise que o analista, num certo momento, interprete de uma determinada maneira. Faz parte eventualmente da história do grupo ao que pertence esse analista, grupo teórico, institucional, e assim por diante.

Esta observação me parece interessante, porque os *ritmos* dessas histórias não são os mesmos. Do ponto de vista do paciente, aquela sessão pode ter um determinado significado por ter trazido um certo *insight*; do ponto de vista do analista, pode ser memorável por dar margem, por exemplo, a escrever depois um artigo de reflexão a partir do que se desenrolou nela. Do ponto de vista da teoria psicanalítica, pode ser uma sessão memorável porque traz à tona alguma coisa que implica a criação de um novo conceito, uma alteração num ponto de vista já existente, etc., etc., etc.

Então, se pensarmos que uma determinada coisa que estamos estudando está no entrecruzamento de diferentes linhas, e que essas linhas são onduladas, mas não têm todas a mesma frequência – os ciclos não têm a mesma amplitude – isso por si mesmo já é uma pista para tentar encontrar quais são, procurar determinar o que acontece com elas antes e depois daquele ponto que estamos considerando. Este pode ser um tipo de artigo psicanalítico, que aqui encontramos exemplificado no texto do jornalista.

Bem, na próxima vez, trabalharemos com o artigo de Nicole Berry.

9. Contratransferência, catarse e elaboração

Hoje vamos trabalhar com o artigo de Nicole Berry, publicado no *Boletim da Livraria Pulsional*, n.º 88, agosto de 1996, p. 40 ss.

"A experiência de escrever"[1]
Um, três, dois

1. Duas gotas d'água se misturam, duas lágrimas se confundem. "Ele partiu, o companheiro de infância, aquele que partilhava meus jogos, meus segredos nos arbustos do jardim. Quando ouvia minha mãe subir, eu o ocultava rápido sob minha cama. A cada partida, é ele que se vai de novo, a cada separação da vida, ele me deixa ainda uma vez, só com meus jogos secretos." "Está perdida a mãe da minha infância, que me embalava sorrindo quando eu saía do banho tépido. Vai tão longe o tempo em que ela cantava para mim, tão distantes os momentos em que me levava pela mão." A mãe vela, a maravilha, o amargo vela...[2] Minha solidão é a tua, tuas lembranças são as minhas. Prenderei

---

[1] Publicado originalmente em *Nouvelle Revue de Psychanalyse*, n.º 16, outono de 1977, Gallimard. Tradução de Eliana Borges Pereira Leite.

[2] *La mère veille, la merveille, l'amère veille*. Jogo de palavras cuja homofonia não se conserva na tradução [N.T.].

contigo a renúncia, a perda, o esquecimento? No entanto... "A canção retorna: 'Desci ao meu jardim...'. Reencontrando o odor das groselhas cozinhando docemente nos dias de verão; o gosto do pão amanteigado. Ouço ainda as palavras de uma história boba que não fazia rir senão a nós dois. Revejo as imagens e linhas de um conto que me encantava." Tua canção é a minha. Vou adicionar-lhe novos versos ou, retomando-a eu mesma, farei dela um estribilho, um refrão cujas palavras, repetindo-se sem cessar, perdem-se num encantamento fechado? Repetição desesperada, uma canção chamando outra canção, numa expectativa inesgotável, impossível de satisfazer.

2. Se, ao longo de uma análise, deixei virem estas linhas – ou, em outros dias, uma melodia ouvida na minha infância – é porque em mim germinava um lento trabalho: a emoção sentida ao escutar minha paciente encontrava aí uma via de descarga, o reviver que suas imagens me suscitavam encontrava aí uma expressão primária, condensada, deslocada. As imagens se ligavam em palavras, em frases. Era eu o seu sujeito? Quem era o sujeito, quem o objeto? Na experiência da escrita, vivida assim posteriormente, fora da vivência da análise, num outro espaço, outro tempo, surgiu esta questão. Interrogar minha felicidade, tristeza ou nostalgia em reviver não era o essencial. O escrito, tal como me havia ocorrido, era o que havia aberto em mim esta nova via de acesso, este espaço reencontrado, esta nova forma de um vivido por muito tempo repassado. A comunicação com minha paciente não foi prazerosa senão posteriormente; não na confusão da sessão. O escrito havia sido, como a melodia cantada, como descarga, expressão liberadora de gratidão em relação à minha paciente, depois desprendimento em relação a uma situação transferencial de proximidade muito grande. Pondo minhas próprias palavras onde estavam as da minha paciente, seu relato articulava-se de outro jeito, surgiam outros sentidos, outros modos de expressão. E assim a questão "quem?" tornava-se possível. Ela me evocava uma discussão animada, um texto (citado logo a seguir). E assim, ao evocá-los, podia me desprender e desprender minha paciente de uma repetição mortífera, embora prazerosa.

3. "A análise é um enfrentamento com este longo desespero de onde se origina a palavra."[3] Entretanto, se a palavra procura juntar-se a outra, que está ausente, juntar duas imagens separadas, simbolizar sua separação, é que trago em mim o desejo de juntar e a garantia de encontrar uma resposta. O desejo que tenho da palavra do outro e minha escuta baseiam-se na experiência desta resposta vinda da minha mãe ausente do meu olhar, resposta não esperada em sua origem, depois esperada, repetida, mudando o desespero em prazer.

4. A escrita é a renovação desta experiência em que falo comigo mesma, antes de falar ao outro, antes de refletir utilmente. Ela é pôr confiança em mim mesma, luta contra as perseguições internas que me imponho: críticas, racionalizações, recusa.

5. A promessa de que possa vir uma resposta, que dê sentido ao balbucio infantil e assinale a presença na ausência visual, afiança uma troca, uma compreensão possível, uma aliança, até a elaboração simbólica mais abstrata.

6. A análise leva a aceitar uma solidão, mas a experimentar uma comunicação de qualidade, intensidade e intencionalidade raras. O prazer e a dor podem ser partilhados, as primeiras palavras sendo criadoras da distância necessária para que eu não permaneça fundido e confundido com minha mãe. Ao mesmo tempo que são meio de relação com o outro, são meio de relação consigo mesmo.

7. Do mesmo modo o texto que escrevo. Do mesmo modo um texto lido, se é esta a palavra esperada. O ser humano não está destinado à solidão, não.

8. O que está perdido ou por perder não é o objeto, mas a ilusão da posse, do poder exclusivo sobre o outro. Se algo da relação com o objeto é perdido, não é sobre o fundo da falta, mas sobre o fundo do pleno. Não é o objeto que é interiorizado, mas a relação com o objeto. Por ela ter existido, está aberta, desde então, uma possibilidade de experiência de comunicação verbal ou escrita.

---

[3] F. Gantheret, "Trois mémoires", *Nouvelle Revue de Psychanalyse*, n.º 15 *(Mémoires)*, 1977.

9. Se a demanda de palavras torna-se reclamação, reivindicação, exigência contínua de um preenchimento, é mais para lutar contra a inveja e a destruição. Uma nova palavra, mesmo interpretação, nada apaziguaria. Se a mãe não está lá quando eu quero, se ela não responde a um chamado, que lanço como uma ponte sobre o vazio que me assusta, cólera e ódio me invadem, com o desejo de mordê-la, fazê-la chorar, destruí-la para dar-me a ilusão de possuí-la.

10. É a presença de um terceiro que desprende desta destrutividade instaurando uma outra estrutura relacional. O leitor ou o amigo para quem escrevo assume (para mim) esta função de terceiro parceiro. O estribilho, primário e fechado, pode tornar-se canto aberto. "É uma saturação narcísica que impele o sujeito a instaurar uma relação objetal? De onde provém na vida a coação para sair das fronteiras do narcisismo e colocar a libido nos objetos?", pergunta-se Freud.[4] Coação ou disposição? Necessidade determinada pela falta, o pleno demais ou o desejo? A supor realizável a satisfação total das pulsões de autoconservação, ela não levaria a um estado de fusão mortífera? A tendência à regressão ao seio do seio materno originário é tentativa de retirada, expressão da pulsão de morte, não-vida.[5] Ao contrário, é porque a mãe é, ao mesmo tempo, mulher e mãe, e que seu prazer em dar o seio responde ao prazer da criança que mama, que a necessidade originária se muda em desejo. A experiência clínica nos ensina que o seio das mães que não são sexualmente mulheres sufoca, em vez de despertar o desejo de viver ou o simples desejo. O prazer partilhado entre a mãe e a criança é vivido em referência ao pai. Ao mesmo tempo, sua presença abre para a criança uma nova unidade, a da família, onde se promete a experiência de novos laços possíveis, outros modos de comunicação, integrando ao mesmo tempo um sentimento primitivo de um outro tipo de fusão no interior desta nova estrutura: função de Eros que funda estruturas sempre mais amplas.

---

4 S. Freud, "Pour introduire le narcissisme".
5 Nicole Berry, "La régression, impasse ou passage". Comunicação nos encontros da A. P. F., dezembro de 1976.

11. A presença de um terceiro, quer seja da escrita, da palavra, do pensamento, é vital para o desenrolar de um tratamento. O terceiro pode ser o próprio analista, escrevendo para outro e assim tomando distância.

Pronomes indefinidos

12. Alguém relata: "os lugares onde era proibido entrar, os quartos desocupados, encobrindo um mistério, ou talvez nada...". Ela não gosta que se procure saber, ela se protege das perguntas. Ela é *"insignificante"*, *"apagada"*, na sombra de um outro, *"neutra"*, *"indiferente"*. A maioria os protegia naquela cidade estrangeira onde estavam estabelecidos, humilhação insuportável. Eles não eram "como se deve", as origens eram obscuras. Numa certa época, acreditou-se... mas ela "levou um tombo...". Os anos de colégio, "perdida na massa" não se sabe o que os outros querem de você. Mais tarde, ela conheceu uma pessoa que a deixou. A voz é neutra, também indiferente. De tempos em tempos os sonhos são recapitulados, metodicamente descritos: nunca se chegará a encontrar sua nomenclatura, como na novela de Borges. Furtivamente, uma lágrima é enxugada.

13. Por causa desta lágrima, do que ela deixava a entrever, eu me decidi a tomar Th. em análise.

14. "... Eu me pergunto..." "Percebi ao partir..." Th. se interroga sobre si mesma, sobre suas atividades atuais, atividades invasivas, de intenção reparadora. Ela se observa, como um objeto por trás de uma vitrine. Tudo é dilema, rodeios, complicações, contrariedades, embaraços, preocupação material. Um material que não é concreto, mas é vago, desfocado, abstrato. Entretanto, não é o discurso do obsessivo. É mais a impressão de uma massa, um peso. "Tenho a impressão de uma chapa de chumbo." A vida é um fardo. Th. fala tristemente. Ergue-se penosamente do divã. De volta à sua casa, é tomada por um sentimento de solidão angustiada, sempre ameaçada de invasão. Os primeiros minutos sobre o divã, uma vez perdido o face a face, trazem certa

angústia: chegava uma onda, sufocante; este sonho: um nevoeiro envolvia tudo, um seio enorme ameaçava esmagá-la.

15. Th. não tem qualquer lembrança de uma carícia, de uma presença, mas de um olhar continuamente dirigido a ela, reprovador, um "monumento" que ela contorna. Th. sentia ser um móvel: apenas assim ela podia agradar a sua mãe. Perguntar alguma coisa a esta mãe exaurida era contrariá-la: "Deixe-me respirar um pouco...". A experiência memorizada é a de uma solidão acabrunhante, num espaço "paralelo" àquele do mundo aterrorizante dos adultos. "Eu era sufocada por este monumento que representava a mãe." E Th. suspira em silêncio.

16. Eu me surpreendo suspirando em eco, como se faltasse o ar.

17. Agradar a esta mãe permanece, há trinta e cinco anos, a preocupação central de Th. Agradar se reduz a não desagradar, o que é impossível. "Nunca estava bom, eu nunca estava bem." Th. tinha o sentimento de arrastar atrás de si, como uma sombra, aquela que ela deveria ter sido para agradar a sua mãe. Com frequência, olhava-se ao espelho para ver se aproximava-se do modelo... modelo impossível de atingir.

18. Desta vez, se escrevi, é porque estava eu mesma envolvida, fechada, sufocada por palavras que não tomavam para mim nem vida nem sentido, palavras sem ressonância – porque faltava ar. E eu me emprestei às imagens que vinham como a um sonho, porque elas vinham povoar um deserto. Pondo minhas próprias palavras sobre as palavras ouvidas, eu me deixava ir ver: sempre grandes espaços, vazios, desertos, como num filme onde jamais aparece um personagem. Entre as imagens são feitas ligações, em meu pensamento paralisado um desejo de ver, depois de compreender, é remobilizado.

19. Eu deveria ter tomado Th. em análise? Não havia cometido erros desde o início? Havia alguma coisa a esperar? Poderia ser atingida alguma mudança? Meus modelos teóricos habituais eram utilizáveis?

20. Eu ouvia o "eu era insignificante" como um "não há significante", como se o real, maciço, fosse a única "realidade". Eu ouvia o "eu era apagada", como apagamento, desaparição do desejo o mais originário,

recalcamento primário, rocha contra a qual eu me chocaria em vão, o "eu era neutra", como recusa do reconhecimento de um sexo, de um gênero, o "eu era indiferente", como negação da diferença, da inveja, do ódio que são a ela ligados.

21. Com esta "pessoa" eu não era ninguém.[6]

22. Isto é, então, uma análise? Sinto-me cega, inteiramente submetida. Não consigo "fazer minha parte".[7] Eu me debato: esta mãe não foi apenas e sempre indiferente, outra imagem coexiste com esta. O que eu disse é "muito complicado", Th. sente-se "perdida", como quando era pequena, diante do distante mundo dos adultos: "Tudo se passava por fora de mim...". O que ouço dizer é exatamente o que estou sentindo. Mas, presa eu mesma sob a "chapa de chumbo", não posso ainda utilizar meu vivido para ouvir e compreender. Eu sou "ninguém", nada.

23. Tomar notas das imagens que me vêm, do sonho que vejo se desenrolar em mim é, então, utilizar minhas próprias reservas de energia, meus próprios investimentos libidinais. É investindo meu escrito como objeto que posso sair dessa posição de isolamento, de recolhimento, que suporto nesta análise. Investimento libidinal: em meu escrito, eu dialogo com o amigo que imagino me lendo: investimento narcísico. Com efeito, se investi Th. narcisicamente, foi negativamente – como sua mãe – com a impressão de não estar fazendo um trabalho de análise, de estar implicada num "caso ruim". Escrever correspondia a uma inversão narcísica deste vivido contratransferencial: o que eu escrevi era investido positivamente, como bom material para refletir, elaborar, descobrir. O interesse teórico precedia, pela intermediação da escrita e do diálogo imaginário com os colegas, o interesse pela paciente. Esta se beneficiava secundariamente desta pesquisa teórica: eu começava a ouvi-la, a esperar dela alguma coisa, eu me sentia alerta, em busca. Sem o trabalho da escrita eu teria ficado fechada, sufocada, paralisada.

---

6   Jogo de palavras em que *personne* é usado nos dois sentidos. [N.T.].
7   J. B. Pontalis, "Le mort et le vif entrelacés", in *Entre le rêve et la douleur*, Gallimard, 1977.

24. ... Tento mobilizar alguma coisa: Th. nunca sonha? Seus suspiros não são alguma coisa que ela nunca chega a me dizer? O silêncio se faz pesado, acusador, censura: "... Faz um esforço", dizia sempre minha mãe.

25. Desta vez, posso me situar: ego-ideal materno, modelo a alcançar, chapa de chumbo a levantar (não sou mais "ninguém"!). Mas, em troca, eu me sinto inábil, ineficaz, imobilizada.

26. O que quer que possamos dizer, sempre esperamos de nossas interpretações um efeito particular ou decisivo, em todo caso um efeito. E oscilamos sem cessar entre duas representações contraditórias de nós: a impotência e a onipotência, sendo que esta última responde à espera, pelo paciente, de uma intervenção mágica.

27. A necessidade de restaurar uma representação narcisicamente valorizada de minha identidade analítica é que animava em mim a *necessidade* e o prazer de escrever. Suscitar num leitor associações, ideias, a própria necessidade de escrever por sua vez, despertar uma ressonância em alguma parte, me propiciava o sentimento, perdido nesta análise, de criar, ao menos esboçar, um trabalho válido. Ao mesmo tempo, era sair do meu isolamento, da solidão particular a esta análise: recolocar-me em comunicação com meus irmãos e comigo mesma e posteriormente, por isso mesmo, recolocar-me em comunicação com minha paciente. Por isso, nesta situação persecutória de prejuízo narcísico, eu tinha de reencontrar em mim uma moção positiva, uma confiança no pensamento que me vinha: confiança que eu só podia encontrar pondo em ato pela escrita um diálogo benevolente com colegas. Apenas assim, por sua intermediação, eu podia lutar contra a perseguição interna provocada por minha situação contratransferencial. O escrito torna-se o símbolo do amigo que lia. Secundariamente, apenas investindo narcisicamente meu escrito foi que pude reinvestir positivamente minha paciente: ela já não era objeto a rejeitar, "indiferente", "insignificante", ela me interessava.

28. Th. relata: na tepidez escusa do leito de sua avó, esta cochichava: as palavras "filha do amor" e "porcaria" tinham-na atingido. A porcaria

era ela. Como, desde então, ser "como se deve"? Por via de que milagre atingir o modelo que agradaria?

29. Compreendo melhor meu próprio "tenho de fazer de outro jeito, dizer de outro modo". E acolho melhor a reação de Th. quando me escuta: toda palavra é absurda porque ela não é um meio de comunicação com o outro. A vida é estranha, absurda, um erro, uma porcaria, um sofrimento, um peso inútil.

30. Alguma coisa se passa por fora de mim.

31. Th. continua a colocar a si mesma questões sobre sua vida: "eu me pergunto...".

32. Para ela, as pessoas não estiveram presentes, vivas, mas reduzidas a uma parte retalhada: uma mão segurada, um olhar por um instante enternecido de um outro, braços acolhendo uma noite de fadiga. Um momento. Não há imagem interiorizada, não há história. Em seu lugar, as coisas, os objetos inanimados, povoam seu mundo, paradoxalmente vivas. Th. as descreve minuciosamente: elas estão presentes, sob um modo quase alucinatório, tendo lugar de fantasia. Este apego ao real tem o lugar de mãe elementar a quem se agarrar, assim como as múltiplas atividades desta paciente preenchem uma realidade psíquica que falta: o fazer tem o lugar do ser.

33. Nada de espantoso se o analista, então, por sua vez, tem de pôr em ato – escrever – para ser.

34. À noite, ao deitar para enganar o sentimento de isolamento, Th. recorria aos ritos. Mas ela diz ritmos, fazendo um lapso, o primeiro que lhe escapa: contar os cavalos da tapeçaria de seu quarto, abraçar as flores secas em seu vaso, abrir e fechar o álbum de fotografias onde jaziam as imagens de seus avós mortos. Ritos a repetir já que imagens não interiorizadas. De fato, as pessoas permanecem não interiorizáveis, "monumentos", no máximo tratados ao nível da identificação primária. Também o significante permanece significado: uma cadeira é uma cadeira. "Eu sou grudenta, como a cola." Aderência defensiva à palavra ligada à coisa, excluindo qualquer abertura metafórica, entre a

palavra e a coisa um espaço livre muito pequeno que seria acesso ao simbólico, comunicação com o outro.[8] Este fechamento à metáfora era o que me fazia sufocar e procurar na escrita um outro espaço. A análise não é investida enquanto experiência vivida no imaginário, nenhuma experiência é simbolizável. O analista é investido como pessoa real, até sobreinvestido. Tendo em mãos objetos familiares, Th. adormecia com o sentimento de uma solidão irremediável: nenhum objeto tem valor transicional, nenhum espaço se cria entre ela e o objeto.

35. O "eu me pergunto" de Th., pergunta formulada a si mesma, excluindo-me, colocava-me na posição que era a sua em criança. Excluída de uma cena interior – que ela ignora e em torno da qual eu imagino e elaboro – sou colocada na posição de Th., que se interroga à noite, "eu me pergunto o que eles fazem". A ausência de apelo a mim, a ausência de desejo de Th., a negação de toda fantasia me fazem assumir em seu lugar o sentimento, em outros tempos sofridos[9] por ela, de exclusão de uma cena: a ferida narcísica que creio fundamental. Fico não apenas frustrada de não poder ser alguém para ela, de não poder me situar nesta análise, mas "mortificada" de que nenhum desejo ou demanda seja dirigido a mim. Estamos num neutro, numa in-diferença, uma não-vida que não posso teorizar de outra forma, a não ser como expressão da pulsão de morte. A retração narcísica aí está com a negação de todo o "sexual", atualização da pulsão de morte. Somente o ritmo que anima o corpo de Th., à noite quando está isolada, fornece-lhe o prazer elementar de descobrir-se um corpo, mas é para se extinguir numa "pequena morte" já que ninguém amado-amante lhe dá sentido. O ritmo repetido cada noite procura neutralizar a inveja e a destrutividade dirigida ao casal, aos pais; talvez a complacência masoquista

---

8 Encontro posteriormente este texto de G. Rosolato, que expressa melhor do que eu poderia o que minha descrição clínica procura mostrar: "Encontraram-se afastadas, recusadas, censuradas, a aparição do sujeito, as formações do inconsciente, a participação afetiva e a inclusão da metáfora". (in "La formation des symboles", comunicação para o congresso de agosto 1977. Resumido em *Lettre d'information de l'A.P.I.*).

9 H. Searles, "L'effort pour rendre l'autre fou", *Nouvelle Revue de Psychanalyse*, n.º 12, 1975.

por ver-se só seja ela mesma a destruição deste casal, um "eles não existem para mim". O rito, repetido também a cada noite, vindo a anular esta destruição, propiciando-lhe a garantia precária de um vínculo provisório com um genitor neutro – e já morto.

36. A relação transferencial era este "vocês não existem para mim".

37. Isolada de uma paciente que se isola, as imagens que me vêm procuram suprir a fantasia faltante: a imensidão de um solo deserto e árido, que o sulco do arado não resolveu, fendeu, transformou numa bela terra sangrenta e fumacenta, em sua nudez revistada. Eu suporto sua depressão até estar ausente de mim. E se me acontece de cochilar por um instante é para fazer o sonho que Th. não faz, que expressa o desejo que ela não pode me dizer. Se minha palavra não é ouvida, o que meus atos dizem é: como com um erro de tempo que me havia feito retê-la mais do que o previsto; ela tinha falado da ração de leite, de tempo calculado para fazer tudo. Eu havia aí ouvido seu desejo de retornar a uma época muito precoce, em que o tempo não conta, em que o leite chega antes da demanda. Neste nível de comunicação pré-verbal e de expressão primária, eu ouço e sou ouvida.

38. Aprendo a tomar o ângulo oportuno neste real maciço, a perceber a sombra, a descobrir o espaço não ocupado, a forma confundida com o fundo, a lacuna na massa informe, abstendo-me de preencher por reconstruções que ainda não posso fazer, porque minha contratransferência não é ainda bastante clara. Eu evito expressar uma interpretação que seria recebida como exigência, crítica ou usurpação. Espera sem prazo nem ressentimento. De fato, toda interpretação que revele um desejo da analista ou vise o desejo inconsciente de Th. é recebida como ameaça. A metáfora é repelida sem cessar, como a palavra do outro, porque introduz uma fissura perigosa no interior de si. Apenas a adesão ao real atual é possível e tranquilizadora. A angústia é de um aniquilamento, um medo de desaparecer (inverso de uma representação narcísica onipotente, como a porção de areia marcando o lugar onde a fada desapareceu). Ela também não pode soltar-se e toma a si mesma como objeto; o "eu me pergunto" de Th. responde a esta necessidade de se guardar, re-guardar e salvaguardar, falta de ter podido

interiorizar uma imagem dela mesma. Entre o "móvel" que atravanca mas se cala, e a fada que transformaria mas seria ilusão, entre a rejeição e a idealização, um lugar a encontrar para mim que não é nem de palavra nem de interpretação.

39. É de fato o escutado, um escutado mortífero, que fixa como o destino a identidade de Th., petrificando todo o esboço de realidade psíquica, veneno paralisante, que toma o lugar das imagens internas. As palavras são destruição, esfacelamento, crítica. As palavras da mãe, expressão do eu-ideal materno, fazem função de imagem de si, e o analista torna-se necessariamente seu portador: toda intervenção é ouvida como vinda do eu-ideal materno, exigência, reprovação. Para proteger-se contra um novo escutado mortífero, três tipos de defesa e especificamente narcísica: a tolice, a negação, a inércia, a fim de constituir uma carapaça defensiva contra toda intrusão. A "tolice", como dizia o pequeno Hans, é também o único recurso para burlar a ferida narcísica de ver-se esquecido pelos pais.

40. O analista não pode ser investido por estes pacientes como objeto diferenciado. Uma parte de seu eu lhes é emprestada, e só pode ser a parte que sonha, não uma parte reflexiva ou racionalizante. Contudo, a escrita que tomasse o sonho como fonte chegaria a uma elaboração. Como as frases de um sonho que enunciam tão claramente o recalcado e são tão impressionantes, o que Th. ouvia em mim era uma destas palavras, era uma enunciação de uma destas palavras imodificadas: ela está emocionada e chora, vendo-se como sujeito pela primeira vez. Se exploração na escrita se faz rumo a um desconhecido, faz-me descobrir e viver um desconhecido em mim, o que dou a Th. é o conhecido: minha palavra é então arrebatada, mimada, depois novamente olhada e devolvida; é aberto um espaço, um objeto transicional – minha palavra – pode advir. No tempo que encadeia as sessões eu sou agora a realidade psíquica ignorada de Th. Mais precisamente, tais pacientes tiveram que operar uma clivagem precoce do eu: uma parte, o "móvel", para atender à mãe e não perder uma segurança precária, uma outra parte, ignorada mais do que recalcada, clivada. Esta parte clivada do eu é sentida como perigosa em sua mais discreta manifestação e é repelida sem cessar. Estes pacientes não têm acesso ao seu eu: seus

segredos não são de fato escondidos, mas ignorados como tal. É devido a este perigo interno que estes pacientes se "mantêm à vista", observam-se, tomam a si mesmos como objetos. O segredo guardado, o da masturbação, as fantasias que o acompanham, o da própria curiosidade, é habitualmente constitutivo do narcisismo: o segredo é fundamentado da identidade, *self privacy*.[10] É ao mesmo tempo simbólico da criança ou do pênis desejado e invejado, assim como dos conteúdos do ventre materno. Em alguns é a localização do desejo que não pode surgir. É ignorado, constituindo esta ignorância a negação da ofensa narcísica sofrida diante do casal parental que exclui a criança.

41. Que o analista queira interrogar, e a menininha curiosa e invejosa grita imediatamente que estão arrancando seus bebês. Que se aborde sua inveja destrutiva quanto aos bebês supostamente contidos na mãe, e ela protesta que violam seus segredos: assim os pacientes procuram refúgio num registro contra o desvelamento do outro, até que se possa conseguir ligar por uma dupla interpretação o narcisismo e a pulsão libidinal que ficaram clivados.

42. A importância da vergonha e do prazer masturbatório parece ser um dos nós pelos quais esta clivagem pode ser abordada. Negação do desejo e da inveja destrutiva, protesto narcísico, estão aí associados, com o afeto da vergonha recobrindo o todo.

43. É porque os traumatismos não puderam ser simbolizados, mas foram "acumulados",[11] que nos sentimos tão impotentes. A simbolização não é possível a não ser que o sujeito possa entrar em relação consigo mesmo. Em Thérèse, esta relação estava ausente devido à clivagem precoce. Sua vivência de uma ausência de relação calorosa, durável e estável com a mãe não havia permitido a interiorização desta relação. Se o eu é tratado como objeto, é ainda para suprir esta falta relacional e esta realidade psíquica negada. Também a relação com o outro deve ser instalada com prudência. Ao enunciar a própria vivência de Thérèse – tipo de intervenção que alguns chamam, de modo desdenhoso, "interpretação em eco" – eu dava a Thérèse uma realidade interna que

---

10 Em inglês no original. [N.T.].
11 Cf. Masud Khan, *Le soi caché*, Gallimard, 1976.

lhe permitia instalar pouco a pouco os limites do eu: um fora e um dentro. A ameaça de invasão tornava-se menos terrível, o temor da usurpação pelo outro menos inquietante. O reconhecimento de uma vivência interior permite a tomada de consciência do ódio, e particularmente do anseio, retornado sobre si, de que a mãe desapareça. Estabelece-se uma circulação interna. Ela permite a Thérèse adquirir uma imagem marcada pelo desejo infantil: ela se vê, pela primeira vez, num sonho, grávida. Neste momento da análise, uma atividade fantasística permanecia ausente, mas sonhos apareceram: lembranças sonhadas, mais do que sonhos, alucinações mais do que fantasias. Por este tipo de experiência é que Thérèse reencontrava suas lembranças esquecidas, com esta característica comum: ela se via sempre em movimento, chamando a atenção dos adultos. Thérèse fazia seu relato como teria feito com acontecimentos reais, ainda incapaz de reconhecer seu valor significante. Também não era ainda possível interpretá-los como expressão de um desejo recalcado, mas como recuperação de uma parte do eu clivada, perdida. Igualmente, na análise, o desejo regressivo não podia aparecer, sub-repticiamente, a não ser sob forma alucinatória: "eu me sinto dentro de um berço".

44. Como outros pacientes, Thérèse havia feito a experiência de uma valorização narcísica, e depois passado por uma decepção dramática: morte de um dos pais, declínio social da família, mudança. Após ter sido o centro das atenções da família, ela havia se sentido esquecida, relegada a um canto, como um móvel.

45. É também para evitar uma vivência interna contraditória e absurda que a realidade psíquica é negada: ser tudo para alguém ou não ser nada, ter o prestígio ou ser desprezada, "levar um tombo".

46. Mas pode-se pensar que a imagem de si narcisicamente desvalorizada é ao mesmo tempo uma defesa contra o desejo edípico:[12] sentir-se rejeitada seria um inverso, mais tolerável dentro do equilíbrio intrapsíquico do que o desejo culpável de ser a preferida do pai e de fazer

---

12   Nicole Berry, "La sourde oreille", comunicação apresentada em Aix-en-Provence, agosto 1976.

a mãe desaparecer, o "ser neutra", "in-diferente", uma recusa do sexuado que evita o reconhecimento de um sexo decepcionante com todo o ódio e inveja que esta decepção ocasiona. A parte do eu clivada não pode ser abordada utilmente a não ser nesta dupla perspectiva. Thérèse havia renunciado a "resistir" a sua mãe, ela havia enterrado sua "cabeça dura", seus desejos e suas fantasias, para satisfazer a sua mãe e não perder um mínimo vital de amor. Ela havia evitado um conflito interno que não podia sustentar.

47. Inversamente, a imagem narcísica valorizada e as representações narcísicas que lhe são ligadas têm lugar de relação de objeto. É por isso que os pacientes que mais sofreram de uma falta relacional com a mãe nos oferecem, no início de suas análises, o quadro de um Édipo triunfante. Na realidade, para eles é mais uma tentativa de restaurar uma representação de si valorizada aos olhos do analista. Uma das características desta estrutura edípica precária ou artificial é a dificuldade que se encontra para interpretá-la na transferência e, portanto, a ineficácia de tal trabalho. Encontramo-nos seguidamente diante do quadro que descrevi em Thérèse. Não foi senão no momento em que me veio a ideia de escrever sobre este caso que tomei consciência do que sentia nesta análise: estava *mortificada* por esta paciente. Só então foi que ela verbalizou alguma coisa como: "tenho a impressão de ser uma larva que sai do seu casulo". É difícil para o analista ver-se como casulo, concha, guarda-móveis ou guarda de museu. A ausência de relações circulatórias vitais entre o contido e o continente implica que o analista se sinta inanimado, posição desconfortável.

48. Foi para estar fechada numa concha ou carcaça que Thérèse havia renunciado a uma parte vital dela mesma. Como eu levava e assumia com ela a "mortificação", ela pôde não mais sentir-se de novo em perigo e começou a se comportar de outro modo, o que expressava assim: "Sou muito dependente de suas palavras, preciso apoiar-me em você; ao mesmo tempo preciso resistir". Com esta palavra, resistir, veio-lhe a ideia de ter podido, em certos momentos, opor-se à sua mãe, ao menos interiormente, havia sido sua "sobrevida". Tomar consciência desta parte dela mesma, o surgimento, livre para respirar, deste eu

sufocado trouxeram um sentimento extraordinário de exaltação narcísica e de liberação.

49. A lembrança de uma operação tardia permanecia traumática para Thérèse: tinham-na levado sem tê-la prevenido do que ia lhe acontecer, interrompendo seu jogo solitário. O *sufocamento* sentido sob a *máscara* permanecia memorizado, com a vontade consciente de não respirar este veneno. Sufocamento sofrido sob a carapaça do eu-ideal materno, da rigidez da clivagem interna, sufocamento de uma parte vital dela mesma, depois lembrar de ter podido se opor à mãe, este era o vivido interno de Thérèse sob a máscara imposta. Seus suspiros na análise, como os meus, procura do ar vital. A experiência tardia do sufocamento real recobria um vivido muito mais primário que havia ressurgido no primeiro dia da análise, com certa onda que a ameaçava. Acumulação de sufocamentos que não tinham podido ser simbolizados.

50. Três tempos nesta experiência: *apreensão*, como assombro, de pavor, de impotência, mas também como quando em justiça se apreende alguém. *Desapreensão*, abandono de uma parte de si ao outro, renúncia às pretensões narcisicamente investidas do analista.[13] *Reapreensão*: a escrita e a re-vida podendo nascer dentro do vínculo e da afirmação de um pensamento.

R.M.: *O que vocês acharam desse artigo?*

Camila: *(Fala da sensação de confusão que teve ao ler o início do texto)*

R.M.: *É. Não é casual esse efeito, mais gente deve ter tido essa experiência de não entender absolutamente nada do que ela pretende dizer. Por que será que Nicole Berry escolheu começar esse artigo de uma maneira tão pouco ortodoxa?*

Abrahão: *(Fala sobre o efeito de confusão, que lhe lembra a psicose)*

---

13 Freud fala do "desprendimento de si do apaixonado" ("Pour introduire le narcissisme").

R.M: *Uma hipótese é a que Abrahão está levantando: seria uma maneira de reproduzir, digamos, a experiência psicótica. É a isso que você está querendo se referir? Você foi sensível ao fato de que Berry produz no leitor um análogo da vivência que ela teve ao escutar a paciente; sentiu-se perdida, desorientada, paralisada, confusa. Ela nos introduz de chofre nesta sensação de confusão que experimentou.*

Camila: *Eu estive pensando agora que ela nos introduz num campo, o campo da escritura, que ela vai trabalhar; quer dizer, a possibilidade de ressonância das palavras.*

R.M.: *Há uma série de recursos interessantes nesses primeiros parágrafos, pensando no que diz a Camila sobre o campo da escritura. O diálogo dela é com o leitor, mas ao mesmo tempo, quando ela escreveu, quando deixou virem essas linhas à sua cabeça, está falando também com a paciente. Temos uma implicação dos destinatários uns nos outros. Vejam como ela continua: "Sentia germinar em mim um lento trabalho. A emoção sentida ao escutar minha paciente encontrava aí uma via de descarga . . ., o que suas imagens me suscitavam encontrava aí uma expressão primária, condensada, deslocada; as imagens se ligavam em palavras e em frases. Era eu o seu sujeito? Quem era o sujeito? Quem era o objeto? Na experiência da escrita . . . surgiu essa questão".*

Funções da escrita: o distanciamento para elaborar

Que processo psíquico está em jogo aqui? Para que serve escrever, neste contexto? Ela está colocando a escrita no entrecruzamento de duas funções, que não são em absoluto idênticas; poderíamos até mesmo pensar que são opostas. Uma é a *catarse*: escrever era a via de descarga para a emoção represada. Ao mesmo tempo, ela fala de *um lento trabalho de elaboração que germinava em mim*. São coisas diferentes, como se pode ver.

Neste ponto, cabe lembrar um artigo de Monique Schneider, traduzido e publicado em forma de um livreto pela Escuta, que se chama "Afeto e Linguagem nos Primeiros Escritos de Freud". Ali Monique se refere à *Comunicação Preliminar*, de 1893, quando Freud e Breuer se interrogam sobre o que, no método dito catártico, produz o efeito curativo: a recordação da cena patogênica, ou a descarga dos afetos ligadas a ela, e até então represados? Monique Schneider discute esta questão, mostrando como ao lado da ideia de expulsar o corpo estranho – catarse – há também um outro processo, o da *Annahme*, aceitação ou admissão, que é o oposto da eliminação anal, de tipo expulsivo, recoberta pela ideia de catarse.

Aqui, ao falar de catarse, de descarga, de "expressão liberadora da gratidão em relação à minha paciente", creio que Nicole Berry está oscilando entre essas duas coisas. A experiência de tratar dessa paciente deve ter sido extremamente difícil, é evidente. *Difícil* quer dizer aqui uma sensação depressiva de fracasso – "eu não sou capaz de entender nada do que essa mulher diz, não sou uma boa analista" – e a reação a essa vivência depressiva, que pode assumir a forma de um sentimento de raiva, de irritação, ou então de *culpa onipotente*, que acho uma coisa muito interessante e que deveria ser melhor estudada. "Eu não deveria ter aceitado esta paciente, porque se outro analista a aceitasse, faria um trabalho melhor."

> **Ouvinte:** *A sensação de que foi um erro fundamental de pessoa.*
>
> **R.M.:** *Sim, exatamente. Então, aqui, podemos pensar que há um trabalho psíquico que vai nos dois sentidos. Isso está bem presente no parágrafo 2, que começa: "se ao longo de uma análise", e termina na linha "embora prazerosa". Aqui a pergunta é: quem é o sujeito, e quem é o objeto?, pergunta que destaca justamente a confusão em que ela se encontrava com essa paciente. Por um lado, "minhas lembranças são as suas e sua solidão é minha", é literariamente bonito; mas, quando uma experiência assim ocorre no trabalho clínico, costuma ser aterrorizadora.*

Nesse ponto, o assunto manifesto é *quem?* Como se pode colocar a pergunta *quem é o sujeito, quem é o objeto*, etc.? Vale a pena observar que *intercambiar* o polo sujeito e o polo objeto uma vez que eles já estão constituídos é algo muito diferente de *não existirem sujeito ou objeto*. A situação de intercâmbio, de projeção, de introjeção, é diferente da situação de *confusão*. Este é um tópico bem próximo da superfície dessa discussão: o que é escrever, catarse ou elaboração? Provavelmente, as duas coisas; é uma *catarse elaborativa*, se podemos dizer assim, porque no movimento mesmo de retomar, pensar, procurar ligar as imagens em frases, opera-se um certo distanciamento. "Na experiência da escrita, fora da análise, surgiu essa questão. Interrogar minha felicidade, tristeza ou nostalgia em reviver não era o essencial." Esses aspectos estão presentes, mas em estado bruto eles não servem para pensar. "O escrito tal como me havia ocorrido" – ela insiste no caráter associativo – "se deixei virem essas linhas"... Frases assim indicam que essa primeira parte é pouco secundarizada. Na verdade, isto não significa zero de "secundariedade"; podemos ver isto na estrutura mesma do texto. Há um jogo entre o que ela retoma, o que a paciente falou, e o que ela vai pensando junto, "minhas lembranças são as tuas". Notem o uso das aspas para distinguir o que a paciente falou e o que ela pensou.

Mas de qualquer maneira, é alguma coisa que surgiu com uma certa urgência, uma pressão, e então um belo dia, depois de uma sessão particularmente difícil, ou numa noite de insônia, a analista resolve se sentar e escreve as primeiras linhas deste trabalho. Daí expressões do tipo "como me ocorreu", ou "como deixei virem essas linhas", "deixei aflorar à consciência essas linhas", e outras do gênero. Não é um texto argumentativo ou reflexivo; é um texto mais lírico. É uma efusão, uma manifestação da subjetividade da autora, tentando ao mesmo tempo elaborar a experiência traumática do atendimento ao qual se refere.

Não estamos diante da expressão bruta de emoções, em que ela teria se limitado a chorar ou a vivenciar mudamente a felicidade, a tristeza ou a nostalgia que ela menciona. Há uma elaboração, que permite no mínimo transformar estes sentimentos em linguagem, e ela fala em "ligar as imagens em frases". Estamos no nível mínimo do discurso articulado. E, justamente por estar no nível mínimo da articulação, produz um efeito confusionante, que foi a primeira coisa a ser observada aqui.

Agora: "se ao longo de uma análise deixei virem essas linhas...", o discurso muda de tom, é outro registro. Um pouco como nestes teclados Yamaha, quando apertamos uma tecla e o instrumento produz o timbre de flauta, piano, violino: ela agora apertou outra tecla. Até então o tom era mais lírico; agora passamos para uma dimensão mais reflexiva. "Como eu pude escrever isso que acabei de pôr no papel?" Ela tenta contextualizar; começa a assinalar certos aspectos do trabalho que trazem, justamente, *questões*: por exemplo, a questão do *quem*, era a pergunta que ela se fazia. Eu diria que a tese oficial dela vai no sentido geral da catarse: isto é comprovado por expressões como "me liberei", "encontrava aí uma via de descarga", "o reviver de suas imagens me suscitava, e encontrava aí uma expressão primária condensada e deslocada". Está aqui justamente a oscilação. *Expressão* não é *descarga*.

Aliás, do ponto de vista filosófico, a ideia de expressão é bastante interessante. Há a ideia de "sair para fora", no prefixo *ex*. Mas a expressão envolve sempre a ideia de uma forma mínima, senão não é expressão; será pura manifestação, ou como se queira chamar. Quando ela diz: "encontrava uma expressão primária condensada, deslocada", não há exatamente um sujeito da expressão, mas há um sujeito *gramatical* da expressão, eu diria. Quem exprime, ou o que se exprime? *Quem* exprime é o autor, o sujeito, a pessoa. *O que se* exprime é um conteúdo psíquico, no caso aqui as emoções, que encontram uma primeira expressão. Inicialmente há um vivido bruto, informe; este vivido desperta sentimentos, que depois ela vem a classificar como tristeza e nostalgia; e ao mesmo tempo, tudo isto *atinge uma expressão,* a qual, se pode dizer, sempre envolve uma *passagem* ou uma *mudança de nível.* Em geral, esta passagem se dá do mais inarticulado para algo mais articulado.

Então, essa vivência bruta ganha uma primeira elaboração através da redação dessas linhas. Em seguida, ela sentiu necessidade de continuar; não se limitou só a escrever isso e a deixar na gaveta, como parte das anotações de bordo da sua vida psicanalítica. Ela utilizou suas anotações para escrever este trabalho, e mais adiante, ao longo do artigo, vemos que essas primeiras frases estão muito longe de traduzir a intensidade, ou mesmo de ser a totalidade do que ela tinha a dizer dessa história. São dez páginas de texto, não dez linhas. Então, este é um primeiro discurso que pede mais elaboração, de onde o seu interesse em dizer que é uma *catarse*; ela se sente aliviada ao escrever.

Caberia discutir: exatamente *o que* a alivia? É o que ela diz no primeiro momento – se sentiu mais leve porque de alguma maneira, numa espécie de evacuação, pôde aliviar o peso através da expulsão? Ou, ao contrário, o fator ativo neste alívio é justamente o ter conseguido dar uma primeira forma, que fica, é o caso de dizer aqui, como uma espécie de área transicional entre ela e a paciente, entre ela e o leitor?

A autora oscila entre privilegiar a eliminação catártica ou a elaboração admissiva, aceitadora. Um exemplo deste tipo de processo é a criação de um conceito estranhíssimo: "expressão liberadora da gratidão em relação à minha paciente". É um momento muito pitoresco nesse texto, em que a gratidão em relação à paciente é alguma coisa que pesa, e, segundo ela, o ter escrito este texto a liberou do peso da gratidão que devia à sua paciente. É assim que está escrito, pelo menos; podemos especular sobre o que significa. Mas essa gratidão pesava tanto para a analista quanto o ódio em relação à mesma paciente, a raiva, a frustração, uma série de emoções na linha mais agressiva. Ela precisa então se sentir mais livre em relação a isso.

Por isso, Nicole Berry fala em *desprendimento em relação a uma situação transferencial* de *proximidade muito grande*. Essa é uma constante, talvez, de todo escrito em psicanálise. É evidente que, se por um lado escrever sobre um paciente nos aproxima dele, este mesmo fato também marca um certo desprendimento, no sentido que ela diz aqui, "de uma posição transferencial de proximidade muito grande". Talvez escrever sobre um paciente seja uma forma de criar o que Lévy-Strauss chamava de *distância ideal*. Há um pequeno apólogo que ele conta, e que Catherine Clément narra em seu livro sobre Lacan. A história é a seguinte: havia duas tribos de índios que viviam na mesma margem do rio; viviam brigando, às turras uma com a outra. Um belo dia, os dois caciques se reúnem e decidem que uma das tribos vai atravessar o rio e se instalar na margem oposta. Mas até onde a segunda tribo deve se afastar da primeira? Depois de pensar, o cacique da tribo que fica na primeira margem diz para o cacique da que atravessará o rio: vocês atravessem o rio e comecem a andar. Andem até chegar a um ponto de onde já não possam avistar a nossa aldeia, mas de onde se possa ainda ver a fumaça do nosso fogo – essa vai ser a distância ótima. Nem tão perto que fiquemos brigando o tempo todo, nem tão longe que vocês não possam ver a nossa fumaça, nem nós vermos a fumaça de vocês.

Catherine Clément, nesse livro sobre Lacan, explora essa história num contexto transferencial, para falar justamente dessa distância ótima. Fédida propõe um conceito semelhante.

> **Eliana:** *Distância justa.*
>
> **R.M.:** *Isso mesmo. Parece que, num contexto desse tipo, mais confessional (é um gênero dentro da literatura psicanalítica), o escrever serve para estabelecer esta distância justa, em que o analista retoma, por assim dizer, o seu lugar de analista. O escrito funciona como a continuação desse diálogo com a paciente, mas com uma paciente criada, por assim dizer, segundo as necessidades e o padrão de medida da analista. Ela está dialogando com alguém que a pode ouvir, que é o personagem de ficção, "sua lembrança é minha lembrança; sua solidão é minha". A quem se dirige isso? À paciente Thérèse, tal como ela a atendeu, mas também tal como ela a recriou em seu escrito, depois de a ter recriado em sua imaginação. Já o fato de dar para a paciente um nome artificial, em nome do sigilo profissional, facilita esta recriação: atendi Pauline, mas escrevo sobre Thérèse... Interessante notar que no início a paciente era designada apenas por duas letras, Th., mas depois ganha um nome completo.*

Na verdade, todo paciente de quem falamos num relato como este é um pouco uma personagem de ficção, baseada em alguém que efetivamente atendemos, mas que não lhe corresponde ponto por ponto, e nem isso seria possível. Tanto pela necessidade de selecionar – pela qual vimos Freud se justificando no início do *Homem dos Ratos* – quanto porque é necessário impedir que a pessoa seja identificada. Então, vamos colocando um traço aqui, tirando outro ali, e o resultado é uma construção, certamente análoga ao indivíduo real, mas não idêntica.

Isto vale também para o problema do registro literal das sessões. Certamente, o que Nicole Berry narra no seu trabalho foi dito por Thérèse ou por ela, mas não necessariamente com as mesmas palavras, a não ser algumas – as que, justamente, marcam mais, e que servem como gancho para apoiar as reflexões. Assim, não é preciso nos preocuparmos em transcrever *verbatim* tudo o que o paciente disse – basta dar uma ideia geral do conteúdo, e por vezes transcrever literalmente aquilo que mais nos chamou a atenção, ou que serviu de base para uma interpretação que queremos retomar. De modo que aquele de quem falamos no nosso escrito clínico não é inteiramente quem nos procurou, e também não falou exatamente como o fazemos falar no texto que produzimos a partir daquele tratamento.

O que faz, então, o interesse deste tipo de texto? É justamente a construção desta personagem, que pode fazer o leitor compreender melhor o que se passa na análise dos seus próprios pacientes. O indivíduo real é por assim dizer o lastro que amarra a personagem ao que de fato se passou no trabalho clínico; caso contrário, teríamos uma ficção pura e simples. A analogia pode ser de vários tipos: conflitos que se deram na realidade são transpostos para o texto, um certo estilo de trabalho próprio do analista tanto como clínico como enquanto autor, e assim por diante.

E por fim, há uma "presunção de inocência", como diz Piera Aulagnier, que beneficia o autor. Em princípio, acreditamos que o que está escrito tem base na realidade: se não, seria impossível discutir clínica. Um bom modo de verificar isto é aquele a que me referi numa aula anterior: estudar a coerência da personagem, a maneira pela qual seus diversos traços se compõem para formar uma figura plausível. Nisto, se o autor tiver tido certos cuidados, o leitor é ajudado pela própria maneira como foi construída a personagem.

Níveis de abstração: do empírico ao metapsicológico e vice-versa

O que caracteriza este tipo de escrita é uma certa oscilação entre diferentes níveis de abstração, desde o mais rente ao trabalho, tal como ele provavelmente ocorreu, até uma generalização bastante ampla, como por exemplo no parágrafo 3. Aqui Berry cita François Gantheret: "a análise é um enfrentamento com este longo desespero de onde se origina a palavra". Esta afirmação sobre o que é o trabalho analítico obviamente contém fatores e experiências bem mais abrangentes do que os que intervieram *nesta* análise particular.

Entre esses dois extremos, por um lado o mais próximo ao trabalho clínico propriamente dito, e por outro este plano mais geral, há vários níveis de abstração. Vamos utilizar novamente a escala de Waelder, como já fizemos a propósito do *Homem dos Ratos*. Vocês lembram que ela começa com a interpretação mais simples, "no seu sonho de ontem à noite parece que tal figura significa tal outra coisa", e passa, num segundo nível, para o que ele chama de "interpretações mais abrangentes relativas a este paciente", por exemplo: "diante de situações de perigo, você reage tipicamente com qual ou tal atitude". Em terceiro lugar, viriam reconstruções mais ou menos plausíveis sobre o passado do próprio paciente.

Depois passamos para o que Waelder chama "generalizações clínicas", que transcendem o paciente imediato para se referir a um tipo ou uma classe: o caráter histérico, as defesas obsessivas, etc. O quinto nível é o metapsicológico propriamente dito, onde entram em cena os conceitos básicos e fundamentais: inconsciente, pulsão, objeto, transferência, etc. E o último é o das posturas filosóficas de cada autor.

Do meu ponto de vista, a classificação de Waelder interessa bastante. Muitas vezes, lendo textos psicanalíticos, nos vemos diante de um tipo de argumento falacioso. Este gênero de argumento começa num determinado nível destes seis – digamos no nível dois, o de uma certa generalização para o comportamento do paciente – e, para comprovar a veracidade da interpretação ou da hipótese formulada neste nível, o autor recorre a um elemento de prova tirado de um nível completamente diferente. O resultado é uma impressão ligeiramente estranha, porque, penso eu, não conseguimos detectar com facilidade tal oscilação de um nível para o outro.

Uma das coisas que torna tão bom o texto de Nicole Berry é exatamente a fluidez com que a autora passa de um plano para outro, dentro destas diferentes categorias, mas *sem* incorrer neste tipo tão comum de erro. Quando está falando da paciente, fala da paciente; a partir daí, sem saltos excessivos, propõe uma hipótese mais geral; depois volta à paciente. Há um trânsito fácil entre a singularidade deste trabalho clínico e a generalidade da teoria.

Segundo essas primeiras páginas, em especial o que está nos parágrafos 2 a 7, a função da escrita clínica é basicamente a elaboração do trauma. Gostaria de acrescentar que, sem mencionar esse termo, que não é do referencial teórico da autora, ela está muito próxima da noção kleiniana de *identificação projetiva*. Por exemplo: "pondo minhas próprias palavras onde estavam as da minha paciente, seu relato articulava-se de outro jeito, surgia um outro sentido" (parágrafo 2). Esta é uma das diversas passagens onde fica claro o uso deste recurso interpretativo.

Isso me faz pensar numa velha história que acho excelente. Jacozinho pergunta para a mãe: "Mãe, por que os *lokschen* se chamam *lokschen*?" (*Lokschen* é o macarrão). E dona Sara diz: "É evidente: parecem *lokschen*, têm gosto de *lokschen*, têm cara de *lokschen*, por que não se chamariam *lokschen*?". Da mesma maneira, identificação projetiva é identificação projetiva, quer a chamemos por este nome ou por outro qualquer.

Ao lermos o texto, fica bastante evidente como ela utiliza elementos projetivos e contraprojetivos. León Grinberg, um analista argentino, criou o conceito de *contraidentificação projetiva*, que pode muito bem designar a leitura que ela faz do material da paciente a partir das suas próprias reações, atribuindo-lhe pensamentos que originalmente surgiam na cabeça dela, analista. É interessante também averiguarmos, lendo mais atentamente, como Nicole Berry evita o risco de misturar tudo, as ideias dela e as da paciente, e como, de fato, suas ideias podem ser "testadas" de alguma forma antes de serem consideradas verossímeis. Como ela faz? Não entra nesse jogo sem pensar; a subjetividade e sensibilidade dela servem como *um* dos elementos decodificadores daquelas coisas tão misteriosas que sente e ouve nessa análise, mas não como o único.

Estávamos no ponto em que ela dizia que escrever, em suma, lhe havia permitido sair desse enfrentamento mortífero, em circuito fechado, com a paciente. Continuando, nos parágrafos 3 e seguintes ela propõe uma hipótese que já não é mais específica desta paciente, mas que se coloca no plano das generalizações clínicas. "A análise é um enfrentamento com esse longo desespero de onde se origina a palavra." É uma citação de Gantheret.

"Entretanto, se a palavra procura juntar-se a outra que está ausente, juntar duas imagens separadas e simbolizar sua separação, é que trago em mim o *desejo de juntar* e a *garantia de encontrar alguma resposta*." (itálicos meus, R. M.). Então ela se pergunta de onde vem o desejo de juntar uma palavra com outra e ao mesmo tempo simbolizar uma separação; separação tanto das palavras da paciente, que formavam, parece, uma massa indiferenciada na qual ela não podia se localizar, quanto o desejo da analista de recuperar sua individualidade a partir das experiências fusionais e confusionais que a paciente a fazia viver. Ela diz: "é que trago em mim o desejo de juntar e a garantia de encontrar uma resposta. O desejo que tenho da palavra do outro em minha escuta baseia-se na experiência dessa resposta vinda de minha mãe ausente de meu olhar, resposta não esperada em sua origem, depois esperada, repetida, mudando o desespero em prazer" (parágrafo 3).

Para além do caráter literário e elaborado dessas frases, Nicole Berry está usando aqui uma hipótese metapsicológica de grande força, tirada da vertente da teoria psicanalítica que se ocupa do desenvolvimento e da constituição do sujeito. A referência é, obviamente, àquilo que Winnicott e outros descreveram, e que todos conhecem. Em função deste desejo de contato com o outro, e em função do estabelecimento nela, analista, de mecanismos que permitem tolerar a ausência, buscar a presença e ao mesmo tempo não se submeter às angústias derivadas quer da fusão, quer do abandono – em função portanto de um mínimo de equilíbrio psíquico, conseguido graças a um desenvolvimento adequado quando era pequena – ela, neste momento, tem condições de investir este trabalho e desejar juntar as palavras e as imagens, e ao mesmo tempo de simbolizar a sua separação.

Este é um exemplo do trânsito entre vários planos que mencionei há pouco. Ela está se perguntando: por que diabos não mandei esta mulher embora? Por que fico aqui ouvindo coisas que me dão angústia, e que produzem as sensações descritas nas primeiras páginas do artigo? Para responder a esta questão, serve-se literalmente de um fragmento da teoria, aquele que diz que, para que uma ausência possa ser tolerada, é necessário que a criança tenha interiorizado de alguma maneira a garantia de que essa ausência não será eterna; é o jogo do carretel que está presente atrás disso.

Mas parar aqui seria uma resposta circular, como explicar a capacidade do vinho de produzir o sono graças à virtude dormitiva contida nele. O vinho teria virtudes dormitivas, portanto quem bebe vinho sente sono e dorme. Ela vai mais adiante: se eu tenho esse desejo, de onde ele provém? Usa então uma ferramenta de grosso calibre dentro da psicanálise – a teoria da constituição do sujeito não é pouca coisa – dizendo que está instrumentada para poder tolerar esta situação graças ao estabelecimento razoável nela, analista, como pessoa, como sujeito, de um esquema de tolerância da frustração, em última análise vinculado à possibilidade de tolerar a ausência da mãe.

Vem em seguida uma passagem que está nos parágrafos 8 a 11, em que ela expõe, de maneira agora mais distante do imediato da paciente, o vínculo básico com a mãe, vínculo que permite entre outras coisas este desempenho dela como psicanalista. Deixamos Thérèse e seus afazeres, e vamos então, nestes parágrafos, para uma série de reflexões em que também entra a escrita. Ela vai falar basicamente sobre o que permite tolerar a frustração e a ausência. Tal capacidade se baseia, como ficou estabelecido no parágrafo 3, "nesta resposta vinda da minha mãe ausente do meu olhar, resposta não esperada originalmente e depois repetida", etc. E então ela propõe uma nova concepção do valor clínico da escrita, além da elaboração e da catarse, que constituem sua primeira função. "A escrita é a renovação dessa experiência em que falo comigo mesma antes de falar ao outro, antes de refletir utilmente. Ela (a escrita) é pôr confiança em mim mesma, lutar contra as perseguições internas que me imponho, críticas, racionalizações, recusas." (parágrafo 4).

Então, além da formulação racional e conceitual de ideias, a escrita é uma experiência – por isso o artigo se chama "A Experiência de Escrever" – e ela lhe atribui esta função de criar ao mesmo tempo uma proximidade e uma distância. É aquele momento em que eu falo comigo mesma; mais adiante, no parágrafo 11, ela menciona a presença de um terceiro, quer seja na escrita, na palavra ou no pensamento, como vital para o desenrolar de um tratamento. Assim, a escrita intervém, neste momento de sufoco, como possibilidade de simbolização e de criação da distância indispensável para não se perder na angústia. O que ela está dizendo, explicitamente, equivale à ideia de *conviver com o objeto a uma distância conveniente*. Sobre isso também já falamos.

Ela faz uma série de observações muito interessantes, por exemplo, que a análise leva a aceitar uma solidão. Aqui uma observação: a famosa história de que a análise é um trabalho solitário é uma das coisas mais curiosas que os analistas dizem a respeito de si mesmos. É realmente muito solitário, passar o dia conversando com outras pessoas!

> **Ouvinte**: *E à noite se reunir com outros analistas...*
>
> **R.M.**: *Pois é. Somos uma tribo bastante gregária, mas nossa mitologia adolescente diz que somos heróis; uma das manifestações do nosso heroísmo seria que o nosso trabalho é extremamente solitário.*

Retomando: "a análise leva a aceitar uma solidão". É poder ficar sozinho na presença de outro, como diz Winnicott em algum momento. "Mas também leva a experimentar", diz ela no parágrafo 6, "uma comunicação de qualidade, intencionalidade e intensidade raras". O que é absolutamente verdadeiro. O analista se sente sozinho e de alguma maneira desprotegido frente ao seu próprio superego: será que estou fazendo direito? Será que estou fazendo o que preciso fazer? Isto, em parte, se deve à intensidade das forças psíquicas desencadeadas pelo dispositivo analítico. Estamos lidando com dinamite; há o risco de uma descompensação psicótica, um paciente pode se suicidar, podem ocorrer atuações perigosas para si e para os outros. Não estamos brincando com a Barbie. Há o risco de surgirem fenômenos emocionais que não possam ser contidos pelo dispositivo analítico, fenômenos geralmente mobilizados pela regressão. Neste contexto, não é de admirar que os analistas se sintam vulneráveis ou desprotegidos diante da intensidade das forças que eles mesmos desencadearam, um pouco como no episódio O *Aprendiz de Feiticeiro*, do filme de Walt Disney, *Fantasia*.

Por outro lado, a análise leva também a experimentar, diz ela, uma comunicação de intensidade, qualidade e intencionalidade raras. No que a análise, segundo ela, reproduz essas primeiras condições estabelecedoras do vínculo criança/mãe? Ela vai dizer: "o prazer e a dor podem ser partilhados, as primeiras palavras sendo criadoras da distância necessária para que eu não permaneça fundido e confundido com minha mãe" (parágrafo 6).

Há aqui toda uma discussão que poderia ser realizada, quando Nicole estabelece uma espécie de homologia entre as experiências fundantes da subjetividade para a criança pequena e a organização de um vínculo analítico. E ela vai dizer como as dificuldades da analista para fazer isto, com um paciente muito atrapalhado, como é o caso de Thérèse, são no fundo equivalentes às dificuldades da mãe que quisesse de uma forma ou de outra conter, simbolizar, processar, pensamentos e vivências de um filho também muito atrapalhado. Estamos aqui diante de um modelo que já foi formulado das mais diferentes maneiras, e que consiste em postular que o aparelho psíquico da mãe funciona como uma espécie de processador dos conteúdos psíquicos intoleráveis para seu filho. Isso se chama em Bion a *continência*, em Winnicott o *holding*, em Piera Aulagnier a *metabolização* e a *violência da interpretação*. *Lokschen* são *lokschen*: tanto faz o nome. O que importa é que a mãe, ou outro ser humano, tem que desempenhar a função de contenção e de elaboração provisória daquilo que é impossível de ser contido e pensado por um outro, mais desamparado.

Por que ela é levada a utilizar, da caixa de instrumentos da teoria psicanalítica, exatamente este? Porque a paciente, no caso Thérèse, *impõe* que ela reflita nessa direção. Como vamos percebendo ao longo do relato, essa mulher está muito esfarelada, incapacitada para organizar ela mesma a sua realidade psíquica. A um certo momento do texto, a analista diz que numa fase da análise ela, analista, *era a realidade psíquica* da paciente; isso é forte! Essa pessoa então, a crer no que diz Nicole Berry, está num tal grau de desorganização interna que é preciso que a analista ocupe esse lugar durante algum tempo, mas também que não permaneça nele infinitamente. Este é outro problema complicado. Ela não diz quanto tempo durou isto, mas certamente não foram poucos meses. Durante este tempo, ela vai "segurando a barra", para falar em português simples, auxiliando-se através da escrita, que desempenha uma espécie de função supervisionante, de autoelaboração, de diálogo com um terceiro materializado no papel, nas palavras, no interlocutor imaginário a quem ela se dirige. Ela sustenta a situação de análise, em suma, enquanto a paciente vai descobrindo lentamente como realizar algumas tarefas psíquicas por si mesma.

O processo da análise pode ser descrito, pelo menos este aqui, dessa maneira. Ela diz coisas inclusive muito singelas, por exemplo no parágrafo 7: "o ser humano não está destinado à solidão, não. O que está perdido ou por perder não é o objeto, mas a ilusão da posse do objeto, do poder exclusivo sobre o outro". Aqui ela está utilizando a teoria do desenvolvimento que todos os analistas utilizam: parte-se de um ser psíquico ainda muito informe, porém dotado de disposições para identificar-se, amar, odiar; dotado de pulsões em estado latente, se podemos dizer assim, de esquemas de apreensão do mundo que vão de uma maneira ou de outra se materializando ao longo da experiência vivida. A este longo processo pode-se chamar elaboração da posição depressiva, travessia do imaginário, ou o que vocês quiserem. Ele parte sempre de um grau menos diferenciado e discriminado, e deve chegar a um ponto suficientemente discriminado e separado para que esse indivíduo possa conviver de forma razoavelmente harmônica consigo mesmo e com os outros. Isso se chama "normalidade".

Eu gosto de usar palavras simples, como "relativamente normal", até para poder medir, numa determinada circunstância, o grau de afastamento de um indivíduo, ou de um momento da análise, frente a esta normalidade conceitualmente definida, que não precisa ser uma imposição moral. Uma parte da crítica contra a ideia de normalidade em psicanálise vem da confusão deste conceito com a imposição de um padrão obrigatório: por exemplo, um paciente homossexual deveria se converter em heterossexual, porque assim julgo eu que a normalidade deve ser. Mas poderia ser ao contrário. E se a maioria dos analistas fossem homossexuais e decidissem que os pacientes heterossexuais estão gravemente afetados, portanto, todos deveriam chegar à homossexualidade como final do trajeto?

Voltando a Nicole, "o que está perdido ou por perder", diz ela, "não é o objeto, mas a ilusão da posse, do poder exclusivo sobre um outro". O que é uma frase passível de grande discussão, quando se lembra a importância que tem a perda do objeto na teoria psicanalítica. Ela diz, "não é o objeto que é interiorizado, mas a relação com o objeto". Esta é uma explicação de grande interesse; essas frases não estão aqui simplesmente para mostrar erudição ornamental em relação às leituras psicanalíticas que a autora fez. Quando retoma o relato, a partir do parágrafo 12, ela vai mostrar o que é, exatamente, a relação com o objeto que pretende ajudar a paciente a interiorizar.

Utilização de diversos referenciais teóricos

Além disto, há uma ideia interessante em si mesma: a de que o objeto não está nem interiorizado, nem exteriorizado, não é nem perdido nem recuperado; há uma *relação com o objeto*, e a qualidade dessa relação é decisiva para o funcionamento mental. Isto ela concilia de maneira muito curiosa com a tradição franco-lacaniana, que aparece o tempo todo no artigo: a ideia da necessidade de um *terceiro,* aqui materializado nas reflexões sobre o papel da linguagem e da escrita. Sem que isto resulte numa salada mista intragável, ela pode utilizar ideias vindas de diferentes quadrantes para tentar compreender o que está fazendo. Com uma paciente neste ponto quase sempre próximo da descompensação, ela precisa de instrumentos forjados precisamente para entender pacientes que apresentam um tal grau de desorganização. Nada mais natural do que falar em inveja e em destrutividade; há fragrâncias kleinianas das mais clássicas, Chanel número 5, em certas passagens do artigo. Em outros momentos, quando tenta descrever o processo de subjetivação e de diferenciação operado pela paciente em relação aos seus próprios pais, e transferencialmente em relação à analista, Nicole Berry se serve de esquemas forjados na tradição freudo-lacaniana, que pensou melhor, a meu ver, essas questões da separação e individuação, e os riscos da fusão.

Aqui um parêntese. Dependendo de que lado do Canal da Mancha você está, os mesmos fenômenos têm sentidos absolutamente diferentes. A grande preocupação dos analistas ingleses, de maneira geral, é com a *ansiedade de separação*. Separação é uma coisa traumática; a criança, e o paciente regredido em situação de transferência, sofrem com a separação. De onde a praxe, em supervisões de índole britânica, de se dizer em que dia da semana veio o paciente. Por quê? Porque se supõe que, dependendo do número de dias entre essa sessão e a anterior, a ansiedade de separação deve estar mais ou menos em pauta. Então, há a preocupação com o abandono, com as férias, o fim de semana, etc. O que pressupõe pacientes que vêm várias vezes por semana, de maneira que faça sentido dizer "a sessão da segunda-feira" ou "da quinta-feira". Se o paciente vem uma vez por semana, que diferença faz se isto acontece na terça ou na quinta-feira? Já se o indivíduo vem cinco vezes por semana, ele viu o analista constantemente nesses cinco dias, e na sexta-feira está num certo grau de proximidade; compreende-se que o sábado e o domingo produzam ansiedade, aflições, etc. E na segunda-feira a preocupação do analista vai ser saber o que aconteceu com essa ansiedade de separação, se ela foi mobilizada ou não.

Então, separação é grave. Melanie Klein fala do desmame, da castração, das primeiras separações, das angústias que elas determinam, e de que maneira tentamos negar a separação através da fusão e de diferentes outros mecanismos; em suma, como fazemos para anular os efeitos deletérios da separação.

Já para Lacan, a separação é excelente; um terceiro é indispensável. O grande risco, na fantasia teórica que sustenta a elaboração de índole lacaniana, é a fusão com a mãe. Aliás, a doutrina lacaniana clássica em relação à mãe pode ser chamada de "fóbica". Não sei se vocês já pensaram nisso alguma vez. Mãe *is very bad for you*! Por quê? Porque a figura materna é vista como uma potência extremamente envolvente, invasiva, que se recusa a deixar sua cria seguir o próprio caminho. Curiosamente, esta teoria não foi elaborada por analistas que tiveram mães judias, mas por Lacan, que é um bom católico, educado pelos jesuítas. A *mater lacanensis* talvez seja bem ilustrada por aquele filme de Woody Allen em que o fantasma da mãe dele aparece no céu. É um ser perseguidor e funesto, que não quer a separação, assim como na perspectiva inglesa, porém deseja manter o filho como um apêndice seu, e precisa ser castrada pelo pai, pelo terceiro.

Uma das razões da atual babel psicanalítica é que as mesmas palavras se referem a coisas absolutamente diferentes. Quando Freud fala em castração, refere-se ao menino; é ele que tem angústia de castração, complexo de castração. Em Freud não existe *a castração* como situação independente. Ela se refere ao corte de uma pequena parte do corpo ameaçada, à necessidade narcísica de preservá-la, etc. "Castração" designa uma punição executada pelo pai ou por um agente do pai (frequentemente uma mulher, mas como agente do pai), em função da rivalidade edipiana e do desejo incestuoso.

Na perspectiva lacaniana, quem é castrado não é o filho: é a mãe. Quem castra é o pai, cortando o vínculo fusional entre a mãe e o seu filho. Monique Schneider escreveu coisas interessantíssimas a este respeito, num livro que chama *La parole et l'inceste*, da Aubier, um livro já antigo, dos anos 1980, onde entre outras coisas ela comenta de maneira detalhada essa concepção da figura materna em Lacan.

Voltando ao texto de Nicole: ela faz coexistir a perspectiva psicanalítica francesa, que é o seu meio de origem, com algumas importações kleinianas e da escola das relações de objeto, que utiliza quando as sente necessárias. Por que isso não resulta numa salada teórica indigesta? Porque ela utiliza as noções de maneira muito inventiva. Eu diria que a paciente é uma paciente kleiniana, mas a analista está vivendo uma situação descrita mais efetivamente pelos conceitos lacanianos. Ela usa a ideia de *separação benéfica* vinda da tradição lacaniana para entender o seu procedimento, o seu processo psíquico, como foi que ela se *desfundiu* da paciente; e neste caso noções como o terceiro, o pai, etc., são úteis para pensar. Já a paciente buscava uma fusão e resistia furiosamente à separação e à individuação; esta paciente funciona de acordo com esquemas bem afinados pela tradição kleino-objetal.

Castoriadis disse uma vez uma coisa muito provocativa, que não sei se é verdade, mas pelo menos faz pensar: não existe analista kleiniano ou lacaniano. O que existe são *pacientes* lacanianos, kleinianos, freudianos, e assim por diante. De fato, às vezes nos defrontamos com pacientes que parecem tirados dos manuais ou dos livros-texto utilizados. Por quê? Porque esses livros-texto foram construídos a partir de experiências com pacientes parecidos com aqueles que estamos atendendo.

Neste texto de Nicole Berry, a paciente se assemelha muito a um daqueles que serviram a Melanie Klein ou a Bion para desenvolver suas teorias. Para pensar esta situação, nada mais natural do que utilizar noções como as de inveja, destrutividade, desorganização, identificação projetiva, e assim por diante. Quanto à analista, sufocada na sua experiência de fechamento e de envolvimento pela patologia da paciente, o seu movimento tem que ser no sentido do afastamento e da separação. É por isso que boa parte do artigo descreve as estratégias pelas quais ela conseguiu criar espaço e oxigênio para respirar.

Este movimento de separação a partir de uma nebulosa envolvente a coloca, curiosamente, na posição de *filha lacaniana da paciente*. Esta é que aparece como a figura materna, envolvente, no sentido de uma nebulosa que vai sufocando, dentro da qual Berry tenta encontrar um espaço para pensar. É a posição de quem vai ser engolida por esse dragão, ou qualquer outro símbolo mitológico que se possa pensar. Ela está na posição da filha, e a paciente está na posição da mãe que não quer ser "castrada." Diante disto, ela vai recorrer a instrumentos de pensamento que teorizam esta situação; e a meu ver é este o motivo pelo qual, quando fala de si mesma, serve-se de um instrumental de tipo mais lacaniano, e quando fala da paciente está referenciada a um instrumental de tipo mais kleiniano.

Na próxima vez, vamos estudar mais de perto o próprio processo terapêutico e observar de que forma ele dá origem a diversas incursões pelas zonas mais rarefeitas da teoria.

10. Efeitos da interpretação transferencial

Na aula anterior, nos detivemos nos trechos do artigo de Nicole Berry que se relacionam às funções da escrita. Elas são, no essencial, três: catarse/elaboração, introdução da "justa distância", e restauração narcísica. Discutimos especialmente o início do texto, até o parágrafo 8, focalizando as dificuldades técnicas desta análise, e também outras questões.

Em seguida, ela faz uma série de reflexões sobre o feminino, o seio, as mulheres, etc., que ocupam os parágrafos 8 até 11. E aí voltamos ao relato. Ela vai narrar a primeira entrevista de Thérèse: ficamos sabendo que, "por causa dessa lágrima, eu decidi tomar Thérèse em análise" (parágrafo 13). O que ela vai descrever sob o título Pronomes indefinidos é portanto a primeira entrevista, mas ela não diz que essa é a primeira entrevista. A autora usa aí um artifício de composição literária em que, depois de ter ido a esses níveis mais rarefeitos de generalização, mas ainda relativamente próximos da experiência – porque ela está falando de mãe, mulher, filha, erogeneidade do seio – vai agora contar como Thérèse veio, e como este processo todo começou: é o *flashback*.

Pessoalmente, acho isso muito interessante. Quando se trata de uma exposição mais longa, ou de uma exposição recheada de teorias, como esta, as possibilidades do *contraste* devem ser usadas ao máximo; e é o que ela faz aqui. Ela poderia começar do início: "Thérèse veio me procurar quando tinha não sei o que....". Não é ruim, mas a forma que ela escolheu é mais interessante, mais sedutora.

Agora, neste trecho, ficamos conhecendo algumas palavras básicas do vocabulário desta moça – *insignificante, apagado,* e assim por diante – e qual foi a *hipótese diagnóstica* que levou a analista a concordar em aceitar esta pessoa como paciente: "foi por causa dessa lágrima, do que ela deixava entrever, que eu decidi tomar Thérèse em análise".

Esse *do que ela deixava entrever* não é desenvolvido explicitamente no artigo, e mais uma vez Nicole se sobrepõe a Thérèse, deixando por conta da imaginação do leitor o que essa lágrima "deixava entrever". No entanto, é uma lágrima fundamental nesta história, porque é a *causa* dessa análise. Se não fosse "*una furtiva lagrima*" que caía do olho de Thérèse, a análise não teria ocorrido. O que a lágrima deixava entrever, no meio deste discurso de chumbo?

Como leitor deste texto, vou propor uma hipótese. Esta moça parece ter, no início do seu trabalho analítico, uma constituição classicamente descrita como *esquizoide.* Ela está cortada, por assim dizer, das suas fontes de alimentação emocional, e tem um comportamento estereotipado, uma voz neutra, indiferente; alguns chamariam isso de um falso *self.* Há diferentes maneiras de classificar esta situação. A pergunta que Nicole se faz, e que a meu ver deve ser feita, é: *esta pessoa é ou não acessível à análise?* É a questão da indicação de análise que está se colocando aqui. E a resposta é positiva por causa dessa lágrima furtiva, caída e enxugada na primeira entrevista, e que Nicole interpreta como uma *brecha* na muralha compacta que a paciente lhe apresenta.

Na verdade, a analista não sabia no que estava se metendo: avaliou a lágrima por um preço muito maior do que valia. Imediatamente após a análise começar, é o que conta nos parágrafos 12 até 21, ela vai se ver diante de toda essa *chapa de chumbo* – uma imagem que volta no relato – que a paciente carrega sobre si mesma, sobre sua própria realidade psíquica, e que naturalmente, na transferência, ela projeta e impõe ao quadro analítico. E a analista fica sem saber onde foi parar aquela lágrima, onde foi parar aquilo que ela indicava sobre a *possibilidade de ser afetada,* e portanto de criar um *vínculo transferencial.*

Eis aqui um ponto de importância crucial, tanto neste texto quanto na análise em geral. É ele que determina a possibilidade, ou de maneira mais teórica, a *viabilidade* da indicação de análise. Ela é adequada ou não para essa pessoa, para esse caso? E também, de uma maneira mais concreta, a viabilidade dessa análise se dar entre *estas* pessoas. A pergunta aqui é mais simples: será que *eu* posso ser analista dessa pessoa?

Na verdade, aceitar ou não um paciente envolve uma definição clínico--ética. *Clínic*a porque precisa basear-se em algumas indicações, tanto quanto possível plausíveis: "dadas as entrevistas preliminares, eu cheguei à conclusão de que..., por causa disso, disso e disso...". Na minha maneira de pensar, um analista deve poder, depois das primeiras entrevistas, fazer esta primeira e provisória avaliação. Eu quero ter essa pessoa como paciente, não só porque estou com o horário vazio, ou porque preciso do dinheiro, ou por qualquer razão externa, mas porque me parece que essa pessoa pode se beneficiar disso, em função das primeiras hipóteses provisórias que pude construir. Essa é a face diagnóstica. Não devemos ter medo de dizer que em psicanálise se faz um diagnóstico. Não é um diagnóstico psiquiátrico, nem psicológico, mas é um diagnóstico, *ver através*, *conhecer através*: isto é, dentro de um leque possível, localizar provisoriamente essa pessoa, e ver se as possibilidades psíquicas que ela revela nas primeiras entrevistas são ou não compatíveis com aquilo que sei fazer.

Em função disso, a segunda decisão: quero ou não quero, me sinto ou não em condições de suportar o desprazer que este indivíduo vai me causar, inevitavelmente, ao longo dos próximos meses ou anos. Essa é a faceta *ética* da questão. Se me sinto incapaz de suportar as dificuldades que pelo diagnóstico inicial posso entrever, então não o devo aceitar. É o mínimo que se pode exigir, e é uma conclusão a que podemos chegar com uma pequena autoanálise das nossas primeiras reações contratransferenciais.

Neste caso, para voltar ao texto, é evidente que Nicole se deixou levar, sentiu empatia pela paciente, e decidiu correr os riscos de uma análise com ela.

A organização da transferência

E aí ela vai fazer um levantamento das estereotipias da fala de Thérèse, como "*eu me pergunto*", que é uma expressão muito corrente em francês: "*Je me demande*". No país do *cogito*, depois de trezentos anos de cartesianismo, as pessoas *se perguntam* coisas... (parágrafo 31).

Mas Thérèse utiliza esta expressão corriqueira de um modo muito particular: nos parágrafos 35 até 38, Nicole interpreta o *eu me pergunto* como sinal de fechamento narcísico e de exclusão da analista. Aqui o jogo é de Thérèse consigo mesma, deixando de lado a figura da analista, que supostamente estaria lá para ser o destinatário das perguntas. É como se a analista dissesse: quando Thérèse puder dizer "eu *te* pergunto", e não mais somente "eu *me* pergunto", essa análise terá avançado bastante. A mim isso fez pensar numa fórmula daquelas de Lacan, que acho muito interessante e que está no artigo sobre a "Causalidade Psíquica". Lacan diz mais ou menos o seguinte: uma análise tem três etapas. Na primeira etapa, o paciente fala de si mesmo, porém não com você; na segunda etapa, o paciente fala com você, mas absolutamente não fala de si, é a resistência; quando o paciente puder falar *de si para você,* a análise está caminhando, ou próxima do seu final.

Agora Nicole Berry vai voltar para o plano da singularidade, ou seja, para a reprodução do que Thérèse disse e das interpretações que ela propôs. Por exemplo, no parágrafo 14: "eu me pergunto, percebi ao partir, etc. Thérèse se interroga sobre si mesma, sobre suas atividades atuais, atividades invasivas de intenção reparadora", das quais ela não fala muito mais. "Ela se observa como um objeto por trás de uma vitrine." A figuração "se ver através de um vidro" é clássica na descrição de personalidades esquizoides. O vidro é transparente, portanto permite um contato visual, mas ao mesmo tempo é isolante: metáfora perfeita da experiência de si e dos outros que pessoas desse tipo têm.

Continuando: "ela se observa como um objeto por trás de uma vitrine". Aqui não sabemos se a imagem da vitrine vem de Thérèse ou de Nicole, mas tanto faz. Na minha maneira de ver, provavelmente vem de Nicole; é uma interpretação que ela se dá a si mesma, para tentar *posicionar* esse relato. Onde está Thérèse em relação ao resto do mundo? Ela parece se observar como um objeto por trás de uma vitrine; portanto, há uma *dissociação*. Na pergunta formulada no início – *quem é o sujeito? quem é o objeto?* – Thérèse está ocupando os dois lugares, e não deixa lugar nenhum para a analista.

A transferência vai se organizar, assim, sob a forma de uma exclusão, como ela diz mais adiante, no parágrafo 36: a relação transferencial era esse "vocês não existem para mim". O movimento transferencial é de *exclusão* da analista e de ocupação de todo o espaço psíquico dela por imagens de si mesma.

O curioso nesta configuração psíquica é o seu caráter duplo: por um lado, não deixa espaço nenhum para a analista – *eu me* pergunto – e por outro é um espaço oco, que pede para ser ocupado pela analista quando Thérèse, por assim dizer, experimenta um refluxo narcísico e se vê absolutamente esvaziada.

É uma coisa muito curiosa. Quando a autora diz: "vocês não existem para mim, esta era a relação transferencial", o espaço analítico é totalmente ocupado pelo pleno de Thérèse: não há espaço para a analista. Mas no mundo intrapsíquico dela se passa o contrário. Ela ocupa totalmente o espaço analítico, sem deixar vaga para a psicanalista, *exatamente porque*, no seu interior, há um imenso vazio, e ela está completamente cortada das fontes emocionais que deveriam alimentá-la. De onde a necessidade da analista funcionar como uma prótese, e *ser* a realidade psíquica da paciente, como ela diz no parágrafo 40, o que pareceria contraditório com a ideia de que a paciente ocupa todos os lugares. Lembrem-se de que estamos falando de uma projeção; e toda projeção aparece ao contrário. Quando você se olha no espelho, o lado direito da sua face aparece do lado esquerdo do espelho; há uma inversão, que pode ajudar a entender esse fenômeno curioso pelo qual um vazio se transforma num pleno, que não deixa mais lugar para coisa nenhuma nem para ninguém.

Assim a autora vai oscilando, no relato, entre frases reproduzidas quase *ipsis litteris* das sessões em que ocorreram, e verdadeiros resumos, por exemplo: "ela não tem nenhuma lembrança de uma carícia, de uma presença, mas sim de um olhar continuamente dirigido a ela, reprovador, um 'monumento' que ela contorna" (parágrafo 15). *Monumento* provavelmente é uma palavra de Thérèse. Esta lembrança é dela. Mas para poder escrever "*ela não tem nenhuma lembrança de...*", a analista tem que estar num grau maior de generalidade em relação a essa paciente, diferente do que quando afirma: "eu era sufocada por esse monumento que representava a mãe", como no final desse mesmo parágrafo.

Aspectos metapsicológicos

Assim, no relato ela vai transitar entre a reprodução *ipsis litteris* do que a paciente disse e a descrição da suas próprias sensações. Vemos como se constrói a interpretação em sentido metapsicológico: quem está falando aí, o superego, o ego, o id? Onde estão as defesas, onde estão as angústias? Ou seja, a autora faz uma leitura metapsicológica tradicional, que mostra a *fecundidade* e o *interesse* dessa leitura. E ao mesmo tempo vai descrevendo a situação intersubjetiva tal como se realiza materialmente na análise. Existem pelo menos dois planos na maneira como ela pensa na situação de Thérèse, ou três, eu diria. Há o plano *da realidade analítica;* esta é uma ideia que Nelson Coelho Júnior desenvolve no seu livro sobre a realidade na teoria psicanalítica.[1] A ideia é que há uma realidade psíquica, uma realidade exterior e uma realidade analítica. A realidade analítica seria a realidade da sessão, onde ocorrem a transferência e o restante do processo terapêutico. Aqui ela descreve um certo número de fenômenos: a maneira como Thérèse ocupa esse espaço, excluindo a analista, etc.

Depois, temos o plano intrapsíquico de Thérèse: angústias, defesas privilegiadas, organização pulsional, narcisismo. O que a analista faz é descrever, através de sequências muito habilmente dispostas, a *estrutura psíquica* dessa pessoa. Como é sua sexualidade, como é seu narcisismo, onde estão as angústias; há a angústia de aniquilamento e a de invasão, mas não a de separação.

Muito classicamente, do que ela se ocupa? De um lado temos a coluna dos impulsos, do outro lado a coluna das defesas, no meio a angústia. Esta é a modalidade arquiclássica de ler a situação psíquica, o carimbo, o *made in Germany*, como diz Freud num certo momento, da psicanálise. Ela se interessa pelo conflito psíquico: onde está o conflito? Entre os impulsos e as defesas. Portanto, é necessário fazer o levantamento dos impulsos, verificar sua distribuição do ponto de vista econômico, etc. O levantamento das defesas é o ponto de vista dinâmico: do que essa pessoa se defende, como e quanto.

Nicole Berry faz um mapa da vida objetal e um mapa da libido narcísica, procurando localizar onde estão a agressividade, o ódio, a inveja; um pouco como vimos Freud fazer com as primeiras sessões do Homem dos Ratos. Não se poderia ser mais clássico, no sentido de percorrer metodicamente, nesta paciente, os elementos que a teoria diz serem relevantes para entender o funcionamento mental. Como vai a libido? Quais são as modalidades preferenciais da vida relacional ou objetal? O que aconteceu com o narcisismo? De que modo o narcisismo funciona como defesa contra certos impulsos? Essa é a

---

[1] Nelson Coelho Jr., *A Força da Realidade na Clínica Freudiana,* Escuta, 1995.

substância *clínico-teórica* do artigo. Isso está muito bem feito, e é uma das razões pelas quais o texto é tão interessante. Esse é o segundo plano.

O terceiro plano é o da vida psíquica dela, Nicole Berry: como ela vai organizando este mapa pouco a pouco, ao longo de inúmeras sessões, e extraindo as informações de uma massa. Esta massa tem características peculiares. Uma delas é que não é logicamente confusa: esta paciente fala coisa com coisa, traz muitas imagens. Ela é "um móvel", é "apagada", é "insignificante", às voltas com esta mãe insaciável, sempre severa, mal-humorada, impossível de agradar. Existem muitos elementos representacionais nesta análise, caracterizados como tais, e que permitem a Nicole *pensar*. Mas há uma atmosfera absolutamente sufocante, que ela pode nomear, usando a teoria para formular hipóteses sobre os motivos desta sensação. A sensação dela é de paralisia, como vimos no início do texto. Como é possível uma pessoa produzir isso em outra? Aqui entra a teoria.

Desta sua sensação de paralisia, ela insere no trabalho clínico algo mais do que a mera vivência. Ela não diz apenas: "você está tentando me fazer sentir como se sente perdida", ou qualquer coisa do gênero; não devolve nem acusa a paciente de produzir os sentimentos que ela, Nicole, está experimentando. Esta é uma maneira muito frequente, e um pouco acusatória, de formular interpretações baseadas na noção de identificação projetiva. "Ao fazer-me sentir que..., você está tentando me dizer que...". Por exemplo, "você quer me fazer sentir o medo que sente diante do escuro".

Voltando então a Nicole: ela se serve da ideia de identificação projetiva, mas procura, a partir dessa capa de chumbo, sair disso por dois mecanismos que não são defensivos. Por um lado, escrevendo, portanto falando com um terceiro. Aparece assim uma cunha, um espaço de oxigenação para ela própria poder suportar o peso deste trabalho.

Um bom exemplo disto está no parágrafo 13: "Dessa vez, se escrevi...", ela fala agora comentando o que acaba de narrar. Este é um recurso que essa autora usa bastante: traz uma sequência, e depois, sem transição, explica por que colocou essa sequência. Já vimos isso na primeira página do texto; agora vem novamente o mesmo recurso. Nenhum autor escapa das suas próprias estereotipias, como vimos ao falar sobre as vírgulas no artigo do rapaz do teatro. Aqui este é um recurso que identifica ou carimba esse trabalho: relatos de fragmentos, seguidos de uma reflexão sobre "por que eu escrevi isso".

Interpretações: do equívoco à mudança no funcionamento da paciente

Vamos então ao parágrafo 13. "Desta vez, se escrevi, é porque estava eu mesma envolvida, fechada, sufocada por palavras que não tomavam para mim nem vida, nem sentido, palavras sem ressonância porque faltava ar. E eu me emprestei às imagens que vinham como a um sonho, porque elas vinham povoar um deserto."

O segundo movimento para respirar não é mais o literário, de escrever: é um movimento de *teorização*. Mas este movimento, no início, fracassa. Temos aqui um excelente exemplo de como podemos aplicar grosseiramente os nossos próprios esquemas interpretativos, dar com os burros n'água, e fazer um caminho de retorno. O que temos aqui é uma caricatura; quando afirma que "meus modelos teóricos habituais eram inutilizáveis", ela faz aquilo que se costuma chamar em São Paulo de "lacanagem".

Vejamos como ela interpreta certas palavras da paciente. *Eu era insignificante* é ouvido como *não há significante*, "como se o real maciço fosse a única realidade". *Eu era apagada,* como *apagamento,* e aí vem imediatamente um conceito da mais abstrata teoria: o *fading* do ego, a desaparição do desejo mais originário, o recalcamento primário, "rocha contra a qual me chocaria em vão". *Eu era neutra*: recusa do reconhecimento de um sexo, isto é, o gênero neutro gramatical. *Eu era indiferente,* como negação da diferença, assim como da inveja e do ódio ligados a ela.

Nada disso tem qualquer interesse: é uma coleção de asneiras, nas quais ela mesma entrou por aplicação imediata do seu modelo. Qual é o erro aqui, do qual ela sai para fazer análise de verdade? É tentar aplicar os conceitos diretamente, de maneira chapada, ao material clínico. Aqui está um bom exemplo do que falei sobre a argumentação em níveis muito diferentes.

Nicole só vai entender o que vem a ser esse apagamento, essa indiferença, quando mergulhar na história da paciente e descobrir o que é *para a paciente* ser apagada, indiferente, neutra; quando ela explicar o funcionamento e o progresso de Thérèse através das histórias e vivências de Thérèse, e não através do Seminário XI de Lacan. Este é o erro aqui: por exemplo, ouvir o *eu era neutra* como "recusa do reconhecimento de um sexo". Quem disse que a neutralidade, *neste caso*, quer dizer falta de reconhecimento da diferença sexual? Não há razão alguma para concluir isso, a não ser o fato de que existe na gramática o gênero neutro, assim como há o gênero masculino e o gênero feminino.

Todo este parágrafo 20 mostra uma primeira tentativa dela de sair do sufoco mobilizando de maneira automática e artificial os conceitos da sua teoria. "Será que meus modelos teóricos atuais seriam utilizáveis?" A resposta é: evidentemente, não. Não porque os modelos não prestem, mas porque ela quis fazer um uso *excessivamente imediato* desses modelos. É como segurar na mão uma peça da qual não sabemos a posição no quebra-cabeça e dizer: Ahá! Isto aqui é o centro do desenho. E o mais curioso é que tudo que ela fala aqui deste jeito tão tosco, através das suas associações descabidas, é verdadeiro em relação à paciente, porém a maneira pela qual ela chega a essas verdades clínicas não é verdadeira. E como o método não presta, o resultado não é psicanálise.

O que define a maneira psicanalítica de pensar é o método pelo qual se chega às conclusões, e não as conclusões em si mesmas, que não são muito diferentes, talvez, daquelas a que se poderia chegar com outra maneira de pensar. Talvez um psiquiatra, se estudasse o caso de Thérèse, pudesse dizer coisas bastante adequadas e verdadeiras a respeito dela, se soubesse ver o que estava acontecendo. Não seria a forma psicanalítica de trabalhar, porque não estaria usando os instrumentos da psicanálise, e só isso. Aqui então, toda essa passagem mostra a aplicação tosca, rude, dos modelos teóricos; quando ela os faz viver por assim dizer de dentro, eles ganham outra dimensão, ajudam a entender realmente o funcionamento da paciente, e permitem à analista sair do buraco.

Agora vem a interpretação que a pôs no caminho certo, e permitiu à paciente começar a sair do seu fechamento defensivo. É uma interpretação transferencial, cujos efeitos mutativos são muito grandes. Está no parágrafo 24: "Tento mobilizar alguma coisa. Thérèse nunca sonha? Seus suspiros não são alguma coisa que ela nunca chega a me dizer? O silêncio se faz pesado, acusador, censura", e aí vem uma frase da paciente: "minha mãe dizia: faz um esforço". Comenta Nicole: "Desta vez posso me situar: ego ideal materno, modelo a alcançar, chapa de chumbo a levantar; já não sou mais *ninguém*!".

O que acontece aqui? Ela faz uma pergunta, e Thérèse não responde "nunca sonho", "sim sonho", ou qualquer coisa do tipo. Em vez disso, *atua na transferência* um fragmento do seu passado: ela passava a vida tentando produzir alguma coisa para agradar à mãe. A pergunta de Nicole, no espaço da realidade analítica, mobiliza uma lembrança, uma associação: "minha mãe...". E, como numa regra de três, a analista infere: esta mãe sou eu. Esta é a interpretação *na*, *da* e *pela* transferência.

Mas ela não vai dizer para a paciente: "você se comporta comigo como se comportava com sua mãe. Sua mãe queria que você fizesse cocô, eu quero que você sonhe, e você me diz: sou incapaz de fazer as duas coisas". Essa seria uma interpretação possível, porém bastante inadequada. A partir da posição intrapsíquica que essa mãe ocupou, Nicole deduz que ela, Nicole, ocupa no espaço projetivo da realidade analítica uma posição homóloga. "Faz um esforço": é o superego, ou, como ela o chama aqui, o ego ideal, exigente, cobrando. E percebe que está cobrando da paciente que se conforme à sua ideia do que é uma análise e do que é uma paciente, da mesma maneira como a mãe exigia dela, Thérèse, que se conformasse com a ideia dela, mãe, do que é uma boa filha. Então, há uma superposição de elementos na realidade analítica e no passado dela. Eis que isso dispara um fenômeno transferencial, e Thérèse responde a Nicole como respondia à sua mãe: "Sou incapaz de fazer o esforço".

A partir disso, nesta desorientação, nessa homogeneidade aprisionante e paralisante que envolve o espírito de Nicole, se organiza uma *posição*. Esta palavra é fundamental, porque indica que começa a se organizar uma espécie de *quadriculagem do espaço*, uma primeira orientação; uma posição se define por coordenadas, como as de latitude e longitude. Quando ela diz: "agora eu ocupo a posição do ego ideal materno, sou um modelo a alcançar, porém inalcançável, e continuo me sentindo paralisada, imóvel, etc." (parágrafo 25), neste momento, pela primeira vez no relato que faz para nós na análise, ela conseguiu *diferenciar lugares* dentro da fala de Thérèse. Ela percebe que está sendo colocada no lugar da mãe enquanto superego exigente, e que portanto não está no lugar da mãe, por exemplo, como objeto incestuoso, nem como objeto de inveja a ser destruído. Das várias posições que uma mãe pode ocupar no inconsciente de uma filha, neste momento ela, analista, está situada numa que, pelo menos para pensar, exclui momentaneamente outras.

Ela vai então referenciar suas interpretações subsequentes a esta posição. Vai dizer: "agora, pelo menos, começo a entender alguma coisa; estou cobrando desta mulher que sonhe, assim como a mãe cobrava que ela 'fizesse um esforço'; e ela está me dizendo que não pode fazer isso". Então as brumas se dissipam um pouco; surgem alguns contornos, algumas direções.

O efeito da interpetação reverbera sobre a própria analista, que agora se sente mais segura. Creio que por esta razão ela volta a falar sobre uma função da escrita, no parágrafo 27: "a necessidade de restaurar uma representação narcisicamente valorizada da minha identidade analítica", isto é, de poder ocupar o lugar de analista para alguém, nem que fosse para mim mesma, "era o que animava em mim a *necessidade* e o prazer de escrever. Suscitar num leitor associações, ideias, a própria necessidade de escrever por sua vez, despertar uma ressonância em alguma parte, me propiciava o sentimento, perdido nesta análise, de criar ou ao menos esboçar um trabalho válido".

Esta é uma terceira função da escrita. O escrever aqui responde à *necessidade* – a palavra é forte, e está sublinhada no texto – à *necessidade* de produzir um efeito em alguém. Ela está se sentindo absolutamente estéril nessa análise. Quer então produzir essa ressonância; e o escrito, além de ser uma elaboração catártica ou uma catarse elaborativa, além de criar uma distância, ganha ainda uma terceira função, que é a de dar a ela a ilusão – ela está no imaginário – a ilusão narcísica de ser minimamente eficiente, de ser capaz de mover e comover, ainda que seja o leitor de um escrito que ela não mostra para ninguém; porque este leitor é por enquanto inteiramente imaginário.

"Ao mesmo tempo, era sair do meu isolamento, da minha solidão particular a essa análise, e colocar em comunicação", etc.: essa segunda função nós já vimos. "Apenas pela intermediação do escrito eu podia lutar contra a perseguição interna provocada por minha situação contratransferencial", isto é, o ódio que ela sentia desta paciente, a sensação de que tinha feito um erro mortal aceitando essa criatura em análise, e que estava condenada, como Prometeu na rocha, a ser bicada eternamente no seu fígado mental por este pássaro antropófago que é Thérèse neste contexto.

As metáforas

Vem então um momento em que ela fala sobre a função da imagem. O texto está no parágrafo 37: "isolada de uma paciente que se isola, as imagens que me vêm procuram suprir a fantasia faltante. A imensidão de um solo deserto e árido que o sulco do arado não revolveu, não transformou numa bela terra sangrenta e fumacenta, em sua nudez revistada".

A primeira imagem que vem a ela é a de um *deserto que o sulco do arado não revolveu e não transformou*. Esta é a imagem que ela tem da paciente; a realidade psíquica da paciente é como um solo deserto e árido, que o sulco do arado não revolveu. Essa metáfora retorna aqui depois de já ter aparecido num momento anterior do texto, e é muito próxima da experiência de vazio e de aridez que Thérèse desperta em sua analista. Este é o ponto que queria destacar agora: haveria metáforas mais próximas e menos próximas da experiência afetiva?

O processo ao qual ela se refere é o das imagens que ocorrem ao analista como elementos a partir dos quais se formula a interpretação. Não sei dizer se é estatisticamente frequente ou não: na minha experiência de trabalho é extremamente frequente, e não só para suprir as fantasias ausentes, tal como ela diz aqui. O que ocorre no momento da análise ao qual ela está se referindo é que a paciente não associa, não colabora, fica em silêncio, é um solo árido, enfim; é muito difícil trabalhar com esta pessoa, ela se isola. A própria analista se sente vagueando no deserto. As imagens que lhe ocorrem têm *duas* funções: uma delas é fazer com que a sua própria realidade psíquica seja ocupada com alguma coisa, e que não se transforme também num solo deserto e árido. Diante dessa rarefação do funcionamento psíquico de Thérèse, ela é levada em primeiro lugar a suprir para ela mesma, através das imagens, isso a que está chamando fantasia faltante.

Pierre Fédida descreveu bem este processo em seu livro *Nome, Figura e memória*[2]; em vários momentos do livro surge uma ideia bastante semelhante ao que Nicole Berry descreve aqui, e que é uma espécie de função – desempenhada pelo analista – de *prótese* da realidade psíquica pobre do seu paciente.

---

2   Fédida, P. (1991). *Nome, Figura e Memória: a linguagem na situação psicanalítica*. Escuta.

Com uma paciente de tipo *borderline*, como parece ser Thérèse, isso é muitas vezes necessário; não para que a análise *continue*, mas para que ela possa se iniciar, para que haja algo com o que trabalhar.

Assim, a primeira função desta imagem é preencher e ocupar a cabeça da própria analista. Ao mesmo tempo, ela diz, "vem suprir a fantasia faltante na paciente". É como se a metáfora do solo árido, ao mesmo tempo que surgisse na analista, fosse inoculada neste discurso como algo que viria da paciente; como se a analista dissesse no lugar da paciente: "eu sou um solo árido, é assim que me vejo...", ou qualquer coisa do gênero. Esta operação fornece uma espécie de alimento mental para que a analista possa sustentar a situação. E ela continua: "suporto sua depressão até estar ausente de mim, e, se me acontece cochilar um instante (o que é uma coisa bastante possível num ambiente deste tipo, R.M.), é para fazer o sonho que Thérèse não faz, que expressa o desejo que ela não pode me dizer".

O fundamento de toda esta parte, como disse na outra vez, é a teoria da identificação projetiva. O que me parece muito interessante na forma como Nicole trabalha com a identificação projetiva é que, na medida em que está sintonizada com a paciente, ela não tem muitos escrúpulos para aceitar que aquilo que lhe ocorre *é* aquilo que falta à paciente. Isso é um ato de fé, uma aposta: "o sonho que me ocorre é o sonho que ela não pode fazer". As fantasias que vejo em minha cabeça, ou as imagens, são aquelas que ela não pode produzir. Chega-se então a um nível de comunicação "pré-verbal e de expressão primária na qual eu ouço e sou ouvida". No entanto, Berry chega a este nível, diferentemente da história do "eu sou insignificante" significando "não há significante", através da *interpretação* que ela faz da lembrança de Thérèse sobre a ração de leite e sobre o tempo calculado para fazer tudo. Trata-se provavelmente de algo da sua infância, algo que a mãe impunha. Berry não entra em detalhes; menciona muito de passagem, quase de raspão, este conteúdo das lembranças de Thérèse.

Vejamos, sempre no parágrafo 37: "aqui eu havia ouvido o seu desejo de retornar a uma época muito precoce em que o tempo não conta, em que o leite chega antes da demanda". Essa é a cavilha, o pivô em torno do qual está articulada esta sequência. A paciente fala da mãe muito obsessiva, que havia incutido nela a necessidade de ser organizada, de não perder tempo, de "fazer mais um esforço" – aquilo que ela menciona nas páginas anteriores. E a analista ouve neste material o desejo de Thérèse de retornar à época em que o tempo não transcorre, ou, pelo menos, em que o tempo transcorre de outro jeito, em que a paciente não é solicitada, em que o leite chega antes da demanda. A partir dessa ideia – *o leite chega antes da demanda* – vão-se dando metaforizações sucessivas: a analista vai oferecer fantasias/leite, sonhos/leite, imagens/leite, *antes da demanda*. Ela está procurando entrar, por assim dizer, no mesmo comprimento de onda em que esta paciente está funcionando. É evidente que, nesta fase, estamos num nível de qualidade do trabalho muito diferente daquele em que "eu sou neutra" significa "não existe a diferença dos sexos". Aqui de fato ela está fazendo análise; está entrando no universo *desta* mulher e procurando alterá-lo, se podemos dizer assim, *de dentro*. Esta é uma passagem especialmente bonita.

E aí vem uma sucessão de metáforas que não são mais a do areal deserto e vazio, mas, ao contrário, trabalham a partir de uma imagem absolutamente oposta, a do "real maciço", "forma confundida com o fundo", "lacuna na massa informe", "abstendo-me de preencher por reconstruções que ainda não posso fazer, porque a minha contratransferência ainda não é bastante clara". Paula Heimann daria nota dez à supervisão de Nicole Berry. Vejam: "Evito expressar uma interpretação que seria recebida como exigência, "faz ainda um esforço", como crítica ou usurpação; espera sem prazo nem ressentimento" (parágrafo 38). Depois, passamos para outro nível daqueles seis que já comentei: "de fato, *toda* interpretação que revele um desejo..." Aqui mudamos de patamar; estamos no nível das generalizações para o paciente. Daí ela vai tirar uma ideia sobre a interpretação em geral, o que a leva a outro plano ainda. Mas vamos por partes.

O ponto que estou querendo ressaltar é a *imaginação metaforizante* de Nicole. Ela tem um repertório de imagens ao qual recorrer no trabalho com a paciente e na escrita do texto. Este estoque poderia até ser elencado, para fazer uma análise literária do texto: poderíamos fazer uma lista de quais são as imagens que ela emprega para falar da paciente. Deve haver uma certa coerência nestas imagens. Isso é muito importante. Qual é o ponto? Frequentemente, num trabalho de escrita, usamos metáforas que pedem, por assim dizer, uma sequência. Se alguém compara um momento de uma terapia, ou o seu trajeto intelectual, ou a escrita da tese, com uma tempestade no mar revolto, esta comparação produz uma espécie de ressonância. Ora, muitas vezes deixamos de aproveitar a imagem, passando logo para uma outra, mas que é incongruente com a primeira. Vale mais a pena explorar um pouco mais, bordar em torno desta imagem de um mar revolto, fiá-la um pouco, como se fosse um tricô.

Estou pensando no livro de Joyce McDougall, *Teatros do Eu*.[3] Ela dá um excelente exemplo disso no prefácio desse livro, quando compara o funcionamento psíquico com o teatro, baseado na deixa da *outra cena*. Vai jogar com a palavra *scène*, que também quer dizer palco; palcos ficam no teatro, portanto temos o funcionamento psíquico descrito em termos de teatro. O ego funciona como diretor da peça, na verdade o autor é o inconsciente, etc. Ela borda esta imagem em três ou quatro páginas; o prefácio do livro é um bom exemplo do que estou tentando dizer a vocês, como capacidade de exploração de uma metáfora.

Vejamos como isto pode funcionar no caso da análise de Thérèse. Primeiro ela trouxe a imagem do deserto. O que me chamou muito a atenção é a oposição entre o deserto vazio, ou informe, e depois, no parágrafo seguinte, imagens que são totalmente opostas a estas, que são o *real maciço*, o *espaço totalmente ocupado* no qual ela tem que procurar uma *brecha*. Esta figura é o contrário do deserto; lembra talvez uma montanha, ou qualquer coisa desse gênero. O ponto de contato, o dominó com a imagem anterior, é exatamente a ideia de *informe*. Agora ela está falando de uma massa informe; o deserto também é informe, pela vastidão dele. Já a montanha é informe pela não-configuração, pelo aspecto maciço; *maciça* vem de *massa*, algo sem brechas, sem espaço para se mover.

O que Berry faz aqui é utilizar metáforas *opostas*; uma fala de um vazio enorme, na qual as pessoas se perdem, algo árido, etc., a outra é a metáfora de uma coisa maciça, na qual é preciso encontrar um buraquinho para poder entrar, porque a paciente está inteiramente defendida. Nos dois casos, o que falta é a orientação, a discriminação, o parcelamento, a separação.

---

3   Mc Dougall, J. (1991). *Théâtres du Je*. Gallinard. Trad. bras. *Teatro do Eu: ilusão e verdade na cena psicanalítica*. Zagodoni.

Esta passagem faz eco a uma anterior, que comentei na aula passada, e que está no parágrafo 40. Ali ela dizia que a paciente não tinha uma realidade psíquica, que ela era a realidade psíquica da paciente, e *simultaneamente* que o espaço da análise estava literalmente tomado, que ela se sentia sufocada, envolvida por isso que aparece agora como massa informe. Reparem como existe uma forte coerência – é por isso que estou insistindo neste exemplo – entre duas ou três imagens básicas que percorrem o texto, e que são como os esquemas musicais que estruturam a ária que ouvimos na aula 8. São, por assim dizer, *as células descritivas básicas* das quais ela vai se servir, tanto para pensar o que a paciente lhe faz viver quanto para redigir o trabalho que está publicado na revista. É um certo estoque básico de elementos que voltam constantemente.

Esta função imaginante, ou imaginarizante, tem um papel bastante grande tanto na criação de um texto quanto na criação da interpretação, na apreensão daquilo que o paciente está dizendo. É uma espécie de camada pré-conceitual, de alguma forma equivalente ao que a autora diz aqui sobre o nível de comunicação pré-verbal.

Vindo de um analista lacaniano, escrever "comunicação pré-verbal" também demonstra um certo grau de elaboração dos seus próprios modelos. Vocês sabem que nos anos 1950, quando Lacan estava interessado em formular a teoria do simbólico, não perdia ocasião de escarnecer do que na época via como um exagero de maternagem por parte dos analistas kleinianos, e que era exatamente a atenção ao não-verbal, ao pré-linguístico. Em inúmeras passagens dos *Seminários*, ele satiriza isso; ironicamente, citando um texto que alguém escreveu no *International Journal*, Lacan chega a dividir as sílabas: imagine só, o analista estava preocupado com a a-fe-ti-vi-da-de!

As angústias narcísicas e as defesas contra elas

Tendo como pano de fundo esta tradição, Nicole fez um longo caminho para poder admitir que, com essa paciente, não havia significante nenhum a interpretar, mas que ela tinha que ajudar esta pessoa a criar o seu próprio universo de significação. Portanto, ela estava dentro daquilo que Bálint tinha chamado, num texto famoso, "a falha básica". Uma espécie de buraco no psiquismo, cujo preenchimento compete à análise realizar.

Tal como Freud descreveu a psicopatologia no começo do século XX, a grande oposição era entre a neurose e a perversão. Depois ele altera sua teoria da psicopatologia para opor a neurose narcísica, a psicose, às neuroses de transferência; mas sempre dentro de um campo onde a articulação de significações está dada. Com a evolução da psicanálise, e também com a mudança do tipo de paciente que chega a nós, a grande clivagem atual em termos de psicopatologia passa por aquilo que poderíamos descrever sumariamente como: *eliminar o excesso*, ou *construir alguma coisa que está faltando*. Toda a teoria pulsional da neurose é uma teoria do excesso, que o trabalho da análise visa de uma maneira ou de outra a equilibrar. Se vocês quiserem ser um pouco básicos, podemos pensar na análise como um projeto de sangria: a espessura excessiva do sangue tinha produzido a doença, então era preciso sangrar o paciente.

Essa imagem da expulsão de alguma coisa que sufoca por dentro está presente em inúmeros textos de Freud. A análise ganha uma figuração anal: existe um excesso, um corpo estranho, e é preciso eliminá-lo. A ideia é a de um peso que precisa ser aliviado, e a análise deve abrir espaço para que esse excesso recalcado possa se escoar. Basicamente, este é o trabalho a ser feito com pacientes de estrutura neurótica: buscar vias de escoamento para algo que ficou retido.

Na extremidade oposta, temos pacientes ou pessoas que funcionam a partir de um buraco. O problema aqui não é um excesso a ser eliminado, mas sim uma parte do tecido psíquico que precisa ser, ao contrário, montada. Ali há uma ausência, um vazio, um não-tecido: a falha básica, ou diferentes nomes que foram dados a esta ausência de algo fundamental. Nestes casos, o trabalho da análise, em vez de ser *per via di levare* (entre outras tantas metáforas propostas por Freud), é ao contrário um trabalho *per via di porre*. E todo o problema está em *porre*, em colocar alguma coisa que seja compatível e não vá ser rejeitada pelo sistema imunológico-mental do paciente. Como evitar nestes casos a sugestão, o complexo de Pigmalião?

É neste fio de navalha que se move Nicole. Como ela sai disso sem atuar sobre a paciente? Faz proliferar essas imagens na sua cabeça; mas falando agora em termos técnicos, *não transpõe essas imagens diretamente em interpretações dadas à paciente*. Por quê? Agora vem uma razão que não é mais singular, deste tratamento; é o momento de recorrer à teoria. Por que faço assim e não de outro modo? Voltando agora ao parágrafo 38, ela diz: "espera sem prazo nem ressentimento": "de fato, toda interpretação que revele o desejo da analista ou vise o desejo inconsciente de Thérèse é recebida como ameaça". Estamos no nível da *generalização para este paciente* de uma determinada situação; naquela escala que propus da outra vez, é o nível dois. Toda interpretação é vivida, por Thérèse, como ameaça. "A metáfora é repelida sem cessar, como a palavra do outro, porque introduz uma fissura perigosa no interior de si. Apenas a adesão ao real atual é possível e tranquilizadora."

Consequentemente, agora ela dá um passo ainda mais teórico e se pergunta: contra que tipo de angústia esta atitude é uma defesa? Aqui está sendo empregado mais uma vez o esquema fundamental do raciocínio psicanalítico. Se não aceitamos este postulado, fazemos outra coisa, que não é psicanálise. Dentro da psicanálise, pensa-se assim: um determinado funcionamento mental está ligado necessariamente a um conjunto de impulsos e defesas, mediado pela angústia. Consequentemente, descrever um processo mental implica em fazer uma hipótese sobre qual é a angústia, qual é o impulso e qual é a defesa; de tal maneira que possamos ver, no funcionamento destes três elementos, um modelo mais ou menos adequado para poder compreender o sintoma e o imediato.

Aqui temos "A metáfora é repelida sem cessar": essa é uma *descrição*. "Porque", *hipótese*, "introduz uma mistura perigosa no interior de si." Então, aqui ela está fazendo uma hipótese interpretativa ligada a este real maciço. Consequentemente, deduz: "apenas a adesão ao real atual é possível e tranquilizadora", e se dá conta da resistência de Thérèse em abrir qualquer brecha de movimentação para o seu mundo interior, para que a análise possa ocorrer. Por que Thérèse faz isso? Só uma resposta é possível: ela está apavorada. "Qualquer mudança sentida é como uma ameaça". "Ameaça" é um termo da série *medo, angústia, susto, temor, receio*, etc. Portanto, a angústia que mobiliza este comportamento, e contra o qual essa atitude mental deve defender, só pode ser a de uma invasão, de um aniquilamento, etc. Por que Thérèse não pode abrir um espaço para a palavra do outro? Porque esta palavra seria invasiva, mortífera, de aniquilamento. O medo é de desaparecer.

E então Nicole vai *teorizar* a mesma coisa que, no nível literário, aparecia como oposição entre montanha e deserto. No meio do parágrafo 38: "Inverso de uma representação narcísica onipotente, como a porção de areia marcando o lugar onde a fada desapareceu"; aqui ela faz alusão a alguma coisa que, pela imagem da *areia*, se liga à do deserto. Estou querendo insistir neste aspecto; como a *mesma* ideia pode ser expressa em termos imagéticos, deserto *vs.* massa, ou em termos mais teóricos; mas é a mesma coisa. Temos *adesão ao real atual* como inverso de *angústia de aniquilamento* ou de *medo de desaparecer*; esse medo de desaparecer, isto é, uma fragilidade extrema, é o inverso da representação narcísica onipotente, cuja figuração imagética é a montanha, pela qual ela ocupa todos os espaços disponíveis.

Então, o que está acontecendo? Neste trabalho de análise, a tarefa é parcializar, discriminar, separar, introduzir movimento, construir peças; por assim dizer, esculpir nessa realidade psíquica maciça o espaço de fala. Como Thérèse está absolutamente ligada nisto, ela também não se pode soltar e tomar a si mesma como objeto. Não pode se ver no espelho, e o texto volta ao "eu me pergunto" de Thérèse. Esta frase, agora, não é só mais lida no plano transferencial como "vocês não existem para mim". Neste novo nível, ela aparece também como resposta à necessidade de se guardar, de se resguardar, por não ter podido interiorizar a imagem dela mesma.

Poderíamos continuar, parágrafo por parágrafo ou quase, comentando as diferentes formas que toma o relato de Nicole, na medida em que elas vão configurando um sistema de *posições*. Aqui isto aparece quando, depois de todos os exemplos que está dando, ela comenta que na verdade na cabeça dessa moça qualquer palavra do outro vem necessariamente sempre de uma *posição* fixa, a que ela chama de "eu ideal materno". E que portanto o primeiro trabalho dela, Nicole, foi descobrir *onde ela estava na figuração imaginária da paciente*, qual o lugar transferencial que ocupava. Em segundo lugar, o que define isto como uma análise, a meu ver, é o trabalho para *sair* dessa posição, para fazer com que a paciente possa expeli-la, retirá-la dessa posição única. A isso se dá o nome de "elaboração da transferência" ou de "dissolução da transferência".

Aqui é possível perceber, de maneira simples, o que poderia ser o trabalho de elaboração da transferência. *Dissolução da transferência* é um termo um pouco bombástico usado no começo do século XX, mas certamente o que caracteriza uma análise, além de entender o funcionamento mental do paciente em termos da dinâmica, da economia e da tópica, é o trabalho para modificar este funcionamento. E qual é o indício e a mola dessa modificação? É exatamente a circulação transferencial por mais de um lugar, para e por lugares diferentes daquele do começo.

Ela descobre então que está situada sistematicamente no lugar do superego materno, "faça ainda um esforço": é assim que a paciente está ouvindo a pergunta sobre se sonha. Neste momento, ela encontra o lugar que está ocupando no imaginário da paciente. Há uma possibilidade de análise *porque* esse real maciço comporta pelo menos duas posições diferenciadas: a do superego materno, e a da criança que deve obedecer a ele. O trabalho de Nicole consiste em ir escavando esta distância, para poder sair da posição em que a paciente a coloca permanentemente: a de representante do ideal, ou como ela diz aqui, do eu ideal materno, do superego materno.

Ela vai dizer então: "as palavras da mãe," – no parágrafo 39 – "expressão do eu ideal materno, fazem a função de imagem de si, e o analista torna-se necessariamente seu portador. Toda intervenção é ouvida como vindo desse eu ideal materno, exigência, reprovação. Para proteger-se (esta é a análise da defesa, RM) contra o novo escutado mortífero, três tipos de defesas, especificamente narcísicas: a tolice, a negação e a inércia". A negação e a inércia são conhecidas; a tolice como defesa é uma pequena invenção conceitual de Nicole Berry. A mais evidente de todas elas é a negação: nada está acontecendo, está tudo bem, maravilhoso, etc. É interessante que a compulsão de repetição, no fundo, seja aqui colocada como uma defesa narcísica contra o risco de aniquilamento. Aqui temos uma condensação, uma compactação muito grande. A inércia por si mesma não é uma defesa; se pensarmos com precisão, a inércia é o resultado da compulsão de repetição. A partir desta concepção usual, não deixa de ser uma invenção conceitual encontrar na inércia uma função defensiva.

Agora, ver a tolice como defesa eu achei genial, porque visivelmente esta moça, Thérèse, não é nada burra; ela seria capaz de ouvir e compreender intelectualmente explicações elaboradas por parte da analista. Mas, no decorrer da análise, ela se mostra especialmente estúpida. E a analista percebe que a tolice funciona como proteção não só contra a palavra do outro, mas ainda contra a própria capacidade desta moça de fazer sentido daquilo que lhe dizem. Ela se apresenta a si mesma como mais boba do que é, a fim de construir uma carapaça defensiva contra toda intrusão. Nicole Berry evoca então as "bobagens" do pequeno Hans. Este garoto chamava as suas fantasias de "as bobagens" dele. "A tolice, dizia o pequeno Hans, é também o único recurso para burlar a ferida narcísica de ter sido esquecido pelos pais." Aqui ela faz uma pequena ponte com o passado da psicanálise. E agora muda mais uma vez de patamar, e vai fazer considerações a respeito de qual é a função do analista nestes casos, agora tomados de maneira geral, quando a configuração psicopatológica do paciente é dessa natureza. Agora deixamos Thérèse e passamos a observações genéricas: "O analista não pode ser investido por estes pacientes como objeto diferenciado; uma parte do seu eu é emprestada, e só pode ser a parte que sonha, não uma parte reflexiva ou racionalizante" (parágrafo 40).

Esta sequência de afirmações dá lugar, já no final do artigo, a uma série de formulações teóricas que poderíamos comentar longamente, e que vai se caracterizar, na elaboração de Nicole Berry, como a proposta de uma estrutura edípica específica. Agora estamos deixando de lado o trabalho direto que ela faz com a paciente. Poderíamos resumir a coisa mais ou menos assim: através da descrição muito fina e minuciosa do trabalho intra e interpsíquico que ocorre neste caso, ela vai passar, a partir do parágrafo 43, a discutir a organização defensiva desta paciente, os impulsos, as variantes de defesa que ela usa. A partir deste patamar, que em relação ao paciente já é um pouco mais abstrato do que simplesmente a troca de palavras na sessão, ela formula uma hipótese teórica, que é a sua contribuição neste contexto: vai mostrar de que forma, neste caso, estamos tanto diante de um *tipo de organização narcísica* peculiar quanto de uma *estruturação edipiana* que ela chama "precária", e que depende desta organização narcísica.

O ponto de junção está no início do parágrafo 46. Depois de falar sobre a imagem de si valorizada e desvalorizada, sobre a flutuação do narcisismo para cima e para baixo, ela diz: "a imagem de si narcisicamente desvalorizada é ao mesmo tempo uma defesa contra o desejo edípico". Aqui ela está tentando encontrar um vínculo entre seu trabalho com essa paciente e o conjunto da teoria psicanalítica, estabelecendo uma ponte, entre o setor narcísico e o setor edípico do funcionamento da paciente.

Num primeiro momento, Nicole trabalha na dimensão narcísica, tentando encontrar qual é a fórmula metapsicológica desta paciente, a equação que poderia de alguma maneira definir o funcionamento mental de Thérèse. Por isto, fala um pouco sobre o narcisismo, sobre as defesas narcísicas, os perigos narcísicos, a angústia de aniquilamento, a angústia de intrusão, sempre dentro deste mesmo patamar. Se ela estivesse escrevendo este artigo na Inglaterra, provavelmente pararia por aí. Mas ela está se dirigindo a analistas franceses, entre os quais o dual – seja dual intrapsíquico/narcísico – eu e o meu espelho – seja o dual relacional – bebê/mãe – é encarado com uma certa desconfiança se não for reportado também a um esquema triangular de origem edipiana. Esta é a marca desse ambiente psicanalítico. Esta tentativa não é só artificial, mas a ajuda pensar esse caso; não é só uma reverência à censura por parte de quem vai publicar um artigo, está longe disso. Ela faz um esforço para tentar *ternarizar* de alguma maneira isso que, até agora, estava descrito em termos estritamente duais.

Esta é uma marca do matiz que o trabalho de Lacan imprimiu à psicanálise francesa. Sem sombra de dúvida, esta ênfase no papel do pai, a necessidade de referir sempre o funcionamento psíquico a uma triangulação, mesmo que defeituosa, vem de Lacan. A pergunta é: onde está o Édipo? As tradições britânicas, neste caminho para o profundo, para o arcaico, para o primitivo, talvez tenham acabado por deixar um pouco de lado o pai, o terceiro elemento, dizendo: lá em baixo não tem pai. Já os lacanianos, e os franceses de maneira geral, lacanianos ou não, tendem a responder: tem sim, vocês é que não encontraram. Se formos ainda mais fundo, vamos encontrar uma estrutura triangular, da qual um dos elementos pode estar eclipsado, fragmentado, pouco constituído, e assim por diante.

No número 17 da revista *Percurso*, temos um artigo extremamente interessante de Daniel Delouya sobre o pai em Winnicott: "O pai do *self*".[4] Ele vai,

---

4   Disponível também em formato digital no site do Departamento de Psicanálise do Instituto Instituto Sedes Sapientiae: Publicações → Revista Percurso →Acervo →n° 17 → (1996) → *A pulsão "destrutividade" e o "pai" do self. O acesso ao real em Winnicott*, p. 17-34. Link para acesso: *https://revistapercurso.com.br/pdfs/p17_texto06.pdf>* Acesso em: 25/08/2023.

na obra de Winnicott, atrás do que poderia ser a função paterna na constituição do *self*. Como todo mundo está cansado de saber, a função do *self* se constitui, na superfície do texto de Winnicott, a partir de uma relação favorável com a mãe. De onde o interesse de explorar e pesquisar se não haveria uma contribuição da chamada função paterna para a constituição desse mesmo *self*.

O lugar do Édipo

Voltando ao trabalho de Nicole: agora ela vai fazer a passagem da dimensão narcísica, que havia examinado nas páginas anteriores, à dimensão edipiana. O modo pelo qual ela faz isso é muito engenhoso, se vocês quiserem prestar atenção. No parágrafo 47, ela diz: "inversamente, a imagem narcísica valorizada e as representações narcísicas que lhe são ligadas ocupam o lugar de relação de objeto". E com este termo, *relação de objeto*, ela faz um dominó. Existe uma relação de objeto narcísica, e existe uma relação de objeto "objetal". Pelo termo *relação de objeto*, ela mostra como o funcionamento narcísico desempenha para esta pessoa o papel de uma relação de objeto. Com isso, abre espaço para considerar o problema do objeto. Quais são os objetos desta paciente? Como para todo mundo, pelo menos para início de conversa, o objeto por excelência é a mãe. Ela vai dizer então: "por isso, os pacientes que mais sofreram de uma falta relacional com a mãe nos oferecem no início de suas análises o quadro de um Édipo triunfante. Na realidade, para eles, é mais uma tentativa de restaurar uma representação de si valorizada aos olhos do analista. Uma das características desta estrutura edípica precária ou artificial é a dificuldade que se encontra para interpretá-la na transferência, e portanto a ineficácia de um tal trabalho".

Qual é a operação conceitual que está sendo feita aqui? Ela não pode dizer que esta paciente tem um ego organizado e estruturado, porque seria uma tolice.

Minha leitura deste texto é a seguinte. Desde o início desta análise, Nicole Berry encontrou uma enorme dificuldade para pensar, quanto mais para interpretar o Édipo, que aqui não está visível em lugar nenhum! Então, forja a noção de um Édipo *precário* ou *artificial*: esse é um primeiro movimento.

Onde está embutido este Édipo precário ou artificial? No fato de que essa pessoa usa a sua relação consigo mesma, a dimensão narcísica, *como se fosse uma relação de objeto*. Se lermos o texto de trás para frente, chegamos ao começo do parágrafo: "pode-se pensar que a imagem de si narcisicamente desvalorizada, resultado de todos os traumas por que ela passou...". Na página anterior, ela faz uma análise semiferencziana: os traumas se acumularam, a paciente não teve a oportunidade de criar um narcisismo estável, e assim por diante. Agora, diz: "mas também podemos pensar que essa imagem de si narcisicamente desvalorizada – sou insignificante, sou neutra, sou um móvel, um traste – seja ao mesmo tempo uma defesa contra o desejo edípico" (parágrafo 46).

Aqui ela está propondo uma articulação teórica que caberia talvez discutir. Por quê? Porque, para que a imagem de si narcisicamente desvalorizada seja uma defesa contra o desejo edípico, é preciso inverter 180° a visão tradicional segundo a qual a etapa de organização do narcisismo *precede* – e não *sucede* – a etapa edipiana. Talvez o modelo que inspira Nicole Berry em sua ideia seja a análise de Freud quanto ao complexo de castração. Por que o menino renuncia ao desejo incestuoso? Porque valoriza narcisicamente a posse do seu pênis, e não deseja ver-se privado dele. Neste caso, o fator narcísico funciona como instigador da repressão do Édipo.

O narcisismo é um universo a dois, eu e o meu reflexo, ou na melhor das hipóteses eu e o meu duplo narcísico, meu objeto narcísico. Como se introduz um terceiro nessa história? É aqui que entra a teoria da defesa. Thérèse sente-se absolutamente desvalorizada, e implica que por isto seu pai não se interessa por ela. Isto é menos angustiante do que reconhecer que ela se interessa pelo pai e que este não lhe dá bola, para traduzir em linguagem mais simples. Nas palavras da autora: "Pode-se pensar que a imagem de si narcisicamente desvalorizada é ao mesmo tempo uma defesa contra o desejo edípico, porque sentir-se rejeitada seria mais tolerável do que o desejo culpado de ser a preferida do pai e de fazer a mãe desaparecer". Quer dizer, desta maneira ela se protegeria da inveja, da agressividade e do ódio sentidos contra a mãe; mãe que ocupa na organização psíquica dela um lugar absolutamente central, como se vê pela transferência para a analista da função do superego materno.

Contra o que deve defender uma imagem narcisicamente desvalorizada? Talvez fique claro se lembrarmos da história de João e Maria, quando ele está na jaula da bruxa; a bruxa pede para que ele coloque o dedo para fora, e ele, ao invés disto, envia uma "imagem narcisicamente desvalorizada" do seu dedo sob a forma do rabo do ratinho. Por quê? Porque o rabo do ratinho é magro. Como a bruxa é meio míope, deduz que o João ainda está magrinho e não serve para ser devorado. Mas na hora em que o rabo do ratinho desaparece, ele tem que colocar o dedo para fora; e então a bruxa vê que ele já está gordinho, já está na hora de colocá-lo na panela. A função defensiva da imagem narcisicamente desvalorizada é perfeitamente ilustrada por esta historieta. Se eu não chamar a atenção, ninguém vai querer me atacar: é mais ou menos isso.

Então, segundo Nicole, para Thérèse sentir-se rejeitada pelo pai é mais tolerável do que ter de lidar com a complexidade dos sentimentos, e mais, com as diferenças destes sentimentos uns em relação a outros, o que ocorreria se ela percebesse que de fato estava envolvida numa família: além dela e da mãe, existia também o pai. Teria de perceber que tinha desejos por este pai; isso implicaria em elaborar a relação dela com a mãe, passando pelos elementos de agressividade, ódio, inveja, etc. Daí a utilidade da imagem de si narcisicamente desvalorizada.

Em suma: para apaziguar a imago da mãe, ela acaba soterrando a relação com o pai.

Ouvinte: *(...)*

R.M.: *Não. Isso é a minha interpretação, porque a pergunta que me fiz quando li isto foi: como alguém pode falar que uma relação narcísica é uma defesa contra a problemática edipiana? Esta foi uma das coisas que a mim interessaram na leitura deste texto.*

E aí vem um momento liberador, quando ela diz que, a partir do instante em que começou a escrever e a elaborar, a paciente melhorou. Se fosse só assim, seria muito simples, mas é o que ela diz. "Foi apenas no momento em que me veio a ideia de escrever sobre este caso que tomei consciência do que sentia nesta análise. Eu estava mortificada por esta paciente. Só então foi que ela verbalizou alguma coisa como *"tenho a impressão de ser uma larva que sai do seu casulo."* (parágrafo 47).

Se lermos esta frase de uma maneira superficial, a sequência seria mais ou menos assim: resolvi escrever, percebi que estava mortificada, isso fez um enorme bem para a paciente, ela falou que estava saindo do casulo, e entrou ar na concha. E agora vem uma outra imagem, que ela vai bordar de uma maneira muito interessante: a da concha. Ela diz como é difícil para o analista ver-se como casulo, concha, guarda-móveis ou guarda de museu; "é narcisicamente desvalorizador para o analista ver-se como casulo, guarda-móveis".

> **Ouvinte:** *(...)*
> **R.M.:** *É interessante o que você está dizendo, porque uma última observação que eu queria fazer a respeito deste texto – já temos que interromper em algum momento – é que a escrita aqui ganha o papel de um instrumento liberador exatamente porque não é colocada somente a serviço do desabafo da analista. Não é um diário íntimo o que ela está fazendo: "como me sinto mortificada, como essa paciente me aborrece, como me sinto mal, como sou burra", etc. Não está somente no nível lírico, eu diria. Por outro lado, ela não utiliza a escrita para fazer uma intelectualização defensiva, pensando só com conceitos. Esta é outra forma de resistência, que pode ser um instrumento emburrecedor do analista: "hoje temos aqui um Édipo fracassado no terceiro nível da etapa da individuação de Margaret Mahler, em função disso e daquilo...".*

Pode haver uma espécie de atordoamento pseudoconceitual, ao qual a escrita se presta. Isto pode ser visto em todas as linhas psicanalíticas; dependendo da sofisticação do aparelho conceitual, é mais evidente em certos casos do que em outros. Acho que tanto no *International Journal* quanto em publicações lacanianas vemos um uso das noções *para não pensar*; e o traço, a característica estilística que denuncia isto é o lugar-comum. Exemplos de lugares-comuns: *agradável surpresa, sucesso estrondoso*.

O lugar comum, em termos psicanalíticos, se revela facilmente na associação imediata de termos que fazem parte do vocabulário, mas que não têm nada a ver com o texto. Por exemplo: "a mulher, que é não-toda..." Não tem absolutamente nada a ver com o assunto tratado, mas, se falou em *mulher*, tem que acrescentar *que não é toda*; assim como, se o jornalista falou em *surpresa*, tem que dizer que ela é *agradável*; falou em *sucesso*, tem que dizer que foi *estrondoso*. A isto os trotskistas chamavam, em relação à linguagem stalinista, *la langue de bois*, a língua de madeira. Exemplos de lugares-comuns nesta linguagem: *futuro radioso, condutor dos povos, pai genial*. É um jogo que se pode fazer: eu falo um termo e você diz o outro; quem errar sai fora. Sucesso? Estrondoso. Ideia? Fantástica. E assim vai.

No vocabulário lacaniano, em especial, esses lugares-comuns são muito marcados. Ego? alienante; mulher? não-toda. De maneira um pouco menos sistemática, a mesma coisa acontece do lado britânico. Identificação? projetiva; superego? esmagador; etc. O lugar-comum funciona como uma espécie de muleta que nos protege da necessidade de pensar. Outros exemplos de lugares-comuns nós encontramos no texto de Nicole, na passagem que chamei de lacanagens dela. Apesar da aparência, não há aqui nenhum conceito: justamente por isso é um lugar-comum.

Mas no texto que estamos estudando, de modo geral, ela não usa a escrita deste modo. Ao invés de se servir dela para fazer uma espécie de delírio pseudo-conceitual em relação à paciente, ou apenas um desabafo lírico, o recurso que a autora usa o tempo todo é o de *deixar fluírem as imagens*. A imagem funciona neste texto de Nicole Berry, e no seu processo de elaboração, como algo que está a meio caminho entre a efusão lírica e o conceitual. Em certos momentos, a imagem *dá forma* à sua vivência, à sua experiência desse trabalho, e portanto está mais próxima de uma função lírica. Em outros momentos, ela dá margem a uma espécie de sublimação, no sentido químico de rarefazer a própria imagem rumo a um sentido mais conceitual.

Um último ponto: o nome da paciente. No texto, ela começa como Th., e só a partir de um certo momento é que passa a se chamar Thérèse. Eu diria que isto acontece quando ela ganha uma forma. Parece-me que a paciente ganha um nome a partir do momento em que a analista ganha uma compreensão suficiente para ela, analista, do processo metapsicológico da paciente. Na primeira vez que aparece, a palavra *Thérèse* vem logo depois de *simbolização*, depois da análise que ela faz da clivagem e da função defensiva desta clivagem.

Bem, com isto encerramos o comentário desse texto, e na próxima aula gostaria de falar um pouco sobre a questão dos *argumentos*.

11. Lógica da argumentação

Depois de vermos, com o texto de Nicole Berry, alguns aspectos da escrita na sua relação com o trabalho clínico propriamente dito, gostaria de utilizar a aula de hoje para focalizar um outro problema. Trata-se daquilo que David Tuckett, o editor do *International Journal of Psychoanalysis*, denomina "a qualidade da argumentação".

Tive acesso a um documento redigido por ele, "Avaliando Publicações Psicanalíticas". Este documento enumera os critérios com os quais o conselho editorial do *IJP* avalia os trabalhos que lhe são submetidos para publicação. Como o *International Journal* é uma revista de alcance mundial, não pode ter padrões absolutamente idênticos, tanto porque boa parte dos autores não escrevem em inglês, quanto pelo fato de que os contextos culturais da psicanálise têm certa relevância: a escrita psicanalítica não se faz da mesma maneira na Argentina ou na Dinamarca. Então, eles acabaram estabelecendo editorias regionais, o que mostra uma capacidade de adaptação bastante invejável. Assim, a primeira barreira – alguns artigos eram rejeitados porque estavam escritos num inglês ruim demais para os padrões estilísticos da revista – desapareceu: os artigos podem ser enviados em espanhol, português, inglês, francês ou alemão, e serão lidos por assessores fluentes nestas línguas. E, na medida em que procuram ter mais de um assessor para cada texto enviado, as chances de um julgamento excessivamente subjetivo, segundo eles, também diminuiu um pouco.

Em seguida, Tuckett enumera quais são os critérios que usam. O primeiro deles é "evitar decidir com base em concordâncias ou discordâncias subjetivas". Uma vez estabelecido este princípio fundamental, a proposta é que haja *diferentes dimensões de avaliação*, o que exige, diz ele, "que se conceituem estas dimensões e se saiba como reconhecê-las na prática". Há cinco destas dimensões, que logo mais vou especificar.

O que Tuckett diz sobre a avaliação de artigos se aplica *ipsis litteris* à redação deles, e não só para o *International Journal*; é por isso que estou comentando este texto. Talvez aqueles de vocês que são professores sejam sensíveis à dificuldade de avaliar um trabalho deste tipo, para além da concordância ou discordância pessoal. Dificilmente dois analistas quaisquer concordarão de modo total sobre um dado conjunto de afirmações; acho que isto é compreensível, e não vejo problema nenhum aí. Por outro lado, a fantasia da arbitrariedade total – cada um vê no material o que quer, não há nenhum critério para nos prevenir contra a arbitrariedade da interpretação – é desmentida na prática, como todos sabemos, embora às vezes façamos de conta que não.

Como é desmentida na prática? Vou dar um exemplo. Em 1994, foi realizado pelo Núcleo de Subjetividade aqui da PUC um colóquio que tinha como tema um livro de Althusser, a sua autobiografia *O futuro dura muito tempo*. A ideia foi de Alfredo Naffah Neto: ele queria reunir psicólogos de várias linhas para discutir uma questão clínica. E se colocava um problema grave: se o material a ser discutido fosse um caso atendido por qualquer deles, já se tornaria difícil para os que trabalham em outras perspectivas até entender do que se estaria falando, quanto mais poder manifestar suas opiniões. Então, foi ótima a ideia de escolher um livro de interesse clínico evidente, para servir de material comum a todos.[1]

Esta experiência mostrou que é possível o diálogo em torno de um mesmo tipo de material. Para mim, pessoalmente, foi muito gratificante perceber que os três analistas que participaram da mesa de psicanálise, que eram Mario Fuks, Luis Carlos Menezes e eu, tínhamos coisas muito parecidas para dizer sobre este texto; e não só porque tivéssemos alguns preconceitos em comum, mas

---

[1] Minha contribuição ao colóquio pode ser encontrada em: Mezan, R. (2021). Um homem de luto por si mesmo. In *Tempo de muda* (2ª ed). Blucher.

porque o próprio texto impunha certas linhas de leitura. Mario, por exemplo, fez comentários muito interessantes a partir de uma coisa que o sensibilizou, e que passou inteiramente em branco para o Menezes e para mim: a importância das metáforas vegetais no texto de Althusser. Quando ele passa uma temporada na casa da avó, descreve flores, plantas, frutos, etc. de uma maneira muito poética; isto chamou a atenção do Mario, e ele baseou uma parte das suas considerações neste ponto. Esta é uma questão de sensibilidade pessoal; fantasias contratransferenciais, ou alguma outra coisa, o fizeram associar a partir desta parte do livro, que não sensibilizou os outros comentadores.

Já Menezes comentou um sonho que Althusser disse que tinha com frequência quando pequeno; abria um armário e saía uma espécie de monstro, um Alien ou alguma coisa semelhante. Menezes interpretou aquela coisa sem forma e sem fundo como uma representação assustadora da libido do adolescente Althusser. Eu li exatamente o mesmo sonho e me perguntei o que significava; não atinei com a interpretação, nem essa, nem outra; mas me lembro que esta história me pareceu importante, provavelmente pelos mesmos motivos que fizeram Menezes lhe dar destaque. Por outro lado, o mesmo Menezes discordava de alguma coisa que eu tinha dito sobre o que me parecia ser a patologia da mãe de Althusser.

Havia sem dúvida um território comum; o foco psicanalítico havia levado a que os três atentassem para certos problemas, de maneira global, com margens de variação individual. E certamente estes problemas não eram aqueles que o psicodramatista ou o terapeuta da Gestalt tinham enxergado neste material. O que este colóquio prova é que é perfeitamente possível ter um terreno comum de discussão, seja entre diversas linhas da psicologia, seja – o que a mim interessa mais – entre diversas linhas dentro da psicanálise.

Estilo pessoal ou erros de gramática?

Quais são, então, os cinco critérios que orientam o trabalho dos assessores do *IJP*? Primeiro, o estilo retórico; segundo, as próprias ideias; terceiro, a qualidade da argumentação, erros factuais ou a estreiteza do ponto de vista; quarto, a qualidade da evidência; e quinto, os exemplos clínicos.

Comecemos pelo "estilo retórico". Diz ele: "as culturas possuem diferentes estilos de escrever, bem como os indivíduos dentro das culturas. Limitando-me apenas às diferenças entre autores treinados na minha própria Sociedade Britânica, consideremos os estilos extremamente variados de alguns dos seus principais colaboradores: Jones, Winnicott, Matte-Blanco, Bion, Segal, Rosenfeld, Joseph Sandler, para citar apenas alguns. Considerando estes pensadores, se poderia estabelecer um significativo contraste entre o chamado estilo anglo-saxônico, utilizado por diferentes autores ingleses, e o estilo "fazendo-alguma-coisa-acontecer-na-cabeça-do-leitor" de Winnicott, Matte-Blanco ou Bion. Chamo a atenção para isso porque às vezes se diz que tais diferenças dividem principalmente regiões geográficas e culturais".

Esta é uma afirmação extremamente interessante. O chamado estilo anglo-saxônico é na verdade copiado das revistas científicas americanas, que não se preocupam nem um pouco com a dimensão literária do texto, e sim com a informação factual. De tal maneira que quanto mais rápido e condensado, e com um certo distanciamento "objetivo", melhor. Um trabalho como o de Nicole Berry, por exemplo, dificilmente apareceria na revista da Associação Psicanalítica Americana.

No entanto, como bem lembra aqui Tuckett, os próprios ingleses também têm diferenças consideráveis entre si, desde o estilo bastante tradicional de Betty Joseph – os que conhecem os trabalhos dela sabem disso – até o que ele chama aqui, de maneira engraçada, "fazendo-alguma-coisa-acontecer-na-cabeça-do-leitor": é o estilo de Bion, por exemplo, tudo menos demonstrativo. Ora, um homem como Conrad Stein, formado na tradição francesa, provavelmente concordaria com Bion sobre este ponto. Stein disse uma vez que um artigo de psicanálise é feito para produzir livre-associações, e só. O bom artigo, segundo ele, é aquele que nos faz sonhar, nos faz associar, e introduzir nossas próprias hipóteses. Para mim, sob o céu de Alá existe sol para todos: tanto para os humildes artigos psicanalíticos que procuram demonstrar ou explicar alguma coisa como para esses que fazem-alguma-coisa-acontecer-na-cabeça-do-leitor.

De qualquer maneira, segundo Tuckett, estas diferenças de estilo podem ser chamadas de *referência retórica*, e o estilo de escrever pode variar muito, é muito subjetivo. "Acredito, diz ele, que um artigo difícil, que exige esforço emocional e intelectual, *pode* provocar uma experiência de aprendizagem mais profunda". Insisto neste *pode*: não é que *deve* ou que *vai*, mas *pode*. Um certo grau de dificuldade pode ser um estímulo para isso que ele chama de uma "experiência de aprendizagem mais profunda". Também pode assustar o leitor, fazendo com que ele fuja da leitura e desenvolva uma atitude fóbica em relação ao artigo ou ao seu autor (o que acabou acontecendo com Lacan).

Continua Tuckett: "Com a notável exceção de Freud, um estilo retórico bem sucedido e a qualidade da contribuição de um autor para o pensamento científico não andam necessariamente juntos. Grande parte dos artigos escritos hoje em dia são estilisticamente sem graça. Sugiro que é tarefa do editor transmitir comentários ao autor acerca das dificuldades que seu estilo possa, sem querer, ter causado para o leitor. Por exemplo, dando a ideia de ser arrogante, tortuoso, místico, mistificador, entediante, prolixo, etc. Porém, o estilo só seria uma questão que impedisse a publicação caso fosse considerado como levando a uma falta de compreensão irrecuperável".

Que nível de dificuldade leva a esse julgamento? Vai depender da concepção que o avaliador tem do que é a *readability*, a legibilidade. E aí ele diz que no caso deles, que são uma revista com audiência internacional, isso leva a critérios um tanto diferentes do que se se tratasse de uma revista nacional do Brasil, da França, etc., ou dirigida a um leitor mais geral. "Se outros critérios fossem satisfeitos, eu pessoalmente só rejeitaria por questões de estilo um artigo que um autor não quis modificar se achasse que *nenhum* dos meus leitores o fosse compreender, e mesmo assim com o coração pesado. Editores devem assumir riscos, e tem sido tradição do *International* publicar trabalhos inovadores, fora de qualquer contexto institucional imediato."

Esta declaração de Tuckett me fez pensar bastante, por causa da minha insistência na escrita correta. Uma coisa é o estilo de cada autor: uns são mais poéticos, outros mais prosaicos; uns mais concisos, outros mais prolixos, etc. O artigo de Nicole Berry tem um andamento e um tom diferentes dos que vimos Freud utilizar na história do Homem dos Ratos, ou do que aparece no meu trabalho que estudamos nas primeiras aulas deste curso. Mas a correção gramatical é outra coisa, e, a meu ver, não pode ser deixada de lado. Um erro é um erro, e deve ser corrigido: é uma questão de respeito frente ao leitor. Para isto, usam-se dicionários, gramáticas, ou os serviços de um revisor, se a pessoa achar que não dá conta da tarefa sozinha.

Esta é uma *opinião*, insisto nisto; acho que é uma opinião fundamentada, mas é uma *opinião*; outros pensarão diferente. Estou vendo uma certa agitação, não sei se é porque já está adiantada a hora ou se porque o que estou dizendo inspira cuidados.

> **Ouvinte:** *(...)*
>
> **R.M.:** *É verdade, há uma certa intimidação nisto. Mas é uma intimidação amigável, ao menos pelos ecos que costumam nos chegar no conselho editorial da* Percurso. *Para um ou outro autor que fica bravo porque colocamos suas vírgulas no lugar, há muitos mais que se declaram muito satisfeitos com as correções e com as sugestões editoriais que lhes foram feitas. Por exemplo, diversos colegas que passaram muito tempo no exterior acabam escrevendo em inglês ou em francês com palavras em português, o que produz um efeito muito esquisito; outros textos têm frases incompreensíveis porque os verbos não estão nos tempos certos; etc., etc. Por outro lado, as pessoas conhecem as regras muito mais do que se dão conta. Há uma dose considerável de descuido e de falta do quarto elemento do método cartesiano: revisar tantas vezes quantas necessárias para ter certeza de que não se esqueceu nada. Isto foi dito em 1637, num grande* best-seller *chamado Discurso do Método, em que Descartes mencionava como quarta regra do seu método fazer revisões. Não estou brincando, nem inventando: o método tem quatro regras, e a última é revisar.*

Agora, deixando de lado este aspecto, a questão que Tuckett levanta sobre o estilo de escrever é delicada, porque no estilo se revela o homem, dizia um francês do século XVIII; e há um limite para o nível de intervenção editorial, seja no conselho editorial de uma revista, seja na orientação da tese, ou na correção de trabalhos: em qualquer avaliação de texto. O limite é a maneira pela qual cada um se expressa; é o que vimos comentando o artigo sobre o Teatro de Arena. Esta maneira aparece às vezes em características como o uso da vírgula, ou a forma de colocar os apostos.

Há também trabalhos que são extremamente bem escritos, é preciso reconhecer. Ali se vê que a pessoa gosta daquilo, investiu libidinalmente para aprender a escrever direito; tem talento, facilidade, e principalmente disciplina.

De qualquer forma, este é o primeiro nível que Tuckett comenta, porque é o que mais imediatamente salta aos olhos. É mais difícil nos interessarmos por um trabalho mal redigido do que por um bem redigido. A sensação de confusão que experimentamos não é a mesma que é evocada, por exemplo, pelo início do artigo de Nicole Berry, onde pudemos perceber o uso deliberado de uma certa obscuridade para provocar um determinado efeito no leitor. Isso não se deve a que Nicole Berry escreva mal; pelo contrário, escreve muito bem. Ela utilizou um recurso: uma certa ambiguidade, a não-localização no tempo e no espaço... Isto é completamente diferente de um texto mal escrito, onde não sabemos qual é o sujeito e qual é o objeto da oração.

A qualidade do raciocínio

Aí vem um segundo tópico: as ideias em si. Ele diz que um bom artigo deve ter novas ideias: "queremos que os artigos nos façam ter novas ideias, e portanto devem dizer algo novo". Obviamente, *como* isto é feito é uma questão muito sutil, e também em parte depende do leitor, pois o que é novo para um pode não ser novo para outro. No entanto, algumas características gerais podem ser exigidas das ideias apresentadas em qualquer artigo; e ele as enumera.

"Primeiro, *qualidade do raciocínio presente nas ideias*, evidência de que o autor raciocinou e elaborou, pelo menos em sua própria mente, as hipóteses e as implicações do argumento". Aqui ele confronta o pensamento escrito com o pensamento oral; numa apresentação oral, pode haver aquilo a que ele chama *pensamento esboçado*. Às vezes eu mesmo, dando uma destas aulas, me defronto com essa dificuldade; é um pensamento se fazendo, e então são perfeitamente admissíveis a hesitação, as idas e vindas, os falsos começos, conclusões não inteiramente assentadas naquilo que disse anteriormente, e assim por diante; é o estilo da argumentação oral.

Mas, diz ele, na forma escrita e publicada, quando o *feedback* daquilo que dizemos só nos chega muito tempo depois, "esperamos que o autor reflita sobre aquilo que está dizendo". E este ponto – a *qualidade do raciocínio* – tem muito a ver com os nossos problemas. "No que se refere às ideias principais de um texto escrito", continua Tuckett, "exigimos que um pensamento elaborado nos faça penetrar no assunto em discussão, e não apenas numa rede de possibilidades vagas. Os termos precisam ser definidos de modo que saibamos o que está sendo discutido, e os conceitos precisam ter coerência interna."

E agora estas normas, até aqui bastante genéricas, vão ser ilustradas com um exemplo. Trata-se de um artigo sobre psicossomática recusado pelo corpo editorial do *IJP*, e que aqui é chamado de *artigo A*. Tuckett se refere a ele: "no artigo A, alude-se a debates e contraste entre opiniões, mas estes nunca são desenvolvidos para esclarecer as técnicas que o autor deseja que o leitor julgue. (Por exemplo: o autor diz que atendeu seu paciente "de acordo com uma técnica estritamente psicanalítica", R.M.) "Se um autor, como no caso deste artigo, sustenta que a técnica estritamente psicanalítica não é suficiente para atender pacientes psicossomáticos, então o leitor tem o direito de saber o que o autor entende por *técnica estritamente psicanalítica*".

Este tipo de equívoco é muito frequente nos trabalhos que lemos aqui na faculdade. Um pequeno esforço de definição dos termos que estão sendo empregados evitaria enormes discussões para saber o que o autor pretendeu dizer. Isso pode ser feito citando a definição do *Vocabulário de psicanálise,* eventualmente comentando-a ou alterando-a segundo as nossas necessidades, ou referindo-se a um texto conhecido de Freud, ou de outros. Não custa nada, em suma, identificar os termos básicos. Tuckett: "uma das funções do artigo poderia ser introduzir as ideias da escola psicossomática de Paris". Como o autor fez isso? "Isso é tentado a partir de umas poucas citações, que ou são demais para aqueles que conhecem a escola, ou muito poucas e obscuras para serem úteis a quem não a conhece."

Esse é outro problema que já encontramos aqui, o do "leitor suposto". Em *A instituição imaginária da sociedade,*[2] Castoriadis comenta uma frase de

---

2   Castoriadis, C. (1975). *L'Institution imaginaire de la société.* Le Seuil. Trad. bras: A Instituição Imaginária da Sociedade, 1982, Paz e Terra.

Aristóteles, na qual o filósofo discute o *"pros ten ikanós"*. Este é um termo grego que significa *suficientemente quanto ao uso*; eu costumo traduzir, de maneira mais prosaica, como "dá para o gasto". Até quando devemos responder a pergunta de uma criança sobre a sua origem? Diria Aristóteles: *pros ten ikanós*, suficientemente quanto ao uso; ou seja, até que a criança se satisfaça. Se ela se satisfaz ouvindo que veio da barriga da mamãe, não é preciso dizer como ela foi parar lá, se ela não perguntar. Quando perguntar, terá a resposta, e assim sucessivamente.

Esse "dá para o gasto" é um ponto sobre o qual tenho insistido bastante, porque é uma questão que aparece invariavelmente na orientação, na escrita das teses e de textos com os quais tenho contato. Até onde devo ir na investigação de uma determinada questão, na citação de um determinado autor, na explicação de um determinado texto? E a resposta só pode ser, genericamente: o tanto que dê para o gasto, isto é, aquilo de que você tiver necessidade para fundamentar o seu argumento, para ilustrar a sua posição, para fazer com que o leitor compreenda do que você está falando. A partir deste momento, não é mais necessária essa marcha regressiva; senão, para falar de cada tópico em psicanálise, seria preciso citar a obra inteira de Freud.

Por exemplo, neste caso, o que teria sido recomendável? O próprio Tuckett responde: "Fazer uma referência clara à escola e uma descrição breve e pensada dos seus pontos essenciais, ou escolher uma citação cuidadosamente articulada. ... Essas ideias são apresentadas, mas não são nem *trabalhadas* nem *explicadas*. Em nenhum momento, a palavra 'psicossomático' é ilustrada com uma descrição clínica, de modo a permitir que saibamos o que está em discussão. O autor afirma que '*os sintomas contam uma história inconsciente*'; este é um dos nossos artigos de fé psicanalíticos, mas deixa a questão realmente interessante de lado: *como* a psique está representada na doença psicossomática?".

Este é um fato que já tenho observado algumas vezes nestas aulas: a questão dos níveis de argumentação. Aqui, quando o autor diz que os sintomas contam uma história inconsciente, isto vale para a psicossomática e para qualquer outra forma de patologia focalizável pela psicanálise, porque é a definição do *sintoma*. O que interessa num artigo sobre a psicossomática não é afirmar apenas que os sintomas contam uma história inconsciente, mas estabelecer, minimamente, uma hipótese que dê conta de *por que* estes sintomas psicossomáticos contam *isto* (qual é a história), *de que maneira* ela está "narrada", e por que o paciente teve que recorrer a *esta* linguagem, a psicossomática, quando outras – talvez menos penosas – estariam "disponíveis".

Qual é o erro do autor, neste caso? Ele pretendeu ilustrar um ponto-chave do artigo com uma afirmação *genérica demais*. Esta discrepância entre a afirmação e a sua justificação enfraquece a posição do autor. Esta é uma recomendação de Tuckett da qual temos todo o interesse em tirar proveito. Os exemplos devem ser congruentes com aquilo que eles precisam ilustrar; os argumentos têm que, minimamente, se referir àquilo que nós desejamos que seja discutido.

Agora estamos em outra questão, completamente diferente de se a pessoa escreve bem ou mal, se eu gosto ou não do estilo literário deste autor. A este outro tópico, Tuckett chama *qualidade do raciocínio*. É justamente a forma de encadear os argumentos uns nos outros e ter alguma linha de progressão: algo em que não me canso de insistir. Quando se escreve um trabalho, é preciso resolver se você vai partir do imediato para o conceitual, descrevendo alguma coisa e tentando tirar daí quais são as constantes: montar a teoria a partir do empírico. Esta é uma linha.

Também existe a forma dedutiva, que é a linha inversa. É por exemplo a forma como Freud trabalha no "Esboço de psicanálise", o último trabalho dele, de 1938.[3] Começamos com as grandes afirmações – o inconsciente é..., a psicanálise é..., a pulsão é... – e a partir daí vão-se deduzindo teoremas sucessivos a partir destes postulados. Neste caso vale a regra da geometria: cada teorema, isto é, cada afirmação subsequente, tem que estar solidamente escorada naquilo que veio antes. O critério para um raciocínio dedutivo é que não pode ter furos; foi o que procurei ilustrar no primeiro semestre, através do que chamei de dominó. Isto não é muito fácil de fazer. É mais simples, para quem está se exercitando, partir do imediato e procurar encontrar o genérico, como se faz por exemplo na supervisão: ver quais são os elementos mais gerais que estão encarnados naquela situação.

---

3   Freud, S. (1938). *Abriss der Psychoanalyse: 18689*. Reclam Verlag. Trad. bras. OCCL, vol. XIX, e também na série *Obras Incompletas de Sigmund Freud*, 2014 (Pedro Heliodoro). Autêntica.

Terceira linha de progressão: do passado para o presente ou, inversamente, do presente para o passado. Quarta linha de progressão: um contraste do qual surge uma questão, por exemplo, duas afirmações opostas a respeito do mesmo problema. Isto gera uma certa tensão, e a partir daí vamos desenvolvendo.

Um exemplo desta forma de proceder vocês encontram na abertura de *Freud: pensador da cultura*, quando oponho duas afirmações de Freud a respeito da sua relação com Viena. Numa ele diz que detesta a cidade, e que, ao contrário do gigante Anteu, que ganhava forças quando pisava no solo materno, ele se sente muito melhor quando sai de Viena. Então, é uma declaração de hostilidade e de ódio pela cidade. Logo abaixo vem uma outra frase, dele também, dizendo que "a psicanálise ainda não encontrou um lar mais favorável para o seu desenvolvimento do que a cidade na qual nasceu e cresceu", frase esta que se encontra em algum porto do *Moisés e o monoteísmo*. Esta é uma forma de trabalhar que requer um pouco de habilidade no manejo das ideias. As duas frases mostram atitudes completamente opostas de Freud em relação a Viena. Por que será que isto acontece? A resposta leva um capítulo inteiro, estudando como era Viena, como ele estava dentro de Viena, sua biografia, etc., etc.

É uma forma de se começar um trabalho, a partir da qual vai-se escavando; isto pode ser feito com diversos outros assuntos. Alguém está estudando um determinado fenômeno, a respeito do qual existem a tese A e a tese B. Elas podem ser enunciadas, e em seguida esta oposição pode ser explorada, de modo a construir o argumento a partir desta oposição.

Seja como for, a ideia é que um trabalho deve ter uma *linha de progressão*. Onde estamos? Para onde vamos? Através de que caminho? Muitas vezes, esta pode ser a função do exame de qualificação: ajudar a encontrar um eixo para o trabalho do estudante.

Coerência entre argumentos e exemplos

O terceiro tópico que Tuckett menciona é a *qualidade da argumentação*. O que é qualidade da argumentação? Todo artigo, todo texto, visa a persuadir. A qualidade da argumentação é responsável pelo efeito de persuasão que conseguimos. Do que ela depende? A meu ver, pelo menos de dois fatores: primeiro, que as premissas sejam claras, isto é, que saibamos de onde estamos partindo; segundo, que os argumentos se encadeiem nestas premissas de maneira tanto quanto possível completa, e, se isto não for possível, pelo menos que os furos sejam indicados. Por exemplo, dizer claramente: aqui permanece uma obscuridade, neste ponto não consigo decidir se A ou B.

A única regra prática que se pode dar aqui é a seguinte: na medida do possível, devemos procurar evitar saltos muito malabarísticos. Se você está argumentando num determinado plano, procure passar para o plano seguinte, seja superior ou inferior, de uma maneira relativamente suave. Para isso, o uso de palavras como *portanto, por outro lado, além disso, com efeito, vemos também que*, etc. pode ajudar bastante no estabelecimento daquilo que gosto de chamar de "costura" do texto. O tipo de costura que vai se fazer depende, evidentemente, do plano geral.

O importante é que o exemplo tenha a ver com o argumento que ele deve ilustrar: se se trata de estudar uma relação passional, que o caso escolhido seja efetivamente uma relação passional, e não um amor platônico. Aqui Tuckett diz que quando um artigo envolve raciocínio indutivo, uma questão importante será a evidência usada para apoiar as conclusões. "Do ponto de vista da argumentação lógica, a questão é se o tipo de evidência apresentável é logicamente apropriado para o item em discussão." E aí ele dá um exemplo que aconteceu com ele próprio. "Num artigo recente que andei rascunhando a respeito da atuação, uma colega mais velha observou que o material clínico que eu estava descrevendo não lhe parecia ser diretamente relevante para o que estava tentando provar. Tive então de reavaliar se o exemplo era realmente inadequado, ou se eu tinha fracassado em explicar adequadamente a ligação entre o exemplo e a teoria que estava procurando desenvolver sobre a atuação." As duas coisas são possíveis.

Então, vejam: eis um homem que visivelmente tem experiência em escrever, e vasta experiência em avaliar exatamente isto que a colega mais velha criticou no seu trabalho. No entanto, ela exprimiu dúvidas sobre se o exemplo era ou não adequado. Isto é o nosso pão cotidiano, e, se vocês pretendem fazer pesquisa, vão viver este dilema até o fim dos seus dias. Não é porque um dia acabamos de fazer a tese que tudo está resolvido. E, com bastante autocrítica, ele aceita a objeção da leitora, perguntando-se: será que o exemplo não era adequado, ou eu é que não consegui estabelecer bem o elo, a argumentação lógica, de maneira que este exemplo rendesse o efeito que buscava com ele? Ambas as possibilidades exigem uma revisão do que ele tinha escrito.

Muitas vezes vemos, em trabalhos de estudantes, um bom exemplo mal aproveitado. Poderia render mais, assim como disse na aula anterior sobre a questão da metáfora: às vezes temos uma boa imagem e deixamos de bordá-la; ela é jogada fora depressa demais. Frequentemente acontece a mesma coisa com os exemplos.

> **Wilson:** *(Pergunta sobre a diferença entre raciocínio indutivo e raciocínio dedutivo)*
>
> **R.M.:** *Se você se refere à lógica formal, o raciocínio dedutivo vai do geral para o particular. Exemplo: todo homem é mortal, Sócrates é homem, Sócrates é mortal. Aqui você parte de uma afirmação geral e procura mostrar que tal é o caso; se todo homem é mortal, se Sócrates faz parte da categoria dos homens, e se a categoria dos homens está incluída na categoria dos mortais, por conseguinte Sócrates está incluído na categoria dos mortais. O que faz a ponte aqui, o dominó, é chamado por Aristóteles termo médio. Neste caso, o termo médio é o conceito de homem. O que acontece? Das premissas para a conclusão, o termo médio – homem – desaparece. Este é um silogismo clássico.*

Qual seria o raciocínio *indutivo*, usando esses mesmos exemplos? Eu teria que começar com o particular, e encontrar *qual é a classe geral* a que pertence este particular. No raciocínio dedutivo o problema é descobrir se tal é o caso – se é o caso, ou não, que Sócrates seja mortal; no raciocínio indutivo o problema é descobrir a que classe pertence Sócrates. Então, qual seria o raciocínio indutivo aqui?

> **Ouvinte:** *(...)*
>
> **R.M.:** *Se digo que Sócrates é um cachorro e que alguns mortais são homens, disso não posso concluir nada, porque não há termo*

médio. Vocês ficariam espantados ao ver a quantidade de argumentos do estilo "silogismo com quatro termos" que encontramos lendo trabalhos e teses.

O que seria um raciocínio indutivo, usando o exemplo de Sócrates? É preciso saber se Sócrates é um homem ou outro tipo de ser. Eu começaria por estabelecer algumas características da classe dos homens, e veria se Sócrates se encaixa nessas categorias, a fim de avaliar a probalidade de Sócrates ser um homem. Por exemplo, Sócrates anda sobre duas pernas, homens andam sobre duas pernas; Sócrates tem barba, etc. – até encontrar um, ou vários, que permitam afirmar que Sócrates pertence à espécie humana.

Se o silogismo for bem construído, o raciocínio é absolutamente seguro. O raciocínio indutivo é menos seguro; preciso sempre me preocupar em ir encontrando quais são as classes mais próximas daquele indivíduo. Um exemplo de raciocínio indutivo é o diagnóstico: este indivíduo é *borderline*, psicopata, neurótico, esquizofrênico... Existe um certo conjunto de traços que define cada uma dessas classe; tenho que decidir se X pertence à classe A, ou à classe B. O que vou fazer? Vou observar certos traços desse indivíduo, confrontá-los com os traços genéricos, e procurar quais são os indícios de que a classe é esta e não outra. Isto é, no material de que disponho, quais são os elementos que fazem convergir para a suposição de que ele seja desse ou daquele tipo.

O atlas de Rorschach é outro exemplo de indução. O que é um atlas de Rorschach? É uma enorme série de elementos para tradução. Na primeira prancha, ter visto tal coisa sugere tal outra coisa, digamos um uso maciço da projeção defensiva. Mas, baseado apenas nisto, não posso dizer que este indivíduo é psicótico. Preciso também olhar na prancha 3, na 5, na 7 e na 9; se outros elementos confirmam esta afirmação, então é bastante provável que, por fazer um uso maciço da defesa em questão, e também por outras características convergentes com esta, ele pertença a tal ou qual categoria.

Todo raciocínio indutivo, com mais razão ainda do que no dedutivo, exige *classes próximas*. Quando Aristóteles faz o estudo da definição, ele estabelece uma coisa que até hoje é usada na classificação científica. Diz que para definir uma determinada coisa, precisamos de pelo menos dois elementos: o *gênero próximo* e a *diferença específica*. *Espécie* é uma categoria menos ampla do que *gênero*, de onde *específico* designar algo mais restrito do que *genérico*, ainda hoje, na língua portuguesa. Exemplo de uma definição assim: *canis lupus*, gênero cães, espécie lobo; é diferente do *canis canis*, que é o cachorro doméstico, ou do *canis vulpus*, que é a raposa. Dentro do gênero *canis* há várias espécies. Mas posso tomar *canis canis* como sendo agora o gênero, e dizer que existem diferentes *raças* de cachorro: boxer, cocker, pastor. Posso tomar o *pastor* como gênero, como categoria mais ampla, e dizer que existem o pastor alemão, o pastor belga, etc. Então, vou ter sempre uma categoria mais ampla, e dentro desta uma menos ampla, que se encaixa na primeira. No sistema inventado por Lineu, que decoramos para o vestibular de biologia, ocorre exatamente isso: ordem, família, filo, etc.

Ora, quando estamos construindo um argumento, isso é muito relevante para decidir para que lado vamos. Por exemplo, é possível cometer um erro muito comum: permanecemos sempre dentro do mesmo plano, digamos o da espécie, imaginando que estamos subindo na escala rumo ao gênero, à família e assim sucessivamente. Um exemplo em psicanálise: a defesa maníaca. Dentro do gênero *defesas*, a defesa maníaca possui as características A, B, C. Junto com a cisão e a negação, a defesa maníaca forma classicamente, no pensamento kleiniano, um certo tipo de recurso usado contra as angústias persecutórias. Se vejo alguém que emprega a defesa maníaca, e além disso noto um uso constante de cisão e projeção nesta mesma pessoa, posso indutivamente concluir que provavelmente as angústias predominantes neste indivíduo são de tipo persecutório. Aqui é a teoria que funciona como um jogo de armar.

Ora, se suponho que as angústias são de tipo persecutório, então tenho que voltar ao material e confirmar *nele* que as angústias são *mesmo* de tipo persecutório. Aqui intervém uma regra fundamental: não posso fazer isso usando o mesmo material que me permitiu estabelecer a hipótese. Se proceder assim, o raciocínio fica circular, e este erro se chama uma "petição de princípio". Eu observo um certo tipo de comportamento; se acredito ver nele a ação de uma defesa maníaca, já fiz uma primeira indução: X é elemento da classe Y – tal coisa é uma defesa maníaca.

Agora, a teoria diz que defesas maníacas geralmente acompanham mecanismos de cisão e de projeção. Será que neste caso é verdade? Volto ao material e me pergunto se é possível identificar cisões e projeções em doses suficientes. Suponhamos que seja: neste caso, provavelmente tenho a constelação clássica. A teoria ainda me diz que este tipo de defesa costuma proteger contra angústias de tipo persecutório. Posso então me referir a um outro momento da sessão, ou a uma outra sessão, e encontrar elementos que permitam supor, nesta pessoa, a presença de angústias persecutórias. Para poder dizer que *esta* defesa protege contra *esta* angústia, preciso de um passo a mais; preciso de algum sonho, por exemplo, ou de alguma situação na qual as angústias e as defesas se apresentem razoavelmente acopladas.

Creio que é a isso que Tuckett está se referindo quando fala na qualidade da *evidência*. Não posso escolher, para demonstrar a presença de angústias persecutórias, um exemplo no qual o indivíduo está deprimido porque o seu pai morreu. Mas se este indivíduo tiver medo que o seu pai venha se vingar porque ele não o enterrou adequadamente – como no sonho de Freud *Pede-se Fechar os Olhos* – então posso supor a presença de angústias persecutórias, porque a figura, neste exemplo que estou imaginando, é a de um perseguidor. Sentir-me *triste* pela perda de um ente querido é algo bastante diferente de me sentir *culpado* e ter medo que ele volte para se vingar de mim porque não cumpri o meu dever para com ele. Nesse caso, estamos diante de uma fantasia de perseguição. Se é uma fantasia de perseguição, suponho que deva haver aí uma angústia persecutória. Como o sujeito se protege disto? Digamos que ele se proteja pela cisão, criando dois indivíduos absolutamente separados: o pai que vem perseguir, e o pai idealizado que repousa no céu, alguma coisa desse gênero. Então, se essa cisão estiver presente, posso ir encontrando a constelação classicamente descrita por Melanie Klein a respeito destas questões.

Na prática, não é tão difícil fazer isso; fazemos o tempo todo, quando escolhemos uma entre várias interpretações possíveis para uma determinada situação de sessão. O que vamos destacar: o aspecto transferencial? A dimensão do desejo? O aspecto defensivo?, A resistência? A repetição? A teoria proporciona diferentes possibilidades de abordar um dado fenômeno.

Vamos então em frente. Depois de dizer que, quando um artigo envolve raciocínio indutivo, uma questão importante será a evidência usada para apoiar as conclusões, Tuckett traz o exemplo do artigo A, que é este da psicossomática. E diz o seguinte: "Se consideramos a qualidade do argumento no artigo A, independentemente de os assuntos discutidos ou dos pontos levantados serem interessantes em si mesmos, há uma série de problemas na sua forma atual. Um deles é o apoio exagerado em Freud como autoridade – se Freud disse, deve ser verdade. Citações de Freud tendem a tomar o lugar do argumento. No entanto, a forma de argumentação pode ser examinada mais de perto olhando-se para o próprio texto".

Equívocos comuns na argumentação

E é isso que ele faz em seguida, dizendo: "na página 5, por exemplo, o autor afirma que 'o pressuposto básico de unidade somato-psíquica do ser humano permite-nos entender fenômenos psíquicos, bem como físicos, como a soma de interações dinâmicas baseadas em processos de organização e de-sorganização. A menos que tenham um significado simbólico, as desordens somáticas são parte de uma economia geral da qual a psique é testemunha, e a qual coordena'. Um dos avaliadores deste artigo comentou que, primeiro, o que deve ser demonstrado e discutido é enunciado como tendo sido demonstrado. Por exemplo, *afirma-se* que 'os fenômenos psíquicos e físicos são uma soma de interações dinâmicas'. Em segundo lugar, os conceitos aparecem sem elaboração e sem exemplificação: não recebemos nenhuma informação, nesse trecho ou em outro lugar, do que o autor quer dizer com 'interações dinâmicas', 'processos de organização e desorganização', etc. O argumento é de fato uma afirmação não-trabalhada, baseada no pressuposto básico, sem nenhum outro conteúdo de apoio; formalmente é uma petição de princípio, o que quer dizer que, embora possamos concordar, gostar ou nos interessar por essas proposições, não aprendemos nada de novo que nos convença acerca da veracidade delas".

Bom. Fiquei um pouco intrigado com esta afirmação, e fui ao texto A para ver o que o autor dizia. De maneira geral, o princípio que Tuckett enuncia aqui – o argumento deve ter alguma demonstração – me parece saudável; não devemos fazer afirmações sem pelo menos tentar prová-las. Ocorre que "demonstrar pressupostos", já que ele está falando de lógica, é uma pretensão um pouco absurda, porque um *pressuposto* não pode ser demonstrado. Para o avaliador, o problema do artigo consiste em que aquilo que *deve* ser demonstrado e discutido é enunciado como *tendo sido* demonstrado; não é o que vi na afirmação do autor do artigo A.

Este escreve: "O pressuposto básico da unidade somato-psíquica... permite-nos entender os fenômenos psíquicos e físicos como uma soma de interações dinâmicas baseadas em processos de organização e desorganização". Este é o pressuposto dele; se é pressuposto, não há nada para ser demonstrado. Aristóteles dizia que dos primeiros princípios não há demonstração: ou eles são evidentes por si mesmos, ou não querem dizer nada. Em geometria, por exemplo, os elementos fundamentais são apresentados e formam os axiomas. Axiomas não são *definidos*, mas *enunciados*, e supõe-se que sejam evidentes por si mesmos, como a afirmação de que dois segmentos iguais a um terceiro são iguais entre si. A partir de um certo grau de complexidade é que as afirmações deixam de ser evidentes por si mesmas e necessitam de demonstração. Quais são os instrumentos dessa demonstração? Exatamente, aquelas afirmações evidentes por si mesmas, a saber os axiomas, e em seguida os teoremas já demonstrados, os quais – por terem sua verdade já estabelecida – passam a valer como se fossem axiomas.

Assim, eu não faria ao autor do artigo A a objeção de que ele não demonstrou o seu pressuposto; na minha maneira de ver, esta é uma objeção equivocada. Se ele toma tal coisa como pressuposto, posso discordar deste pressuposto, posso achar que não é verdadeiro, que deveria haver outro pressuposto, etc., mas não posso cobrar dele que *demonstre um pressuposto*, senão saímos da petição de princípio, que segundo o avaliador é o erro que se cometeu aqui, e caímos num outro erro, que é o tormento de vários de vocês, e sobre o qual já falei várias vezes aqui: a *regressão ao infinito*.

O que é essa regressão? É ter que demonstrar, cada vez mais para trás, fundamentos de fundamentos de fundamentos, para poder fazer qualquer afirmação. Isso atrapalha consideravelmente a redação. Se, a cada vez que diz no seu texto que tal coisa demonstra a existência de tal processo inconsciente, o autor se sentir obrigado a explicar o que é um processo, o que é inconsciente e por que este processo deve ser chamado de inconsciente, não é possível prosseguir: ficamos eternamente na reiteração do já sabido. Há uma espécie de convenção entre autores e leitores, num determinado campo, de que não vai ser necessário voltar o tempo todo ao bê-a-bá. Quando o avaliador comenta que, na sua opinião, há uma petição de princípio nesta passagem do artigo A, não precisa explicar o que é uma petição de princípio; supõe que o leitor – no caso os demais avaliadores – conheçam este tipo de erro lógico e reconheçam que aqui é ele que está presente, e não um sofisma ou uma tautologia. A petição de princípio consiste em dar por demonstrado aquilo que deveria ser demonstrado.

Em minha opinião, o artigo tem de fato uma série de problemas, que gostaria de comentar com vocês, porque são bastante típicos e podem ocorrer no trabalho de qualquer um de nós. Vejamos alguns deles.

a) Uso inadequado de aspectos históricos

Até chegar à página 5, onde está o trecho comentado por Tuckett, o autor A faz uma série de afirmações que pretendem ser uma introdução histórica. Ele começa situando a questão psique/soma na história do pensamento, e diz que diversas teorias filosóficas tenderam a evitar a ideia da mortalidade, assumindo a imortalidade da alma. E aí lemos o seguinte: "farei algumas considerações semânticas, lembrando que na Grécia antiga o termo *soma* não comportava o significado atual de um organismo até depois do século V, com Hipócrates. *Psique* originalmente significava sopro. . . . É interessante notar que essas mudanças etimológicas ocorreram na época em que Hipócrates fundou a disciplina como medicina científica baseada na clínica e na semiologia".

Este é um exemplo do que costumo chamar de *erudição ornamental*. A erudição ornamental serve, exatamente como nesse trecho, para a inclusão de afirmações que mostram os vastos conhecimentos do autor, por exemplo quando escreve *corpus hippocraticum* em latim. De modo geral, usar palavras em língua estrangeira se justifica se for uma expressão idiomática especialmente saborosa ou precisa, que acrescenta algo ao texto. Ou, se estamos comentando um texto em outra língua, podemos citar o quanto quisermos do original, desde que a literalidade destas palavras seja efetivamente utilizada na argumentação. Mas como nada disso acontece neste caso, a meu ver se trata de simples exibicionismo.

Quanto ao "farei algumas considerações semânticas", aqui está fora de lugar. Avisar ao leitor que num certo momento do seu texto, depois de ter tratado disto e daquilo, é chegado o momento de discutir tal outra coisa, justifica-se quando já se desenvolveu um determinado argumento, e chegamos a uma determinada conclusão que vale a pena enfatizar, conclusão esta que vai servir de base para novos desenvolvimentos. O que se quer é justamente destacar o caráter de dobradiça ou de pivô desta ideia, tanto em relação ao que veio antes quanto em relação ao que virá depois.

Agora, o parágrafo que diz "farei agora algumas considerações semânticas, lembrando que na Grécia antiga..." não tem nenhuma relevância para o restante do artigo; por isto o estou considerando ornamental. Se ele quisesse fazer de fato uma discussão sobre o assunto psique/soma, teria que trazer mais elementos, na minha maneira de ver, e no mínimo mostrar o que há no *corpus hippocraticum* que faz com que as ideias de psique e de soma mudem de significado. Isso transformaria este trecho em erudição não-ornamental.

b) Falsas analogias

Por que o autor A é levado a fazer esta pseudointrodução? Para justificar uma outra afirmação, esta sim central para o desenvolvimento do texto: "em minha opinião, a questão psique e soma não é uma questão psicanalítica; a psicanálise considera a questão e traz uma resposta única e original para ela". Ou seja, segundo ele a psicanálise se defronta com uma questão que não foi inventada por ela, mas sim pela filosofia e pela teologia, e traz a ela uma resposta original. Qual é esta resposta? "De fato, ao deslocar o dualismo pisque/soma para o dualismo das pulsões, a psicanálise situa a origem dos processos de pensamento neste conflito inicial. A própria definição de pulsão – traço psíquico de uma excitação somática sexual – confirma em ambas as teorias pulsionais o paralelismo psico-físico que Freud já sublinhara em 1891."

Aqui temos várias coisas complicadas. A mais grave delas é o uso abusivo da analogia. Temos o dualismo entre psique e soma, e temos o dualismo das pulsões; imagina-se que o primeiro dualismo é igual ao segundo, ou substitui o segundo, e surge a afirmação surpreendente de que a psicanálise "substituiu o dualismo psique/soma pelo dualismo das pulsões". O que é uma bobagem: uma coisa não tem absolutamente nada a ver com a outra.

Vale a pena nos determos um instante neste ponto. A afirmação de que a psicanálise trabalha com o dualismo pulsional, e que este veio substituir o dualismo psique/soma, é a razão *arquitetônica* pela qual seria conveniente fazer uma introdução falando do dualismo psique/soma. É por isso, na minha maneira de ver, que o autor A é levado a começar o seu trabalho falando da Grécia antiga. Ele vai dizer: sempre houve dualismo, só que o dualismo antigo – que era entre psique e soma – foi substituído na psicanálise pelo dualismo entre as pulsões. Consequentemente, falaremos um pouquinho desse dualismo psique/soma, para mostrar como foi boa a sua substituição pelo dualismo pulsional.

O problema é que um dualismo não tem absolutamente nada a ver com o outro. Ele poderia invocar, com a mesma sem-cerimônia, o dualismo masculino/feminino, ou o dualismo ativo/passivo. São também dualismos, mas tão diferentes do que existia entre alma e corpo quanto o das pulsões.

Tentemos reconstruir o raciocínio do autor A. Ele sabe que existia o dualismo psique/soma, e por outro lado conhece o dualismo das pulsões. Assume que há um paralelo entre a separação do corpo e da alma tal como a filosofia e a teologia a consideraram, e um outro dualismo, que é fundante na psicanálise: o dualismo das pulsões. Passo seguinte: assim como uma coisa era fundamental para a disciplina teológica ou filosófica, a outra é fundamental para a disciplina psicanalítica. Conclusão: são a mesma questão, ou uma vem ocupar o mesmo lugar que a outra. Está claro?

Qual é o silogismo com quatro termos aqui? É supor que a palavra *dualismo* funcionaria como termo médio, porque está presente na premissa maior e na premissa menor: dualismo pulsional, dualismo corpo/alma. Seria o *mesmo* dualismo; consequentemente, onde os antigos falavam de corpo e alma, os psicanalistas falarão de pulsões. E este *tour de passe-passe*, esta prestidigitação, fundamenta uma série de afirmações equivocadas.

Suponhamos que ele tenha querido dizer que o dualismo antigo "é retomado na psicanálise de outra forma". Caberia dizer *qual* forma, e no que consiste esta retomada, mesmo que seja brevemente, mostrando qual é o ponto de junção entre essas duas ideias.

Em seguida, o autor vai argumentar que a psicanálise situa a origem dos processos de pensamento no conflito inicial entre as pulsões: é uma referência ao artigo de Freud "A Negação", de 1925. Continua, citando a "própria definição de pulsão": traço psíquico de uma excitação somática sexual". Mas esta definição de pulsão serve apenas para a pulsão *sexual*. Se ele está falando em *dualismo* pulsional, tem que existir pelo menos uma outra pulsão, seja a de autopreservação, seja a de morte; assim, a definição de pulsão *em geral* não pode ser "traço psíquico de uma excitação somática *sexual*".

c) Argumento de autoridade sem comprovação

Mas o autor não se incomoda com estes detalhes, e prossegue impávido rumo à sua conclusão: "(a própria definição de pulsão) confirma em ambas as teorias pulsionais o paralelismo psico-físico que Freud sublinhara em 1891". Isso se parece com uma história engraçada. O sujeito está no ônibus e pergunta para o outro: "que horas são?". Resposta: "quinta-feira". E o primeiro: "Obrigado, é aqui mesmo que eu desço!". Eis uma série de afirmações que não têm absolutamente nada a ver uma com a outra. De que maneira a pulsão, como traço psíquico de uma excitação sexual, *confirma* o paralelismo psico-físico que Freud sublinhara *em 1891*, quando não tinha a mais remota ideia do que seria uma pulsão? Isso é uma salada mista conceitual; o autor está misturando partes da teoria freudiana que têm contextos diferentes e respondem a problemáticas diferentes, e dizendo que uma coisa confirma a outra.

Neste sentido, a crítica de Tuckett de que a autoridade de Freud é invocada à guisa de demonstração me parece perfeitamente pertinente. Suponhamos que efetivamente Freud tivesse sublinhado o paralelismo psico-físico em 1891. O mínimo que o leitor tem o direito de pedir é que lhe seja indicado *onde* Freud diz isso, e qual é a grade que permite justificar a interpretação oferecida pelo autor para este texto.

A julgar pela importância atribuída a este argumento na arquitetura do artigo A, este é um caso em que caberia citar algum trabalho freudiano datado de 1891, mostrando que o autor tem razão em dizer isto. Além disso, seria necessário, o que não é feito, mostrar que o paralelismo psico-físico de 1891 é *a mesma coisa* que as teorias pulsionais de 1910/1920, e que tudo isso tem a ver com o problema do corpo e da alma levantado no início do trabalho.

Este é um bom exemplo daquilo que Tuckett dizia anteriormente: pelo menos para o próprio autor, a ideia que ele vai defender tem que ter sido *elaborada*. Neste trecho que estamos comentando, não há qualquer indício de que este processo de elaboração tenha sido efetuado. O autor se limita a alinhavar afirmações, aliás bastante discutíveis, como se fossem demonstradas; agora sim cabe a crítica da petição de princípio. Ele está afirmando que existe um paralelismo entre a dualidade pulsional e a dualidade corpo-alma. É isto que deveria ser demonstrado. Mas não o foi, e em vez disto se invocou a autoridade de São Freud em 1891, sem dizer em que versículo se apoia tal afirmação. O resultado é dado então como tendo sido demonstrado: aqui Tuckett tem toda a razão em falar de petição de princípio.

Não creio que esteja sendo excessivamente rigoroso ao fazer estas críticas, porque, se alguém entregasse um trabalho nestas condições, provavelmente seriam estes os comentários que qualquer um de nós faria ao seu autor. "Você está fazendo afirmações que não estão comprovadas, utilizando recortes que não têm a ver uns com os outros, imaginando que isso produz uma argumentação convincente." De tal maneira que toda essa primeira parte *não* estabeleceu os "fundamentos para nossa própria abordagem psicossomática", e provavelmente deve ter deixado o leitor um tanto quanto irritado, se esse leitor tiver acompanhado atentamente o que disse o autor.

Em seguida, o autor do artigo A vai mudar de direção: "a história da psicanálise tornou obsoleto manter um sentido restritivo para os dois termos, psique e soma. A passagem da mente para o corpo biológico não é o que distingue a psique do somático" – mas não nos é dito *o que distingue* a psique do somático, se não é isto. "Entretanto, ao se opor às pulsões sexuais . . . ambos os dualismos colocam os investimentos conflitivos dos dois tipos de pulsão em contradição dialética": e ficamos sem entender coisa alguma. Temos também um exemplo dos lugares-comuns de que falei na outra aula: se é *contradição*, tem que ser *dialética*. Esta é uma série de afirmações que não querem dizer absolutamente nada, mas que dão a impressão de fundamentar em grandes princípios da natureza o que o autor está dizendo.

d) Exemplos inadequados

Em seguida, o autor vai falar da escola psicossomática de Paris, e aqui entra o comentário de Tuckett para o qual chamei a atenção no início desta aula. Segundo ele, a escola psicossomática só podia ter surgido a partir do método psicanalítico; faz uma citação de Freud (que não diz de onde vem): "Não há um corpo e seus desejos de um lado, confrontando a psique e suas razões do outro, mas forças contraditórias opondo-se umas às outras no mesmo campo somático". Parece que essa citação é do artigo sobre a perturbação psicogênica da visão, de 1910.[4] O que motiva a citação deste artigo é o fato de que nele se relata um caso de cegueira histérica. Freud comenta que o olho serve de "campo de batalha" entre os desejos reprimidos e as forças repressoras; como o resultado é um impasse ou um empate, ocorre essa perturbação "psicogênica" da visão.

O autor A diz que este texto tem um estatuto particular, mas não explica qual é, e retorna à histeria e aos sonhos. Tinha começado a falar da perturbação psicogênica da visão, que, segundo ele, é o protótipo de uma perturbação psicossomática; por esta razão este texto é evocado aqui. Esta afirmação também não é explicada, e acho a tese discutível: a cegueira psicogênica é um dos sintomas mais comumente atribuídos à conversão histérica. Aqui temos uma questão conceitual. Se o olho serve como suporte dos desejos reprimidos inconscientes, por que não é uma conversão histérica? *Conversão histérica* não é exatamente o emprego de um órgão como veículo de expressão de uma fantasia inconsciente, que permanece recalcada? Que eu saiba, esta é a definição da conversão histérica. Que diferença há entre um olho que não pode ver, um braço que não pode levantar ou uma perna que não pode caminhar? É exatamente a mesma coisa. Aqui temos uma boa ilustração de outra crítica que Tuckett faz a este artigo A: *a natureza do exemplo não é adequada àquilo que ele deve exemplificar*. O que o autor está dizendo aqui é que conversão histérica é diferente de perturbação psicossomática, porém o exemplo que ele aduz é um exemplo de conversão histérica e não de perturbação psicossomática.

---

4 Freud, S. (1910). *A concepção psicanalítica da perturbação psicogênica da visão*. SA, vol. VI (History and August). Trad. bras., OCCL, vol. IX.

O autor do artigo passa para os parâmetros teóricos/clínicos no tratamento dos pacientes somáticos, e diz então uma série de coisas absolutamente sensatas, às quais Winnicott por exemplo subscreveria sem problemas: "Certos pacientes exigem uma adequação ou modificação do quadro analítico. Entretanto, gostaria de sublinhar certos problemas gerais que encontramos na clínica psicossomática". Vem então uma parte muito interessante, a melhor do artigo, quando ele faz observações sobre a aceitação do sofrimento psicossomático de uma maneira a-conflitiva; o paciente parece não estar nem interessado nem aborrecido pelo fato de estar fazendo uma análise ou uma terapia. Essas são ideias ótimas, que poderia ter sido interessante desenvolver, em vez de colocar toda esta tralha confusa da qual falei até aqui.

E aí chegamos ao ponto em que entra o "pressuposto básico", que o avaliador do *IJP* desejava ver demonstrado. Está na página 5 do artigo A: "A suposição básica da unidade somato-psíquica humana permite-nos compreender o fenômeno psíquico, bem como o físico, como a soma de interações dinâmicas que dependem de processos de organização e desorganização. Se não têm um significado simbólico, os distúrbios psicossomáticos são parte de uma economia geral da qual a psique dá testemunho e a qual coordena". A objeção do avaliador é que "não recebemos nenhuma informação, neste trecho ou em outro lugar, do que o autor quer dizer com 'interações dinâmicas', 'processos de organização e desorganização'".

Nesta crítica, parece-me que o avaliador tem razão. Não a formularia exatamente nos mesmos termos, mas para mim falta a demonstração dessa frase. "A suposição básica da unidade permite-nos compreender o fenômeno psíquico como tal e tal." *Por quê?!* Este é o eixo central do argumento. Na parte mais importante daquilo que está dizendo, o autor do artigo A deveria investir o máximo de esforços, para persuadir o leitor da veracidade da sua afirmação. "Permite-nos compreender os fenômenos psíquicos" é uma afirmação extremamente abrangente: *tudo* é soma de interações dinâmicas que dependem de "processos de organização e desorganização" – a erosão do Pico do Jaraguá também. Neste caso, existe interação dinâmica entre o vento, a chuva, a pedra, a vegetação, a ação humana: todos envolvem processos de organização e desorganização. A erosão é um processo entrópico, que desorganiza aquilo que estava organizado: onde havia arestas, ladeiras, a erosão aplaina, desorganiza; vai o homem e reorganiza, fazendo uma torre de televisão no alto do Jaraguá. Essa torre, por sua vez, é submetida a fenômenos de corrosão, umidade, ferrugem, que são novamente entrópicos, desorganizadores.

Em suma: *organização* e *desorganização* são processos ou conceitos de tal maneira amplos que ficam inadequados para a especificidade dessa argumentação. Aqui o erro do autor, a meu ver, não é só não ter demonstrado o que é "soma de interações", ou o que são "processos de organização e desorganização". Talvez seja evidente o que são organização e desorganização; todo mundo sabe o que significam estas palavras. O que está errado aqui é que ele está usando este elemento, de abrangência muito grande, como se fosse um dominó próximo da afirmação que está fazendo, quando na verdade entre ambos há vários degraus na escada.

Uma metáfora bem empregada

Falamos tão mal do artigo, que agora vem uma coisa boa. Parece a história do rabino a quem um homem pediu que lesse o livro que tinha escrito. Infelizmente, o livro era uma droga. Mas, como o rabino não queria desencorajar o autor, tinha de achar alguma coisa boa no tal livro. E, quando o homem vem lhe perguntar o que achara do seu livro, o rabino diz: "aprendi alguma coisa lendo o seu livro: que na cidade de Plotsk existe uma oficina tipográfica!".

Na página 8 do artigo A, há um exemplo interessante do uso criativo de uma metáfora, quando o autor fala do claudicar, citando o célebre final do *Além do princípio do prazer*. Ele escreve: "Em nosso contexto, 'claudicar' pode ser tomado como uma metáfora que indica a aceitação de uma certa flexibilidade adaptativa em relação aos processos afetivos do paciente: precisamos acompanhá-lo até a modificação e a introdução de um *setting*". Por que é uma boa metáfora? Porque não é essa a finalidade nem do poeta Rückert, que escreveu isto, nem a finalidade de Freud no contexto em que utiliza essa citação do poeta, no *Além do Princípio do Prazer*. O que o poeta queria dizer, não sei, não conheço o poema; mas a maneira como Freud se apropria dessa citação indica que "ali onde a demonstração não dá para chegar, temos que ir especulando": especular pode parecer bom, mas não é, porque não está assentado em bases sólidas. Esse é o contexto freudiano desta frase.

A engenhosidade do autor A está em retirar esta metáfora do contexto no qual Freud a emprega e usá-la para outra coisa: ali onde não podemos utilizar o *setting* tradicional, fazer uma psicanálise clássica, voando, teremos que fazer alguma coisa claudicando, isto é, com adaptações mais ou menos amplas do *setting* ideal, aquele que na página anterior ele chamava de "ideal terapêutico". É um emprego bem inteligente da imagem clássica que todos os leitores de Freud conhecem. Retirar algo do seu contexto de origem para o aplicar num novo contexto é exatamente o procedimento da metáfora, e aqui o autor faz isto corretamente. É original e interessante se referir a um artigo tão teórico quanto *Além do princípio do prazer* para falar do manejo do *setting*. Está bom; pena que no artigo não haja mais disso.

Em seguida, encontramos diversas afirmações interessantes sobre a *atividade* mais intensa e mais frequente do analista quando trabalha com pacientes psicossomáticos, que segundo ele teriam uma deficiência na elaboração pré-consciente. Portanto, o analista precisaria pensar diante deles: "eu não hesitaria em falar num certo tipo de sedução que visa tornar o paciente consciente do fato de que não há ninguém no mundo que não tenha nada a dizer, que não há vida sem história, e interessá-lo em suma no seu funcionamento psíquico".

Aqui temos a parte realmente substantiva do artigo, propondo coisas que o analista deve e pode fazer diante desse tipo de paciente. Na verdade, elas não provêm da argumentação teórica bastante falha que ele desenvolveu até aqui, mas da sua experiência como terapeuta de pacientes psicossomáticos. O artigo podia ser sobre isto: ele podia ter tomado como ponto de partida a sua experiência com estes pacientes, mostrando de maneira mais ou menos detalhada o que faz, e aí sim fundamentar isto utilizando teorias da escola psicossomática, Freud ou quem quisesse; a coisa teria ficado bem melhor.

Para terminar: quis discutir em detalhe este artigo, e o documento de trabalho de Tuckett que o comenta, porque ilustra problemas de argumentação bastante comuns nos textos que lemos. No plano lógico, ele faz eco ao que vimos do ponto de vista da gramática, quando estudamos na primeira aula o anúncio dos cupins: a variedade e a quantidade de equívocos é tão grande que nos permite aprender alguma coisa ao imaginar como poderiam ser consertados.

Na próxima vez, vamos abordar um texto de corte kleiniano, publicado no próprio *International Journal*.

12. O estilo kleiniano

Hoje vamos utilizar um dos trabalhos do número especial que o *International Journal* preparou para comemorar o septuagésimo-quinto aniversário da revista, que saiu pela primeira vez em 1920. Ele enfeixa as comunicações apresentadas num colóquio que teve lugar em Londres, depois em Nova York e por fim em São Paulo, com o tema "O fato clínico e a sua conceitualização". Os textos representam, a meu ver, uma amostra razoável do que resulta da aplicação dos critérios discutidos na aula anterior.

Este material é muito interessante. Contém artigos de várias orientações: há alguns kleinianos bem ortodoxos, alguns franceses, mas aparece também um trabalho de Roy Schafer, um dos críticos mais virulentos da metapsicologia. É um fenomenólogo, que afirmou, no fim nos anos 1960 e começo dos anos 1970, que a conceitualização em psicanálise era muito artificial, e na verdade reduplicava em palavras abstratas os fatos da experiência. Propôs então o que chamou na época uma *"action language"*, linguagem da ação, cuja finalidade seria descrever o que se passa na sessão de análise sem recorrer a metáforas segundo ele desnecessárias, tais como inconsciente ou recalque. Ele acha que o uso da metapsicologia só cria pseudorrealidades; é uma crítica bastante radical aos conceitos clássicos da psicanálise.

Foi incluído um trabalho deste autor com o título de "A conceitualização do fato clínico", com o que se vê que a revista tem uma latitude bastante ampla quanto aos pontos de vista dos autores. Outros trabalhos focalizam o *background* histórico, como um artigo bastante interessante de Riccardo Steiner, um italiano que vive em Londres e que recomendo vivamente à atenção de vocês. Steiner, que se interessa por questões da história da psicanálise, comentou bastante a tradução de Freud para o inglês e escreveu sobre a controvérsia Anna Freud/Melanie Klein nos anos 1940, tem acesso à documentação da Sociedade Britânica, e costuma apresentar trabalhos muito bons. Este aqui se chama "A Torre de Babel".

Um grupo de artigos discute *o que é um fato clínico*; selecionei um deles para estudar nesta aula. Depois, vem uma seção sobre a *conceitualização dos fatos clínicos*, com vários artigos; uma parte sobre *formulações ao paciente*, também com meia dúzia de trabalhos; em seguida, alguma coisa sobre a *validação no processo clínico*; depois algo sobre a *publicação de fatos clínicos*.

Dentre estes artigos, escolhi o de Edna O'Shaughnessy, uma psicanalista kleiniana, como vocês vão perceber rapidamente, que levanta algumas questões bem interessantes sobre o que é um fato clínico. É um tipo de escrita com o qual fora da IPA não estamos muito habituados, e que dentro da própria IPA acabou por se tornar um pouco estereotipado. Gostaria de dizer algo sobre esta questão da estereotipia, para não ser mal compreendido.

Todas as instituições formadoras têm por objetivo não apenas formar no sentido generoso, educativo, emancipatório, mas ainda realizar uma certa *homogeneização*, maior ou menor. Não vejo grandes problemas nisso: toda formação implica uma certa modelagem, no sentido de que as pessoas que buscam as instituições de formação – seja o pré-primário, a escola de piano, a instituição psicanalítica, a escola de cabeleireiro, tanto faz – querem aprender uma certa técnica, uma certa maneira de fazer, e também se preparar para poder inventar, criar dentro de um determinado campo.

Toda formação se caracteriza por uma tensão entre uma certa imposição, implícita no projeto formativo, e uma margem de liberdade individual, caso contrário não se pode falar de formação, mas apenas de doutrinação. Supõe-se que na seleção para qualquer escola entre uma massa razoavelmente heterogênea, e do outro lado da máquina deva sair uma massa um pouco menos heterogênea, que compartilhe certos princípios, aprende uma certa linguagem, certas formas de ser, dizer e fazer. Aqui na PUC é escrever uma tese, na IPA é analisar de uma certa maneira, na escola de balé Kirov é aprender a dançar na forma clássica inventada pelos franceses e apropriada pelos russos no século XVIII. E se exige dos novatos uma demonstração de domínio desta técnica, antes que lhes seja permitido inventar em torno dela. Cada um de nós que passamos pela pós-graduação precisou demonstrar que era capaz de escrever uma tese, dentro dos parâmetros razoavelmente amplos do que se chama uma tese, antes de lhe ser permitido fazer incursões por outros lugares. Talvez alguns de vocês um dia escrevam ficções psicanalíticas, façam filmes ou peças de teatro, mas isso fica para depois; no momento, se alguém apresentasse uma tese em forma de peça de teatro, talvez até fosse aceita, mas não sem alguma discussão.

No caso da IPA, as exigências de estandardização são grandes, na medida em que o modelito é menos flexível do que em outras instituições. O resultado disso é uma certa estereotipia na forma de apresentação dos trabalhos, e que não se deve apenas ao fato de que tem de haver sempre um exemplo clínico, comentado de uma certa maneira, etc., coisa que em outras paragens não é exigida neste formato. Há também um certo jeito de abordar o fenômeno clínico, que ficará mais claro com o artigo de Edna O'Shaughnessy, "What is a clinical fact?".[1]

O'Shaughnessy começa com uma parte sem maior interesse a respeito de "fatos em geral"; depois vem uma pequena excursão epistemológica, dizendo qual é sua tese: "permitam-me afirmar que existem fatos clínicos científicos". Em seguida, expõe qual será a estrutura do artigo: "Para apoiar esta opinião, oferecerei em primeiro lugar três sessões nas quais acredito que se revelem fatos clínicos; em segundo lugar, parte de uma investigação filosófica sobre o que é um fato, e por fim uma discussão da contribuição que os fatos clínicos trazem para o estudo científico da mente".

Nesse gênero de escrita (vocês verão isso se compararem com outros textos desse volume), os primeiros dois ou três parágrafos costumam ser bem *matter of fact*, objetivos: a finalidade deste artigo é tal, nele examinarei tais e tais coisas. Para confrontar, vejamos rapidamente outro artigo desse volume, escrito por

---

[1] *International Journal of Psychoanalysis*, n. 75, pp. 939-947, 1994.

Michel Gribinski, um francês; a diferença é imediatamente perceptível. O artigo de Gribinski chama-se "O estranho na casa", "*The Stranger in the House*": é um título mais alusivo, mais difícil de indexar. De maneira geral o estilo francês tende a ser mais literário, menos carregado de academicismo, porém também tem os seus cacoetes. Alguns anos atrás, Bernard Pingaud, um crítico literário, escreveu na *Nouvelle Revue de Psychanalyse* um artigo chamado "A escrita tem costas largas", "*L'écriture a bon dos*", onde desancava a pretensão dos analistas a serem literatos e fazer obras *à la* Proust. Não é o caso do texto de Gribinski, que é bem interessante; mas dá para notar a diferença entre os dois artigos, o da inglesa e o do francês.

O artigo dele começa assim: "Qual é, no fundo, a diferença entre minhas questões e as que o paciente de Hermann Nunberg, no ensaio intitulado "Curiosidade", de 1960, não podia evitar colocar de maneira muito ansiosa? Esse paciente perguntava como vêm os pensamentos e como começa a fala. Perguntava ansiosamente: será que existem vezes em que você diz coisas que têm uma superfície regular? E respondia, ansiosamente: "Os fatos têm uma superfície regular, a menos que você diga alguma coisa".

Esta é outra forma de abertura. De saída, ele cria uma cumplicidade com o leitor: você, leitor, que naturalmente conhece o artigo de Nunberg que se chama "Curiosidade", publicado em 1960...

Isto é um *clin d'oeil,* uma piscadela. "Qual é no fundo a diferença entre as perguntas que eu faço e aquelas que o paciente tal, mencionado no artigo clássico tal sobre a curiosidade, fazia ao seu analista?" Imediatamente, como Gribinski não é bobo, ele diz *quais eram* as perguntas que o paciente fazia, e sugere que obviamente é um paciente do registro psicótico. Alguém que diz: "os fatos têm uma superfície regular, a menos que você diga algo" não está se expressando, para dizer o mínimo, no código convencional da neurose.

Implicitamente, o que Gribinski está sugerindo é que a pergunta sobre o que são fatos clínicos não é muito diferente daquelas que um psicótico pode formular quando diz que "os fatos têm superfície regular, a menos que digamos alguma coisa". Então, aponta para as raízes infantis da curiosidade, inclusive da curiosidade científica, e apaga a fronteira – que os anglo-saxões em geral gostam de manter mais nítida – entre o paciente e o analista, entre o normal e o patológico-psicótico. É outra atmosfera, que pudemos sentir mais claramente no artigo de Nicole Berry discutido aqui; é um outro jeito de começar as coisas. Mas não vou falar de Gribinski, vou falar de O'Shaughnessy, porque já comentamos detalhadamente um artigo de estilo francês.

Na página 939 da revista, ela diz: "de início, permitam-me afirmar que existem fatos clínicos científicos [essa é a tese]; para apoiar essa opinião, oferecerei em primeiro lugar três sessões, nas quais *I claim*, [sustento], que fatos clínicos são revelados". Este é o trecho que mais nos interessa.

O paciente é um garoto de 14 anos, e nesse momento, por sua iniciativa, a análise está acabando; restam apenas quinze sessões. E ela descreve brevemente três sessões, que vou traduzir; é uma página que vale a pena ler com detalhe.

As três sessões de Leon

Primeira sessão: "Leon coloca na mesa a caixa grande que contém os seus desenhos, papel, caneta, etc., de maneira a formar uma barreira entre ele e eu quando se senta. Parece tenso e temeroso; trouxe consigo uma caixa de Ribena (uma bebida tipo Toddyinho, R.M), na qual está escrito em letras grandes 'quinze extra, grátis'. Com o canudo, começa a chupar a bebida. Não parece um *schoolboy* (um garoto de escola), *but every bit* (de cabo a rabo) um bebê, à medida que esvazia a caixa, a qual vai se deformando de maneira grotesca. Desesperadamente, suga as últimas gotas. Então *hurls* (atira) a caixa violentamente na lata de lixo. Falo a Leon a respeito do fim próximo da sua análise, como ele se sente como um nenê que, quando bebe, causa tamanho colapso e feiúra que precisa se livrar disso; e efetivamente estará livre de mim dentro de quinze dias. Também digo como ele não está satisfeito, e desesperadamente ainda precisa e espera algo mais, *extra*. Longo silêncio. Aí, muito ansiosamente, ele dá a volta na caixa *to peer at me* (*peer* é o que se faz no buraco da fechadura: para me espiar), retirando-se, fugindo instantaneamente. Falo sobre o seu terror de que eu seja *like the collapsed Ribena carton* (como a caixa desta bebida que foi destruída), e de como ele está com tanto medo que não pode ver como eu sou de verdade. A sua respiração fica rápida, *distressed* (perturbada), e ele começa *to wheeze* (a ofegar)." Vindo de um autor inglês, as palavras que ela emprega indicam que a casa está pegando fogo: *It is most distressing to hear*, é extremamente horrível de ouvir. "Transmite para mim ansiedade e dor absolutamente devastadoras; e subitamente adormece – é tão *unendurable* (insuportável)." Fim da primeira sessão.

Segunda sessão: "no dia seguinte, Leon estava diferente: *every inch a schoolboy* (totalmente um garoto da sua idade: tem 14 anos), muito defendido. De novo, fez uma barreira com a sua caixa, tirou uma pilha de livros da mochila e espalhou-os ostensivamente. Começou a ler alto a lição de casa; por um breve momento, começou a ofegar como se seus pulmões estivessem de novo *collapsing in agony* (a ponto de se desmilinguir), mas parou com isso e continuou a ler em voz alta trechinhos de vários livros escolares. Parecia não haver forma alguma de fazer contato com ele; descobri que estava me sentido *hopeless*, não podia fazer nada a não ser suportar (*but endure*) sua leitura em voz alta", que ela chama de *blocking*, bloqueadora. "Falei da sua necessidade de se livrar de um *helpless baby*, bebê totalmente desvalido, que tinha que suportar (*to endure*) medo e dor, *by getting rid of it into me* (jogando isso para dentro de mim: é a aplicação da teoria da identificação projetiva). A resposta de Leon foi escrever seu nome numa folha de papel, em letras de forma grandes, e cortar esta folha no meio; continuou ainda mais alto com o seu *blocking talk*, com sua fala bloqueadora. No entanto, quando depois interpretei o seu terror de que eu poderia fazer seu *schoolboy self* (sua natureza de garoto) desaparecer, de modo que ele a perderia para sempre, uma mudança muito impressionante ocorreu. Leon ficou quieto e deixou de lado os seus livros de escola.

"Escondido pela caixa, ficou silencioso por algum tempo. Perguntei a ele o que estava acontecendo, ele fez um sinal que ia responder, mas não respondeu. Falei-lhe do seu medo de que eu usasse aquilo que pudesse me dizer para transformar suas palavras em algo que o perturbaria muito. Ele então começou a empurrar a sua cadeira *into view* (de maneira que eu e ele pudéssemos ver um ao outro), e a mover-se para trás, de forma que novamente ficava escondido pela caixa. Fez isso várias vezes, aparecia e desaparecia. Lembrei de algo que ele tinha me contado dois anos atrás, como tinha se sentido meio humano e meio pássaro, isto é, metade como um ser humano que fica em contato com as pessoas, e metade como um pássaro que voa. Quando falei para ele nesses termos, ele ficou *visibly moved* (visivelmente comovido); concordou que de fato se sentia assim, que era isso, e desmanchou a barreira da caixa."

Terceira e última sessão: "dessa vez ele não fez nenhuma barreira de caixas. Sentou, *openly hard and nasty* (bem durão e malcriado); tirou o relógio e começou a desenhá-lo. De modo exagerado e sarcástico, media tudo com uma régua. Primeiro falei sobre o relógio: era o tempo, para o qual ele estava tão atento nestes últimos dias. A sua *nasty performance* (atitude malcriada) continuou, e aí falei que ele estava fazendo uma caricatura de mim como um *cruelly measuring watcher* (um observador que mede tudo cruelmente). Disse também que achava que ele sabia que esta era uma imagem falsa. Leon continuou do mesmo jeito destrutivo. De repente, anunciou com uma ênfase sarcástica que "eu ia desenhar o relógio *exatamente*, mas resolvi não fazer isso," e parou. Aí desenhou um relógio de maneira *straightforward* (direta e simples), e começou a trazer os lábios gentilmente para perto da sua própria mão, diversas vezes, como se fosse tocá-la com um beijo. Entendi que ele estava mostrando a afeição que sentia ao pensar que eu sei que ele precisa que eu seja gentil e não-intrusiva, mas não fraca, nem o deixe *take bad advantage of me* (se aproveitar e fazer ironia comigo)." Quer dizer, ela explica que ele está mostrando a afeição ou carinho que sente pela analista quando é capaz de percebê-la "molinha" o suficiente para cuidar dele como ele precisa, gentil e não-intrusiva, e ao mesmo tempo firme o suficiente para não o deixar se aproveitar dela, ou fazer ironia com ela. "Ele disse *yip*, e aí, com esforço, disse um *yes* claro, *going very pink* (ficou muito ruborizado). Este é o meu registro dos fatos clínicos tal como eu os vi. A pergunta é a seguinte: será que são mesmo fatos?"

A primeira coisa que quero ressaltar é algo que tenho mencionado para vocês de vez em quando: os traços típicos da escrita kleiniana. Aqui eles aparecem de início no caráter bastante dramático da descrição. Mesmo assim, Edna O'Shaughnessy acha *exagerada* a forma como o garoto desenha o relógio... Se vocês fizerem um levantamento dos adjetivos, advérbios e substantivos do texto, terão uma amostra do que é o imaginário kleiniano.

O fato clínico, ela diz, está narrado "como eu o percebo", e ela o registra de maneira muito exata e detalhada. Há muitos verbos de movimento, o que é natural tratando-se de uma análise de adolescente: esconde-se, atira a caixa, se mexe, desenha, rasga o papel, etc. Isto é descrito de forma bastante detalhada, embora não excessiva: sessões de cinquenta minutos cabem em quinze linhas cada uma. Já existe um certo resumo, uma certa elaboração, e desde o início já temos *interpretação*. O fato clínico tal como ela está descrevendo aqui – e depois vai comentar sobre isso – já é visto numa certa perspectiva; a interpretação é quase automática, atribuindo sentidos aos mínimos detalhes do que o menino faz.

Por exemplo, logo na primeira sessão: "Leon coloca a grande caixa que contém os seus desenhos, papel, etc. na mesa, *so that it forms a barrier between him and me*". Esta já é uma interpretação: de forma a criar uma barreira entre eu e ele, um escudo defensivo. Ver a posição da caixa univocamente como barreira depende do que ela seleciona como material a ser observado, e que é de saída a dimensão *defensiva*. O garoto põe as caixas de um certo jeito; ela é sensibilizada de imediato pela função defensiva que este gesto pode ter. Pensar em defesa requer que se pergunte, mais adiante: contra qual angústia essa defesa é mobilizada?

Aqui um parêntese: esta forma tão detalhada de redigir o caso vem, em parte, do tipo de descrição que a própria Melanie Klein fazia nas suas primeiras observações, mas podia não ter se transformado num traço da escola. Houve uma identificação dos discípulos com este traço, as descrições extremamente detalhadas. Isto tem uma função *política* e uma função *polêmica*. A função política é mostrar que não havia nada a esconder. Na medida em que o grupo kleiniano foi atacado como não-psicanalítico, herético, eles passaram ao contra-ataque: vejam, o que fazemos é isto. Este grau de minúcia, supostamente, é em si mesmo persuasivo, de maneira que eles não pudessem ser acusados de negligência: o detalhe tem primeiramente a função estratégica de mostrar quão bons analistas, quão observadores eles eram, no momento em que estavam sendo criticados.

A segunda função da descrição minuciosa é *polêmica*. Melanie Klein diz abertamente que fica muito impressionada ao constatar como os analistas não-kleinianos são surdos: isto está no famoso texto sobre a transferência dos anos 1950, que introduz a noção de *situação total de transferência*. Ela diz que a situação total de transferência vai muito além dos momentos em que o analista é explicitamente mencionado pelo paciente, e que compete ao analista apreender rapidamente, de maneira tanto quanto possível completa, qual é a organização transferencial numa determinada sessão. Se temos treino suficiente, fazemos isso com uma certa facilidade (como se vê lendo os trabalhos kleinianos, claro) e, às vezes, ela fica um pouco surpresa ao ouvir analistas não-kleinianos falando das suas sessões: como eles não enxergam coisas patentes, que se tornariam óbvias fossem usados os conceitos e a perspectiva que ela propõe.

Aqui temos um exemplo desta função polêmica. A autora descreve o que qualquer analista colocaria na sua descrição, ou seja, o que pode perceber da situação emocional do paciente: este parece tenso e temeroso. Em inglês isso fica mais claro, porque ela não escreveu *he is tense and fearful*, mas *he looks tense and fearful*. Look é um verbo muito interessante, que quer dizer olhar. É o que o sujeito faz com o objeto, mas também o que o objeto faz com o sujeito, o aspecto que ele oferece ao sujeito que o observa. É dele que vêm a tensão e o aspecto temeroso, mas ao mesmo tempo esse *look* se refere à maneira como eu o vejo. É por isto que traduzi como *parece*; existe uma certa margem de incerteza, de avaliação pelo observador. É um termo muito bem escolhido para mostrar a interação, que é o objetivo clínico que ela vai perseguir aqui, e que já aparece no nível da linguagem: o menino mostra algo que vem dele, mas isso é percebido por ela, que não é ele. Mais adiante no artigo, ela vai comentar sobre a formação da realidade psíquica como combinação entre alguma coisa que, no vocabulário kleiniano, acontece no mundo interno e alguma coisa que acontece no mundo externo. Isso já aparece na forma escolhida para a descrição.

Em seguida, ela conta o que Leon fez. Trouxe consigo uma caixa de Ribena, na qual está escrito *fifteen free extra*, quinze extra grátis. Não fica claro o que significam estas palavras – deve ser alguma promoção, oferecendo mais quinze ml da bebida pelo mesmo preço – mas são imediatamente interpretadas como se referindo às quinze sessões que faltam para a análise acabar. Ele começa a tomar a bebida com o canudo, e *he looks every bit a baby*: esta é a ênfase caracteristicamente kleiniana. Mais abaixo ele vai dizer, na outra sessão: *every inch a schoolboy*. As coisas são descritas sempre no superlativo, com o mesmo grau de intensidade que a teoria atribui aos fatos internos, tais como ocorrem na vida psíquica de cada um de nós. É a forma kleiniana de apresentar o mundo psíquico.

Isto é exatamente equivalente à razão com a qual Lacan justifica sua escrita contorcida: "procuro falar e escrever de maneira a sensibilizar meus alunos para a maneira como o inconsciente funciona. Ele funciona por trocadilhos, por uma retórica própria; procuro transmitir isso na minha forma de escrever". Isto é muito interessante, porque é uma dimensão propriamente psicanalítica da escrita, não mais uma questão literária, ou de organização do texto no sentido de redação. É uma questão em aberto, mas quero insistir neste aspecto, porque a meu ver são formas diferentes de realizar o mesmo projeto: escrever a psicanálise de maneira que o modo de funcionamento, o estilo, "o perfume" do inconsciente transpareçam na própria trama da escrita.

No mundo kleiniano é sempre *Jurassic Park*. Aliás, no mundo freudiano também. Vocês lembram que, nas anotações finais de Freud, ele diz: "o inconsciente está sempre no mundo pré-histórico, os talos das ervas são altos como palmeiras", uma coisa assim.

> **Ouvinte:** *(...)*
>
> **R.M.:** *É uma comparação desse tipo. O mundo psíquico kleiniano é sempre vulcânico: tudo está explodindo, estourando, há uma movimentação muito grande, em geral de natureza destrutiva e extremamente intensa. A forma barroca da expressão serve para transmitir a impressão de virulência, de turbulência, que a teoria diz ser característica do inconsciente. Isso é feito primeiro através dos advérbios: extremamente, absolutamente, são sempre enfáticos. Depois, através de adjetivos e substantivos que conotam ações violentas. Por exemplo, à medida que ele vai bebendo a caixinha da Ribena, a pressão do ar pela sucção torna a forma dela grotesque e collapsing. A caixa está "colapsando", se desmilinguindo, se desmanchando de maneira grotesca.*

Continuando: "Desesperadamente, ele chupa as últimas gotas. *Then he hurls it away*" – atira, o verbo é mais forte do que *throw*; jogar a caixa – "a caixa violentamente na lata de lixo". Lembrem-se de que isso é escrito por uma inglesa, educada para ser fleumática e contida. Num contexto cultural onde a contenção é um valor moral e social, este tipo de escrita é sempre chocante, de um modo bem diferente do que seria o caso se o texto fosse escrito no Rio ou em Nápoles, onde esperamos ver pessoas mais expansivas.

Portanto, dizer que o garoto *atira desesperadamente* a caixinha na lata do lixo, e *ver* o menino fazendo isso, significa incluir uma boa dose de interpretação na própria observação. O menino está chupando as últimas gotas; ela *vê* nisso um sinal de desespero, "desesperadamente, ele suga as últimas gotas e atira violentamente a caixa", e é um passo muito pequeno para entender que ele está projetando um objeto interno na lata de lixo, a qual representa a analista. A interpretação está muito próxima da descrição; talvez por isso a ela pareça tão evidente a maneira como se deve ler este movimento. Traduzir em termos da teoria o que ela acabou de expressar em linguagem cotidiana é, neste caso, um procedimento muito simples e rápido, porque a própria observação já está formulada de maneira a favorecer uma leitura em termos da teoria subjacente. Está claro?

Eliana: *(...)*

R.M.: *Você tem razão, ela está se baseando num certo jeito de mamar com voracidade. E a analista observa o resultado disso no que restou da caixa. Nisso já se passaram talvez dez minutos da sessão, e a analista não falou nada ainda, isto é grave! Vem então a sua primeira observação.*

"Falo para ele a respeito do final da análise, de como ele está se sentindo um nenê cujo ato de beber causa tamanho colapso e feiúra, que ele precisa se livrar disso; e de fato, em quinze dias estará livre de mim." Ou seja, ela junta os gestos do menino com a situação transferencial que julga ser a mais urgente e vai atrás do que é, na sua opinião, *o medo*, aquilo que está motivando tal comportamento. "Também falo de como ele não está satisfeito, e desesperadamente precisa e necessita de algo extra." O *extra* é por conta da instabilidade deste menino, da voracidade, como você falou, e os *quinze* são os quinze dias. Há um uso lúdico da linguagem, assim como depois ela faz o trocadilho com *watch* e *watcher*. No mais das vezes, porém, as falas da analista simplesmente atribuem um segundo significado ao primeiro e mais evidente, como se fosse uma conotação.

É uma tradução segundo ela adequada e detalhada; e arriscada também, porque está dizendo muita coisa. Quanto mais você fala, mais se expõe, e mais o paciente pode contradizer o analista. Então, ela não trabalha *à la* Fédida, um sopro, uma coisinha ligeira, que pode ser muito efetiva, embora organizada de um jeito completamente diferente. Aqui não; há explicações minuciosas e por vezes complexas. Para ser compreendida, ela introduz uma gradação no que quer expor para Leon: primeiro interpreta o mais imediato, o mais superficial – "olhe o que você está fazendo com essa caixinha". Vamos preparando o caminho para a interpretação dos objetos internos e da destrutividade, que virão depois. Ela procura incluir na interpretação todos os elementos mais evidentes, e sempre sob esta forma: *isto é aquilo.*

Aqui, por exemplo, *fifteen free extra* – "quinze extra grátis" – *é* quinze dias de análise, voracidade, e *free* no sentido de se livrar de mim *(to free himself from me).* Não há solicitação de associações do paciente neste estilo de interpretação contundente e direto. Ele pode ser até aliviador, como acontece mais adiante: de fato, depois de dar uma fora, ela dá uma dentro, e o paciente muda o seu comportamento (na segunda sessão). Quando ela fala para ele sobre ser meio-gente e meio-pássaro, ou seja, quando retoma algo que o menino disse dois anos atrás, fala nos termos *dele,* não apenas nos *dela;* há uma mudança significativa, que será comentada mais adiante no decorrer do artigo.

Na verdade, ela está interpretando qual é a angústia persecutória que o atormenta neste momento, e diz que se segue um longo silêncio. "Aí, *very anxiously,* de modo muito ansioso, ele espia em volta da caixa para olhar para mim, fugindo instantaneamente. Falo do seu terror de que eu seja como a Ribena destruída, e de como ele está com tanto medo que não pode ver *how I really am,* como eu sou na realidade." Aqui está implicada toda a teoria kleiniana da deformação projetiva. Você está com tanto medo que não pode ver como sou de verdade, não essa coisa destruída e atacada que você está imaginando. Nesta hora a respiração fica *distressed,* perturbada, e ele começa a ofegar. Espelhamento nela: "*it is very distressing to hear,* é extremamente perturbador ouvir isso. Ele transmite para mim ansiedade, dor, etc.; e subitamente adormece, *it is so unendurable,* é tão insuportável", ou, na tradução consagrada, "tão intolerável." Na sessão seguinte, ela vai falar de novo em *endure*: suportar, aturar, tolerar.

Para resumir: a descrição segue muito de perto a forma desses fatos clínicos, tais como ela os apreende. A descrição do que está acontecendo é extremamente detalhada, mas a analista não cai no equívoco de procurar reproduzir literalmente todos os momentos da sessão. Quando diz: eu falo para ele *a respeito* do seu medo, há um resumo, sem grande preocupação com a literalidade. E é possível notar uma certa gradação na sequência das interpretações, começando com aquilo que parece mais imediato e evidente, e terminando na interpretação transferencial típica dessa forma de ver as coisas, em que a caixa é identificada com o analista, ou melhor, a caixa é o *suporte* de um ataque ao objeto interno, materializado aqui na figura da analista.

Acho isto muito importante, porque, no *aqui e agora* tão criticado na escuta kleiniana, não é tudo que o paciente está dizendo que se refere diretamente a mim. Isso é muito tosco. Quando a analista se vê na caixa da bebida, está dizendo que ela e a caixa de bebida são iguais entre si – propriedade transitiva da adição – *porque são iguais a uma terceira coisa*, o objeto interno atacado e destruído no inconsciente. Não é apenas a descrição do que está se passando empiricamente entre as duas pessoas no momento presente; o analista é visto como representando, de maneira privilegiada, o objeto interno que está sendo projetado, dissociado e destruído, neste caso na caixa da bebida. Como ela está trabalhando com a hipótese de uma transferência imediata e espontânea, em que o analista ocupa o lugar de um objeto interno discernível através do que o menino faz com a caixa, pode dizer que a caixa *é* ela, e que ele tem medo de que ela tenha sido destruída, assim como foi destruída a caixa.

Sem a mediação da teoria do objeto interno, não se entenderia absolutamente nada do que diz a analista; seria delírio puro. Como na história que contei no outro dia: "que horas são?", "quinta-feira", "obrigado, é aqui mesmo que desço". O menino está se desmilinguindo, se desesperando, e ela está falando de quinze dias de análise, etc. Se não interpolamos a teoria que subjaz à configuração que ela apreende, não tem sentido nenhum.

Esta observação é importante porque uma das coisas criticadas na análise kleiniana é exatamente este excesso de *eu, eu, eu, eu*. O paciente fala não importa o que, a interpretação chapada é sempre "comigo". "Você quer fazer comigo o que acabou de contar, de descrever ou imaginar a respeito de uma situação externa." Não pode ser feito assim, e não é isso que eles fazem quando trabalham corretamente, de acordo com a sua própria perspectiva. A pergunta que o analista kleiniano se faz aqui é: onde está o objeto interno? Qual é ele? O que aconteceu com este objeto interno? Ele foi atacado, idealizado, cindido, introjetado, destruído...? É isto que interessa.

Na segunda sessão, ela diz que Leon está diferente, muito defendido. E aí ele vai fazer a leitura em voz alta dos seus livros. A observação dela é: parece que não há jeito de fazer contato com ele; está inteiramente bloqueado, uma mônada narcísica, lendo os seus textos. A analista se pergunta: o que aconteceu desde a sessão de ontem, quando este menino estava desesperado, enquanto agora a defesa é tão maciça e aparentemente eficaz? Ela vai se sentindo uma idiota; não consegue fazer nada, está *helpless*, impotente para estabelecer contato com Leon. E ela fala então da necessidade dele de se livrar de um bebê desvalido, que precisava tolerar medo e dor; ele se livraria desse bebê *by getting rid of it into me*.

Este *into* é a marca registrada da identificação projetiva; há toda uma discussão feita pelos kleinianos sobre a distinção que existe entre *to project to* e *to project into*. "Projetar em" seria algo como projetar numa tela: a projeção permaneceria na superfície, assim como a imagem no cinema não entra dentro da tela. Já projetar para dentro de, *into*, tem outro sentido: é uma invasão, uma intrusão, e tem o sentido defensivo de livrar-se do mau objeto interno perseguidor, aqui representado pelo bebê que ele foi ontem.

Há uma certa sutileza aqui, não é só uma maneira achatada de aplicar a teoria. Ela está tentando vincular o comportamento atual dele com aquilo que valia para ontem, e se perguntou, nessa desorientação toda em que se sente, que fim levou aquele bebê apavorado que veio à sessão no dia anterior e fez aquilo tudo com a caixinha da bebida. Isso aparece no texto através do uso da mesma palavra, que é um termo muito frequente entre os kleinianos: tolerar, *endure*. "*I could do nothing but endure his loud blocking reading*", não podia fazer nada exceto suportar sua leitura em voz alta, que visava bloquear, etc.

Antes, ela tinha dito que o garoto adormeceu no final da sessão anterior porque "*it is so unendurable*". Ela mesma tinha que tolerar sua própria frustração e desorientação; faz uma interpretação com base nos sentimentos contratransferenciais, em termos de identificação projetiva, e diz: o que você está fazendo é tentar se livrar do bebê de ontem jogando-o para dentro de mim.

Nota-se portanto a preocupação de evidenciar uma certa continuidade entre as sessões, e esta é uma das razões pelas quais os kleinianos trabalham com muitas sessões por semana, sem exceção. Esta é uma discussão mais do que puramente burocrática, se a análise deve ser realizada duas, três ou quatro vezes por semana; se for duas vezes não é análise, se for quatro é análise. Esta é a forma caricatural de colocar a questão. Mas aqui temos um bom exemplo de qual é a razão técnica e terapêutica pela qual eles exigem um número muito grande de sessões contínuas. Como ela vai interpretar a atitude de Leon? Primeiro, Leon estava *every bit a baby*, completamente desmilinguido; a analista tem que receber este garoto de novo e ver o que acontece; nessas condições, não dá para esperar até terça-feira que vem.

Segundo, ela vai ligar a sessão de hoje com a de ontem. Mais adiante no artigo, ela se pergunta qual o mecanismo de elaboração que este garoto utilizou para passar do estágio "bebê desvalido" para o estágio "*every inch a schoolboy*": o que aconteceu no meio? Ela está dizendo aqui que uma das formas que ele utiliza na sessão é a defesa pela identificação projetiva; é uma jogada prevista e utilizada em certas circunstâncias, como o roque no xadrez. Segundo ela, numa situação de tensão desse tipo o menino vai mobilizar defesas arcaicas, maciças e violentas, como a que está tentando descrever.

A resposta de Leon foi escrever o seu nome numa folha de papel, com letras grandes, e cortá-la ao meio. Aqui a autora deita e rola: é um evidente sinal de cisão. Ele continua lendo ainda mais alto. Do ponto de vista da técnica kleiniana, isso tem um significado absolutamente inequívoco: a analista interpretou errado. A primeira interpretação: você é o bebê, etc., foi errada. O menino manteve a cisão, portanto a interpretação não atingiu o ponto de angústia que mobiliza e mantém esta defesa. Esta é uma observação interessante, porque demonstra que a lógica da interpretação não é nada arbitrária. A analista tem critérios, no caso o efeito mutativo da interpretação, para avaliar se ela foi pertinente ou não.

Então, ela se autocritica: fiz alguma coisa errada aqui: não cheguei a falar com o paciente no nível que era necessário para que ele pudesse me ouvir. Ela fez aquilo a que Glover chamava uma "interpretação inexata". Um artigo famoso de Edward Glover se chama "O efeito terapêutico da interpretação inexata"[2]; é um trabalho muito interessante. A interpretação inexata, segundo Glover, não é a interpretação errada, como quando dizemos que o paciente é voraz e ele não é. A interpretação inexata é aquela que *erra de nível*. Na época de Glover, a grade de interpretação se baseava na ideia das relações objetais, em termos de fase oral, anal, etc.; o paciente que ele estuda neste artigo falou alguma coisa a respeito de relação sexual – se estou bem lembrado – e Glover interpreta estes dizeres em termos de genitalidade. Mas, no decorrer do trabalho, se revela que este pênis na verdade era um disfarce genital para uma fantasia oral. O que havia era portanto uma fantasia oral disfarçada numa forma genital, e esta é a definição da interpretação inexata. O analista devia ter falado diretamente em termos de oralidade, e não se deixado enganar pela *aparência* genital que essa fantasia tomava no discurso do paciente.

Voltemos ao artigo de Edna O'Shaughnessy. Temos uma situação parecida com a da interpretação inexata. Teoricamente, é possível que o menino estivesse fazendo o que ela lhe disse, isto é, tentando se defender de um ataque interno pela via da identificação projetiva; só que não é aquilo que o *comove* naquele momento. Tanto que ele repete a cisão, rasga a interpretação dela, e fica escondido, silencioso, por um tempo bastante grande.

Aí a analista tem um lampejo de humildade, e pergunta a ele o que está acontecendo. Na minha maneira de ver, é isso que faz toda a diferença. Ela deixa de lado a bola de cristal, e pergunta: o que está acontecendo? Neste momento, abre espaço para o garoto falar, o que até agora não estava acontecendo: o menino não falava, só fazia coisas. Aí ele tenta responder, mas não responde, e ela fala do medo dele de que ela, terapeuta, pudesse usar o que ele lhe diria de maneira tal que o perturbaria muito. Ela se dá conta de que a sua intervenção pode ser perigosa; deixa de imaginar que, por ser a analista, é boa por definição.

---

[2] Glover, E. (1931). The therapeutic effect of inexact interpretation: a contribution to the theory of suggestion. *The International Journal of Psychoanalysis*, 12, 397–411.

Isso não é tematizado neste artigo, mas na minha maneira de ver o fator mutativo é esse. Abre-se um espaço para que o ataque que, segundo ela diz, o paciente sente nas suas palavras possa ser verbalmente *formulado*. Sem interpretação da transferência negativa – que aqui é o medo que Leon sente de que ela pudesse dizer algo que o perturbasse – sem isto a ansiedade não vai desaparecer, e o paciente não vai *ouvir* o que a analista tem a dizer. Quando ela se lembra disso e silencia a metralhadora interpretativa, deixando por um momento o garoto falar, a coisa muda de figura.

Ele tenta falar, mas não o faz: ela interpreta agora, de maneira mais sutil, que ele está com medo do que ela vá fazer com as suas palavras; e aí ele começa a fazer um jogo de esconde-esconde. Mas ela não diz para Leon que ele está precisando se esconder e se mostrar, está ambivalente, dividiu-se em dois; o que ela lembra é de algo que *ele* falou. Tinha aprendido na escola a teoria de Darwin, e a professora tinha dito que a evolução continuava, ou seja, que ainda poderiam surgir novas espécies na natureza. Na época, o menino interpretou isso como querendo dizer que poderia surgir uma nova espécie de animais, meio gente e meio pássaro. A analista se recorda desta ideia de Leon, e a menciona de novo para ele: hoje, ele seria como esta nova espécie, meio gente e meio pássaro, isto é, capaz de ficar em contato com os humanos, e também de, como um pássaro que poderia *fly away*, fugir do contato. "Quando falei com ele nesses termos, ele ficou muito comovido, concordou que era assim, e tirou a barreira da caixa." Mais adiante no artigo, ela tenta entender qual foi o modo de ação destas palavras, que visivelmente fizeram com que ele se acalmasse e estabelecesse o contato desejado pela analista.

Não vou comentar a terceira sessão; passemos para a parte final do texto, em que ela volta aos fatos clínicos. A segunda parte, um comentário de tipo filosófico sobre o que é um ato, não nos interessa agora.

Ela diz o seguinte (p. 943): "Na primeira sessão, podemos ver alguns traços distintivos dos fatos descobertos na sessão analítica. O final da análise de Leon *drew forth* (fez emergir) do seu mundo interno inconsciente as relações objetais precoces. *In plain view*, à vista de todos, estão seu objeto primário, representado pela caixa de Ribena, *collapsing,* sendo destruída pelo fato de ele beber dela, e ele mesmo, parecendo e sentindo-se como um bebê aterrorizado e insatisfeito. Vemos como a realidade psíquica é formada por uma mistura de realidade interna e externa. O mundo interno dele é a fonte do sentido subjetivo do fato externo de a análise acabar em quinze dias. Para Leon, nessa sessão – houve outros sentidos em sessões subsequentes – isto significava o desmame, depois de uma mamada que o deixa desesperado e insatisfeito, com o objeto grotesco e arruinado na sua mente".

Quando ela diz que tudo isto está *in plain view, we see*, etc., está expressando aquilo que, *para ela*, é um fato clínico evidente nessa sessão. Há outras possibilidades de leitura, mas ela diz: "nenhum analista irá discutir comigo que essa caixa é o objeto primário dele". Neste momento, evidentemente, está manifestando a perspectiva dela. Nada de mais nisso: é observando o que nos está sendo apresentado aqui que podemos aprender como funciona este pensamento.

Ela continua: "O passado está no presente da maneira que é tão familiar aos analistas, e que no entanto é *so very striking*, tão impressionante. E quão individual é esta relação com o passado! Outro paciente poderia experimentar o bebê em si mesmo sem ficar esmagado, *overwhelmed* [sobrepujado, assoberbado, outro termo típico da escrita kleiniana]; poderia, por exemplo, especular sobre a sua história infantil, ou ser capaz de discriminar a condição do analista da condição do seu objeto interno arcaico, mas Leon não pode. O seu ego *collapses* (mais uma vez o mesmo termo, R.M.), se desmancha sob o peso psíquico do contato com o passado inconsciente internalizado, que o aterroriza tanto mais quanto seu objeto primário também está destruído, é inútil para modificar a situação".

Ela diz aqui o seguinte: se o objeto interno estivesse em boas condições, Leon poderia usá-lo para restaurar a sua integridade egoica, o que lhe permitiria ver a si mesmo, e consequentemente a analista, sob uma luz menos aterrorizadora. Como ele não pode fazer isso, porque o objeto interno está destruído, não há a quem recorrer. Isto lembra uma situação que Melanie Klein discute sob o título de "fantasia dos pais combinados". Quando os pais estão tendo relações sexuais, fazendo um com o outro aquilo que a criança imagina que eles estejam fazendo um com o outro, não há salvação para a criança, diz Klein, porque é impossível recorrer a um deles para se proteger dos ataques do outro. Os dois estão combinados numa única figura, de onde o nome de "fantasia dos pais combinados"; esta imagem é especialmente aterrorizadora, porque a criança se sente desvalida, sozinha, impotente, inclusive para conter os seus próprios sentimentos de raiva e de fúria.

Continua Edna O'Shaughnessy: "Na primeira sessão, a emergência dessas fantasias inconscientes – de um modo muito concreto – domina tanto Leon que ele não pode se relacionar com a analista de maneira diferente do que com o seu objeto interno, e as realidades interna e externa o perseguem". É por isso que ela lhe diz que ele não pode perceber como ela é. "Numa tentativa de escapar, ele atira a caixa destruída, mas não consegue se livrar do seu objeto atacado e prejudicado, danificado e inútil. Em vez disso, aparece uma somatização, e ele adormece. Nesse ponto, Leon projeta para dentro da analista sentimentos esmagadores de ansiedade e dor, e, para poder fugir deles, recorre ao sono."

Aqui convém fazermos uma parada, porque este trecho está literalmente carimbado com os *stigmata* da escrita kleiniana: *colapso* a toda hora, *esmagador*, *intolerável*, etc. A forma da construção da frase – *e, e, e, e* – se deve a meu ver à tentativa de descrever simultaneamente movimentos psíquicos bastante complexos. Estou brincando com isso porque acaba virando um recurso fácil, mas a verdade é que não é simples descrever de forma linear, com uma palavra atrás da outra, uma série de movimentos que ocorrem ao mesmo tempo em pontos diferentes do aparelho psíquico, envolvendo a realidade interna, a realidade externa, o mundo interno, o ego, os objetos, a angústia, a defesa, o aqui, o agora, o passado, o presente, etc. Este tipo de apreensão procura ser multidimensional, e a forma clássica pela qual os kleinianos saíram da dificuldade de descrever este caráter multifacetado do seu objeto de investigação foi *sobrepondo* e *justapondo* os termos, um depois do outro, o que gera o acúmulo de vírgulas e de *e, e, e*.

Um exemplo particularmente claro disso é a passagem em que a autora diz: "a emergência dessas fantasias inconscientes de maneira concreta domina Leon de tal maneira que ele não pode se relacionar com a analista como uma figura no presente diferente dos seus objetos arcaicos, *e* as realidades interna *e* externa o perseguem". Mais adiante, "ele não consegue se livrar deste objeto; em vez disso, ocorre a somatização, *e* ele ofega dolorosamente, com o sentimento de que seus pulmões estão se desmanchando".

Aqui, o uso da mesma palavra *collapse,* aplicada a diferentes momentos ou facetas dessa multidimensionalidade, é um recurso literário interessante, que não deixa de ser útil para mostrar que o sentido destas várias facetas é o mesmo: uma realidade interna que está se desmanchando. Para mostrar que isso aparece na caixinha, na analista, no pulmão do menino, etc., ela usa a mesma palavra e seus derivados, de maneira a chamar a atenção para a significação comum destes diversos fenômenos. Da mesma maneira, para mostrar o espelhamento entre o que *ela* sente como intolerável e o que *o paciente* sente como intolerável – o que motiva no caso dela a interpretação, e no caso dele a defesa – a autora usa diversas vezes a mesma palavra *endure* e seus derivados: *intolerável, tinha que tolerar, ele não podia tolerar*. São recursos retóricos – a repetição, a reiteração do mesmo termo em diferentes contextos – que mostram de maneira eficaz que não se pode falar de tudo ao mesmo tempo, embora haja comunicação interna, digamos assim, entre as diferentes dimensões.

O'Shaughnessy conclui lembrando a questão da verificação dos fatos que comunicou. Isto está ligado à questão dos invariantes de todo método analítico, que ela enumera à p. 946: "a atitude analítica e o *setting*, o reconhecimento de um inconsciente, da realidade psíquica, da necessidade do ego de defender contra ansiedades intensas, assumir que existe uma repetição do passado na transferência, o simbolismo, etc. Na terminologia de Thomas Kuhn, isto forma o paradigma compartilhado da psicanálise, *the common ground,* o terreno comum, a partir do qual todos os analistas podem avaliar meu trabalho".

Aqui ela reconhece a existência de diversos níveis de singularidade. Um ela compartilha com outros analistas: a orientação kleiniana, que a leva a ver certas coisas e privilegiar certos aspectos. Num nível menos geral, há a sensibilidade pessoal dela, seu estilo individual dentro desta orientação. Isto corresponde ao que Ferenczi chamava a equação pessoal do analista, o carimbo dela como pessoa. E, num nível mais amplo do que o da orientação da sua escola, há os invariantes gerais da psicanálise, aquilo que caracteriza como analítico um trabalho: a atitude analítica, as hipóteses do inconsciente e da transferência, etc. Isto é o que permite a outros analistas discutir com ela, questionar se observou bem, se o que afirma ser um fato é mesmo um fato, etc. "Podemos também dizer que o próprio registro pode comunicar a outros colegas mais do que sei conscientemente, tanto sobre o paciente e minhas relações com ele como a respeito da minha percepção e objetividade, ou sobre a minha falta delas".

Quis comentar este texto porque tudo isso poderia ser perfeitamente um trecho da tese de alguém. A escrita traduz de maneira muito viva a postura clínica da autora, e aquilo que é considerado relevante para poder dizer as coisas dessa maneira. A mim pareceu um excelente exemplo, bastante característico de uma certa forma de conceber a psicanálise e de trabalhar com ela.

Uma última observação: queria enfatizar a liberdade que ela tem de dizer "aqui eu errei"; por exemplo, "a minha primeira interpretação da identificação projetiva não era adequada; quando falei nos termos dele, ele pôde reagir melhor", e assim por diante. Aqui vemos a utilização de uma oportunidade que, a meu ver, é característica da comunidade psicanalítica. Esta é um dos poucos grupos onde a assunção da falha, ou da castração, se vocês quiserem, é valorizada e de maneira geral aceita. Se o analista diz, pelo menos como declaração de princípio, que não sabe a verdade, que não é onipotente, que outros podem ver outras coisas, esta postura é valorizada, e a atitude contrária é percebida como arrogância, dogmatismo, etc.

Ora, para quem escreve esta é uma circunstância especialmente feliz, porque permite incluir dentro da trama do texto exatamente os momentos de dúvida, de perplexidade, sem que isso seja tomado pelo leitor como sinal de incompetência. Se alguém escreve uma tese de matemática e diz que é bem possível que tal teorema possa ser demonstrado, mas que não conseguiu demonstrá-lo, isso não é bem aceito no universo matemático. O mesmo vale para um erro médico. Não é o caso entre os analistas, dentro de um certo padrão. Existem trabalhos bons e trabalhos ruins; mas o bom trabalho, seja de escrita, seja clínico, pode evidenciar a incompletude, o caráter provisório, sujeito à crítica e à discussão, das afirmações do autor. Obviamente, isto beneficia quem escreve. Não creio, ao dizer isto, estar fazendo demagogia; é uma forma de poder apresentar certas incertezas constitutivas deste trabalho e deste tipo de pensamento.

A interpretação da sexualidade

Um ponto que merece atenção, tanto no relato como na discussão da autora, é o lugar mais do que imperceptível outorgado à *sexualidade*. A atenção da analista está visivelmente concentrada em outros aspectos, como as angústias persecutórias, as defesas arcaicas, etc.

Ora, este é um dos traços característicos de uma certa forma de praticar a psicanálise entre cujos fundamentos se conta a ideia de que "arcaico" e "sexual" são atributos incompatíveis. Gostaria de aprofundar um pouco mais este problema, utilizando algumas passagens do livro *Meltzer em São Paulo* (Casa do Psicólogo, 1997). Nele aparecem, entre outras coisas, algumas supervisões que Meltzer realizou em sua última visita à nossa cidade.

Em vários momentos este homem, que começou a sua trajetória num ambiente kleiniano notoriamente pouco erotizado em relação às interpretações (*"profundo"*, *"arcaico"*, "o bebê e a mãe", "o seio"), é levado a fazer uma série de observações a diversos apresentadores, lembrando que a sexualidade existe e aparece quando as pessoas falam de "abobrinhas" ou da vida cotidiana. É muito curioso ver alguém que pertence a uma orientação inglesa, frequentemente associada na história da psicanálise a uma certa deserotização, tornar-se o porta-voz da sexualidade, aliás muitas vezes sensível à primeira vista nos relatos que figuram neste livro.

Estou pensando nisto porque recentemente, no debate da *Percurso* sobre Winnicott,[3] uma das questões levantadas foi o lugar a conferir à sexualidade no funcionamento psíquico e no tratamento. Quando Winnicott é apresentado como aquele que descobriu que "o bebê no colo da mãe" não é um fenômeno erótico, convém lembrar que frequentemente é, e para os dois. Esta questão foi levantada por ninguém menos do que André Green, num artigo excelente cuja indicação devo a Bernardo Tanis e que saiu no *International Journal* em meados da década de 1990, sob um título provocativo: "Será que a sexualidade tem algo a ver com a psicanálise?". Green comenta a tendência à dessexualização nas interpretações, e de modo geral na escuta analítica.

Por que estou insistindo nisto? Porque representa uma certa maneira de encarar o funcionamento psíquico, agora não só a escrita, mas a coisa mesma, aquilo sobre o que se escreve. Se alguém lhe pedisse para descrever brevemente a evolução do ser humano de zero a dezoito anos, provavelmente um analista falaria na evolução de uma psique ainda pouco diferenciada em termos de percepção de si mesma e do mundo, com funções psicológicas ainda

---

3   Dossiê Winnicott. (1996). *Revista Percurso*, (17). Disponível em: https://www.sedes.org.br/Departamentos/Psicanalise/index.php?mpg=05.01.00.

rudimentares, rumo a uma maior diferenciação. O "senso-comum psicanalítico" atual tende a ver nas primeiras fases desta evolução uma parte menor de sexualidade; contrariamente à concepção freudiana, as primeiras relações e os primeiros objetos da criança seriam relativamente pouco sexuados. E num certo momento, coincidente com a fase do Édipo, haveria a entrada em cena da sexualidade. Assim, esta fica substituída no decorrer da terapia por uma espécie de interesse pelas *relações* e pela *interação*.

Há um pressuposto implícito aí, que é o seguinte: coisa *profunda* não é *sexual*, ou, se o é, é de uma maneira indireta, distante, porque de alguma forma o aparelho psico-sexual não teria se constituído ainda. Basta ler a literatura psicanalítica contemporânea, o *Boletim da Livraria Pulsional*, o *International Journal*, para se dar conta de que frequentemente as coisas são apresentadas dessa forma.

Uma das coisas mais interessantes no livro de Meltzer é uma apresentação em que um analista homem fala sobre uma paciente mulher. O apresentador, no início do seminário clínico, diz o seguinte: "Pessoalmente as questões que me interessam são: primeiro, a questão da visão binocular; segundo, a função alfa operando ao revés e a reversão de expectativa; terceiro, aquilo que o dr. Meltzer denomina em seu livro *O desenvolvimento kleiniano*, volume III um *duelo de anjos*. O duelo entre pensamentos derivados da experiência emocional e antipensamentos como uma organização inimiga para a criação de mentiras, ou o crescimento mental *versus* o envenenamento mental; ou, como ele mencionou na conferência *Dream life*, o duelo entre pensamentos *versus* processos adaptativos". Isto é o que o supervisionando desejava que Meltzer visse no seu material. Portanto, é um colega que visivelmente trabalha com o referencial bioniano, e está interessado em observar esses fenômenos; gostaria de comentar com Meltzer sobre a visão binocular, etc.

Então, ele conta o seguinte, nas páginas 163 e 164 do livro: "a analisanda é arquiteta, solteira, mora em São Paulo com outra irmã também solteira; o restante da família mora do interior do estado. Ao chamá-la na sala de espera, minha atenção se volta para o seu traje, pois ela está usando saia, o que é bastante raro nesses seis anos em que a atendo. Todo o conjunto da roupa é discreto, apagado, um pouco clássico demais para os seus 28 anos de idade. Nesse momento, já na sala de espera, lembro que ela está para ter uma entrevista profissional por esses dias, e imediatamente atribuo o inusitado do traje a esse acontecimento, supondo que deva ser hoje. Enquanto percorremos os seis a oito metros que separam a sala de espera daquela onde a atendo, minha atenção se volta para as suas pernas; as batatas são volumosas e os tornozelos desproporcionalmente finos. Lembro-me dos seus constantes exercícios de corrida, e de como ela me parece exagerada e regrada nessa prática. Agora, enquanto escrevo essas anotações, percebo que não havia um componente erótico em meu olhar; reconheço também que nada disso é excepcional; mas, ao mesmo tempo, o comum nos nossos encontros é que eles aconteçam de forma bastante automatizada e mecânica, aparentemente sem nenhuma emoção".

Meltzer intervém: "Não estou seguro sobre a parte erótica negativa. Para fazer um julgamento erótico negativo, você tem que ter em mente o positivo. O que você diria depois de olhar os tornozelos seria algo como: 'que pena essas batatas volumosas!'. Se você anda atrás de uma paciente mulher, é difícil evitar o componente erótico no seu olhar; se você anda na frente de uma paciente mulher, você vai ter problemas na transferência. Na escolha entre os dois, é melhor ficar com a contratransferência".

Então vejam: alguém é levado a observar o traje de uma paciente, e nota a transformação na roupa dela: hoje está de saia. O que será que isso quer dizer? Associa com a tal entrevista profissional, "deve ser hoje". Esta é uma projeção pura e simples; não há a menor base empírica para isso. E aí diz: "ao escrever essas anotações, percebo que *não havia qualquer intenção erótica*, aliás, nosso encontros são desprovidos de qualquer emoção" – de fato a paciente é muito chata, como aparece na sequência do caso, e essa é uma das questões que Meltzer vai justamente tomar para enfatizar na supervisão. Como ela faz para ser tão pouco atraente? Vai fazer toda uma série de considerações sobre a "sedução negativa" que esse pessoa põe em jogo, e que aparece na transferência e na contratransferência.

Este gênero de deserotização da análise, e do funcionamento mental de maneira geral, leva o analista a não enxergar o material patentemente sexual, no sentido restrito e adulto da palavra, genital.[4] Um homem olha para as pernas

---

[4] Conferir a conferência de André Green sobre essa questão, pronunciada na Sociedade Britânica de Psicanálise. Green, A. (1996). Has Sexuality Anything To Do With Psychoanalysis? *The International Journal of Psycho-Analysis*, 76:871-883. Disponível online: http://web-facstaff.sas.upenn.edu/~cavitch/pdf-library/Green_HasSexuality.pdf

de uma mulher e é levado a dizer: "que pena ela ter batatas das pernas tão feias e tornozelos tão desproporcionais". Isto se chama *interesse*; há um fenômeno visivelmente erótico aqui. Com um bocado de *English understatement*, Meltzer comenta: "não estou tão seguro da parte erótica negativa", e vai fazer a supervisão inteiramente nessa linha. E lá no final ele diz: "Sinto muito, mas o material que você trouxe não tem nada de visão binocular nem de reversão da função alfa; nós não sabemos nada sobre como essa mulher faz a simbolização, porque o quadro é dominado por uma problemática de outro tipo".

É curioso: este analista tem de ir para a sessão "sem memória e sem desejo", segundo sua própria Bíblia, mas na supervisão já chega com todo um programa: vou trazer o material, mas o que quero que você comente nele é visão binocular, reversão da função alfa... Parece que as ideias preconcebidas não se restringem aos que querem ver a sexualidade em tudo.

Mais adiante, a moça vai ter uma discussão com a irmã, com a qual ela mora. Brigam porque a paciente, arquiteta, deu de presente um projeto de escritório para a irmã. Chegam às vias de fato, fisicamente; ligam para a mãe, e esta diz: se isso fosse um casamento, estava na hora de vocês de se divorciarem. O analista fica perplexo: "não entendo bem essa observação". Meltzer: "o que a mãe está dizendo para as filhas é o seguinte: 'vocês façam o favor de parar de brigar para saber quem é a amante do papai, porque na verdade nenhuma das duas é a amante do papai; a mulher do papai sou eu. E se vocês pensam que vão para a cama com ele, não vão; parem de brigar, porque isso é inútil'". Ele atribui à mãe uma interpretação edipiana da briga das filhas! Mais adiante, numa outra supervisão, aparece uma mulher que desenvolveu várias afecções psicossomáticas bastante graves após a morte de uma amiga chamada G. Pergunta de Meltzer: "era namorada dela?". Resposta: era!

Ou seja, na apresentação mesma desses casos se nota um preocupante esvaziamento da *sensibilidade à presença da sexualidade*.[5] Consequência, na minha maneira de ver, da redução da sexualidade às suas proporções vitorianas. Meltzer está atento para esta possibilidade, e sua pergunta é direta: era

---

5   Em seu livro *A indisponibilidade sexual da mulher como queixa conjugal*, (Blucher, 2020), Sonia Thorstensen relata sua surpresa ao descobrir, em congressos nacionais e internacionais, a mesma parcimônia, para não dizer ausência, de referências à sexualidade – espontaneamente – nos trabalhos sobre *terapia de casal*!!

namorada dela? Resposta, virando a página: era! A primeira hipótese que ele levanta é: se alguém reage à morte de uma amiga com uma explosão psicossomática dessa virulência, o laço entre as duas devia ser muito forte. E esse laço deve ser também erótico, embora a somatização sugira justamente (mais uma vez a questão do arcaico *versus* o avançado) mecanismos de defesa e um funcionamento mental usualmente qualficados de "arcaicos".

A cisão como defesa contra traumatismos sexuais

Aquilo no que estou insistindo com essas observações é que o fato de o indivíduo funcionar num nível dito *arcaico* não significa que a sexualidade esteja distante; ela provavelmente estará impregnando tudo, ainda que envolvida em dimensões pré-genitais. Existe um livro chamado *Três ensaios sobre a teoria da sexualidade,* no qual o autor – um certo Freud – comenta que chupar o dedo é erótico; em 1997, esta parece ainda uma revelação relativamente escandalosa. A ideia de sexualidade infantil, em suma, está desaparecendo; não só da teoria, mas da interpretação também. Mas o fato de uma determinada problemática não aparecer, imediata ou diretamente, em termos de objeto total, de sexualidade hétero ou homossexual, de um conflito ligado à castração, à constelação edipiana e seus acessórios, não significa que ela não esteja fortemente infiltrada pela sexualidade: a qual pode ser tanto mais virulenta quanto menos aparente, menos organizada por fantasias que requerem um tipo de funcionamento mental mais diferenciado e organizado.

Quero utilizar o tempo que nos resta hoje para me referir a um outro relato, publicado num número da *Revue Française de Psychanalyse*, sobre a problemática da cisão, que justamente, entre as defesas, é uma das mais "arcaicas". A autora é Evelyne Ville, e o texto se chama "La levée du clivage: de la régression à la perception" (n. 5, pp. 1725-1729, 1996).

Deste artigo, vou aproveitar a parte que mostra como a clivagem, tomada em si mesma, não exclui uma problemática constituída em termos de traumatismos sexuais. As outras hipóteses da autora, aliás bem interessantes, vão ficar de lado.

Diz Evelyne Ville: "O sr. Y consulta por uma falta de confiança em si, bem como por sentir pouco consistentes o seu pensamento e a sua identidade. Tem graves problemas na relação com a mulher com quem atualmente divide sua vida, mas também na parte do seu trabalho que descreve como 'criadora', e na qual não chega a se realizar. Jovem, bonitão, dá a impressão de flutuar acima das nuvens, num mundo só dele".

Uma vez narrada a queixa e as primeiras impressões, ela dirá: "o começo da análise vai colocar à luz diversos traumatismos que parecem tê-lo marcado muito". E aí vem a lista destes traumatismos: primeiro, a separação dos pais quando tinha cinco anos, vivida como um abandono; ele fica com a mãe quando esta decide abandonar o marido, *très volage*, muito "galinha", mulherengo, pouco fiel. Segundo, a "sedução por parte de um adolescente, filho da empregada da mãe, sedução que parece ter-se exercido de maneira repetitiva sobre a criança muito pequena que o paciente era então, e sob o olhar permissivo da mãe do adolescente. O sr. Y guarda disso uma lembrança muito assustada, pela violência do rapaz, mas também a sensação de prazer dessa vivência". Por fim, um traumatismo do mesmo tipo, por parte de um fotógrafo amigo do pai, que parece ter tido *des attouchements* (ter brincado de tocá-lo) um pouco precisos demais enquanto fotografava a criança nua.

Então, é isso que o começo da análise revela. Nós não temos, nesse texto tão curto, informações sobre *como* isto foi colocado à luz, se foi disso que o paciente falou imediatamente, pela problemática homossexual latente que está presente aqui, ou se já é o resultado de alguma interpretação por parte da analista. O fato é que ela diz: "o começo da análise desenterrou isso", e há uma certa convergência na temática: um pai um tanto ausente, mas ao mesmo tempo superexcitado, hipomaníaco, que exerce essa excitação em relação às mulheres (é "galinha"); e a criança sendo objeto de atenções sexuais por parte de um adolescente ou de um adulto, que vão marcar bastante o psiquismo do futuro adulto sr. Y.

"Desse passado persistirá uma recriminação bastante grande em relação aos pais, sobre a incapacidade deles de se dar conta dos problemas que surgiram na sua vida, mas também um medo de aparição dos desejos homossexuais. A recriminação feita pelo paciente a seus pais de estarem *à côté de la plaque*, fora de foco no que concerne às suas necessidades, dominará a primeira parte da análise. Isso leva a rejeitar a hipótese de lhes pedir ajuda; rejeição na verdade muito ambígua, porque ele se arranja para estar permanentemente com pouco dinheiro, e portanto ter necessidade frequente de pedir emprestado aos pais."

Aqui podemos ilustrar o que ficou dito na aula anterior sobre a questão da "credibilidade". Esta questão do dinheiro não está diretamente ligada aos traumatismos sexuais dos quais se acabou de falar. Então, se Mme. Ville está tentando mostrar que há uma atitude ambígua do homem em relação aos seus pais, é uma boa estratégia encontrar um exemplo dessa atitude num aspecto de sua vida adulta *não diretamente ligado* à complacência dos pais com o traumatismo sexual. Ela traz um outro exemplo, uma outra parte da vida dele, em que ele depende dos pais porque administra mal a sua vida financeira, e vê nisto uma prova da ambivalência.

Aí vem a questão edipiana: "ele sempre recriminou em seu pai a personalidade indecisa e mole dele, pai. Em torno dos 22 anos, precisa-se o medo de uma atuação homossexual por parte desse pai; aparece então, claramente, uma assimilação da sedução pedófila da primeira infância a uma ação de violência sedutora por parte do pai, que foi vivenciado não apenas como autorizando a pedofilia, mas ainda a favorecendo" (p. 1726).

Isso leva agora à metapsicologia. Até aqui ficamos na história, nos dados propriamente narrativos. Agora, a autora vai tentar descrever uma posição subjetiva em relação a outras referências: Édipo, pai, mãe, castração, o desejo dele; há uma série de parâmetros que intervêm aqui.

Entra em cena a metapsicologia: "Isso conduz portanto a uma posição de *ter o pai,* envolvida em medo e num desejo inconsciente de sedução, mas também numa incapacidade de identificação com ele", posição constituída portanto por um conflito. Eu quero ser como o pai, mas não posso ser como o pai: "*ser o pai* lhe é impossível, e ele proclama ainda hoje seu desejo de permanecer adolescente para não se perder de si próprio". Aqui temos um exemplo interessante de fixação: permanecer na adolescência para não se perder de si próprio. Ele chegou até uma posição adolescente; não pode chegar, segundo essa hipótese, até o mundo adulto, porque se ser adulto é ser como o pai, então isso significa culposamente tanto ceder ao desejo homossexual do pai quanto por sua vez atuar esse mesmo desejo sobre outras crianças, assumir a mesma posição pedófila do pai, cúmplice ou favorecedor do fotógrafo, do filho da empregada, e assim por diante. Esta é uma posição subjetiva que o superego proíbe, e a identificação fica problemática.

"Esse desejo reivindicado de ser adolescente é acompanhado por uma regressão importante, através de uma toxicomania cotidiana com o haxixe, que só pode lembrar a sua única forma de ser e de ter.... Compreendo que se instaurou uma incompatibilidade entre o grande amor pelo seu pai, que o teria abandonado, abandonando o lar, e uma grande inquietação interior frente à situação passiva em relação a este pai."

Agora temos um sintoma, o da toxicomania diária com o haxixe. Alguém que fuma haxixe todos os dias está vivendo um situação grave, que implica uma avaliação diferente da de quem fuma um baseado de vez em quando ou dá uma cheiradinha social numa festa; aqui ela fala numa *toxicomania*. Isso é importante. No livro de Decio Gurfinkel sobre *A pulsão e o objeto-droga*, a primeira distinção que ele faz (a meu ver, com grande pertinência) é entre o usuário ocasional, que consome uma droga socialmente ou numa situação emocionalmente intensa, e a drogadição; é a mesma diferença que existe entre ser alcoólatra e tomar um chope no bar ou beber um aperitivo quando chegamos em casa. Por isso, a autora é levada a falar em *toxicomania*, o que parece grave, e a vincular essa toxicomania à regressão.

Reparem o interesse que apresenta este pequeno trabalho. Estou pensando numa adaptação do que disse Fédida sobre a pluritemporalidade do inconsciente, lembrando uma observação de Ferenczi. Aqui podemos pensar numa *pluriespacialidade*, em diferentes setores psíquicos, alguns dos quais mais "adaptados à realidade adulta", outros profundamente regredidos, ligados a uma tomada, por assim dizer, muito infantil. Este homem é um adulto: tem relação com uma mulher, embora problemática (ele não entrou em detalhes), tem um trabalho *criativo* no qual se encontra bloqueado. Uma parte psíquica dele funciona como um francês médio tem que funcionar: não está internado, não está na cama, não está deprimido, etc. Uma outra parte é um adolescente. Uma terceira parte é um garoto, digamos de oito ou dez anos, temeroso de ser abordado sexualmente pelo pai; uma outra ainda está parada naquela época em que o filho da empregada o atacava sexualmente; e lá para baixo há algo que se satisfaz nesse contato cotidiano com o haxixe. Há uma espécie de pirâmide instável de pedaços psíquicos, curiosamente mantidos *juntos* por um trabalho de *cisão*, que é justamente o assunto que ela quer abordar. A cisão, portanto, não apenas separa; por assim dizer, se quisermos pensar nas margens de um rio, mantém separados, porém juntos, ligados, os mesmos dois termos que ela separa.

Volto ao que está escrito: "Essa questão da situação passiva a respeito do pai é acompanhada por uma revelação sobre a situação transgeracional da família. O avô paterno do paciente tinha sabido, depois da morte do seu próprio pai (portanto o bisavô do paciente), que este não era o seu verdadeiro genitor; de fato, o bisavô era um amigo da família, muito atento a seu filho (que era o avô), mas numa negação da situação, como aliás todos os demais membros da família. Meu paciente acha que essa situação de segredo deveria ter perturbado muito o avô, que de resto morreu muito jovem, de um câncer fulminante. O segredo tinha por sua vez passado para o seu filho (que é o pai do paciente), e assim sucessivamente. Podemos efetivamente presumir que o pai do meu paciente devia ter evoluído numa *clivagem funcional* em relação à fragilidade do seu próprio pai, o avô bastardo, e em particular numa certa perturbação da identidade".

A hipótese é portanto que essa história familiar, remontando a várias gerações, deve ter algum impacto na maneira como cada um dos adultos se relaciona com o seu próprio filho: poderíamos chamar esta perspectiva de "transgeracional". Sendo filho de um homem que tinha problemas com a sua própria identidade, por ter-se descoberto filho bastardo, é possível que o filho desse bastardo tenha um certo *flou*, uma certa inconsistência de identidade, que por sua vez deve estar ligada à questão de uma certa complacência com a pedofilia, e que por sua vez vai afetar traumaticamente, sob a forma da sedução, o seu filho. O qual filho também tem os seus impulsos sexuais, que se manifestam sob a forma de um desejo de coito passivo com o pai; impulsos que lhe dão medo, que refluem na sua problemática, e segundo ela têm algo a ver com a dimensão regressiva manifestada pelo haxixe.

Temos então uma hipótese sobre a origem dessa problemática. E o interessante é que ela fala em "clivagem fusional" entre os diversas gerações. O conceito de clivagem, ou cisão, está sendo empregado aqui para dar conta de dois aspectos diferentes: cisão entre as várias identificações do paciente (a pluriespacialidade de que falei há pouco) e cisão em relação à história familiar, objeto de múltiplos não-ditos que precisam ser mantidos afastados da consciência.

Voltemos ao senhor Y. Ele vai falar da sua mãe, dizendo que esta reprovava no pai a virilidade ambígua, criticando-o sem parar e tratando-o de "bagunceiro" e "perverso". "Quanto ao meu paciente, a erotização das trocas com seu pai era temível para ele. A personalidade da mãe não parece estabelecer uma continuidade, uma base sobre a qual se apoiar frente a isso." Aqui está a velha teoria dos pais combinados, Melanie Klein em ação: quando um dos pais é fonte de problemas, a criança busca se apoiar na relação com o outro. Mas, para isto, é necessário que este outro genitor tenha uma certa consistência e permita este apoio.

Dá para perceber que em nenhum momento estamos aqui num universo apenas pulsional, solipsista, fora de contexto com o ambiente; a analista está interessada em saber de que maneira o ambiente apoiou, favoreceu ou prejudicou a constituição psíquica desse garoto, mas sem esquecer que ele também tem suas próprias pulsões e fantasias.

Já temos elementos suficientes para concluir por hoje. Toda a história do sr. Y, tal como a analista a narra, mostra como ele utiliza uma defesa arcaica para se proteger das consequências do que ela chama, com razão, de traumatismos sexuais. As supervisões de Meltzer também insistem no aspecto sexual, embora sua perspectiva seja mais próxima da dos kleinianos, enquanto a da analista francesa é mais classicamente freudiana.

O que se depreende disto? Não se trata, obviamente, de criticar a sra. O'Shaughnessy por não ter trabalhado com a sexualidade de Leon; isto seria ridículo. Mas cabe perguntar se, num adolescente de quatorze anos, nas vésperas da puberdade ou entrando nela, a dimensão sexual não está ligada à problemática que ele atravessa nestas sessões da sua análise. E certamente há, no material trazido pela analista, elementos que poderiam ser interpretados nesta direção, ainda que de forma conjetural: o esconder-se e espiar (esconder-se *para* espiar?), o *peer* e o *watch*, o silêncio tão eloquente sobre o que se passa na cabeça dele, as relações sexuais capazes de produzir filhos meio-homem, meio-pássaro, etc.

Em suma: estamos aqui, talvez, diante de um divisor de águas nas maneiras como se pratica a análise atualmente. Mas, parafraseando Júlio Gouveia, "esta é uma outra história, que fica para uma outra vez".

13. Romance policial e tese de psicanálise

Vamos trabalhar hoje com um tema ligado à construção de um trabalho, pensando especificamente na tese que vocês precisam escrever. Vou me servir de dois livros. O primeiro se chama *Writing crime fiction*, cujo autor é um crítico de livros policiais chamado Henry Keating, publicado por uma editora de Londres, A&C Black, em 1994. O outro livro foi escrito por uma dupla de autores policiais franceses que se oculta sob o pseudônimo de Thomas Narcejac: *Une machine à lire: le roman policier, une littérature problème*, Denoël-Gonthier, 1975.

Lendo estes livros, associei-os com as questões ligadas ao nosso curso: o livro de Keating, *Como escrever ficção policial*, é um receituário. Discute uma série de gêneros nas histórias policiais, do conto curto à novela mais longa, e faz uma série de observações ao autor em potencial sobre a *forma de construção* de um livro deste tipo. E à medida que eu ia lendo isso, fui me dando conta de que boa parte do que ele diz sobre os truques de construção de um livro policial se aplica *ipsis litteris* à construção de um trabalho acadêmico, teórico ou clínico. Naturalmente, há uma série de diferenças que vamos comentar também; mas há muita coisa aproveitável.

Um primeiro aspecto diz respeito à "forma da história". No capítulo chamado "Story and form", encontramos o seguinte: "Na sua forma mais básica, a história policial típica não é uma história. É um quebra-cabeça estático. Alguém foi assassinado em circunstâncias misteriosas. Como isso aconteceu?

Mas essa situação básica tem que ser vista sob uma luz quase exatamente oposta, como o esclarecimento gradual das coisas. Assim, o que idealmente tem de acontecer é que o seu detetive (ele está falando ao autor) deve descobrir *piece by piece*, passo a passo, coisas que eventualmente tornarão clara a resposta ao quebra-cabeça fundamental, mas isso não pode ser um processo passo a passo simples. Toda a questão deste tipo de livro é que, quando a solução aparece, ela deve ser *startling and unexpected*, inesperada e surpreendente". Isto está na página 22.

A oposição que ele faz aqui, entre um quebra-cabeça estático e uma história que tem que ser contada de maneira a manter o interesse do leitor até a última página, lembra uma outra oposição, mais próxima de nós. Vamos contar idealmente como aconteceu um determinado processo terapêutico, que em princípio nós sabemos onde está, ou como acabou.

Ora, esta é uma situação semelhante àquela que Keating diz aqui ser uma situação estática. Não porque o processo clínico seja estático, mas porque o ponto no qual estamos quando começamos a escrever é muito diferente daquele onde está o leitor. Nós sabemos, em princípio, o que queremos dizer; o leitor não. E as dificuldades para expor alguma coisa já sabendo qual é o seu desenlace, ou pelo menos qual é o seu ponto atual, são muito parecidas com as do autor que sabe exatamente quem matou, como matou, por que matou, e tem que apresentar isso de maneira que o leitor não perceba tudo na quarta página.

Há uma questão de *desenvolvimento*, tanto no caso da história policial (os dados do enigma) como no caso da tese, do artigo ou seja o que for: trata-se do desenvolvimento do *argumento*, que estudamos numa aula anterior. As formas de desenvolvimento destas duas coisas, que aparentemente nada têm a ver uma com a outra, na verdade não são tão distantes assim. Não podemos colocar as conclusões logo de início; algumas dessas conclusões são mais bem fundamentadas e garantidas do que outras; certas questões ficam em aberto, etc.

"Lógica" e "inspiração"

O romance policial e a psicologia são contemporâneos no seu nascimento. O inventor da história policial foi Edgar Allan Poe, aliás objeto de um estudo psicanalítico curioso, escrito por Marie Bonaparte nos anos 1930, que vale o que vale. Poe era uma mente lógica e gostava de esclarecer mistérios. Sua ideia sobre o processo de criação literária – não só para histórias policiais, mas em geral – é muito curiosa, e vale a pena vê-la mais de perto.

Estamos em pleno Romantismo, por volta de 1840. A opinião predominante era que a obra artística era essencialmente fruto da inspiração. Mas Poe pensava que a criação artística obedecia, apesar de tudo, a uma construção rigorosa, que para o seu autor podia ser mais consciente ou menos; e, para provar isso, inventou o gênero policial. Então, o ideal aqui é o de um gênero literário em que a construção fosse o essencial, e em que a lógica, a dedução e o raciocínio tivessem a primazia.

O livro de Narcejac começa justamente por citar uma série de autores – Faulkner, Henry Miller, Simenon, Hemingway – que responderam a um questionário publicado pela editora Gallimard sob o título *Romanciers au travail*, romancistas trabalhando. Ouçamos:

- Henry Miller: "O espírito desperto é o menos útil no domínio da arte; quando escrevemos, lutamos para fazer aparecer aquilo que nós mesmos não conhecemos".

- Faulkner: "Para mim, chega sempre um momento no livro no qual os personagens adquirem uma vida independente e se dirigem por si mesmos para o desfecho. Em geral, na altura da página 275".

- Simenon, o criador de Maigret: "Uma obra de arte não pode ser realizada com o objetivo de agradar a certa categoria de leitor. Se escrevemos com uma finalidade comercial, teremos que fazer muitas concessões. Eu não sei nada sobre os acontecimentos antes de começar o romance". Acredite quem quiser!

- Hemingway: "Às vezes conhecemos a história, às vezes ela é inventada à medida que avançamos, e não temos nenhuma ideia daquilo que ela vai se tornar".

A crer no que dizem estes escritores, o autor só trabalha com a tomada ligada na inspiração; um psicanalista diria: em regime de processo primário, com o inconsciente. Quanto menos regras e menos planejamento, melhor.

Diante disso, Edgar Allan Poe escreve o seguinte, num texto muito interessante que se chama "A Gênese de um Poema", sobre "O Corvo": "Muitos escritores gostam de pensar, ou preferem que se pense, que compõem graças a uma espécie de frenesi sutil ou de intuição extática, e realmente tremeriam se precisassem autorizar o público a olhar por cima do seu ombro, a contemplar as engrenagens e as correntes, os truques para mudar o cenário, as escadas e os alçapões; toda a maquiagem que, em noventa e nove casos sobre cem, constitui o apanágio e o natural da história literária. Quanto a mim, não encontro nenhuma dificuldade em recordar a marcha progressiva de todas as minhas composições. Escolho 'O Corvo': meu objetivo é demonstrar que nenhum ponto da composição pode ser atribuído ao acaso ou à intuição, e que a obra marchou passo a passo rumo à sua solução com a precisão e a rigorosa lógica de um problema matemático".

O que vale para o poema, raciocinou Poe, poderia valer para uma história em prosa. Foi assim que ele inventou a história policial e o cavaleiro Dupin, imortalizado entre os analistas por Lacan no seu comentário de "A carta roubada."

O que me chamou a atenção nessas passagens foi primeiro a oposição muito nítida e clara, feita por gente do *métier* literário, entre *lógica* e *inspiração*. Por um lado, toda a série que diz quanto menos regras melhor: devemos nos abandonar à inspiração, pegar a máquina de escrever, a caneta ou o que for, e "mandar bala".

Por outro lado, chama muito a atenção a pretensão de Poe de que um poema como "O Corvo" tenha sido pensado de trás para frente, em termos tão lógicos e rigorosos quanto os que ele descreve no trecho que li. Provavelmente, assim como os outros autores estavam fazendo a balança pesar um pouco demais no sentido da intuição mágica, aqui também Poe provavelmente está exagerando um pouco. Não duvido que ele tenha efetivamente podido remontar todo o processo de criação do seu trabalho. Mas é claro que Poe força a barra no sentido do problema matemático, da total obediência às regras que ele mesmo se impôs, e deixa de lado a dimensão propriamente surpreendente, *startling and unexpected*, como diz o autor inglês, surpreendente e inesperada, que pelo menos na minha experiência de escrever frequentemente aparece.

Yanina: *(Lembra que Poe escreveu contos de suspense e terror, por um lado, e de lógica extrema por outro)*

R.M.: *A mim isso faz pensar que são as duas faces da mesma moeda. De um lado, a realidade absolutamente submetida ao controle total de Dupin, Sherlock Holmes, Maigret: são personagens da ordem. Eles intervêm para mostrar que aquilo que parece desordem na verdade obedece a uma ordem rigorosa, e que a realidade humana, em suma, é passível de cálculo. Isso é feito primeiro por Poe. Ele se diverte mostrando como é possível adivinhar o pensamento do seu companheiro. Dupin está caminhando com o narrador anônimo, e este faz alguns gestos, sorri, olha para cima, olha para baixo, etc. De repente, Dupin diz alguma coisa como: "É, de fato este Chantilly é uma besta!" E seu amigo se surpreende: "Como você sabe que estou pensando nisto?" E então Poe reconstitui, em três páginas, um verdadeiro processo de livre--associação. Dupin parte da última coisa que tinha sido falada entre os dois, e continua: "Aí você olhou para cima, eu vi que estava pensando nas estrelas; depois olhou para baixo, e eu deduzi que estava pensando nas pedras", etc. Para o leitor calejado de hoje, o raciocínio de Dupin parece um pouco* tiré par les cheveux, *um pouco forçado, mas para o leitor de 1840 era uma demonstração absolutamente impressionante.*

Ouvinte: *(...)*

R.M.: *Exatamente, para produzir o efeito. Agora, como isso acontece? Mostrando em primeiro lugar para o leitor como se esclarece aquilo que, nos contos de terror, parece aterrorizante: o desconhecido. Tomemos a história do sr. Valdemar, que Lacan também comentou num dos seus seminários. Neste conto, um* *semimorto vai se liquefazendo e contando o que sente: temos o horror em estado puro, que não se deixa apreender pela mente lógica. Assim, podemos opor os contos "góticos" a esses outros, lógicos.*

Como funciona o conto lógico? Mostrando justamente que aquilo que parece um mistério *não é* um mistério. E isso inclusive tem conexões com a psicologia que estava nascendo na mesma época, meados do século XIX, através de um procedimento que vai ser muito usado pela psicanálise: a associação de ideias. Na época de Poe e de Conan Doyle, a associação de ideias é exemplificada pelas regras de associação estabelecidas por John Stuart Mill. Não é por acaso que Freud traduziu para o alemão textos de Stuart Mill; a ideia de uma espécie de álgebra ou de física do pensamento estava em circulação na época.

Há um caso de Conan Doyle em que Watson está chegando em casa, sobe as escadas da Baker Street 220-A, e Holmes está fumando seu cachimbo. Ele olha e diz: "quanto custou seu telegrama?". Watson, espantadíssimo: "Como você sabe que fui passar um telegrama?". E Holmes descreve o seu raciocínio: Watson está com o sapato sujo de uma lama vermelha, igual àquela na frente da agência do correio, na esquina da Baker Street. Portanto... "Ok", diz Watson, "está certo, eu fui ao correio, isso você sabe; mas e o telegrama?". E Holmes: "Watson, eu passei a manhã inteira junto com você, você não escreveu nenhuma carta; além disso sua escrivaninha, que estou vendo daqui, está cheia de selos e de cartões postais. A única coisa que você precisa ir ao correio para fazer, em termos de comunicação, é passar um telegrama" (estamos em Londres em 1890). Então, são pequenos atos de observação minuciosa, e ao mesmo tempo conclusões, às vezes forçadas e às vezes não tão forçadas. Neste caso, acho forçado, porque Watson poderia ter ido à quitanda e passado em frente ao correio, atravessando a rua porque passava uma carruagem; poderiam ter acontecido várias coisas.

Um outro exemplo é mais bem construído; o do relógio do irmão de Watson.[1] Este diz: "Duvido que você seja capaz de dizer algo sobre a vida de uma pessoa a partir de indícios muito frágeis. Está aqui este relógio, por exemplo; o que você pode me dizer sobre o proprietário anterior?". Holmes

---

[1] Trata-se das páginas iniciais de *Um estudo em vermelho*.

pega o relógio, abre, pega uma lupa, examina detidamente, devolve e diz: "Quase nada!". E aí vem uma descrição muito pormenorizada da personalidade do irmão de Watson, o proprietário anterior do relógio, com algumas deduções bastante teatrais. Por exemplo, havia várias datas inscritas na tampa, e Holmes diz: "estes são momentos em que o relógio foi empenhado, são as marcas da loja de penhores". Então, ele deduz que esse homem teve altos e baixos na vida; baixos porque precisava empenhar o relógio, e altos porque conseguia fitá-lo da casa de penhores. E assim vai. Também afirma que provavelmente o homem bebia e não era muito cuidadoso com suas próprias coisas. Watson: "como você descobriu isso?". Holmes: "Porque o relógio está todo arranhado, e é um relógio de bolso; provavelmente, alguém que põe um relógio valioso como este no bolso, junto com chaves e outros objetos, não deve ser muito cuidadoso". Em suma, é feita uma leitura dos hábitos que pressupõe – este é o ponto que quero enfatizar – que estes hábitos sejam *regulares*: que só exista lama vermelha em frente ao posto do correio; que quando um homem como Watson sai ele não vai ao bordel ou ao bar, não vai comprar pão; se ele saiu e no seu sapato aparece lama como a do correio, só pode ter ido ao correio. Então, uma série de convenções falam sobre a *regularidade da vida*, regularidade esta que se encontra momentaneamente embaçada porque houve um crime misterioso, que tem de ser resolvido. Todas estas são aplicações do princípio da regularidade dos fatos. E é esta regularidade que se encontra espelhada no que Poe diz sobre a necessidade de um plano para escrever qualquer coisa.

Por que essa questão do plano e do efeito nos interessa, para além da curiosidade literária? É que, num trabalho um pouco mais longo, como uma tese, é o plano, a arquitetura, que na verdade acaba decidindo se o trabalho é bom ou não. Trata-se de um tipo de escrito necessariamente extenso, que ocupa muito tempo, em geral dois ou três anos da vida de uma pessoa. Não se sabe, no começo, onde vamos chegar. O trabalho é quase sempre escrito aos pedaços, nem sempre da página 1 à página *n*; frequentemente, se faz primeiro o terceiro capítulo, depois ele vira o segundo e aparece mais outro; não são todos que começam e vão em frente. Ora, esta armação, os andaimes da escrita, precisam ser apagados do trabalho final, ou então teremos um texto cheio de alinhavos, como um terno mal cortado, ou até mesmo bem cortado, só que aparecendo o avesso, com a bainha sem acabamento. Este trabalho do acabamento envolve não só a correção literária, a revisão, mas muitas e muitas vezes uma *armação* mais bem feita *daquele* texto, o pronto, e não aquele que tínhamos imaginado escrever no início, que tinha capítulo 1 tal, capítulo 2 tal, capítulo 3 tal, aparentemente bem concatenados. O produto final é muito menos concatenado do que aquilo que originalmente nos propusemos a fazer.

Depois de ter escrito um bocado de coisas e lido muitas outras, posso dizer isso com toda a certeza. Chama a atenção, quando lemos um trabalho um pouco mais extenso, exatamente a presença destes buracos na construção, e é para isso que serve o plano *à la* Edgar Allan Poe. Ainda que não o obedeçamos em todos os seus detalhes, como é o caso do escritor policial. Tenho a impressão de que se alguém fosse seguir o conselho de Simenon, sentar à máquina e ir escrevendo a história "que vai se inventando por si mesma", talvez desse certo. Mas a maioria de nós, ao chegar à página 30, provavelmente já não saberia mais quem é o suspeito, quem é a vítima, quem é o assassino.

Felipe: *(Fala sobre empregar a técnica do suspense ao redigir um caso ou uma tese)*

R.M.: *Esta sua ideia do suspense me parece, à primeira vista, tomar um pouco ao pé da letra demais a analogia com o policial. Para mim, o efeito a ser produzido numa tese é um só: a persuasão do leitor de que aquilo que você disse é relevante, importante, está bem argumentado e bem demonstrado. Se além disso há outros efeitos, de prazer na leitura, de interesse pelas suas ideias teóricas, de admiração pela sua habilidade clínica, pela sua audácia, de simpatia com o jovem pesquisador às voltas com os grandes problemas da psique, etc., isso vem de surcroît, por acréscimo. Mas o efeito a ser buscado num trabalho acadêmico é essencialmente o de obter o assentimento intelectual do leitor, através da demonstração, da argumentação, etc. E este efeito se obtém, em geral, utilizando meios adequados, entre os quais a construção tem um*

> *papel de destaque. Eu situaria neste nível a analogia que estou procurando estabelecer entre a tese e o romance policial.*
>
> **Ouvinte:** *(...)*
>
> **R.M.:** *É, justamente: você falou em enigma. Esta é outra analogia, não outra identidade. Num trabalho de tese, a meu ver, é essencial que exista um problema, como vimos numa aula anterior, comentando a tese de Maria Auxiliadora Arantes. Talvez, pensando* après-coup, *tenha sido exatamente a ambiguidade da ideia de problema, essa dupla conotação – problema resolvido pela detecção do detetive na história policial, problema teórico, clínico, ou de que natureza for, numa tese – que tenha primeiro me chamado a atenção para este tema, além dos outros aspectos que mencionei.*

A meu ver, a tese deve apresentar a construção deste problema, a sua exposição, e o seu desenlace, a sua resolução tanto quanto for possível, com os meios de que o autor da tese dispõe. Para isto existe uma série de possibilidades: o recurso à literatura, o exemplo clínico, etc.

Assim, o equivalente do efeito de suspense seria a construção do problema, e possivelmente a exploração de algumas pistas para resolvê-lo; e, assim como na história policial, estas pistas podem não levar a nada. Não é raro, e acho mesmo um sinal de que uma pesquisa de verdade está sendo realizada, que demos com os burros n'água várias vezes. No artigo sobre Mozart que comentei nas primeiras aulas, o exemplo disso era uma ideia sobre Van Gogh. Ouvi falar que o quadro de Van Gogh chamado *Os Comedores de Batata* era também, de alguma maneira, uma reação à morte do seu pai. Fui atrás disso; me pareceu muito interessante esta hipótese, até mesmo porque é uma área mais distante da minha experiência. E não consegui fazer nada com essa ideia.

Este é um exemplo das muitas vezes em que começamos um trabalho, gastamos um tempão pensando numa ideia, e depois esta ideia se revela inútil, ou falsa. Se ela se revelar falsa, na minha opinião pessoal, não é inútil incluir isso na tese. Mostraríamos, neste caso, como uma determinada ideia acabou se mostrando errada, portanto só nos resta seguir em tal outra direção, em vez de seguir aquela que se revelou equivocada. É um aviso aos futuros pesquisadores: não vão por este lado, porque provavelmente vai levar a um impasse.

Já estamos longe da história policial, a menos que vocês queiram considerar isso como um análogo das falsas pistas; com a diferença que o autor policial coloca as falsas pistas deliberadamente, porque o livro policial é um jogo com o leitor: quem é mais inteligente, você ou eu? Você vai conseguir descobrir quem é o assassino antes do fim, sim ou não? Agora vamos falar brevemente do contrato que se passa com o leitor: faz parte das regras do romance policial que não se pode trapacear com o leitor. Esse também é um ponto análogo ao nosso trabalho.

As regras do jogo: respeito pelo leitor[2]

Há certas regras no romance policial. A principal delas é o *fair play*: o leitor tem que ter todos os elementos para descobrir quem é o assassino, e a habilidade do romancista consiste em dar as pistas sem parecer que está fazendo isso. P. D. James, uma autora inglesa de grande sucesso e traduzida já no Brasil, enumera estas regras do que se chama de *classical blueprint*, a fórmula clássica da história de detetive (cito do livro de Keating):

"Primeiro, temos sempre uma morte misteriosa no centro do romance; segundo, temos sempre um *closed circle of suspects*, um círculo fechado de suspeitos. De maneira que não pode haver alguém não-conectado aparecendo de repente, como poderia aparecer na vida real. E cada um desses suspeitos tem que ter um motivo viável, da mesma forma como oportunidade razoável para ter cometido o crime, e acesso razoável aos meios com os quais foi cometido. Além disso, a *classical blueprint* tem que ter o detetive, que eventualmente resolverá o mistério. Isso é outra regra. E finalmente, o detetive tem que descobrir o assassino por dedução lógica *from facts fairly put before the reader*, [a partir de fatos colocados de maneira honesta diante do leitor]."

---

2   Este e outros tópicos foram desenvolvidos em "Por que lemos romances policiais?" In Mezan, R. (2017). *Sociedade, leitura, psicanálise*. Blucher.

Num dos romances de Agatha Christie, *Hickory Dickory Dock,* vários objetos são roubados dos moradores de uma pensão. Poirot pede uma relação destes objetos. A lista contém, evidentemente, aquilo que vai dar sequência ao livro, o objeto cujo desaparecimento é realmente importante; mas ele está misturado com uma porção de outros, que são puro ilusionismo. Nós passamos os olhos pelo objeto essencial, mas não sabemos como distingui-lo.

Agora, *tra il dire e il fare, c'è di mezzo un mare*, como lembrava meu pai: entre dizer e fazer, há um mar no meio. Como fazer algo equivalente a isso no relato clínico? É esta a hora da cozinha, dos recursos e receitas, do plano no sentido de Poe. Um pouco de ordem na cabeça certamente não faz mal. E esta ordem não deve estar, na minha maneira de ver, apenas na cabeça; é bom que ela esteja por escrito, de forma que o próprio autor possa se orientar. Pense que você está resumindo dezenas de livros ou artigos que leu; caso esteja falando de um caso clínico de algum interesse, ele certamente se estendeu por dezenas de sessões. O volume de material é tão grande, que se não houver algum tipo de organização não se vai a lugar algum. Daí o interesse de preparar um diagrama por colunas, como o que vimos na aula 3, ou usar algum outro recurso para "miniaturizar" o conjunto de informações (por exemplo, o banco de dados do computador).

Bem. Com a evolução do gênero, o *classical blueprint*, a fórmula clássica, se tornou muito repetitiva. Ela é então aberta, e cada vez mais a história se passa num meio social amplo; a polícia tem que intervir, porque só eles têm os meios de fazer investigações em larga escala, não é mais só puro raciocínio. Por falar em histórias que escapam ao modelo tradicional, com seus novos figurinos de detetive, existe agora a figura da detetive-mulher, por exemplo a doutora Kay Scarpetta. Vocês já leram os romances dela? Kay Scarpetta é a investigadora criada por Patricia Cornwell; como é médica legista, é sempre chamada quando acontece o assassinato, e tem que examinar o cadáver. Ela trabalha na polícia; nasceu em Miami e mora em Richmond, na Virgínia. É separada já umas duas ou três vezes, e tem um companheiro de investigação, mas não um bobão como Watson; é um detetive chamado Pete Marino. E é interessante, porque à medida que você vai lendo os livros vão acontecendo coisas com as personagens, com Scarpetta e Marino. Já com Holmes ou Poirot, como personagens, nunca acontece nada; eles têm eternamente a mesma idade, não evoluem. O máximo que acontece com Miss Marple é que ela muda de empregada; antes era Fulana, agora é Sicrana. Já li uns três ou quatro romances de Patricia Cornwell, e vão acontecendo coisas que mostram como os detetives são seres humanos: ela tem um caso com um homem, e no livro seguinte este sujeito não está mais com ela; ou seja, há uma preocupação com a vida emocional e profissional dos detetives que não existia na *classical blueprint*.

Voltemos um momento. Os dois livros a que estou me referindo são bem diferentes. O de Thomas Narcejac está mais voltado para questões literárias; discute por exemplo as regras do policial. O subtítulo é *Uma literatura-problema*. É o romance policial um verdadeiro romance, sim ou não? Esta é a pergunta que atravessa o livro, e vai sendo respondida de diferentes maneiras. Quanto ao livro de Keating, absolutamente empírico, é um *how-to-do-it*, destinado ao autor que quer escrever um livro deste tipo. Por isto, discute gênero por gênero, e dá os truques básicos, discute as dificuldades prováveis, dá conselhos do tipo: "evite isso", "não faça aquilo". Comparar os dois livros sobre romance policial originados em duas tradições importantes para a psicanálise – uma, a tradição francesa, outra a tradição inglesa – é muito instrutivo. Vemos que não é só na esfera psicanalítica que estas diferenças aparecem. Sem generalizar indevidamente, vemos que no livro inglês há uma preocupação muito maior com o concreto, o prático, o empírico, e uma vez feitas as regras, como segui-las de maneira inteligente. Já o livro dos franceses está muito mais preocupado com a natureza do romance policial, se é um verdadeiro romance ou se não é, em que medida o elemento romance acaba apagando o policial, ou em que medida o policial acaba apagando o elemento romance. E aí naturalmente o inglês faz ironia com os franceses. Ouçam isto: "A forma não é algo que seu leitor vá notar de modo especial, a menos que por acaso seja francês..." (Keating, p. 23).

Voltaremos a esta questão da forma mais adiante. Mas podemos dizer que as regras da história clássica, tais como P. D. James as enunciou, oferecem uma forma básica, que é justamente a primeira a surgir e a matriz de todos os desenvolvimentos posteriores. Agatha Christie é o exemplo mais conhecido deste gênero de histórias. Aliás, sobre ela há um estudo interessante, escrito por Sophie de Mijolla-Mellor, uma analista francesa.

Chama-se *Meurtre familier*[3] e é bem feito. Não apresenta só uma análise da escritora Agatha, mas também discute algumas questões psicanalíticas importantes a partir do romance policial, como por exemplo a transformação do crime, que em geral é sujo e feio, num elegante enigma a ser decifrado pelo detetive, de modo exclusivamente cerebral. Há neste artifício uma espécie de despulsionalização do crime, algo que não é exatamente uma sublimação, mas alguma coisa parecida, ou pelo menos um recalque dos elementos mais violentos.

A época dos anos 1920/1930 é o apogeu da história policial; de autores deste gênero, há dezenas. A partir destes anos 1930, nos Estados Unidos, começa um outro tipo de literatura que não obedece a regras tão estritas como a novela clássica inglesa; são os livros dos *private eyes*, os investigadores particulares. Estes põem em cena não mais o grande detetive que só funciona raciocinando, longe da sujeira do crime, mas justamente algo mais realista, ou, como disse Raymond Chandler, "devolvendo o crime ao lugar a que ele pertence". *O Falcão Maltês* de Dashiell Hammett talvez seja o exemplo mais famoso desse tipo de livro. Não são exatamente detetives, são investigadores. Na cena típica de abertura, o sujeito está no seu escritório mal iluminado, com a secretária loura de pernas bonitas; toca a campanhia, aparece outra loura estonteante, a cliente, e assim vai; ele vai se metendo na investigação, só que de um modo diferente do romance clássico, no qual a forma habitual de investigar é a entrevista com cada um dos suspeitos, para chegar, no final, à descoberta do crime pelo puro raciocínio. Aqui não; o investigador vai atrás das coisas: viaja, luta, mata gente, transa com as outras personagens.

Aqui Keating cita Chandler, que dizia que este tipo de história de investigador tinha mandado o crime de volta para lá onde efetivamente ele acontece, nos baixos estratos da sociedade, ou nos altos, mas sempre na vida social. É um tipo de história que vai rompendo progressivamente com o círculo fechado de suspeitos, o local fechado onde acontecem os crimes da classe alta inglesa. Também desaparece o quarto fechado mesmo, que é o máximo do gênero clássico: o cadáver é encontrado num quarto trancado. Como aconteceu a morte, se não foi um suicídio? O grande especialista

---

[3] Cipolla-Mellor, S. (1995). *Meurtre familier. Étude psychanalytique sur Agatha Christie.* Dunod

romance com um quarto fechado é um inglês chamado Dickson Carr, que escreveu pelo menos trinta livros do tipo. E há um grande clássico, *O Mistério do Quarto Amarelo*, de Gaston Leroux. No quarto fechado, estão a vítima e os indícios que permitirão desvendar o crime usando apenas *les petites cellules grises*.

A ideia de um círculo fechado de suspeitos, que é uma das regras de P. D. James que li agora há pouco, é uma necessidade do gênero clássico: o crime não deve ter sido cometido por alguém de fora, que apareceu subitamente. Esta regra, neste novo tipo de história, não vale mais. Quem é o criminoso? Ele está solto na cidade; não necessariamente é o marido, o primo, o mordomo, como nas história escritas por Agatha Christie, que em geral também se passam num cenário fechado, como a casa de campo, a ilha de *Os Dez Negrinhos*, o trem *Orient Express*, um hotel, um barco, etc.

Ouvinte: *(...)*

R.M.: *Frequentemente o detetive europeu ou inglês, neste gênero clássico, é um amador. O inspetor Maigret é um policial, que conta com os recursos da polícia. O que você falou de Sherlock Holmes é muito interessante, porque só por puro raciocínio não se chegaria muito longe, se não houvesse seja a polícia pegando os indícios e avisando o detetive, seja os "irregulares de Baker Street", de gloriosa memória, que fazem o serviço de informações para Holmes. Ele espalha pela cidade os garotos de rua, que hoje provocam tanto choque nas mentes bem pensantes; mas em Londres havia dezenas deles no tempo de Dickens e de Conan Doyle. Eles são "os irregulares de Baker Street".*

Bernardo: *(Comparação entre os primórdios da psicanálise e os primórdios da história policial)*

R.M.: *É verdade. Se quisermos, poderíamos comparar as primeiras histórias sobre a histeria, por exemplo, com as de Sherlock Holmes. Não falta nem mesmo o exemplo brilhante de grande dedução, a história de Catarina nos* Estudos sobre a histeria. *Duas horas, perguntas inteligentes, e eis a solução: o sedutor era o pai.*

À medida que a psicanálise vai se tornando mais psicanálise, esse modelo tão raciocinativo e investigativo – ainda muito presente no caso Dora, por exemplo – vai ficando cada vez menos assim, à medida que vai se percebendo que, se a psique humana obedece a regras e leis, ela também é dotada de uma dimensão carnal e afetiva; a transferência e a contratransferência não podem ser eliminadas da análise. Aqui a mesma coisa: o romance vai passando pela mesma evolução, a ponto de cada um dos elementos dessa fórmula clássica ir sendo eliminado. O grande detetive vai desaparecendo; à medida que a história se torna menos intelectual, os poderes necessários para resolver o mistério são menores também. Então, não é preciso ser um Poirot ou um Holmes para resolver os assassinatos mais comuns que aparecem nesses outros livros. Por exemplo, a Dra. Kay Scarpetta é uma mulher razoavelmente frágil, está preocupada, fica deprimida; imagine se Hercule Poirot vai ficar deprimido! Só se o bigode dele não estiver bem encerado... No meio de campo aparecem tipos cada vez mais exóticos; uma coisa interessante de estudar é por exemplo um elemento intermediário entre o *private eye* e o policial clássico representado pelo detetive criado por Rex Stout, que é Nero Wolfe. Nero Wolfe é o detetive raciocinador por excelência; nunca sai de casa, cuida das orquídeas e das suas manias; quem faz para ele o trabalho de pesquisa, e quem narra a história, é Archie Goodwin, secretário e investigador mesmo, gênero *private eye*, que briga, luta, anda armado, etc.

A intriga bem comportada é um limite interno desse tipo de literatura; tem que haver um mistério, e, para que o mistério seja solúvel pelo pensamento e pela investigação bem feita, é preciso que se postule uma grande regularidade no real. Uma das formas literárias de resolver este problema, no romance de grande cidade, é fazer aparecer o *serial killer*. O que é o *serial killer*? Não é só um tipo psicopático especial; do ponto de vista do romance, ele é uma necessidade literária, porque se *repete*. É um anônimo, desconhecido, e portanto pode ser qualquer um. Mas não é alguém que mata uma vez só, por vingança, ou outro motivo único *deste* assassinato; ele tem interesse em matar, e mata sempre do mesmo jeito. Coloca a sua assinatura no crime, e é isso que permite descobri-lo, porque tudo o que se repete apresenta um certo padrão; este padrão vai surgindo, o que permite encontrar um apoio para a investigação.

Assim, por um lado aparece o fenômeno psicossocial do *serial killer*, ele passa a existir na sociedade, mas ao mesmo tempo, quando o romance se preocupa com tal personagem, este tipo social é introduzido na trama por uma necessidade do gênero, por uma razão propriamente literária. Isso pode dizer alguma coisa a nós, analistas, sobre como as novas formas de organização psíquica e as novas patologias vão sendo apanhadas nas redes conceituais da psicanálise, fazendo eventualmente com que se alterem as malhas dessa rede. Um exemplo é toda a discussão em torno de *borderline*: existe, não existe, é estrutura, é processo, etc. Ou a ideia de que novas defesas vão surgindo, pela evolução da sociedade. Tudo isso faz com que o escrito psicanalítico precise se preparar para poder responder a essas novas possibilidades.

Ouvinte: *(Pergunta sobre o lugar da "pesquisa" na psicanálise)*

R.M.: *Em termos de pesquisa no sentido mais usual da palavra, eu a colocaria depois do atendimento. Na sessão mesmo, não penso estar fazendo pesquisa, principalmente porque me parece que o interlocutor com quem estou como analista não é um objeto de pesquisa no sentido típico da palavra; há uma singularidade muito grande.*

Ouvinte: *Também se trata de uma investigação.*

R.M.: *Sim. Mas essa investigação está condicionada por muitas variáveis que embaraçam o propósito puramente investigativo, como a ansiedade, o superego, a vontade de acertar, os ideais do ego do analista, as resistências do paciente, a nossa incompetência. Eu compararia a situação da análise, se é preciso imaginar uma metáfora, com o procedimento de coleta de dados na pesquisa de campo, como o antropólogo que vai para as matas conversar com os nativos e tem que passar um tempo lá, se embeber dessa vida nativa, para depois, com computador e na biblioteca, poder escrever seu livro. No trabalho clínico há uma mescla de presença e raciocínio, mas ela é diferente no momento do atendimento e no momento da reflexão. A meu ver, o elemento raciocínio, com o que ele implica de distanciamento necessário, está mais presente* *na segunda etapa – a da reflexão e eventualmente da escrita – do que na primeira.*

Retomando: há uma série de truques ou receitas, talvez mais claramente exemplificadas pelo policial, mas que valem para qualquer texto, e elas não são muito diferentes das sugestões que viemos angariando ao longo desse curso. Por exemplo, uma das coisas que Keating diz ao que ele chama de *would-be author*, o autor em potencial, é a seguinte: você tem uma ideia para começar a sua história, inventa um crime formidável, digamos, um punhal feito de gelo que o assassino enfia nas costas da vítima, e depois, naturalmente, sendo de gelo, o punhal derrete e a arma do crime desaparece.

Suponhamos então que essa seja a sua ideia genial. Ele diz: "*begin by brooding over the possibilities of the story*", comece por especular em torno das possibilidades desta história. Não é muito diferente da fase "toró de palpites", ou de rabiscos, ou de livre-associação, que, pelo menos na minha experiência, com frequência precede a redação de alguma coisa mais construída. O que posso fazer com essa ideia? De que lado vai entrar o punhal? Posso estudar um pouco de anatomia para saber qual é a parte mais sensível, se é direto no coração, que tamanho precisa ter este punhal, uma série de informações técnicas que o autor policial precisa conhecer e que vão dar credibilidade à sua história: anatomia, química, balística, coisas ligadas ao seu *métier*, aspectos do procedimento da polícia. Ele diz: "se você vai escrever uma história que envolve procedimentos policiais, faça uma visita à delegacia e converse com eles, para não correr o risco de fazer personagem fazer uma grossa infração aos procedimentos habituais". Os que leram o livro de Garcia-Roza *O Silêncio da Chuva* lembram que ele ironiza este aspecto, dizendo num certo momento que, se fosse nos livros americanos, imediatamente apareceria no local do crime a perícia, e com base no fio de cabelo deixado pelo criminoso saberia para que time ele torce. Mas como a história se passa no Rio de Janeiro, se o legista disser se foi tiro ou facada já está muito bom. Então, ele seguiu as sugestões de Keating, e não atribuiu uma grande perícia técnica à polícia do Rio de Janeiro, para não parecer inverossímil.

Arbitrariedades

O interessante nesta observação de Keating é a questão da *credibilidade*. É para atingir credibilidade que o autor do romance policial deve se documentar sobre uma série de coisas. A questão da credibilidade, como mencionei numa aula anterior, é um aspecto importante da argumentação clínica. O que estou entendendo por isso? A plausibilidade das inferências que fazemos com base no material que apresentamos, para nós mesmos e para o interlocutor, leitor ou supervisor.

É claro que cada analista pode em princípio inferir daquilo que lhe é apresentado outras possibilidades ou outras interpretações; a questão da arbitrariedade da interpretação está colocada aí. No entanto, acho que a experiência comum a todos nós mostra que o campo do arbitrário não é tão vasto assim. Existe uma certa lógica do material, uma certa consistência do que nos é apresentado, que torna (por eliminação) impossíveis certas inferências. Se você descreve uma pessoa que tem um funcionamento relativamente normal, e que o interessa devido à sutileza das resistências, é muito difícil para um leitor familiarizado com a psicanálise diagnosticar naquele material uma psicose maníaco-depressiva. Se este for o diagnóstico, um dos dois está errado. Pode-se divergir, sem dúvida, sobre a interpretação, se aquilo que você assinalou era realmente o mais interessante ou não, se foi deixado de lado um elemento importante; aí se abre um campo de debate legítimo. Mas há certas características do material que *excluem* determinadas leituras.

> **Camila:** *Freud se espanta com os seus relatos de caso, que parecem novelas.*
>
> **R.M.:** *A razão pela qual as histórias de Freud parecem novelas – a que ele dá, pelo menos – é a seguinte: escrever uma história clínica como uma novela ajuda a entender a estrutura da personalidade do paciente, coisa que os romancistas sabiam fazer e os psiquiatras não. Então, é uma imposição do próprio material, embora ele pedisse desculpas por isto. A passagem está na história de Elisabeth, nos* Estudos sobre a histeria.

Sobre a maneira de escrever de Freud, os truques literários que ele usa, há vários trabalhos interessantes; um deles está disponível em português. É de Patrick Mahony, chama-se *Freud e o seu estilo*,[4] e está publicado pela Imago. Outro é um texto que está no livro de François Roustang *Elle ne lâche plus*, "ela não larga mais"; não sei se este livro está traduzido em português. Na França, foi publicado pela Minuit. É um livro no qual ele ataca tanto Lacan que passou a ser conhecido como *Il ne lâche plus*, *ele* não larga mais... Há ali um artigo muito interessante, em que Roustang toma um trecho da *Traumdeutung*, o decompõe em oito ou dez parágrafos, e vai mostrando passo a passo as estratégias de argumentação, os procedimentos empregados para persuadir o leitor.

Um deles é o *diálogo com o leitor*. Esta é uma receita que pode ser usada justamente nos momentos em que você acha que o leitor vai apresentar uma objeção de peso. No *Homem dos Lobos*, por exemplo, após reconstituir aquela cena primária quase inacreditável, Freud diz: "a partir de agora, a confiança do leitor certamente me abandonará". Isto equivale a confessar: "eu sei que esta é demais, porém mesmo assim ouça um pouco, caro leitor...". Ou então, em *Além do Princípio do Prazer*: "o que vem agora é pura especulação, desligada da realidade; mas no entanto quero ver onde vai dar, etc.": e aí é introduzida a pulsão de morte.

Estes são procedimentos que mostram um certo respeito ao senso comum do leitor. Aqui cabe uma observação a respeito de algo que acontece com quem pratica a análise constantemente. É um modo de funcionamento mental muito artificial e muito dominado pelo próprio analista. Enquanto está no seu consultório, ele se curva a certas regras, mas decide quais; decide onde vão ficar os móveis, como a secretária vai atender o telefone, quem ele vai aceitar como paciente ou não; é um pequeno tirano na sua poltrona, pelo menos quanto às suas regras de trabalho. Tirania limitada, evidentemente, pela existência do paciente; mas pensem um instante como um analista no seu trabalho é quase onipotente, em relação por exemplo a um advogado,

---

[4] Mahony, J. Patrick. (1989). *On defining Freud's discourse hardcover*. Trad. brasil. Imago, (1991). Freud e o seu estilo. Mahoney, escreveu diversos livros sobre o tema, alguns inéditos no Brasil.

um engenheiro, um dentista. Passamos o tempo todo suspendendo o juízo sadio, normal e habitual.

Minha impressão é que isto afeta o funcionamento mental do analista de maneira geral; quando sai do consultório, ele ou ela tende a pensar que continua no consultório. Não estou brincando: esta é a meu ver uma das razões fundamentais para que a vida institucional dos analistas seja tão complicada. Cada um imagina que *"all the world is a stage"*, como dizia o velho William, e que ele mesmo permanece sempre no centro deste palco iluminado. A atenção flutuante é um modo de funcionamento ancorado na suspensão do bom senso: vou entender o que o paciente está falando a partir de certos códigos, porque quero ouvir o inconsciente. Então, como diz Ferenczi, na metapsicologia dos processos psíquicos do analista há uma suspensão do princípio de realidade, seja na organização formal do trabalho, seja (por definição) para poder ouvir alguma coisa com a atenção flutuante.

Ora, quando estamos escrevendo, ainda mais sendo um caso nosso, montando um argumento que nos é muito caro, é muito fácil entregar-se à ilusão da onipotência. Lembrar que o leitor pode fazer uma objeção é uma maneira de funcionar com um certo lastro, voltar à Terra de alguma maneira. E, além de mostrar cortesia, interesse e respeito pelo leitor, é possível às vezes colocar na boca dele as objeções que nós mesmos nos fazemos. Será que aqui não fui muito longe? Será que há lógica no que disse? Será que, será que, será que? Uma forma de lidar com esta preocupação em relação àquilo que acabou de ser escrito é exatamente dizer: "Bom. Agora o leitor pode objetar..." Ou então: "daqui para frente vamos..."

Aliás, teses e textos analíticos em geral, na minha maneira de ver, devem ser escritos na primeira pessoa do singular. O sujeito passa dez anos no divã, para depois dizer nós, nós, nós; não conseguiu assumir sua própria subjetividade, dizer em seu próprio nome o que tem para dizer? Os modelos, começando por Freud, são todos na base do "eu". Então, quando aparece o *nós*? *Nós* é o autor e o leitor, me parece. "Até aqui *vimos* isso", não é o mesmo que "até aqui *eu* expus isso"; "daqui para a frente *veremos* aquilo". Assim, o autor se permite a alternância entre a primeira pessoa do singular e a primeira pessoa do plural, o que dá um certo movimento ao texto. Em certos momentos, você *convoca* o leitor.

Voltemos um instante ao romance policial. Uma última sugestão de Keating vale para todos nós. Está na página 32: "vale muito a pena, quando seu livro ainda é uma ideia vaga se agitando na sua cabeça, decidir que *tipo de livro* ele será, em geral". Isto é, uma novela, um romance, uma história do tipo *classical blueprint*, uma história mais aberta? É um romance que tem um enigma, é alguma coisa sobre castigo, é uma novela psicológica, ou alguma coisa que vai ser um romance policial de acordo com as regras? Resolva o que você quer fazer. Por que ele diz isso? Porque não é difícil começarmos um trabalho imaginando que queremos fazer isto, e vamos acabar fazendo aquilo. Se isso corresponder a uma decisão nossa, porque achamos melhor mudar no meio do caminho, não há problema algum.

Lembro-me especificamente de um exame de qualificação do qual participei aqui na PUC – SP. A moça queria fazer um trabalho sobre escolhas conjugais e utilizar entrevistas. Entrevistou vários casais e colocou como anexo, na tese, as dez entrevistas, cada uma com trinta páginas. Quando chegamos à qualificação, as outras pessoas da banca comentaram que não se sabia sobre o que era a tese. Ela queria explorar todo o material das entrevistas, e neste caso seria uma tese sobre como se faz uma entrevista. Ora, centrar a tese sobre como se faz uma entrevista é uma possibilidade. Mas ela também achava importante falar sobre a escolha conjugal: esta é *outra* tese.

Estou me lembrando disso a propósito do "resolva a respeito do que você quer escrever". É claro que não precisamos ser monomaníacos; cabem digressões. A digressão pode ser muito interessante, se ficar contida num certo espaço. É gostoso, se estamos lendo um texto às vezes árduo, teórico, respirar um pouco: esta é a função da digressão. "A propósito, por falar nisto", e aí vêm quatro ou cinco páginas, uma espécie de refresco, uma pequena excursão lateral. *Di-gressão* quer dizer justamente algo que sai do caminho reto e depois volta.

Mas convém lembrar algo muito importante: nada do que está no texto deve ser gratuito. Isto aprendemos com a *economia de meios* da história policial. Não há nada no texto que não tenha uma função. Se Agatha Christie apresenta o chá das cinco na casa de alguém, isso permite que Miss Marple conheça uma pessoa e converse com ela, e isso faz avançar a história. Essa é uma recomendação fundamental que aprendi com este autor, Keating: não coloque nada que não tenha uma função.

Acho que isso vale – repito isso em todas as aulas – especialmente para citações. Na minha maneira de ver, a forma ideal de trabalhar com a citação é *fazê-la render*, tirar dali alguma coisa que faça avançar o argumento e, eventualmente, voltar a esta mesma citação, mais adiante, para fazê-la funcionar de outro jeito.

Um exemplo, no livro de Narcejac. Vimos na outra vez como ele cita diferentes autores, segundo os quais quanto menos plano para escrever um livro, melhor. Como Narcejac faz render essas citações? Dizendo: pois é, já que estamos falando de ficção e de inspiração, Poe dizia exatamente o contrário. Então, criou-se uma das pernas da oposição. Em seguida, vem uma citação em que Poe analisa a gênese de "O Corvo". E aí temos as duas citações funcionando uma em contraposição à outra, para mostrar como, a respeito da ficção, existem posições diferentes, desde o extremo "intuição total" até o extremo "planejamento total".

Na minha forma de ver, essas citações foram bem exploradas. Além disso, a citação de Poe vem *depois* e não *antes*, porque é pelo caminho de Poe que o argumento vai continuar. Então, ele vai mostrar primeiro aquilo que não é, e depois aquilo que é útil para o seu argumento. Teria sido um erro de composição colocar primeiro a citação de Poe, escrever o livro inteiro, e depois, lá na última página, dizer: pois é, mas alguns escritores dizem que literatura se faz de outra forma, e aí viria o elenco de citações.

Dimensões pulsionais da escrita

Muito bem. Além destas questões formais, existe um ponto de analogia entre o policial e a tese que é de interesse psicanalítico mais direto. Trata-se de uma observação marginal, feita por Sophie de Mijolla-Mellor em seu livro sobre Agatha Christie: o crime é uma coisa impura e feia. O cadáver se encontra em geral em condições nada bonitas; a própria ação criminosa é revoltante, choca a moral. O crime em si mesmo, pelos padrões civilizados, é uma coisa repugnante.

Ora, toda história policial se baseia na eliminação dos aspectos repugnantes, morais e físicos, do assassinato, e na sua transformação num *enigma*. Esta é a palavra que me pinçou. Um enigma é algo que tem que ser resolvido de maneira predominantemente intelectual, mesmo nas histórias em que há violência, em que o detetive não é um indivíduo tão cerebral quanto Poirot ou Miss Marple. Opera-se a transfiguração de uma ação repulsiva e extremamente angustiante: alguém morreu em circunstâncias misteriosas. No policial, para atrair o interesse sem chocar o leitor, é preciso que o crime seja transformado num problema intelectual.

Sophie de Mijolla-Mellor comenta que isso implica uma certa despulsionalização, uma certa deserotização do ato, e o deslocamento da erotização ou da agressividade para outra coisa: para a identificação do leitor com o detetive, para o querer saber, para o despertar da curiosidade sexual infantil, sobre como foi que aconteceu, etc. Ou seja, o leitor da história policial é colocado pelo autor numa posição diferente daquela que teria o espectador do desastre de rodovia, quando todo mundo para e fica olhando os ferros retorcidos, os corpos ensanguentados.

Ora, tenho a impressão de que algo parecido faz parte de todo trabalho criativo, e sem dúvida do trabalho de escrever. O aspecto agressivo, pulsional, talvez fique um pouco distante quando prestamos mais atenção aos aspectos mais superficiais, mais secundarizados.

Comecei a me perguntar o que mais se poderia dizer a respeito desse outro fator, mais difícil de apreender, mais escorregadio, diferente do fator ligado à composição formal, ao qual tenho me atido mais frequentemente. Sem dúvida, o lado pulsional está presente na redação de uma tese, tanto pela escolha do tema, pela ressonância que esse tema desperta nas fantasias conscientes e inconscientes de cada um de nós, quanto pela mobilização narcísica gigantesca envolvida na tarefa.

Este é um aspecto que não deve ser desconsiderado: tanto investimento numa obra não é muito diferente do que acontece com o criador artístico. Há ainda o grau de frustração, o trauma narcísico ao qual o autor é submetido, porque não consegue, porque não sabe, porque é difícil, porque tem medo da banca, porque o orientador... E, *last but not least*, a maioria de vocês não vive como ermitões na caverna de Platão: sofre pressões familiares, porque está se dedicando à sua própria masturbaçãozinha em vez de levar o filho ao cinema, de ir à festa da sobrinha, e assim por diante. Quer dizer, o peso narcísico, seja o do forte investimento no trabalho, seja o da frustração pela não-realização mágica do ideal, é um elemento que não deve ser esquecido.

Até que ponto poderíamos atribuir, apenas ou principalmente, à sublimação – noção que acho útil, mas muito complicada – a fonte energética da qual bebemos num projeto desse gênero? Sem dúvida, existe alguma coisa de sexual (no sentido psicanalítico da palavra) no ato de escrever, assim como no ato de investir o próprio pensamento.

Agora: em que medida uma tese, um trabalho desse gênero, é diferente de um vasto sintoma? Um círculo de analistas, ou de pessoas interessadas em psicanálise, admitirá facilmente que cada um deposita algo de si naquilo que está fazendo: neste sentido, a obra é um sintoma mais ou menos elaborado, mais ou menos evidente. Não é preciso falar na sua própria análise, dizendo que é de um outro paciente, para que isso ocorra. Existem certas sutilezas, certas marcas do autor que ficam naquilo que fazemos, principalmente no trabalho de escrita. Há certamente diferenças importantes entre o sintoma *stricto sensu*, ou o *escrito-sintoma*, simplesmente, e uma tese ou um trabalho de psicanálise; mas também é importante perceber este lado pulsional que estou tentando abordar.

Pulsional significa tanto *sexual* quanto *agressivo*. Sublimação da sexualidade existe, como estamos vendo. A questão é que, quando Freud criou esta noção no início do século XX, o regime social da sexualidade era diferente do que é hoje em dia. Em especial, a exibição do corpo humano deixou de ser exceção e passou a ser regra: basta pensar na roupa, nos esportes, nos hábitos de lazer, para não falar das imagens, do cinema, da publicidade, etc. O desejo erótico de ver o corpo do outro – e isto em todas as combinações sexuais – é atualmente satisfeito por quem vai à praia em Ipanema de uma maneira muito diferente do que era por quem ia olhar as estátuas antigas no museu do Louvre, ou comprava cartões postais com mulheres seminuas cem anos atrás. Creio que a economia libidinal sofreu algumas alterações – no sentido de um escoamento mais fácil da componente erótica – do que era o caso quando Freud inventou as noções de recalque e de sublimação, e disse que o recalcado era essencialmente o sexual.

Atenção: não quero dizer com isso que estejamos vivendo uma época de grande satisfação erótica. O que Reich chamava de *miséria sexual* existe, sem dúvida, e a vemos constantemente. O que estou dizendo é que hoje existem, a meu ver, circunstâncias mais favoráveis para a *circulação social do erótico*, e cada vez menos oportunidades para a circulação social da agressividade, na medida em que uma série de empreendimentos sociais que a canalizavam ou a escoavam foram sendo condenados pelos costumes e pela moral difusa da sociedade. Pensem um instante, por exemplo, na colonização. A quantidade de ingleses, franceses, espanhóis e portugueses que encontraram uma saída para a sua agressividade constitucional em empreendimentos de violência, guerra, etc. socialmente tolerados foi muito grande. Racismo, humilhação, tortura, extrema violência nas relações interpessoais, escravidão, palmatória nas crianças, castigos corporais em subordinados – tudo isso era aceito antigamente, e hoje não é mais.

Na esfera do trabalho intelectual, desde sempre, começando com as polêmicas entre filósofos na Grécia, passando pelas acusações dos profetas bíblicos, que não são poucas, e continuando pela própria ideia de *desmontar, analisar, abrir, quebrar, romper as ligações,* existem diferentes modos pelos quais a dimensão agressiva pode ser sublimada. Se alargarmos a ideia de sublimação para algo mais do que apenas as pulsões eróticas, pensando numa sublimação da agressividade, veremos que o trabalho mental e intelectual comporta uma grande dose desta última.

Vários autores comentam sobre a *função reparadora de si e do objeto* envolvida em todo ato de criação. Neste aspecto eu não tinha pensado, e agora me dou conta de que tem a ver com uma espécie de metapsicologia da tese, se me permitem esta hipótese. Porque certamente não basta o investimento narcísico num trabalho para ser capaz de realizá-lo. O *interesse pelo objeto*, que faz com que numa certa fase da elaboração da tese não falemos de outra coisa, está muito próximo da *idealização*. Aquilo que estou estudando é de extrema importância, todo mundo deve ficar interessado, é fenomenal... Vejo aí um movimento de idealização do objeto: aquilo em que estamos interessados se torna grandioso. E a idealização do objeto vai junto com o investimento dos próprios movimentos de pensamento, junto portanto com o investimento narcísico.

Ora, a diferença entre alguém que faz uma tese e uma personalidade narcísica que fracassa no seu trabalho, a meu ver, é que a personalidade narcísica efetua o investimento dos seus próprios processos intelectuais, assim como a idealização do objeto, mas acredita na *realização mágica* daquilo que, quando escrevemos a tese, vemos que não é nada mágico. Então, além desse investimento, é preciso uma certa dose de princípio de realidade, capaz de fazer com que esse conjunto de investimentos resulte em algo separado de si. O processo de produção do trabalho mobiliza o narcisismo de cada um de nós de uma maneira que faz supor uma certa sensação de culpabilidade difusa. Como se estivéssemos fazendo alguma coisa que deve ser expiada; há uma certa culpa envolvida no trabalho da tese.

Como isto aparece, numa espécie de clínica da orientação? Frequentemente, através da inibição e da sensação de que aquilo é muito complicado, não é para o meu bico. Ou seja, a manifestação visível é a inibição, a autodepreciação; não é preciso ser um psicanalista muito sagaz para perceber atrás disso um funcionamento superegoico ligado à culpa. Eu me pergunto frequentemente: culpa do quê? Uma certa lógica clínica me faz pensar que, em geral, a culpabilidade está mais associada à agressividade do que a fantasias de satisfação erótica proibida. Aliás, é justamente o elemento *proibido* na satisfação erótica proibida que desencadeia fantasias agressivas. A proibição faz com que se infrinja ou se transgrida essa proibição, e para isso é necessário um ataque imaginário à figura proibidora; entramos no terreno da rivalidade, dos desejos de morte, e assim por diante.

Aqui uma observação. Muitas inibições têm um mesmo mecanismo, quer sejam intelectuais, sexuais ou de qualquer outra ordem: eu não posso fazer isto porque é um *outro* que tem este direito; e fazê-lo, seja escrever a tese, seja ter relação sexual, seja andar de bicicleta, pouco importa, equivale a castrar o detentor daquela faculdade, simbolizada por um pênis imaginário, e a se apropriar daquilo, atraindo a fúria e a retaliação do proprietário. Os exemplos clássicos disso na mitologia são o olho do Ciclope, o fogo que Prometeu roubou dos deuses, e todo tipo de objeto que tem de ser capturado do seu detentor, o qual é um urso, um dragão, ou coisa parecida. Esse tipo de coisa aparece com muita frequência. E, ao menos na minha experiência, costuma ser um vigoroso entrave para a redação da tese, em psicanálise ou em outra disciplina qualquer.

Neste sentido, existe um lado agressivo no pensamento em geral, seja pelas suas operações de divisão e fragmentação, seja pelo aspecto forçosamente polêmico que tem qualquer ideia original. Sempre vai haver alguém para dizer que não é assim, é assado. Não é raro ter que sustentar uma polêmica, fazer críticas em relação a diferentes autores. A estes aspectos se soma o próprio encadeamento, sempre singular, entre aquilo que pensamos estar fazendo e aquilo que inconscientemente estamos de fato fazendo. Quer dizer: a ancoragem, para cada autor, do trabalho intelectual num solo movediço de fantasias individuais. Todos esses fatores fazem, a meu ver, com que o trabalho se defronte com obstáculos não mais de natureza intelectual, mas que dizem respeito à elaboração dessas dimensões propriamente pulsionais.

Em que medida podemos utilizar então a veneranda hipótese kleiniana de que o trabalho criativo envolve uma reparação do objeto? Esta é uma das ideias fundamentais da psicanálise da criatividade elaborada por Melanie Klein, Hanna Segal e outros. Uma autora que consultei fez uma observação da qual quero falar brevemente, antes de terminarmos. Chama-se Janine Chasseguet-Smirgel, e o trabalho a que estou me referindo é "Reflexões sobre o conceito de reparação e a hierarquia dos atos criadores"; está num pequeno livro, *Para uma Psicanálise da Arte e da Criatividade*, publicado pela Payot em 1971.

O que fica um pouco complicado de entender, na explicação kleiniana, é *de onde vem a culpa*. Se justamente eu reconheço o ataque e procuro fazer a reparação, de onde vem o sentimento de culpa, que no entanto acompanha esse movimento reparador, a ponto de haver uma espécie de reparação maníaca que nunca termina? Isto pode aparecer pelo avesso: o sujeito apresenta-se como excessivamente dócil, ou excessivamente obsequioso.

Diz Janine então, neste contexto, uma coisa que achei interessante: "temos a impressão, nestes casos, de que se o ato reparador/criador for organizado topicamente e dinamicamente desta forma, ele se aparentaria mais a uma *formação reativa* do que a uma *sublimação*. Por quê? Porque nesse caso não haveria nenhuma descarga pulsional. Ao contrário, a agressividade seria mais uma vez topicamente recalcada, e o resultado disso seria o ato criador ou reparador funcionando como uma prótese, isto é, como uma formação reativa". É de se esperar que, mais adiante, essas mesmas pulsões se manifestem suscitando um novo ataque, de onde uma nova culpa; forma-se assim uma espécie de ciclo fundado sobre a criação reativa.

Esta ideia me pareceu extremamente interessante. Quanto do trabalho criativo em geral, artístico, científico, técnico ou acadêmico, pode ser aparentado a formações reativas erigidas por nós mesmos contra este dispositivo pulsional, que pode entrar em ebulição à nossa revelia?

A diferença é muito clara: no caso da sublimação, a pulsão encontra uma descarga adequada. Isto é fundamental no conceito de sublimação; *sublimar* quer dizer que a pulsão atinge o seu alvo, e o atinge bem, apesar de este ser deslocado em relação ao alvo original da pulsão. Então, existe descarga; no caso da reação formativa, não – o mecanismo da formação reativa se apoia num contrainvestimento, que deve ser mantido para evitar, justamente, a descarga pulsional.

A partir disso, Janine sugere que existam dois tipos de atos criadores ou criativos; um em que estaria envolvida a reparação do objeto, classicamente descrito pelo pensamento kleiniano, e um outro tipo, no qual aquilo a ser reparado é o próprio indivíduo, o próprio criador. Haveria neste caso uma espécie de função narcisicamente reparadora no próprio ato criativo. A ideia de que seria preciso reparar narcisicamente a si mesmo, e não mais o objeto, ou através do objeto reparar também a si mesmo, implica uma tópica e uma dinâmica um pouco diferentes. Se é preciso fazer uma reparação narcísica, é porque houve uma ferida narcísica que não cicatrizou. De onde pode vir esta ferida narcísica não-cicatrizada, a ponto de mobilizar a energia criadora, e aí não mais só numa tese, mas como um investimento constante no trabalho de criação?

Se é preciso efetuar uma reparação de si, continua a autora, é porque houve um trauma ou uma falha narcísica grave no começo da vida; e aí a teoria se encarrega de estabelecer certas correlações. Quais seriam as condições dessa falha narcísica? Uma delas seria a falta de gratificação suficiente por parte da mãe. Uma hipótese muito interessante de Janine Smirgel é que pode ter existido um ambiente não suficientemente bom, pensando na possibilidade de a criança ter passado por situações sensoriais difíceis; estamos falando de uma coisa muito funda, mais do que fantasmática, até mesmo sensorial. O ambiente inicial da vida não teria reproduzido adequadamente as condições do ventre materno. Todo mundo que já viu um quarto de bebê sabe do que estou falando: é quentinho, escuro, há penumbra, silêncio. No caso de não haver essas condições essenciais na formação de uma subjetividade, ou se o recalque originário da separação tiver sido muito intenso ou precoce, possivelmente haveria buracos narcísicos; e uma das formas possíveis de tentar cicatrizar estes buracos narcísicos é se empenhar numa atividade de criação, cuja função é exatamente a de fazer por si mesmo, autonomamente, aquilo que não foi feito então.

Isto é muito importante: o criador opera com aquilo que o social lhe dá, mas a atividade de criação é uma atividade autônoma, se passa dentro de cada um de nós. Então, reparar por si mesmo essa falha produzida por outrem: pode haver momentos, no processo de criação, nos quais essa função prevaleça em relação à da reparação do objeto. Neste caso, diz Janine, o trabalho criativo teria uma dimensão de autorreparação. Penso que, com esta hipótese, talvez fique um pouco mais claro o que sustenta o investimento narcísico no trabalho e na obra. Na verdade, estaríamos construindo um pedaço de nós que de alguma forma vai ter uma existência separada. Já dizia Platão no *Fedro*: os livros têm uma vida independente dos autores. Ninguém sabe qual vai ser o seu destino, o que eles vão suscitar nos outros, e o que os outros vão fazer com eles.

Podemos resumir brevemente o nosso trajeto. Discuti, em suma, algumas analogias que existem entre os dois gêneros de trabalho, a literatura policial e o escrito clínico, analogias que se baseiam no aspecto comum da investigação e da descoberta do sentido oculto por trás das aparências incompreensíveis. Este é o lado formal. E, do ponto de vista das motivações, a dinâmica pulsional que sustenta a escrita acadêmica não é tão diferente assim daquilo que aparece nas histórias policiais: o intrincado novelo de *motivos* que impulsionam o ser humano a agir. Mas, a rigor, isto poderia ser dito também de outros gêneros literários...[5]

---

[5] Este tema foi desenvolvido em Mezan, R. (2019). O método psicanalítico no texto acadêmico: três exemplos e algumas observações, In I. Kublikowski, E. M. S. P. Kahale, R. M. Tosta (Org.), *Pesquisas em psicologia clínica: contextos e desafios*. Educ. Disponível em: https://www.pucsp.br/educ/downloads/Pesquisas_em_Psicologia.pdf

14. Um atendimento no hospital

Vamos discutir hoje um trecho do livro de Haydée Kahtuni, que se intitula *Psicoterapia breve psicanalítica* e está publicado pela Editora Escuta. O texto se encontra no capítulo "A respeito dos pacientes: a busca de novos sentidos", páginas 99 e seguintes. A epígrafe a seguir é para todo o capítulo; em seguida, vem a história de Marcela.

> *... o acaso demonstra a fatídica e comprovada*
> *verdade de que a fuga é o instrumento mais seguro*
> *para se cair prisioneiro daquilo que se deseja evitar ...*
> Sigmund Freud

"Marcela"

"Não sabia direito como seria ser mãe..."

1. Marcela é uma jovem de 25 anos que sofrera uma série de cirurgias e encontrava-se bastante debilitada física e emocionalmente. Encontrei-a deitada em seu leito. Apresentei-me dizendo-lhe que era psicóloga, e

que poderia acompanhá-la durante sua internação no hospital, se assim o desejasse.

2. A voz que saía do corpo muito magro era fraca, mas indicava sua meiguice, receptividade e interesse em "conversar comigo". Ela diz que gostaria muito, e inicio a entrevista:

>**T.:** *Como você está se sentindo, Marcela?*
>
>**P.:** *Mais ou menos. Estou aqui no hospital há tanto tempo. Não sei quando vou sair.*
>
>**T.:** *Há quanto tempo você está internada?*
>
>**P.:** *São quase quatro meses, desde que a nenê nasceu.*
>
>**T.:** *Você gostaria de sair daqui?*
>
>**P.:** *(Sorrindo.) Gostaria, tenho uma filhinha nova, tenho que cuidar dela.*
>
>**T.:** *Como se chama sua filhinha e quanto tempo ela tem, Marcela?*
>
>**P.:** *Chama-se Marina e tem dois meses. Ela é muito pequena pra vir ao hospital, mas eu gostaria de vê-la.*
>
>**T.:** *Como foi o nascimento dela?*
>
>**P.:** *Eu tive que fazer uma cesárea no sexto mês, porque tinha que ser operada. Isso foi lá no São Luís. A nenê teve que ficar na incubadora por uns vinte dias. Depois, eu não melhorei e vim pra cá.*
>
>**T.:** *Deve ter sido difícil tudo isso pra você, não é? E agora, quem está cuidando da Marina enquanto você está aqui?*
>
>**P.:** *Minha mãe. Foi difícil, sim, mas fico mais tranquila em não estar em casa com ela, porque sei que minha mãe está lá.*
>
>**T.:** *E como é ficar aqui no hospital, Marcela?*
>
>**P.:** *Apesar de tudo que eu passei e de meus problemas, não é tão ruim assim. Os médicos são muito bonzinhos e as enfermeiras também. Todos me tratam bem aqui. Meu marido vem me visitar quase todos os dias.*

T.: *Onde ele está morando agora?*

P.: *Com os pais dele.*

T.: *Faz tempo que vocês se casaram? Como foi o casamento de vocês?*

P.: *Bem, nós namorávamos há quatro anos. Eu engravidei e no segundo mês de gravidez, a gente casou. Foi tudo muito rápido, nem deu tempo de pensar...*

T.: *O que aconteceu quando vocês souberam de sua gravidez?*

P.: *Bom, no começo meu marido não gostou muito. (Como ele se chama?) João. Ele achava que era muito cedo pra ser pai, aí ele aceitou.*

T.: *E pra você, Marcela, como foi?*

P.: *Eu não sei, não sabia direito como seria ser mãe... mas fiquei contente.*

T.: *E como você imagina que será ser mãe?*

P.: *(Sorri.) Não sei, às vezes tenho um pouco de receio de não saber cuidar direitinho dela, mas quando vejo sua foto, dá uma vontade de sair daqui... ficar com meu marido e cuidar da minha filha...*

T.: *Você está dividida, não é, Marcela? Por um lado, quer sair daqui, voltar pra sua casa com seu marido e cuidar de sua filha. Mas, por outro lado, você teme não saber cuidá-la tão bem como estão cuidando de você aqui.*

P. *É. Tenho medo mesmo...*

3. Este foi meu primeiro contato com Marcela, uma paciente cujo corpo assim como a alma sofriam como prisioneiros condicionais, devido a uma história familiar na qual repetidos sentimentos de exclusão lhe deixaram feridas profundas.

4. Digo-lhe que, no início, iria atendê-la três vezes por semana e que ela poderia me chamar durante meu expediente, caso necessitasse. Combinamos os horários, ela me agradece e nos despedimos.

Eu carregava comigo o pedido de encaminhamento que recebera da equipe médica:

> Marcela, sexo feminino, 25 anos, procedente de São Paulo, profissão do lar, classe média, atendida na enfermaria e ambulatório do Hospital das Clínicas.
>
> A paciente foi colecistectomizada[1] em março de 1989, no Hospital e Maternidade São Luís. Quatro meses após esta intervenção cirúrgica, iniciou gestação sem anormalidades, até que no sexto mês passou a apresentar dores lombares, cólicas, náuseas e vômitos que não melhoraram com antiespasmódico.
>
> Em 28 de janeiro de 1990 foi realizada laparotomia[2] para retirada do feto e drenagem da goteira parieto-cólica esquerda. O bebê permaneceu em incubadora durante vinte dias, e sobreviveu, sendo cuidado pela mãe de Marcela.
>
> A paciente evoluiu febril, taquicárdica e com leucocitose progressiva maior, sendo transferida para o Hospital das Clínicas. Após nove dias, sofreu outra laparotomia exploratória, cujos resultados foram: pancreatite necro-hemorrágica, peritonite turbulenta e abcesso de retroperitônio.
>
> Marcela continuava evoluindo febril, com leucocitose e perda de peso importante mesmo com antibioticoterapia. Foram realizadas mais três laparotomias, uma em 13 de março onde encontrou-se abscesso peri-renal. Foi feita limpeza e drenagem da cavidade abdominal. A paciente encontra-se deprimida e solicitamos intervenção psicológica o mais rápido possível.

5. O atendimento comigo teve início logo após o pedido, em abril de 1990, e terminou em fevereiro do ano seguinte.

---

1   Colecistectomia: retirada cirúrgica da vesícula.
2   Intervenção cirúrgica com finalidade exploratória e/ou curativa.

Impressões gerais

6. Pelo seu histórico clínico, parto prematuro forçado e estado comprometido de saúde, Marcela recebia atenção especial por parte de toda a equipe de saúde.

7. Nas primeiras entrevistas diagnósticas, Marcela se refere à infância. Relata que tem um irmão mais velho, do qual gosta muito, e uma irmã mais nova, nascida quando Marcela estava com 12 anos. A irmã teve icterícia quando bebê e ficou internada por quinze dias na UTI. Marcela relata ter sentido muito ciúmes porque seus pais e toda a família "só ficavam cuidando do bebê" *(sic)*. Marcela diz não ter mais ciúmes da irmã que tem hoje 12 anos.

8. Diz ter tido uma adolescência calma e feliz junto à família. É muito ligada aos pais e conta ter sido difícil sair da casa materna para casar-se. Sua menarca aconteceu aos 12 anos (número que se repetia invariavelmente em sua vida. Um ano antes de casar-se, teve que submeter-se a uma cirurgia para retirada de pedras na vesícula: eram 12 as pedrinhas, que ela guarda em sua casa). Marcela conta sobre sua gravidez inesperada, principalmente para o marido.

9. Ela estava consciente de que não podia obter alta do hospital em função de uma febre baixa e constante de 37C. No período de internação ela emagrecera 17 kg. Repete algumas vezes ter "muita vontade de voltar para casa, para o marido, e cuidar da filha" *(sic)*.

10. Em seu relato, Marcela evidencia o sofrimento e preocupação com a saúde, bem como a satisfação por estar sendo bem assistida no hospital, e o medo de assumir o novo papel materno. Eu sabia que teríamos um árduo trabalho pela frente. Havia muitas emergências a serem atendidas e, em vista disso, eu precisava agilizar um campo apropriado que aprofundasse o mais rapidamente possível o vínculo e a aliança que já se iniciara entre nós duas.

Indicação de psicoterapia breve

11. Marcela estava passando por uma situação potencialmente crítica de desenvolvimento (assumir o novo papel materno), que desencadeou uma crise propriamente dita, ou seja, uma ruptura no equilíbrio psíquico pelos conflitos gerados em função deste novo papel. Aliada a esta situação, havia uma crise circunstancial (seu estado clínico de saúde grave e delicado), que comprometia ainda mais seu estado geral, exigindo rápida intervenção psicológica.

12. Seus *mecanismos defensivos* eram principalmente a regressão[3] e o benefício secundário da doença, isto é, a satisfação narcísica e/ou de autoconservação que o indivíduo tira de sua doença, após sua constelação. Neste caso, era conseguido por toda a atenção e cuidados especiais que estava recebendo de toda a equipe de saúde e de seus familiares.

13. Como *hipótese psicodinâmica inicial,* acredito que a "crise cirúrgica" (perda de vesícula e baço) ressignificou uma situação conflitiva anterior de perda, luto da infância na fase de adolescência, nascimento da irmã e vivência de insegurança e abandono pelos pais, coincidindo com as angústias de perdas próprias dos pais.

14. Supus que os pais não aguentaram a ferida narcísica provocada pelo processo de adolescência de Marcela e fizeram filha temporã. Marcela vive essa situação com angústia, que mobiliza a repetição da neurose pela gravidez inesperada (nova perda), que seguiu com internações, culminando no parto precoce (intensa perda).

15. A impossibilidade da paciente entrar em contato com este "bebê-sintoma" (conflito de perda) parece se traduzir pela perda do casamento. Pode-se entender a situação atual como uma edição de situações anteriores e antigas. A neurose dizia respeito à mobilização de sentimentos anteriores de exclusão que incrementaram um quadro de intensa angústia.

---

[3] Após um processo psíquico de desenvolvimento já atingido existe um retorno em sentido oposto, até um ponto situado antes deste; este retorno se dá no plano do pensamento, das relações objetais e do comportamento.

16. Estabeleci como *foco* a questão da angústia diante da perda que, com a maternidade e cirurgia (situação mais atual), foi incrementada. Com este foco – que parecia ser o que organizava e mobilizava o mundo mental de Marcela – poderia ajudá-la no tratamento ambulatorial a ter condições de viver não somente as perdas geradas pela cirurgia e maternidade, mas também as da adolescência, nascimento da irmã, e dar-lhe condições para que novas formas de defesa (que não as regressivas, de doença) pudessem ser desenvolvidas (ser mulher, ser mãe, poder ser "dependente" de um homem, e não mais da mãe – talvez fosse este um dos motivos para que o casamento não se sustentasse), e criar outras vias criativas de expressão.

17. Neste momento, é preciso tomar cuidado, porque, como sabemos, a neurose se mantém pelas repetições, e um novo elemento de separação (o casamento) está se inserindo na cadeia de perdas que se repete. Mas isto não é o foco e sim um sintoma da situação.

18. Para o *planejamento de trabalho* percebi várias possibilidades de intervenções interpretativas a partir das primeiras entrevistas, como, por exemplo, o casamento forçado, a gravidez inesperada, etc. Entretanto, como será visto no capítulo "Psicanálise e psicoterapia breve", os objetivos terapêuticos da PB são específicos e relacionam-se com as necessidades atuais do paciente.

19. Objetiva-se a supressão de sintomas e problemas atuais para que o indivíduo possa enfrentar situações conflitivas, prosseguir em seu desenvolvimento e tomar determinadas decisões.

20. O fator temporal também foi levado em conta, considerando o fato de que a UTI estava infectada e Marcela corria risco de vida se enfrentasse outra cirurgia. Ela já passara por cinco laparotomias e estava debilitada e deprimida.

21. Partindo de sua *queixa manifesta* (desejo de sair do hospital para ficar com o marido e cuidar da filha) e queixa latente (o medo e a resistência em assumir o papel daquela que cuida em detrimento de ser cuidada), decidi trabalhar focalizando o tema da maternidade com perspectiva da obtenção de alta. A questão da perda, como já foi dito, parecia ser

o foco principal deste caso. Como as repetições não permitiam a perda, meu trabalho principal seria o de ajudar Marcela a assimilar e elaborar suas perdas.

22. Assim, o *planejamento* do processo terapêutico deu-se perante a:

- *situação-problema de Marcela*: sua enfermidade, internação hospitalar e maternidade abrupta;

- *ponto de urgência*: o desencadear de ansiedades e defesa que giravam em torno da dificuldade em assumir os cuidados do bebê;

- *foco*: angústia *diante da perda incrementada pela cirurgia e maternidade.*

Evolução do caso

23. Em 5 de maio de 1990 houve outra intercorrência. Marcela apresentou sangramento pelos drenos de 850 ml, sendo submetida a nova laparotomia. Desta vez, não foi encontrado nenhum abscesso que justificasse a subfebre que se mantinha, e a conduta médica foi a suspensão de antibioticoterapia.

24. Nosso trabalho terapêutico avançava e se aprofundava girando em torno da maternidade que se impunha e dos sentimentos de perda adjacentes. Marcela parecia vivenciar um conflito de duas forças contrárias: o desejo inconsciente de se manter pequena e as exigências defensivas de querer ser mãe.

25. Para serem reconhecidas no plano consciente, as duas forças assumem um compromisso, produzindo um sintoma, no caso a febre e consequente continuidade de internação. O conteúdo do inconsciente poderia ser admitido no consciente, mas deformado a tal ponto que se tornava irreconhecível. Para o reconhecimento deste material, era necessário o trabalho analítico urgente, pois os sintomas revelados por seu corpo (febre e sangramento) não se resolviam com cuidados médicos.

26. Marcela continuava com o pedido ambivalente de querer sair do hospital e ter medo, pois sair implicava entrar em contato com as perdas suscitadas primeiro pela cirurgia, e depois pela gravidez e parto. Seu principal mecanismo de defesa era a regressão, cuja própria situação de internação geralmente facilita.

27. Neste momento, o trabalho se dirigia no sentido de elevar sua autoestima e, ao mesmo tempo, ampliar sua consciência a respeito de sua enfermidade, o significado desta, o lugar que o hospital ocupava em sua vida, bem como relacionar os processos inconscientes que se instalavam a partir daquela situação atual.

28. Oportunamente, neste ínterim, a família trouxe o bebê de Marcela, sendo este o *primeiro encontro entre as duas* desde o nascimento do bebê. O tema maternidade já estava sendo trabalhado e Marcela, ainda mais mobilizada pelo encontro, foi conscientizando-se de seus conflitos, elaborando-os e percebendo que, às vezes, utilizava-se da doença como fuga.

Discussão do caso

29. Como já vimos, Marcela se encontrava num estado bastante delicado e perigoso, pois suas sucessivas cirurgias acarretavam risco de vida. Era uma crise conjugada, acidental (enfermidade) e de desenvolvimento (parto, mudança do papel filial para o materno).

30. Havia necessidade de se trabalhar rapidamente para que ela não sucumbisse à doença, mobilizando nela mecanismos mais saudáveis e construtivos. Isto foi conseguido.

31. Tínhamos a nosso favor o fato de suas defesas e resistências ao processo terapêutico estarem rebaixadas, devido ao seu estado psicofísico. Este fato nos ajudou a acelerar o processo, favorecendo desde o surgimento de *insights* até a reelaboração de mecanismos internos que dificultavam seu movimento de "cura".

32. Marcela percebeu que, pelo sintoma, havia a redução da tensão, o que evitava o contato com conflitos mais penosos: "perder" o lugar de filha

cuidada, ser mãe e responsabilizar-se por um bebê. Percebeu também que o hospital ocupava o lugar de provedor em sua vida, no momento em que não se sentia capaz de abdicar do papel de filha (e perder a mãe?). Que ali sentia-se protegida de sua realidade lá fora, mesmo que permanecer no hospital também envolvesse dor e sofrimento.

33. Começou a pensar sobre o significado que o bebê assumia em sua vida, do peso em ter de cuidá-lo, da ambivalência de sentimentos que nutria em relação a ele, da culpa etc. No momento em que conscientizou-se destes conflitos, e os aceitou, foi podendo apropriar-se mais seguramente de sua vida e tomar decisões.

34. A febre cessara em 15 de maio de 1990. Marcela obteve alta e foi encaminhada para o ambulatório a fim de prosseguir com o acompanhamento médico e psicológico. Ali, eu poderia acompanhá-la na fase final da crise e no momento em que se iniciava um período importante de transição de papéis.

35. Por intermédio da PB, e pelas experiências emocionais corretivas (EEC) favorecidas pelas intervenções do terapeuta ao redor do foco, foi possível trabalhar o conflito (focal) de Marcela, ou seja, sua angústia paralisadora diante das perdas, e da maternidade, angústia esta que lhe tirava o privilégio de ser cuidada como filha dependente, obrigando-a a assumir novo papel materno.

36. Foram feitas três entrevistas de *follow-up*, a primeira após um mês de sua alta médica e psicológica, a segunda após dois meses e a terceira após seis meses em relação à alta. Nas três ocasiões em que nos encontramos, Marcela demonstrou ter assimilado a maternidade, sendo que, no último encontro, trouxe consigo sua filhinha para que eu a conhecesse. Estava realmente feliz com a relação afetiva que se intensificava a cada dia, e bastante orgulhosa por poder protagonizar sua história.

37. PS: Palavras para Marcela:

> *Durante toda a minha análise (e ainda hoje) fico sempre maravilhada frente ao admirável trabalho que se opera entre o*

consciente e o inconsciente. Abelhas laboriosas. O inconsciente indo procurar, nas profundezas da vida, as riquezas que me eram próprias, colocando-as numa margem de meu sono, e a consciência, na outra margem, de longe, inspecionando a novidade, apreciando-a, deixando-me senti-la ou rejeitando-a. Assim, às vezes irrompia em minha realidade uma verdade fácil de compreender, simples, clara, mas que só me aparecia quando eu estava em condições de acolhê-la. Meu inconsciente, há muito tempo, tinha preparado o terreno, mostrando-se à consciência, aqui e ali, por palavras-imagens, sonhos nos quais não prestara atenção. Até o dia em que, amadurecida para receber a nova verdade, podia percorrer o caminho que em poucos segundos levava a ela. Isso tinha acontecido em relação à minha violência, que só enxerguei no momento em que já podia suportá-la.[4]

R.M.: *Seria interessante começarmos com uma rodada de observações formuladas por vocês a respeito deste texto.*

Eunice: *A primeira coisa que penso é que não estamos preparados para ler o texto escrito. O meu interesse vai direto ao caso clínico, o que o paciente disse, o que o terapeuta disse, etc. Achei difícil me concentrar no aspecto mais literário, na composição.*

Haydée: *O trecho que vocês leram é um fragmento de livro. Gostaria de saber se parece coerente, e se ficou clara a questão do foco, que já tinha sido abordada num capítulo anterior.*

Cassandra: *No parágrafo 27, que começa: "nesse momento o trabalho se dirigia no sentido de elevar a sua autoestima...", senti falta do resto do texto. Não sabia qual era o objetivo do trabalho, e se você fala em outra parte neste objetivo de elevar a autoestima.*

Daisy: *Eu vi uma preocupação com a composição literária: por exemplo, colocar o seu comentário logo após a conversa com ela. Em vários momentos, você se preocupa em explicar para o leitor*

---

4   Marie Cardinal, *Palavras para dizer*, Trajetória Cultural, 1990.

o que está pensando. Por outro lado, a descrição que você faz dela como muito deprimida: não vi na entrevista elementos para que você pudesse chegar a estas conclusões. Vimos uma outra Marcela, diferente daquela que aparece na conversa com você; me pareceu que havia uma certa contradição na apresentação da personagem.

Cassandra: *Fico me perguntando como apresentar o diálogo. Os analistas de formação kleiniana costumam colocar a sessão inteira, como você fez, procurando reproduzir tanto quanto possível as palavras do paciente. Já os lacanianos só colocam trechos pequenos da sessão; muitas vezes, reformulam o que o paciente disse. Sempre tenho dúvidas sobre como colocar as vinhetas. E também concordo com o que disse a Daisy, que na sua caracterização da Marcela você se serve de elementos que não aparecem tão claramente no material. Dá a impressão de que você sabe algo que o leitor não sabe.*

Felipe: *Percebi que você fez um esforço de síntese porque certamente há outros casos no livro, e este esforço de síntese me pareceu valioso. Também notei que você colocou trechos do prontuário médico, para justificar a indicação de terapia breve. Outra coisa que achei muito interessante é que você escreve numa linguagem simples e acessível, o que eu não consigo, e acho que muitos outros também não.*

Bernardo: *Também me pergunto, quando vou relatar uma situação clínica: qual é o fato clínico que se quer relatar? Neste caso, o fato clínico está claro para o autor, mas nem sempre fica claro para o leitor. Qual é a necessidade, por exemplo, de colocar a entrevista inteira? Talvez você pudesse fazer uma narrativa mais resumida, até porque o dialogo também é uma narrativa.*

Ruth: *Concordo com o Bernardo, e acho que o texto ganharia se fosse feita uma narrativa, ao invés desse diálogo. Não sei se o diálogo pessoal, como você faz, veicula efetivamente o sentido.*

E do meu ponto de vista, a conclusão a que você chega me abriu os olhos; não tinha notado nada daquilo no material que você apresentou.

Luiz: *Justamente, voltando à questão levantada pela Eunice, achei interessante numa primeira observação o aspecto de estrutura do texto, por causa das várias estratégias que Haydée usou para despertar o interesse do leitor: por exemplo, intercalar diferentes questões no mesmo parágrafo. Logo no início, já temos os dados da paciente ("Marcela é uma moça de 25 anos"), impressões ("a voz dela é meiga"), procedimentos médicos, a própria narrativa, um aspecto ficcional – a frase "eu carregava comigo o prontuário médico" parece tirada de uma novela, etc. Isto cria um envolvimento com o leitor.*

Renata: *Trabalhei em hospital, e queria falar a respeito do prontuário médico que Haydée incluiu. Acho muito importante que quem trabalha em hospital e não é médico esteja atento à linguagem médica, porque o prontuário materializa toda uma postura em relação a esta pessoa internada já há quatro meses. O ambiente do hospital não é o ambiente do psicólogo, e, para que este seja ouvido no hospital, é preciso falar a linguagem do médico e utilizar os dados do próprio prontuário.*

Eliana: *Talvez por isso tenha ocorrido a transcrição do diálogo na entrevista que você utilizou, a fim de criar uma certa impressão de fidedignidade a ser compartilhada.*

Renata: *É, isso pode ser importante, principalmente quando se tem uma equipe multidisciplinar, como era o caso aqui.*

R.M.: *As questões que vocês levantam são bastante instigantes. Algumas vão mais para o plano do que aconteceu, se era mesmo uma indicação de terapia breve, qual foi o processo terapêutico, etc. Outros se colocam mais no plano que vamos chamar, provisoriamente, de literário, o plano da composição.*

As epígrafes

Estou pensando em fazer primeiro algumas observações sobre o aspecto textual, e depois podemos abordar a história propriamente dita da Marcela e do que aconteceu entre vocês duas. A primeira observação que eu queria fazer é a respeito das epígrafes: "O acaso demonstra ...", e depois, "não sabia direito como seria ser mãe". Há duas coisas que eu diria a partir desta epígrafes. A primeira é: se é uma frase citada por alguém, deve vir entre aspas; segundo, é preciso dizer de onde vem. Então: Sigmund Freud, onde? Aliás, na segunda epígrafe você coloca as palavras da Marcela entre aspas. Então, por que Freud é mais (ou menos) importante que Marcela? É tão autor quanto, mas aqui um ganha aspas e o outro não.

Além disso: por que duas epígrafes? A frase de Marcela, tal como você a colocou aqui, a meu ver dilui um pouco o impacto da primeira epígrafe, porque, se a primeira chama a atenção para a ambiguidade da qual você vai falar o tempo todo, a segunda é uma coisa muito mais banal. É muito provável que uma mulher que tem o seu primeiro filho não saiba direito como será ser mãe.

Se estamos trazendo duas ou mais unidades do mesmo tipo, seja o que for – aqui são citações, mas poderiam ser falas de pacientes, argumentos, textos que apoiam o que estamos dizendo, etc. – pode ser interessante observar se elas se *potencializam*, ou se *anulam*, se *diluem* reciprocamente. Neste exemplo, creio que se diluem. Já em outras situações, podemos trazer uma ideia e logo em seguida uma outra, criando uma gradação; mas se ambas disserem a mesma coisa, uma das duas é provavelmente supérflua.

É o velho princípio de Guilherme de Ockham. Ockham foi um monge inglês que viveu no século XIV; ele é mais conhecido entre os aficionados da literatura por ter sido o modelo do monge-detetive em *O nome da rosa*. (Aliás, o nome do narrador – Adso – é uma referência óbvia a Watson.) Além de ser o modelo desta personagem, Guilherme de Ockham se notabilizou por propor uma ideia que vai muito além do plano literário, uma ideia epistemológica: não se devem multiplicar inutilmente argumentos ou entidades. Se algo deste tipo fosse multiplicado inutilmente, caía sob o que passou a se chamar *Ockham's razor,* a navalha de Ockham.

Mais uma sugestão sobre a epígrafe. Em geral, ela vem depois do título, é uma espécie de abertura associativa a partir do título. Quer dizer, uma vez que o leitor já sabe que o texto é sobre tal coisa, o autor propõe uma pequena viagem por uma frase alusiva àquele assunto. E às vezes, quando a epígrafe é alusiva demais, se o ângulo de abertura entre ela e o assunto for muito amplo, vale a pena em algum momento explicar de passagem a epígrafe. Por exemplo, às vezes se colocam epígrafes em língua estrangeira. Lacan é mestre nisto; a epígrafe da tese dele, o caso Aimée, é um texto de Espinosa em latim. Talvez ele achasse que seus leitores conheciam a *Ética* em latim; mas lá pelo meio da tese, em algum momento ele escreve algo que elucida o sentido daquela epígrafe estrangeira, não necessariamente familiar ao leitor. (Depois ele abandonou este hábito salutar.) Se você acha que o leitor não vai entender, dê um toque em algum lugar, por exemplo repetindo *ipsis litteris* as palavras da epígrafe num determinado contexto que elucide qual é o sentido; há vários recursos para isso.

Quanto ao trecho ser um fragmento de livro: creio que você escolheu bem. Este relato é algo *self-contained*, autossuficiente. Você queria saber se o texto estava coerente, porque já havia falado do foco antes. É uma noção tão central na psicoterapia breve, que se o leitor não soubesse o que é um foco – ou concentração da atenção – o texto ficaria inteiramente ininteligível. Mas você dá a ele elementos suficientes, ao dizer em algum momento que tal coisa *não* era o foco. E você diz também: num certo momento, estabeleci como foco a questão da angústia diante da perda

Outro caso semelhante é o que você chama de *crise propriamente dita* e *crise circunstancial*, no parágrafo 11. Dá para entender que, ao longo do livro, *crise propriamente dita* é uma coisa e *crise circunstancial* outra. Se isso fosse um artigo, não parte de um livro, caberia explicar o que você entende por cada uma dessas coisas; imagino que isso deve ter sido feito em outra parte do tivro.

> **Haydée:** *Talvez numa nota de rodapé?*
>
> **R.M.:** *Acho que não. Como são conceitos importantes para a sua forma de trabalhar, eu não relegaria a uma nota de rodapé alguma coisa tão central. Suponhamos que seja a primeira vez que aparece isso no texto; uma vez explicado que tal coisa é uma crise*

propriamente dita e tal outra é uma crise circunstancial, seria o caso de dizer com todas as letras o que você entende por cada um destes conceitos. Algo assim: "esta é uma boa ocasião para elucidarmos os nosso conceitos de crise circunstancial e crise propriamente dita", já que você está trazendo um exemplo.

Continuidade no texto e literalidade na transcrição

O que a Cassandra assinalou se refere à dosagem entre o que você conta do processo terapêutico e as conclusões a que chega; isto foi apontado, de diferentes maneiras, por vários leitores: para a Daisy, você conclui que a paciente estava deprimida, mas a descrição não corresponde muito a essa conclusão. Ruth diz depois que "a conclusão abriu os olhos sobre o diálogo"; ela parece considerar isso uma qualidade. Mas, como qualidade, é problemática, porque se a conclusão abriu os olhos sobre alguma coisa que o conteúdo por si só não permitia entrever, então está faltando alguma coisa na *continuidade*. É como um filme, se vocês quiserem. São desta esfera questões como, por exemplo, manter a personagem com a mesma roupa em duas cenas consecutivas, mas filmadas em dias diferentes. Neste sentido, o filme e a tese são muito parecidos, porque assim como as cenas não são filmadas na sequência em que vão aparecer na tela, o texto raramente é escrito na sequência em que vai ser lido sob a sua forma final. Por isso existe a claquete: tal cena corresponde a tal trecho do filme final. A mesma coisa acontece com a tese; escrevemos um trecho que muitas vezes não sabemos onde vai entrar. De onde a importância de, na revisão, zelar pela continuidade, "costurando" com frases intermediárias os saltos muito abruptos de um assunto para outro.

É claro que entre dizer "houve um salto no argumento" e imaginar como ele poderia ter sido eventualmente evitado há muita diferença. Você começa por descrever Marcela como estando muito debilitada, etc.

Ouvinte: *E parece muito conformada com a situação dela.*

R.M.: *Você escolhe contar o diálogo tal como ele transcorreu, ou como você o reconstitui de maneira relativamente próxima ao* *que aconteceu; alguém perguntou sobre isso, se o diálogo dá a impressão de uma fidedignidade maior do que a narrativa. Quando se usaria a narrativa, quando se usaria a transcrição? Concordo com a ideia de que mesmo o diálogo nunca é a reprodução idêntica do que se passou, por uma razão essencial, e por uma razão talvez menos essencial.*

A razão essencial é a seguinte: quando falamos – o diálogo terapêutico é um conjunto de falas – a língua funciona de maneira diferente do que quando escrevemos; e a razão disso é muito simples de entender. Já falamos sobre isso numa das aulas anteriores. O escrito está todo na sua frente, ele é por natureza presente, e você o acompanha com os olhos de maneira muito rápida. Por isto, a questão da *retenção do conteúdo* na memória de cada um de nós, quando se trata do escrito, se resolve de maneira diferente do que quando se trata do falado. Reter uma grande quantidade de informações, fazer sentido com o parágrafo, com uma frase longa, é mais fácil a partir do escrito do que a partir do falado. Consequentemente, no escrito se tornam desnecessários uma série de índices que no falado servem para pontuar, manter a atenção e dar ossatura à frase, de maneira que o ouvinte possa entender o que o falante está dizendo. Por estes motivos, a transcrição de qualquer diálogo já implica uma certa edição.

Por outro lado, é claro que há uma relação de semelhança bastante grande: foi falado neste diálogo, com toda a certeza, sobre como Marcela se sentia; ela disse que se sentia como está descrito aqui; a ordem das perguntas e respostas deve ter sido aproximadamente esta, na medida em que o final do diálogo sugere uma familiaridade maior entre vocês duas do que no começo. Então, o fato de não ser uma transcrição absolutamente fiel não quer dizer que seja falsa ou inútil. Toda a arte está em criar um diálogo que *produza o mesmo efeito* que produziria o falado, se alguém o estivesse escutando atrás da porta.

Para mim, isso faz pensar nas questões de tradução. Os tradutores discutem, e acho que com razão, os limites da adaptação. Traduzir palavra por palavra frequentemente não leva a lugar nenhum, tanto porque as línguas estão gramaticalmente organizadas de forma diferente, quanto porque existem expressões e unidades de significação nas diversas línguas que não são superponíveis umas às outras. Uma amiga minha contou recentemente que, um belo dia, sorriu para a dona do hotel em que estava em Paris e anunciou: *"Aujourd'hui, on va laver la chevaline!"*, querendo dizer que ela e o marido iam "lavar a égua". Em primeiro lugar, a palavra *chevaline* não é, em francês, o feminino de *cheval*; em seguida, para uma francesa ouvir que alguém ia "lavar a égua" não tem sentido nenhum, não quer dizer nada na língua dela.

Uma tradução adequada consiste no que, então? Em reproduzir, na língua de chegada, o sentido essencial, e se possível as nuances do texto original, mesmo que isso implique em alguma alteração; por exemplo, em pontuação diferente. Onde a frase original é muito comprida, às vezes é necessário dividir em duas, ou o contrário. Enfim, deve-se utilizar os recursos da língua de chegada, isto é, para a qual se está traduzindo, de maneira tanto quanto possível eficaz, a fim de reproduzir o efeito do original.

A mesma coisa vale para a transcrição. O efeito produzido pela sua transcrição é o de um diálogo fácil; isso é conseguido com o uso de expressões como: "deve ter sido difícil isso tudo para você, *não é*?". Isto é, é colocada aqui uma forma coloquial para dar a impressão de espontaneidade no seu diálogo, da mesma forma, no final, "você está dividida, *não é, Marcela*?".

Agora, uma vez que você optou pela transcrição do diálogo com essas ressalvas, e não pela narrativa, por que um e por que outro? Vou dar uma impressão minha, pessoal, não sei qual foi o critério que você utilizou. Eu diria que vale a pena procurar criar a *impressão de literalidade* quando aquilo que está transcrito vai ser usado *na sua literalidade*. Quando se trata de algo sobre o que queremos informar o leitor, mas que não é preciso trabalhar com tanta minúcia, eu pessoalmente optaria pela narrativa, ou de maneira geral pelo discurso indireto.

É a mesma coisa com a citação e com a paráfrase, que é o equivalente do discurso indireto em relação ao diálogo. Vamos tomar o caso da epígrafe deste texto: suponhamos que quero discutir o que é *fatídica e comprovada verdade*, por exemplo dizendo que existem verdades que não são fatídicas ou comprovadas, em oposição a esta que é fatídica e comprovada. Então, colocaria a frase como citação, e até mesmo ressaltaria com grifos as palavras "comprovada" e "fatídica", indicando sua importância para o que vem a seguir. Mas se quero simplesmente dizer que Freud escreveu em algum lugar que às vezes, fugindo, acabamos encontrando aquilo de que se fugiu, não seria necessário dizê-lo *ipsis litteris*, principalmente se a citação for grande. Se for um trecho de quatro parágrafos, pode-se dizer: no texto tal, o autor tal diz..., e inserir uma paráfrase.

Aqui, a transcrição do diálogo sugere que você o vai analisar detalhadamente, o que não é bem o caso, porque você diz apenas: este foi meu primeiro contato com Marcela.

O processo terapêutico

> **Cassandra:** *Parece que quem queria um tratamento psicológico não era tanto a Marcela, mas os médicos, preocupados com a piora do estado dela.*
>
> **R.M.:** *É, isto é interessante, em relação agora à situação hospitalar. Haydée aparece na frente dela e diz: "posso acompanhá-la durante sua internação no hospital, se assim o desejar". Como fica uma oferta que não corresponde à demanda de um outro?*

Essa é uma questão, muito mais do que técnica, *clínica*. Como agir para estimular essa demanda? Mostrar-se, talvez, de alguma forma sedutor em relação a esse paciente? Que consequências isso vai ter? Por outro lado, no decorrer do seu relato, você enfatiza muito a urgência do tratamento, porque ela estava péssima, a febre não passava, houvera várias laparotomias, etc.

Voltando um pouquinho ao texto, no parágrafo 3. Aqui você diz: "esse foi meu primeiro contato com Marcela", e fala do sentimento de exclusão, das feridas profundas, do corpo e da alma que sofrem como prisioneiros condicionais. Estas afirmações são muito vastas, e não encontram apoio suficiente no texto que você transcreveu. Alguém até falou, de maneira interessante, que você sabe mais sobre o paciente do que o que disse para o leitor. Inclusive, entrando no trabalho terapêutico propriamente dito, caberia talvez questionar um pouco a leitura que você faz no sentido da perda. Onde está a perda? Não vi muito bem.

Do ponto de vista da composição, se você queria chamar a atenção para os sentimentos de exclusão, talvez tivesse sido interessante citar um trecho onde esses sentimentos aparecessem de forma mais evidente. Por exemplo, onde ela se queixasse de que a privaram de alguma coisa, um incidente qualquer na vida do hospital em que ela tenha *ficado sem*. A partir disto você poderia encadear, por exemplo dizendo que não era só daquilo específico que ela se sentia desprovida, mas ainda havia sentimentos tais como... Ou então, eventualmente, depois de falar do sentimento de exclusão, conviria colocar alguma informação, em forma de diálogo ou em forma de narrativa, que substanciasse essa conclusão.

Isso porque daí para a frente começa a acontecer com o seu texto uma coisa curiosa: há um plano, que podemos chamar de *narrativo*, no qual você se desempenha bastante bem. Mas o plano *argumentativo* deixa um pouco a desejar. No plano argumentativo eu colocaria o problema do mecanismo ou do processo propriamente terapêutico, que fica, para o meu gosto, muito pouco explícito. Por exemplo, ficamos sabendo detalhadamente da história médica dela. Tenho vontade de perguntar: por que você incluiu a citação literal do prontuário médico?

E permanece a questão da demanda dos médicos. Este problema é bem abordado na tese de Rubens Hazov Coura, que está publicada com o título de *A psicanálise no hospital geral*.[5] O tema do trabalho do Rubens era exatamente a demanda dos médicos, ou da equipe de maneira geral; ele mostra que frequentemente a demanda merece ser ouvida em relação à equipe, mais do que atendida no real com uma terapia. Conta alguns casos ocorridos na Santa Casa de São Paulo, quando ele era o chefe do serviço de interconsulta deste hospital. Determinada paciente poderia por exemplo ser dispensada, mas ninguém queria que ela fosse embora; então chamavam a psiquiatria, dizendo que ela estava tendo ataques histéricos. Eram casos às vezes gritantes de atuação contratransferencial.

---

5   Coura, R. (2011). *A Psicanálise no Hospital Geral*. (2ª ed.). Wak. *1ª ed. 1995.

Agora, nesse caso de Haydée, "a paciente encontra-se deprimida e solicitamos a intervenção psicológica o mais rápido possível". No seu texto você admite esse diagnóstico dos médicos...

> **Ouvinte:** *Seria possível ela não se dar conta de que estava tão deprimida?*
>
> **R.M.:** *Sim, existem mecanismos de negação da própria depressão. Se este fosse o caso aqui, esperaríamos encontrar no discurso dela um tom relativamente eufórico, exaltado. Este poderia ser um critério para avaliar não só a gravidade da depressão, mas ainda que defesas estariam sendo mobilizadas contra o viver essa depressão, e eventualmente elaborar os conteúdos envolvidos nela.*

No entanto, lendo o diálogo, não tive a impressão de euforia exagerada. Marcela conta de maneira razoavelmente clara a sua história. Na medida em que não vejo um tom euforicamente defensivo nesse diálogo, não acreditaria tão imediatamente no diagnóstico dos médicos de que ela se encontra muito deprimida e necessita com urgência de intervenção psicológica; colocaria uma interrogação nesse diagnóstico.

Aqui uma observação: como a sua discussão é sobre terapia breve e não sobre o papel do psicólogo no hospital, não caberia no texto discutir isto. Nós é que estamos abrindo o leque para questões correlatas. Mas a aceitação do diagnóstico psicológico feito pelos médicos no prontuário é uma questão a ser pensada na prática clínica dentro do hospital.

No que diz respeito ao seu texto, o problema é justificar o projeto que você vai formar para a sua intervenção. Este ponto é abordado nos parágrafos 11 e seguintes, quando você faz a fundamentação da indicação de psicoterapia breve dentro dos seus referenciais. O diagnóstico propriamente psicológico vem aqui. Mas você é mais discreta a este respeito do que quanto ao plano propriamente médico, tanto que mais adiante, no parágrafo 23, lemos o seguinte: "houve uma outra intercorrência, ela apresentou sangramento pelos drenos de 850 ml". No seu texto, a parte ginecológica fica mais destacada do que a parte psicológica. Não aparecemos os meandros do processo; dele, você coloca o início, as primeiras entrevistas, a sua hipótese, o projeto, e depois o final, quando ela já está bem melhor. Temos então o começo e o fim. O meio, o processo terapêutico propriamente dito, com as idas e vindas, resistências, avanços, recuos, fica na sombra.

A parte de que mais gostei nesse texto é a seção "Indicação de Terapia Breve", quando você, nos seus termos, justifica como avaliou o caso e decidiu o que vai fazer. Os mecanismos defensivos eram principalmente o benefício secundário da doença, esta é a sua hipótese básica; ela não está querendo deixar de ser filha. Dado o que você viu, o que você fez tem sentido diante deste "visto", e está relatado de maneira convincente para quem vir neste material o mesmo que você. É algo semelhante ao que dissemos aqui na aula sobre o artigo de Edna O'Shaughnessy.

Você introduz um elemento curioso, o número doze, que em nenhum momento do texto é explorado. Para ela, este número tem uma significação especial: doze anos como data da menarca, doze pedrinhas no rim; há diferentes aparições do número doze que podem ser meras coincidências, ou para ela talvez tivessem algum significado pessoal, que não é explorado. Em vez disso, toda a sua leitura se baseia na ideia de que ela reluta em perder o lugar de filha para se tornar mãe.

Para a mim, não ficou muito clara a relação entre a gravidez, o parto e os sentimentos de perda. Mais adiante, no parágrafo 17, aparece um novo elemento de separação: o casamento. Aqui sublinhei e me admirei: é verdade que uma pessoa que se casa se separa do seu lar de origem, mas tambem é verdade que se *junta*. A meu ver, falta um pouco de esclarecimento sobre por que você considera que situações como gravidez e casamento representam, para Marcela, *perdas*. Talvez coubesse refletir um pouco mais, tanto em termos metapsicológicos quanto de organização do texto, sobre por que uma experiência como a gravidez produziu neste caso efeitos extremamente sérios, a ponto de desencadear a identificação dela com a filha na incubadeira (ela no hospital). Poderiam ser exploradas as correlações mãe/filha, ela como mãe, ela como filha, ela identificada com a filha, etc. Todo este aspecto está latente no seu texto, mas, por alguma razão, você escolheu não entrar por esse caminho ao explicitar a situação.

Bernardo: *Também poderia ter sido desenvolvida a temática da morte, que está bem presente no que ela fala e nos dados da* *história. Por exemplo, as fantasias de que casar e ter filhos implicam morte.*

Camila: *Tudo está lá, na primeira entrevista.*

R.M.: *Vamos por partes. A situação de vulnerabilidade absoluta, quando Bernardo interpreta as fantasias de casar e ter filhos como significando correr riscos sérios de morte, é algo qualitativamente diferente das perdas que aguçam o desenvolvimento e a maturação, por exemplo, a separação dos pais, sair de casa, tudo o que nos contos de fadas é simbolizado pela criança que sai para correr o mundo e no final tudo acaba bem. Aqui estamos diante de uma coisa bem diferente, em termos de economia psíquica. O que Bernardo assinala é a presença de uma certa persecutoriedade.*

Mas não diria que tudo já está contido na primeira entrevista. O começo é sempre importante, seja a primeira entrevista, sejam as primeiras palavras da sessão. O próprio Freud observava isso na história do Homem dos Ratos, que estudamos aqui. Mas há uma grande diferença entre dizer que é especialmente importante, que vale a pena estudá-la com cuidado, e *que tudo está lá, se soubermos ler.* A meu ver, esta última ideia atribui aos poderes interpretativos da leitura muita coisa. Se soubermos ler, isto é, puxar de um texto aquilo que nos interessa, tudo está em tudo. Com um pouco de prática, tira-se leite de pedra; não é muito difícil, basta estabelecer os pontos intermediários. Por essa razão, suspeito um pouquinho da afirmação de que tudo está na entrevista inicial. Concordo inteiramente que é preciso analisar com cuidado essa primeira entrevista, porque muitas vezes ela permite fazer certas hipóteses que depois podem de fato se verificar, especialmente sobre o funcionamento defensivo do paciente.

Lembro aqui de um caso meu. Um rapaz vem me procurar, e na primeira entrevista fala longamente de como tinha ido consultar um médico para fazer regime. A dieta que o médico prescreveu lhe pareceu muito dura, impossível de seguir; jogou fora o papel, fez um regime da sua cabeça, e perdeu vinte quilos. Ora: esse cidadão vem procurar uma análise, e começa sua primeira entrevista dizendo que não tinha seguido as indicações do médico, porque conseguiu se virar sozinho e perder o peso que desejava perder! Nesse sentido, uma série de aspectos dessa pessoa – autossuficiência, não prestar atenção naquilo que ele mesmo diz e no efeito que isto produz sobre o outro, etc. – estão aparentes na primeira entrevista.

No decorrer da segunda entrevista, ele falou pelas cotovelos, colocando ideias sobre si mesmo e já imaginando o que eu poderia comentar: pensava com a cabeça dele e com a minha. Em algum momento, consegui dizer que achava melhor ele não começar uma análise naquele momento, porque não parecia disponível para *ouvir* coisa alguma. Achei que nunca mais ia ver o rapaz; mas três meses depois ele me telefonou para dizer que havia pensado sobre o que eu lhe dissera, e que agora se sentia mais disponível para começar uma análise.

Eunice: *(...)*

R.M.: *Esta divisão que você está fazendo entre a parte literária e de conteúdo de certa maneira se justifica, tanto que no começo da aula falei que podíamos nos ater ao texto e depois ver a parte do referente. Mas, na verdade, ficamos sabendo do referente através da forma literária. Existe uma espécie de inerência do conteúdo à forma, e um ponto que com frequência acho que podemos melhorar num texto psicanalítico é exatamente explicitá-la, construindo a forma de tal maneira que isto que estou chamando de inerência fique bem evidenciado.*

Primo Levi, num ensaio sobre a técnica de escrever, comenta sobre o fato de Pantagruel e Gargântua serem gigantes. Para ele, o que Rabelais queria transmitir na sua novela é algo característico do Renascimento: a intensidade da alegria de viver. E, para esta finalidade que pertence ao conteúdo, o fato de os personagens serem gigantes é útil, porque num gigante tudo é enorme: o apetite, as fúrias, o jato de urina que inunda Paris... Pode-se falar aqui de inerência do conteúdo à forma, num certo sentido. Outro exemplo pode ser tirado do artigo de Evelyne Ville que lemos na outra aula. Ela falava sobre a cisão; seu texto está construído de tal modo que logo no início se abre uma cisão entre o objetivo teórico – falar sobre certos tipos de regressão e sua utilidade para a terapia – e a história que ela narra, a qual de início não parece conter nada que conduza a discutir este problema. A cisão se instaura portanto entre o aspecto teórico que se quer abordar e o tipo de exemplo trazido para ilustrá-lo. Ora, o caminho do texto é exatamente ir fechando este abismo, mostrando como a história efetivamente se encaminha para ilustrar o conceito que ela deseja introduzir.

Voltando ao trabalho da Haydée: há duas passagens que queria comentar para concluir por hoje. Elas estão nos parágrafos 24 e 27. Na primeira, você diz: "nosso trabalho terapêutico avançava e se aprofundava, girando em torno da maternidade que se impunha, e dos sentimentos de perda adjacentes". Aí você diz que ela vivia o conflito de duas forças contrárias: "o desejo inconsciente de se manter pequena e as exigências defensivas de querer ser mãe". A outra passagem está no parágrafo 27: "nesse momento, o trabalho se dirigia no sentido de elevar sua autoestima, e ao mesmo tempo ampliar sua consciência", etc.

Já disse que me chamou muito a atenção o contraste entre a precisão com que você reproduz o dado médico, por exemplo o sangramento de 850 ml, e a vagueza ou generalidade no que se refere ao que pareceria ser o mais importante, ou seja, o trabalho terapêutico. Esta passagem: "nosso trabalho terapêutico avançava e se aprofundava em torno da maternidade", e o trecho sobre a autoestima mais adiante, formam para mim o centro do capítulo. Como leitor fiquei curioso em saber *como* era essa discussão da maternidade, e *o que* dá a você a impressão de que ela estava ampliando a sua consciência a respeito disto. Aqui seria o caso de incluir algo mais específico, talvez algum trecho de sessão, um diálogo, etc. A opção por uma paráfrase extremamente condensada, na minha opinião, tira credibilidade do seu texto. Fica faltando a descrição mais fina do trabalho, o que poderia permitir eventualmente a você, como terapeuta breve, investigar mais aprofundadamente o processo curativo na terapia breve.

A outra observação é ao mesmo tempo de conceituação e de redação. No parágrafo 24, você fala em duas forças contrárias, e as cita: "o desejo inconsciente de se manter pequena", esta é uma força; "as exigências defensivas de querer ser mãe", esta seria a outra. Aqui há vários problemas. Em primeiro lugar, o que são estas "exigências"? Não se sabe o que é isso. Em segundo, nada garante que se trate de uma força equivalente e contrária ao desejo de ser pequena. Se você diz que há um conflito entre dois elementos, eles precisam ser da mesma ordem. Vale a pena lembrar o que Freud diz, no *Homem dos Lobos,* sobre a baleia e o urso polar: entre eles não há conflito, porque um fica no gelo e a outra na água.

O desejo inconsciente de se manter pequena é uma força psíquica, no sentido psicanalítico da palavra; já as "'exigências defensivas de querer ser mãe" não podem ser chamadas de "forças". Mais: fica complicado falar em "exigências defensivas". No seu próprio texto, são corretamente identificadas como defesas a regressão e o benefício secundário. Mas "querer ser mãe" não é uma exigência *defensiva*: é um desejo, possivelmente um deslocamento do desejo de querer se manter pequena, ou uma inversão dele.

No final você faz a discussão do caso, e aí vêm essas "palavras finais a Marcela", que são bonitas, mas não parecem ter muito a ver com o processo que ocorreu entre vocês duas. Perguntei-me se o conteúdo do que diz Marie Cardinal – que na verdade o inconsciente dela se encarregava da análise, é mais ou menos isso – não vem compensar exatamente *a ausência de detalhamento do processo terapêutico propriamente dito*. Qual é o conteúdo desse P.S.? "Não se preocupe muito com o método, porque as coisas acontecem mais ou menos por si mesmas"...

Se podemos resumir a nossa discussão, acho o texto extremamente rico e interessante; dá margem a várias observações, e tem uma série de virtudes. Ressaltar alguns outros aspectos, mais problemáticos, serve justamente para refletirmos sobre algumas dificuldades comuns a todos os que escrevem. E muito obrigado à Haydée, por ter-se prontificado a começar esta série de debates sobre os trabalhos de vocês.

15. Um lapso contratransferencial

Hoje vamos discutir o texto da Cassandra França, que se intitula "Príncipe plebeu".[6]

"Príncipe plebeu"

1. Tendo em vista que a proposta deste curso é a de tentar expor aos alunos os bastidores da construção de um texto teórico/clínico em psicanálise, penso que seria pertinente aproveitar este espaço para fazer um exercício nesse sentido. Tarefa nada fácil, uma vez que logo nos coloca diante da necessidade de suspender temporariamente a nossa vaidade e expor o nosso grau de amadurecimento profissional.

2. Pretendo, neste trabalho, promover uma reflexão acerca do compromisso primeiro do analista, de ser transparente com seu cliente, compromisso interno, que não chega a ser verbalizado, mas que norteia a conduta clínica psicanalítica. Quero com isso frisar a importância de incluirmos na análise as reações suscitadas no analista pelo conteúdo latente que subjaz ao circuito de comunicações entre a dupla terapêutica. Para ilustrar esta premissa, utilizarei um material clínico que

---

6 Por razões de espaço, foram suprimidos alguns pequenos trechos.

permitirá também observarmos como manifestações inconscientes do analista podem iluminar a compreensão da dinâmica intrapsíquica do paciente. Neste caso em particular, a transparência do analista ao assumir um ato falho abriu espaço para questionamentos que ajudaram o paciente a se desvencilhar das malhas do desejo parental, construindo sua subjetividade, elaborando sua angústia de castração de acordo com as limitações que o destino circunscreve.

3. O caso que apresento é o de um rapaz de vinte e poucos anos de idade, nível universitário, e que chegou ao consultório após uma via-sacra por algumas clínicas de terapia dirigida, cujos tratamentos, além de não surtirem efeito, causaram indignação no paciente.

4. Os primeiros contatos telefônicos foram feitos pela mãe, que descreveu as dificuldades do filho, e justificou estar ligando porque este estudava à noite. Havia recebido a indicação do meu nome através de um urologista, que lhe garantiu que eu tinha experiência com aquele tipo de sintoma: impotência sexual.

5. Paulo é filho caçula de um casal de idade avançada, de família tradicional em decadência, que reluta em abandonar antigos valores. Ele e os irmãos gostam de discussões intelectuais acerca de política e questões sociais, mas têm uma grande dificuldade em assumir a necessidade de trabalhar para ganhar dinheiro, permanecendo numa situação de total dependência financeira dos pais.

6. Apesar de ter apenas uma sessão por semana, nesses seis meses de atendimento, Paulo tem produzido muito: conseguiu reeditar a história de seu sintoma em sua relação com as mulheres e também circunscrever as dificuldades no relacionamento com o pai e com a mãe.

7. A história de seu sintoma inicia-se após um período de intensa atividade sexual. Teve um namoro prolongado com uma garota dominadora, com quem mantinha uma vida sexual que ele considerava "satisfatória". O namoro não era bem-visto por seu pai, porque a garota era comerciante e tentava envolver o rapaz em negócios escusos. O pai empenhou-se em provar por que essa moça não servia para o filho, e conseguiu que Paulo terminasse o namoro.

8. As narrativas acerca do término do namoro, traumatizante para os jovens que se gostavam, eram sempre entrecortadas pela fala de Paulo de que descobrira que o pai era um "falso moralista" (*sic*), uma vez que, apesar de ser casado, mantinha uma amante.

9. O assunto preferido de Paulo é o pai, fala dele o tempo todo, das brigas violentas entre eles, de quanto são parecidos no autoritarismo e no orgulho. Não consegue ver no pai um modelo ideal de identificação, acha-o um fraco, pois não sabe dizer não a ninguém. Além dos "defeitos" que vê no pai, ainda tem que se haver com a realidade de que este está conseguindo acabar com a herança da esposa. Alguns parentes aconselharam Paulo a interditá-lo juridicamente, mas como não tem coragem para tanto, o filho prefere fingir que os negócios da família não lhe dizem respeito.

10. Quanto à mãe, o que o incomoda é sua superproteção com relação aos filhos, e a sua "cegueira" diante das traições do marido. "Cegueira" cujos motivos ele questiona: acha que só pode ser por conveniência.

11. Notei que Paulo presta muita atenção às atitudes das pessoas que o rodeiam – inclusive às minhas – provavelmente, na tentativa de buscar uma composição que sirva como modelo identificatório. Pude notar isso pelas análises descritivas que ele faz de algumas figuras de autoridade, assim como através de um "novo" papel que ele tem desempenhado com os amigos e irmãos: o de psicólogo.

12. Voltemos agora ao surgimento do sintoma. Logo depois de terminado o namoro, Paulo teve relações normais com várias garotas, até que conheceu uma "coroa" – mãe de umas amigas. A atração entre eles foi grande, e passaram a ter encontros "perigosos" na casa dela. Durante as relações ele ficava tenso, sempre com receio do marido dela aparecer a qualquer instante. Começou a se sentir perseguido pelos olhares de homens mais velhos com quem cruzava pelas ruas, imaginando que algum deles pudesse ser o marido traído. Após alguns meses, acabaram se afastando e ele voltou para as garotas da sua idade. Só que, para sua surpresa, não mais conseguia ter ereções diante das mulheres.

13. Paulo é um moço bonito, de físico atlético, o que facilitou a sua posição cômoda, passiva, diante das mulheres, uma vez que elas tratavam de

assediá-lo. Acomodou-se de tal modo a essa situação, que nunca batalhou por mulher alguma – nunca escolheu, foi sempre o escolhido. Após o término daquele longo namoro, não mais estabeleceu relações afetivas com as mulheres, "temendo ser novamente dominado por elas". Desde o surgimento de seu distúrbio sexual, há dois anos, passou a fugir das situações em que poderia ser encurralado por uma mulher, julgando que elas sempre querem sexo desde o primeiro encontro, e que ele "com certeza vai falhar". Passou então a ter relações superficiais com as meninas, cuidando para não se envolver mais a fundo com nenhuma delas.

14. A hipótese que eu desenvolvia paulatinamente era que a decepção sofrida, primeiro no namoro e segundo principalmente com o pai, fora forte demais para o psiquismo de Paulo, a ponto de ter desencadeado um processo de introversão libidinal, que impedia Paulo de fazer um novo investimento amoroso. Lembrava-me das palavras de Freud:

"(...) Um egoísmo forte constitui uma proteção contra o adoecer, mas, num último recurso, devemos começar a amar a fim de não adoecermos, e estamos destinados a cair doentes se, em consequência da frustração, formos incapazes de amar."[1]

17. A regressão da libido ao longo de linhas infantis de que nos fala Freud no artigo sobre "Modos de entrada na neurose" poderia ter causado o reafloramento de angústias castrativas consequentes das fantasias edipianas vividas pelos meninos no auge do Édipo? É provável que sim, pois sabemos efetivamente que os homens têm de se haver *ad aeternum* com a angústia da castração, e que o fato de Paulo ter mantido um *affaire* com uma mulher, que pela via da equivalência simbólica correspondia à sua mãe, naturalmente fez com que essa angústia transbordasse. No entanto seria angústia suficiente para manter um sintoma tão penoso para um jovem? Penso que não.

18. Entretanto, chamava a atenção a disponibilidade de Paulo em ter mantido um caso com uma mulher tão mais velha do que ele... é como

---

[1] Freud, S (1912). "Sobre o narcisismo: uma introdução" (1912). Standard Edition, 1976, volume XIV, p. 101. As obras de Freud citadas neste artigo o são a partir desta edição (S.E.)

se ele tivesse temporariamente perdido o seu juízo crítico, propositalmente transgredindo e transando com uma mulher proibida. Seria isto uma representação de um acerto de contas com o pai? Parecia até que com suas associações, ele nos respondia: "é... com um pai fraco como esse meu, incapaz de pôr limites, eu transgrido mesmo!". Tal postura, sem dúvida, traz à baila a velha questão: afinal, qual é a posição dele diante da angústia de castração?" Estou aqui trabalhando com duas possibilidades: teria ele já firmado uma posição diante da interdição e estaria havendo agora uma retroação, ou ele não se posicionara em tempo hábil, e agora a regressão da libido descongelara o processo edipiano? A segunda hipótese parece ser mais provável, principalmente se lembrarmos o que Freud nos alertou: "Se o ego, na realidade, não conseguiu muito mais que uma repressão do complexo, este persiste em estado inconsciente no id e manifestará mais tarde seu efeito patogênico".[2]

[. . .]

20. Escutando as narrativas subsequentes dos relacionamentos atuais do paciente com as garotas, parecia-me também, que a proibição interna que Paulo se impusera, de gostar de alguém, estava diretamente correlacionada com o acerto de contas com as mulheres: a sua disfunção erétil era a sua maneira de deixá-las se sentirem mal-amadas – uma vez que ele não se excitava com elas.

21. A situação de que estamos tratando permitia a Paulo, inclusive, experimentar um certo triunfo sobre o desejo das mulheres, como se este não o atingisse. O que poderia também ser visto como uma forma *sui generis* de experimentar um tosco papel ativo dentro da relação: não dando o que julgava que as mulheres queriam.

22. Parafraseando a questão do velho Freud, havia uma pergunta que caberia a Paulo se fazer: "O que quer uma mulher de mim?". Entretanto, essa pergunta não era feita, porque havia uma certeza que a abortava: a certeza absoluta de que o que as mulheres queriam era o seu pênis imediatamente ereto. Restava saber a que ele atribuía esse desejo das

---

2   Freud, S (1924). "A dissolução do complexo de Édipo" (1924). S.E., volume XIX, p.222.

mulheres. O fato é que, à ordem delas, ele respondia com uma contraordem! Estaria aí colocada uma questão de afirmação ou um temor? Não resta dúvida de que a constituição de uma identidade era o pano de fundo de toda a trama, mas a maneira como ele fobicamente passara a evitar as mulheres dava indícios da presença de um temor, tal como nos é apresentado pela Mitologia, no "Mito da Deusa da Vagina Dentada". Teria Paulo estabelecido relações fantasísticas entre a cópula e algum tipo de desejo das mulheres, de lhe tirarem o seu atributo principal de identidade masculina? Uma fala se repetia constantemente: "Eu não vou sair mais com essas meninas, elas só querem aquilo!" Em função das dificuldades na construção de sua identidade, é bem possível que o pênis, enquanto atributo físico, fosse mesmo a única referência a uma discriminação das mulheres.

(...).

25. Sabemos que as formações do inconsciente remetem a uma pluralidade de fatores determinantes, que podem se organizar em diferentes cadeias significantes, cada uma das quais possuindo, a certo nível de interpretação, a sua coerência própria. Portanto, havíamos conseguido fazer o mapeamento de algumas cadeias significantes. Mas, se há uma sobredeterminação, podemos afirmar também que há um entrecruzamento num mesmo ponto nodal. A marcação desse ponto nodal viria através de novas associações do paciente, o que me permitia esperar confortavelmente. Qual não foi o meu espanto e desconforto quando essas "novas associações" foram produzidas por mim!

26. Paulo vem à sessão incomodado com a falta de perspectiva de compreensão de seu sintoma, dizendo que não aguenta mais pensar no porquê está desse jeito. Pede para que eu o ajude a ver além. Segue-se, então, o seguinte diálogo:

> **P:** *"Já cansei de pensar por que será que estou assim. Será que foi porque transei com mulher casada? Aquela senhora tinha... quer dizer, aquela mulher..."*
> **T:** *"Você disse senhora."*

P: *Riu e concordou: "... é... senhora! Não sei se foi porque era uma senhora, ou se porque eu ficava tenso vendo o marido dela em todo homem que me olhava. Não sei. Isso é muito simples, muito óbvio, não pode ser isso..." Passa em seguida a descrever como as mulheres são bandidas, como traem os homens, só que fazem tudo tão bem-feito que ninguém desconfia: "... tem um lado meu que diz que eu posso comer todas as mulheres que eu quiser... mas tem outro lado que diz..."*

T: *"Esta é uma senhora!"*

P: *"É! Casada!"*

T: *"Proibida!"*

P: *"É... a senhora acha que pode ser isto?"*

T: *"Senhora? Eu também sou uma senhora?"*

P: *Começa a rir: "Eu falo assim por respeito, a senhora é uma doutora, é normal falar assim!"*

T: *"Normal?"*

P: *"Normal."*

T: *"Normal?"*

P: *"Não... é muito formalismo. Não sei se é por causa dos cursos que faço... não... eu já tinha isso antes."*

T: *"Isso o quê? De ficar atento para aquelas mulheres que são senhoras?"*

P: *"É!"*

T: *"E quem é que você chama de senhora?"*

P: *"A minha mãe (às vezes)... as minhas avós... as minhas tias (se bem que não sei se com elas eu não transaria)... uma professora que tive... e a senhora! (Ri.) Isto é, você! É... eu tenho uma formação rígida, minha mãe diz que isso é berço, detesto quando ela fala isso! Aliás, eu agora dei para chamá-la de Dona Zilda, como é chamada minha avó. Todos a chamam de Zildinha."*

T: *"Por que Dona Zilda? Fica mais senhora?"*

P: *"Acho que é para ela parar de me chamar de Paulinho, que eu detesto. Quem vê ela chegar em casa e gritar: "Paulinho! Juninho!" Imagina dois bebês: um no colo da babá e outro andando de velocípede em volta."* Rimos um pouco dessa imagem.

T: *"Como é que você pode se apresentar como homem para essa mãe?"*

P: *"Como homem eu me apresento, mas ela não vê! Eu aceito que todo mundo me chame de Paulinho: minhas amigas, a empregada... mas, quando ela fala, eu vou lá embaixo, diminuo."* Passa a contar que seu pai anda muito nervoso, e que por isso, ele (paciente) pediu para a mãe conversar com o marido e sondar se o filho pode ficar mais esse ano sem trabalhar, até que se forme. Só que, o pai não aceitou a mãe como intermediária e quer falar com ele. *"Eu vi que agi errado..."*

T: *"Agiu como um Paulinho!"*

P: *"É... tive receio, porque ele se sente acuado, não sabe falar não, se sente na obrigação de dizer sim."*

27. A partir daí, eu propus uma construção que falava da posição dele de fugir do "não" do pai, submetendo-se à intervenção materna. No meio da minha fala, sem me dar conta, eu o chamei de "Paula". Esse nome saiu num tom baixo e eu fiquei sem saber se ele teria escutado. Desconcertada e impactada pelo meu ato falho, nem sabia mais do que Paulo falava. A sessão estava terminando e eu, aturdida, não consegui fazer qualquer intervenção.

28. É interessante lembrar que esse fato ocorreu justamente na sessão em que ele propôs que seu sintoma fosse incluído num outro tipo de saber, no mais além da castração – o que, com certeza, nos dá margem para acreditar que o ato falho tenha sido uma resposta a essa demanda. No entanto, temos de considerar outra peculiaridade desse ato falho: o fato dele ter se apresentado num tom de voz mais baixo do que o restante da frase. Seria um solilóquio, interessando só ao analista ou uma mensagem

de denúncia? A quem estava endereçado o ato falho? A que denúncia se prestava: à falha do analista ou ao saber inconsciente do cliente?

29. Freud declarou que um lapso de língua tem um efeito mais animador e é muito bem-vindo durante o trabalho psicanalítico, quando serve de meio para confirmar pontos de vista do médico que são contraditos pelo paciente,[3] mas em verdade, o ato falho se tornou um elemento de desestabilização do processo, criando um espaço de dúvida e questionamento. Teria sido um *insight* do analista? Teria ocorrido como pré-condição para o surgimento de novas cadeias significantes? Não sabíamos. Aliás, não sabíamos sequer se o cliente havia escutado. Os únicos indícios positivos eram o fato de que ele havia ficado meio trêmulo na hora de preencher o cheque e ter se despedido com um aperto de mãos desajeitado. Podia até ser que ele tivesse escutado na hora, mas negado defensivamente, e depois ter sentido um certo mal-estar. Para tirar essa dúvida, eu teria que esperar a sessão seguinte – caso ele não aparecesse, eu teria um forte indício de que ele havia escutado. De qualquer modo, o mais saudável seria aguardar o momento oportuno para assumir meu engano e perguntar-lhe o que pensava disso. Era o mínimo que eu podia fazer!

30. Conforme eu temia, Paulo não compareceu à sessão seguinte, deixando um recado de que não podia vir e que ele me ligaria depois para marcar outra consulta. Então eu tive quase certeza de que, a forma abrupta e invasiva de apresentação do meu ato falho impediu que ele se constituísse num elemento de trabalho, tornando-se ao contrário, um elemento obstaculizante para o prosseguimento do tratamento, uma vez que a transferência não estava bem estabelecida.

31. Esperei alguns dias, ele não ligou. Uma preocupação tomou conta de mim: estaria ele conseguindo, com seus recursos internos, elaborar o sentido do que se passara? Na dúvida, liguei para ele, disposta a conseguir trazê-lo de volta. Ofereci um horário na mesma semana, ele não aceitou, dizendo que preferia na semana seguinte. Agendamos. Ao se despedir, disse em tom grave: *"Doutora, obrigado por ter me ligado!"*. De fato, ele tinha ouvido e ido embora.

---

3   Freud, S. *A psicopatologia da vida cotidiana* (1901). S.E., volume VI, p. 122.

32. De minha parte, o que eu havia pensado é que, como o meu ato falho ocorrera logo após a ilustração plástica que ele havia dado ao desejo da mãe, deveria estar relacionado com o mesmo. Dito de outro modo: o sintoma dele estaria realizando o desejo da mãe de que ele fosse uma menina. Caso as associações de Paulo caminhassem nesse sentido, estaria aberta mais uma cadeia a ser explorada.

33. No dia marcado, tivemos um *blackout* em várias regiões do país, o que causou certos transtornos na rotina da cidade. Pensei que Paulo, ao se deparar com a realidade de ter que subir sete andares de escada, voltaria para trás; no entanto, ele encarou a empreitada. Ficou esbaforido, mas chegou!

34. O tema que Paulo trouxe para essa sessão girava em torno da sua constatação de que, a cada semana, ele escolhia uma causa responsável pelo seu distúrbio. Perguntei-lhe qual era a da semana, e ele prontamente respondeu: *"A minha passividade diante da vida"*. O material que bordejava esse tema mostrava a sua elaboração da escuta do ato falho. Quando eu lhe perguntei se tinha ouvido o que eu havia dito na nossa última sessão, ele desconversou, ficou confuso, alegando não se lembrar direito da sessão, pois ela ocorrera há muito tempo... Entretanto, quando eu mencionei o fato de tê-lo chamado de "Paula", logo após ele ter falado do desejo de sua mãe, convidando-o a expressar o que pensara disso, ele não demonstrou nenhum ar de surpresa. Pelo contrário, passou a falar com tranquilidade que era bem provável que esse fosse o desejo da mãe e mesmo do pai – desejo de ter mocinhas em casa. Acrescentou: "É, isto mesmo! Eu tô preso nessa de ser passivo!". Depois dessa reação, eu tive a certeza que procurava: ele tinha ouvido e precisara de um tempo para suportar dar continuidade à análise. Eu me senti muito aliviada por ter conseguido assumir o que havia dito, salvaguardando o direito do cliente de sentir seu analista transparente, comprometido com as verdades que são produzidas no espaço da análise.

35. Novas cadeias significantes foram sendo exploradas nos meses que se seguiram, e Paulo pôde se arriscar a ter um envolvimento afetivo com outra garota e voltar a ter uma vida sexual que o satisfizesse. No entanto, a problemática financeira da família foi se agravando, e o

tratamento de Paulo foi se tornando um peso para seu pai. Não conseguindo mais suportar essa situação, Paulo decidiu interrompê-lo para se obrigar a encontrar um trabalho. Consideramos que tal decisão foi fruto de uma mudança interna de postura diante da castração: no momento, ele precisava lidar com um limite da realidade, e assumir as consequências de ser economicamente dependente. E, segundo ele, ficar sem terapia seria o maior estímulo para que ele assumisse um emprego. Reconheceu: "fui criado como um príncipe, e sou apenas um plebeu". Despediu-se dizendo: "volto porque agora eu sei o que é terapia, eu gosto e preciso, afinal, ainda tenho que resolver aquele assunto: parece que vou ter mesmo que interditar meu pai!".

36. De fato, daí a três meses ele voltou. Graças a seu empenho, havia conseguido um emprego na sua área de atuação profissional, e agora podia arcar com algumas despesas pessoais, inclusive a terapia. Nesse tempo em que esteve afastado, elaborou muitos pontos de sua análise, principalmente no que dizia respeito à sua postura diante do pai. Compreendera que não escaparia a seu destino: teria mesmo que assumir o lugar do pai nos negócios familiares. Agora a ideia de que ser um adulto produtivo significaria precipitar o seu destino, não mais o paralisava! Podia agora experienciar a sua potência em todas as áreas. Estava chegando o dia em que a sucessão não mais teria sentido parricida e sim um sentido identificatório... Entretanto, precisava caminhar mais... elaborar o seu complexo de castração... a sua impossibilidade de ser onipotente – objetivo último de qualquer análise: "admitir com dor que os limites do corpo são mais estreitos do que os limites do desejo".[4]

    R.M.: *Quem gostaria de começar?*

    Mauro: *Senti falta de algumas informações para poder acompanhar o raciocínio da Cassandra. Exemplos: no parágrafo 17, quando você fala do equivalente simbólico a partir do fato de que ele está tendo uma relação com uma mulher mais velha. Aqui eu*

---

4 Nasio, J. D. *Os sete conceitos cruciais da Psicanálise*, Jorge Zahar Editor, 1996 (1988), p. 13.

teria duas perguntas: por que esta mulher é um equivalente da mãe, só por ser mais velha? E segundo: por que você diz que esse sintoma da impotência é tão penoso para um jovem, o sintoma seria menos penoso se ele fosse mais velho? No mesmo parágrafo: "estou trabalhando com duas possibilidades...". O que gera a impotência dele? O que é exatamente esse descongelamento do edipiano? Da mesma forma, depois do diálogo com ele (que você relata muito bem), na minha maneira de ver falta uma discussão mais direta da transferência erótica com a analista, e não só através dessa questão do senhora, senhora. E por último, no parágrafo 30, quando você diz que "a transferência não estava ainda bem estabelecida", eu tenderia a pensar o contrário, que estava bem estabelecida, a partir justamente do lapso que ele faz chamando você de senhora.

Cassandra: *Em relação à observação no parágrafo 17: o paciente, Paulo, fala nessa relação com a pessoa mais velha em termos de uma "entrega enlouquecida". Também me chamou a atenção, em função disso, que o rapaz tinha todas as meninas em volta dele, mas se entregou inteiramente à senhora; parecia uma coisa meio camicase. Por exemplo: corriam riscos, transavam na garagem, em horários em que o marido podia chegar, etc. Em relação à equivalência simbólica entre a mãe e a amante, havia muitos pontos em comum com essa mãe; e aí nunca sei se conto ou não a maioria dos detalhes. É o eterno problema de como dosar a informação de que dispomos, para não ficar muito pesado.*

A respeito do "descongelamento edipiano" como algo não elaborado: esta é uma ideia que me veio do trabalho com crianças. Vemos que na criança pequena certas fantasias em relação à mãe não são resolvidas; depois, no período de latência, essas fantasias ficam como que congeladas, e posteriormente, na puberdade, voltam com toda a força. Talvez até inclua na minha tese alguns casos desse tipo, como exemplo.

Em relação à transferência erótica no diálogo, concordo com o Mauro: de fato, este tema não foi abordado. Sobre a transferência não muito bem estabelecida: havia uma transferência, claro, mas fiquei com medo de que o lapso provocasse a ruptura do tratamento, porque as dificuldades dele com as mulheres eram de tal ordem que este incidente simplesmente poderia significar o fim da terapia, se ele ficasse assustado demais comigo. Isto me levou a supor que a transferência não estava muito bem estabelecida.

Haydée: *Também acho que faltaram algumas informações, justamente a respeito dessa equivalência simbólica. Qual era ela, exatamente, e por que você fez disso o elemento central da sua interpretação? Se for simplesmente porque a mulher era mais velha, pareceria até um certo preconceito.*

Luiz: *Quão mais velha?*

Cassandra: *Tinha exatamente a idade da mãe dele.*

Fernando: *Seja qual for a idade dela, o fato é que ele a sentia como mais velha.*

Luiz: *Fiquei com a impressão de que o texto era um pouco "redondo" demais: logo depois do seu lapso, o paciente vem e melhora. Queria fazer também mais uma observação em relação ao parágrafo 14, na citação que você faz de Freud falando da frustração. No original alemão, Freud não fala em frustração; usa o termo* Versagung, *que na verdade significa não tanto frustração, mas sim um bloqueio, uma interdição. Ora, é justamente disto que se trata quando ele tenta interditar o pai; o paciente está preso nessa trama edípica, onde o tema da interdição tem um papel importante.*

Ruth: *Eu gostaria de saber se não incomodou ninguém essa descrição um tanto contraditória do pai, ao mesmo tempo como pessoa fraca e também muito autoritária; afinal de contas, ele impediu o namoro do Paulo com a primeira moça.*

Felipe: *Estamos vendo que este texto chama para a discussão clínica; estão sendo poucos os comentários do lado propriamente* *formal, e talvez a razão disso seja a desenvoltura com que você escreve e chama para essa discussão.*

Wilson: *Estou apreensivo: você se propôs a discutir o texto "no contexto do curso". A mim parece que houve muito gasto em questões laterais, e pouco espaço para discutir o tema que você se propôs, como diz logo na primeira página: o compromisso do analista de ser transparente ao paciente. Aquilo que você disse que era o objetivo da sua reflexão ficou de lado.*

Cassandra: *Quero dizer aqui que tenho um arquivo de mais de sessenta casos de disfunção sexual. Na verdade, meu problema é o excesso de material; há muitas portas de entrada e portas de saída, demais até. Estou escrevendo os casos agora para ver como posso encontrar elementos em comum para selecionar. Muitos têm o mesmo sintoma, e a escuta começa a ficar um pouco poluída; não sabemos mais se estamos simplesmente ouvindo de novo a mesma coisa que todos já disseram, e a questão da singularidade na análise de cada um fica um pouco prejudicada.*

Existem várias coisas interessantes. Por exemplo: do ponto de vista da medicina, a ejaculação precoce é uma forma da impotência. Mas na verdade já verifiquei que o ejaculador precoce tem um funcionamento psíquico diferente das pessoas que apresentam impotência: especificamente, é muito difícil que ele permaneça na terapia. Isso já verifiquei até em congressos, independentemente da linha: é muito raro que o ejaculador precoce permaneça. Ele vem, é muito interessante, dá tesão no analista para analisá-lo, e depois cai fora.[5]

Bernardo: *Voltando à questão da transferência estar ou não bem estabelecida, eu vejo aqui uma maneira de estabelecer uma transferência e de atuar nela. Queria engatar um outro ponto: lendo*

---

[5] Este texto fazia parte da tese de doutorado de Cassandra P. França, que tive o privilégio de orientar, e que foi publicada em 2001 pela editora Casa do Psicólogo, com o título de *Ejaculação precoce e disfunção erétil: uma abordagem psicanalítica*.

o seu texto, vi justamente uma certa confusão entre o sintomático e o psicanalítico. Agora que você está esclarecendo que tem muitos casos do mesmo tipo, vejo que o sintoma está muito presente. O que você quer desenvolver? É o problema do lapso dentro da análise? É a preocupação com o sintoma e a cura desse sintoma? Escrever sobre a ejaculação precoce e contar uma análise onde esse sintoma aparece são coisas diferentes. Sobre o que é finalmente a sua tese, sobre disfunção sexual? Seria preciso, talvez, definir melhor sobre o que você vai trabalhar.

Cassandra: *São pacientes encaminhados por médicos, e portanto há uma demanda grande para que o sintoma seja removido rapidamente. Existem mesmo várias possibilidades de tese a partir desse material.*

R.M.: *As observações que vocês estão fazendo são sem dúvida pertinentes, embora para o meu gosto pessoal um pouco severas; o que não é nem qualidade nem defeito, é uma constatação. Fico imaginando o dia em que vocês todos estiverem titulados e entrarem nas bancas: coitados dos examinandos!*

Aspectos formais do texto

Quanto ao aspecto formal, este trabalho está bastante bem escrito. Algumas vírgulas estão fora de lugar; mas, fora isso, o texto está bom e bem agradável de ler. Talvez por essa característica – uma parte formal pouco intrusiva, se posso dizer assim – o conteúdo se deixa examinar diretamente.

Vejamos primeiro a questão do conjunto do trabalho. Este texto, a meu ver, pertence ao gênero de relato de caso que conta uma *modificação*, uma transformação. Temos um certo pano de fundo, a história do paciente; o que estava acontecendo; a questão do sintoma; em seguida, a transcrição e a discussão de um momento que, no entender da autora do texto, é um momento mutativo, e depois quais são as consequências desse momento mutativo.

Há aqui a ambição de tentar descrever um *processo* e de compreender alguns dos mecanismos que estão agindo nele.

Isso pode parecer evidente, mas insisto porque, ao ler um texto, devemos nos perguntar o que o autor quer com esse texto, e em que medida aquilo que ele quer está ou não realizado; e neste caso específico, se aquilo que ele *quer realizar* coincide com aquilo que ele *diz querer realizar*. Uma coisa curiosa acontece nesse trabalho da Cassandra: ela diz que pretende "promover uma reflexão acerca do compromisso do analista de ser transparente com seu cliente, compromisso interno que não chega a ser verbalizado, mas que norteia a conduta clínica psicanalítica" (parágrafo 2). Esta é a finalidade explícita desse relato: promover uma reflexão sobre essa questão.

Na verdade, nestas páginas este tema não é abordado com a densidade que corresponderia a uma declaração tão enfática; o objetivo latente é contar a história de como uma determinada intervenção – o lapso – pôde, segundo ela, provocar essa mudança, o que lhe chamou bastante a atenção. Aqui parece haver um contraste entre o bem-sucedido e o malsucedido: o malsucedido do lapso e o final feliz, *happy end*, porque este lapso permitiu a elaboração, etc.; pelo menos essa é a sua tese no trabalho. E há também o desejo de poder compartilhar e aliviar uma certa angústia, ou até uma certa culpa, implícitas na vivência que você tem quando faz o lapso. Quer dizer: será que eu fiz um ataque de tal maneira devastador ao narcisismo desse paciente que ele não vai sobreviver, ou a terapia não vai sobreviver?

Ainda sob o ponto de vista formal, gostei muito da maneira como você armou o texto. Sua intenção, nestas poucas páginas, era contar um processo, ou pelo menos indicá-lo, dando alguns dos antecedentes e consequentes. Você conta como o paciente chegou, quem ele é; a parte de anamnese, em suma, é bem curta, já que não é este o seu interesse. Descreve brevemente a maneira como vai trabalhar, e aí passa diretamente à razão pela qual ele a consultou, que é a questão da impotência. E ao longo dos primeiros quinze ou dezoito parágrafos, o que ele diz (o assunto preferido é o pai, etc.) vai sendo entremeado com algumas observações suas – "notei que ele presta muita atenção na atitude das pessoas que o rodeiam", "ele é um moço bonito, de físico atlético". Esta é uma observação de fundo transferencial, mas que aqui tem uma implicação: se ele é tão bonito, não precisaria ir atrás das mulheres.

A Haydée falou sobre o preconceito. Não diria exatamente que isso é um preconceito, mas sim que às vezes pode ser interessante questionarmos nossas próprias evidências, no caso a ideia de que um homem bonito deve ser assediado pelas mulheres, e por isso poderia ficar acomodado sem que tivesse que fazer nada; ou ao contrário, se fosse uma moça bonita seria assediada pelos homens. Esta é uma evidência, e como tal poderia ser eventualmente questionada, da mesma forma como aqui foi levantado o problema da equivalência simbólica.

Pessoalmente, não tenho muitas dúvidas de que nessa história haja uma questão edipiana-incestuosa, e que esta senhora com quem ele tem uma relação conturbada e arriscada de fato tenha algum vínculo com a mãe dele; ou então, como dizia Freud no *Homem dos Lobos*, a teoria inteira é um delírio sem pé nem cabeça. Se essa equivalência está bem estabelecida, ou se para estabelecê-la seriam necessários outros elementos, é algo sujeito a discussão; mas há um raciocínio feito com base no bê-a-bá da psicanálise, e que vai sendo, a meu ver, paulatinamente construído com os elementos de que você dispõe.

Então, temos um trançado entre o que o paciente fala, as observações da analista, algumas citações que confirmam as observações que estão sendo feitas, o levantamento de uma série de hipóteses, e a discussão da viabilidade ou plausibilidade delas, por exemplo as duas possibilidades que você se coloca: uma fixação e consequentemente uma regressão, ou se o Édipo ficou congelado, não chegando a se estabelecer. Qual poderia ser a economia interna desse sintoma? Esta é uma questão legítima.

Depois, no parágrafo 26 e seguintes vem a transcrição bastante literal da sessão, e aí se destaca a questão da *senhora*. Você vai apresentando o que pensou, o incômodo contratransferencial desse lapso, a ideia que poderia ter feito um ataque ao vínculo, ter destruído a terapia, já que Paulo não aparece na sessão seguinte; e depois, os *insights* dele sobre sua passividade diante da vida. A partir disso, temos um encerramento mais ou menos rápido sobre o que aconteceu em seguida, de que forma ele pôde se situar um pouco melhor diante dos seus problemas, etc.

Nesse texto relativamente curto, assim, há uma quantidade razoável de material, uma proposta razoavelmente bem construída de interpretação desse material, e a possibilidade de discussão sobre a adequação ou inadequação desta interpretação. O texto apresenta o resumo de um processo analítico. Está construído de modo relativamente linear: qual é a economia do sintoma? O que aconteceu? Como isto que aconteceu mexeu com a economia? Qual a consequência no plano do sintoma? Há um vaivém entre o aparente e o oculto, entre o "superficial" e o "profundo." Nesse sentido, a discussão pode incidir, e de fato aqui incidiu, sobre as inferências e os vínculos que estão sendo feitos, se são convincentes ou não; aí cada um tem a sua opinião, seus argumentos, e a discussão está aberta.

A "transparência" do analista

Minha impressão é que, sob as objeções que vocês fizeram quanto à *forma do relato*, existem divergências significativas quanto à *interpretação do material*, quanto à maneira pela qual a Cassandra entendeu esse caso, e quanto à forma como ela trabalhou. Isto é, será que essa problemática se situa de fato no plano Édipo/castração no qual Cassandra a colocou? Ou haveria outros elementos, mais "profundos"?

Neste sentido, o que você disse sobre o ejaculador precoce que não fica na terapia faz pensar numa coisa muito curiosa. Se de fato o ejaculador precoce se autoejacula rapidamente de qualquer terapia, e provoca no analista o que você falou, *tesão de analisar imediatamente frustrado*, não seria muito difícil concluir como hipótese que ele se identifica com seu próprio pênis. Esta ideia poderia oferecer alguma possibilidade de interpretação dessa situação.

Vamos focalizar então a questão da transparência, levantada por vários de vocês. Se você fosse mesmo discutir esta questão, seria inevitável uma referência histórica a Ferenczi, e em seguida uma discussão mais aprofundada da ideia mesma de ser transparente. Você diz que "este é o compromisso primeiro do analista, ser transparente com seu cliente, compromisso interno que não chega ser verbalizado, mas norteia a conduta clínica psicanalítica". Aqui há um problema. Ser transparente com o cliente implica necessariamente a verbalização dessa transparência, e não "um compromisso *interno*". Neste caso caberia falar de sinceridade consigo mesmo; mas se alguma coisa não verbalizada fica no plano do "compromisso interno", é um compromisso entre *eu e mim*, não um compromisso entre *eu e ele,* o paciente, ou cliente, como você diz.

A meu ver, esta ambiguidade sobre quem é o destinatário do compromisso revela que a própria ideia do transparente não está clara para quem escreveu o texto. O que é ser transparente, afinal? É reconhecer a sua contratransferência e eventualmente utilizá-la? É falar (abertamente, *transparentemente*) com o paciente sobre essa contratransferência? Nesse caso você não fez isso, mas se limitou a reconhecer que tinha feito um lapso; da forma como você colocou aqui a exigência radical de transparência, teria quase que fazer algo na linha da análise mútua de Ferenczi. Aí sim, a meu ver, você teria afugentado o paciente. Ele não teria voltado nunca mais, e com toda a razão!

Eu colocaria em discussão a ideia de que o analista deva ser "transparente". A regra de abstinência diz exatamente o contrário, e a meu ver com mais razão. Mas se o paciente percebe que o analista adormeceu na sessão, isto pode ser reconhecido sem a quebrar.

Um exemplo pode ajudar a precisar este ponto. Há alguns anos, atendi uma moça bastante perturbada, um dos casos mais graves que já tive. Era tão perseguida que eu não tinha nem o telefone da casa dela. Essa moça tinha, entre outras coisas, muitas dúvidas sobre o que ela mesma sentia e percebia; nunca tinha certeza se o que sentia era raiva, medo, ódio, etc.

Num determinado momento, ainda no começo da análise, anotei alguma coisa que ela falou; ela ouviu o barulho da caneta e disse: "você está escrevendo!". Respondi: "estou". Ela: "O que você está escrevendo?". Eu: "o que estou escrevendo é assunto meu, mas posso dizer que de fato estou anotando aqui alguma coisa que quero comentar com você logo mais, e não queria interromper enquanto você estava falando". Isso era verdade. Poderia estar fazendo também palavras cruzadas, o jogo da velha, desenhando uma caricatura ou simplesmente fazendo o meu *squiggle* pessoal, enquanto ouvia o paciente. Jogar o jogo da velha enquanto o paciente fala é antiético, mas rabiscar num papel, não. A meu ver, pode ser um recurso ligado à atenção flutuante, da mesma forma como o analista pode devanear enquanto o paciente está falando. Estará então entregue às suas próprias associações, e disso pode resultar algo útil para o trabalho analítico.

Por este motivo, eu não mostraria para a moça o que estava escrevendo. Aqui existe um limite da minha privacidade, que não pode ser rompido. Mas, no caso de alguém que tinha tantas dúvidas sobre o sentido das suas próprias percepções, era essencial confirmar que os ruídos que ela tinha ouvido correspondiam mesmo à caneta riscando o papel. Se eu tivesse dito que ela não ouviu aquilo que de fato ouviu, estaria contribuindo para enlouquecê-la.

Assim: a noção de transparência é complicada, especialmente quando a contratransferência com o paciente está um pouco enroscada, como aparece no lapso, e como aparece mais ainda na sua preocupação quanto às consequências dele. A impressão que você transmite nos parágrafos 26 e seguintes, quando conta a história, é de que o lapso veio concentrar uma sensação sua de impotência e paralisia, ou pelo menos de desconforto, porque o caso não andava. Você não estava segura de estar trabalhando bem. De onde a preocupação de saber se o paciente voltaria ou não.

Eliana: *Chamá-lo de Paula teve um efeito de interpretação a posteriori.*

Mauro: *Eu queria voltar um momento à questão da transparência. Na verdade esse lapso que você fez não é tanto uma questão de transparência; vejo aí uma certa crueza, como por exemplo olhar para o sol sem óculos.*

Cassandra: *Estou me lembrando de uma paciente que me deu um ovo de Páscoa, e, depois que trabalhamos com essa questão, ela diz: "Maldita hora em que te dei esse ovo de Páscoa!". Eu quase estou pensando: maldita hora em que falei na transparência, porque na verdade não é esse assunto com o qual eu queria mexer. Queria acompanhar qual foi o processo que levou Paulo a desenvolver aquele sintoma, e não vejo no material questões ligadas à homossexualidade ou à bissexualidade, e sim uma tentativa de voltar à mãe como uma espécie de refúgio. Eu até me lembro de um poema da Adélia Prado que se chama "Filha da antiga lei":*
"quero de novo o ventre de minha mãe
sua mão espalmada..."

No poema, isto é uma espécie de proteção contra o olhar de Deus, e tendo a ver isso como uma proteção contra a angústia de castração nos homens.

Determinação do tipo de conflito

Luiz: *Quero fazer uma provocação: será que a sua construção sobre o lapso está tão bem armada assim? Como poderíamos pensar, se deixássemos de lado a ideia de que o lapso foi a causa da falta dele na sessão seguinte? E se ele tivesse faltado porque precisou faltar, sem relação com o lapso que você fez?*

R.M.: *Se a construção for menos convincente do que a Cassandra argumenta, toda a estrutura cai por terra. A hipótese do trabalho é de que um determinado processo foi significativamente alterado por causa desse evento. Não há como provar isso num sentido matemático, evidentemente; há somente uma série de indícios convergentes, que sugerem a validade dessa afirmação. Se eles são de fato convincentes ou não, é o que está se discutindo; é até boa a provocação, porque temos uma possibilidade de avaliar a credibilidade dos argumentos.*

Comecemos com o problema da posição do paciente em relação ao Édipo. Qual é a hipótese da Cassandra, o núcleo do argumento dela? É que esse paciente tem forte atração incestuosa pela mãe e se encontra em grande rivalidade com o pai, a ponto de o desafiar sob a forma do marido da senhora com quem transa na garagem, em circunstâncias que foram qualificadas como camicase.

Se formos desmembrar o argumento, o primeiro elo da demonstração é a famosa equivalência simbólica. A senhora com quem ele teve uma relação prolongada era ou não um substituto da mãe? Inclino-me a pensar que sim, é um substituto da mãe. Não tanto pela coincidência de terem a mesma idade:

como sugeriu o Fernando, o importante é que ele *sente* a mulher como mais velha. A psicanálise não se preocupa muito com questões de factualidade; é bom lembrar de vez em quando que o nosso assunto é a realidade psíquica. Na realidade psíquica de Paulo, a amante que ele arranja é sentida como mais velha. Foi assim que você colocou, e esta pergunta é mais pertinente do que a pergunta "quão mais velha, em número de anos".

Para o meu gosto, a razão mais forte para pensar que esta senhora de fato substitui a mãe é que ela aparece na história *depois que o pai acabou com o namoro dele* com a primeira moça. Este detalhe não deve ser esquecido. Paulo começa sua carreira amorosa como tantos outros rapazes, namorando alguém da sua idade. O pai interfere nesse namoro por razões dele, pai, que são aqui vagamente indicadas (preconceito social), e consegue fazer com que o namoro termine: 1 a 0 para o pai. Depois de alguns outros namoricos, ele se volta para uma mulher mais velha. Nesse sentido, na lógica inconsciente faz sentido pensar que a busca deste tipo de parceira seja uma resposta ao pai, no seu próprio terreno. A fantasia subjacente seria alguma coisa assim: "já que você não me deixa namorar as meninas da minha idade, vou namorar as mulheres da *sua* idade; você não me deixa caçar na minha seara, vou caçar na sua". Dentro dessa lógica edipiana, faz sentido pensar que a amante mais velha seja de fato um substituto da mãe.

Esta possibilidade parece plausível se lembrarmos o comportamento arriscado dele: desafia imaginariamente um pai sob a forma do marido que ele não conhece. Você diz que num certo momento ele começa a ficar apreensivo na rua: será que os homens que o olham, com quem ele cruza ao atravessar o farol, são o marido e *sabem*? Ele está se colocando numa situação de desafio arriscada, e acaba terminando essa relação com a mulher.

Se isso que estou dizendo for plausível, posso formular uma pergunta que me ajudaria a decidir, a acreditar mais ou a acreditar menos na minha hipótese. A pergunta seria: por que e como foi encerrado esse relacionamento com a mulher mais velha, este desafio ao marido dela?

> **Cassandra:** *A questão da traição estava presente, porque a mulher era mãe de uma amiga dele. Então, para fechar isso e acabar com*

a curiosidade, a relação deles acabou quando ocorre um enterro; há a morte de uma pessoa conhecida, e aí, em volta do caixão, se encontram todos os personagens desse drama: o pai dele, o marido, o próprio Paulo, a amante, o defunto, que também tinha algo a ver com essa história... Foi assim que ele sentiu que era melhor terminar essa relação.

R.M.: *Na hora em que o pai dele e o marido da mulher se aproximam fisicamente, numa situação de morte e de tensão para ele, é como se as duas figuras viessem a se superpor. E aí, talvez, a autointerpretação latente dessa situação tenha sido mais ou menos a seguinte: "estou brincando com fogo, não apenas porque o marido pode me descobrir e me castigar, mas ainda porque esse marido e o meu pai de fato estão muito próximos". É como se a proximidade física dos dois homens ajudasse a perceber o vínculo inconsciente estabelecido por Paulo entre ambos. Essa é a possibilidade de leitura em que estou pensando.*

Wilson: *Você está falando muito aqui da relação dele com a mãe, mas diz também que o assunto preferido do Paulo nas primeiras sessões era o pai. O que aconteceu na relação com o pai? Até associo com aquele filme* Perdas e Danos, *em que o homem/pai acaba tornando-se amante da namorada do filho; aqui parece ser uma coisa mais ou menos assim, o pai interferindo no namoro do filho, o filho indo namorar alguém que poderia ser a mulher do pai, da idade do pai, e assim por diante.*

R.M.: *Quer dizer, começamos a ter uma situação de espelhamento. É interessante que você tenha pensado nisso: o pai parece ser alguém que está exercitando, a sexualidade dele (pai) em relação a moças jovens, daí a associação que você faz com* Perdas e Danos. *Então, pode ser que o sintoma do Paulo tenha a ver com uma forma específica de identificação dele com o pai, e com o pai idealizado, isto é, com um modelo de pai tal como ele, Paulo, imagina que esse pai deveria ser: por exemplo, fiel à mãe.*

Aqui pode ser interessante a sua ideia do "descongelamento edipiano". Estamos falando de algo que diz respeito não à localização do sintoma, mas à instalação do Édipo. A travessia do Édipo parece ter ido bem até certo ponto, e depois ter sofrido algum tipo de perturbação. Estou pensando isso porque, se não existisse nenhum esgarçamento no Édipo lá no início, provavelmente ele teria reagido à intervenção do pai no primeiro namoro arrumando outra namorada, como costuma acontecer. Mas não: à castração exercida pelo pai, ele responde com uma *identificação torcida* com esse pai, especificamente aos aspectos do pai que ele mesmo despreza. Vai fazer com as mulheres da geração do pai aquilo que este faz com as mulheres da geração dele: aqui está a identificação. Mas é um tipo de identificação que não dá muito resultado, porque é intrinsecamente *instável*.

Uma identificação estável ao pai no Édipo conduz o indivíduo a ter uma vida amorosa mais ou menos heterossexual; uma identificação estável à mãe no Édipo, no caso do menino, conduzirá provavelmente à orientação homossexual, também dentro de uma certa regularidade. Aqui essa identificação com o pai pode ser dita *instável* – não porque seja anormal ou imoral transar com uma mulher mais velha, senão estaríamos no preconceito, mas porque as condições dinâmicas em que ela se estabelece a colocam num espécie desequilíbrio crônico. Ela é muito próxima da fantasia incestuosa, e faz o indivíduo se comportar de modo a tornar muito palpável a ameaça de castração (o que aconteceria se o marido descobrisse o *affaire*, etc.). Suponho que esta constelação dinâmica tenha algo a ver com o fato de que o sintoma dele vai ser, justamente, a impotência.

Se esta é a constelação psíquica geral, como ela vai se manifestar na análise? Em outros termos, como se organiza a transferência? Vamos retomar a questão que foi levantada sobre se a transferência estava bem estabelecida ou não.

Aqui convém distinguir, como faz Freud em "Repetição, recordação e elaboração", entre *transferência* e *neurose de transferência*. A transferência, ou as transferências, no plural, são um traço característico de qualquer relação humana, no sentido banal de que elas estão sempre infiltradas por nossas fantasias inconscientes e por objetos internos. Deste ponto de vista, a transferência com a analista aparece o tempo todo, inclusive quando ele a chama de senhora, assim como ele chamava a mãe; aqui ele está realizando *transferências* no sentido clássico, descrito por Freud desde o começo. Isto é, sobre você estão sendo projetadas imagos, lembranças, relações, provenientes do passado dele, que levam você a perceber isso e a perguntar quem é essa *senhora*. Com quem você pensa que está falando? Esta é a interpretação transferencial que Freud fazia no começo. E a resposta da paciente dos *Estudos sobre a histeria* é: com aquele que me deu um beijo; ou: com meu pai.

Essa não é a neurose de transferência. Freud denomina neurose de transferência, no sentido não-psicopatológico (isto é, não se trata da histeria, da neurose obsessiva, etc.), algo que ele descreve neste artigo de 1914 como sendo a *reprodução no plano da terapia da neurose infantil*. De tal forma que a neurose de transferência ocuparia um espaço intermediário entre a neurose adulta, aquela que motiva a análise, e a neurose infantil, que numa concepção exigente da análise seria aquilo a ser curado. O objetivo da psicanálise seria a cura da neurose infantil através da produção artificial (na análise) de uma neurose de transferência, que faz a ponte entre a neurose adulta e a infantil. É preciso reviver o passado, preencher as lacunas da memória, resolver os conflitos infantis, deixar de ser criança: como quer que se queira denominar o processo mutativo ligado à análise, ele indiscutivelmente concerne à neurose infantil.[6]

Esta está presente na neurose adulta de maneira deformada e despedaçada: conflitos que na infância estavam ligados a um determinado sintoma agora podem estar ligados a outros, por exemplo. A neurose de transferência, diz Freud, reproduz no campo da análise as características da neurose adulta, com a imediata consequência de que o paciente passa a ir melhor na vida real.

Aqui, o que podemos nos perguntar é se o paciente da Cassandra tinha constituído uma neurose de transferência suficientemente consistente para aguentar o ataque que, na sua opinião, você estava fazendo a ele com o seu lapso. A pergunta não é se a *transferência* estava bem ou mal estabelecida; o que se estabelece estavelmente é uma *neurose de transferência*.

---

6   A este respeito, ver o livro de Bernardo Tanis, *Memória e temporalidade: um estudo sobre o infantil em psicanálise*, [1996]; 2ª edição, Blücher, 2022.

Aliás, este pode ser um critério para avaliar a pertinência de uma indicação de análise. Freud restringia esta indicação às neuroses de transferência no sentido psicopatológico – histeria, obsessão, etc. – porque estes seriam os pacientes capazes de estabelecer uma neurose de transferência utilizável. Poderíamos dizer: são neuroses de transferência no primeiro sentido aquelas que permitem o estabelecimento e a elaboração de uma neurose de transferência no segundo sentido. Ora, a experiência indica que o estabelecimento de uma neurose de transferência deste gênero costuma estar na dependência de uma boa elaboração da problemática pré-genital. Em outros termos, os conflitos se situam predominantemente na esfera edipiana, com os elementos concomitantes típicos: angústia de castração, rivalidades ligadas à temática do incesto com um objeto total, etc.

Se a leitura que proponho deste caso estiver correta, Paulo é um paciente cujos conflitos são basicamente deste gênero. Portanto, é de se esperar o estabelecimento de uma boa neurose de transferência, e que, no trabalho com você, a problemática dele vá se resolvendo.

Quando ele chama você de senhora, se senhora é a mãe dele, ele a está colocando no lugar da mãe; e isso é mais do que *uma* transferência, porque junto com a mãe vem o *lugar da mãe*. Quando você por sua vez o chama de Paula, enquanto a mãe o chama de Paulinho, de alguma maneira entra inadvertidamente no lugar que a neurose de transferência lhe designava.

E isto nunca deixa a situação intacta. Penso que este foi o móvel da mudança. Ele pode reagir a isso de várias maneiras: com raiva, com depressão, com a falta, com agressividade frente a você, etc. Mas a finalidade da análise é exatamente fazer com que num determinado momento você entre no lugar que a neurose de transferência lhe preparou: caso contrário, como vai ter algum efeito terapêutico a conversa com uma terceira pessoa, que não é a mãe? A neurose de transferência prepara, por assim dizer, um nicho; no caso, como foi um lapso, você entrou nesse nicho inadvertidamente. Você poderia ter entrado nele *advertidamente,* através de uma interpretação tradicional; mas não foi isso o que ocorreu.

Contudo, creio que foi este o mecanismo que desencadeou a mutação. Quando você faz seu lapso, ele tem que reagir a esta materialização no aqui e agora da sua fantasia em relação à mãe. Primeiro, reage de uma maneira muito característica, passivamente: não vem. Neste momento, você tem alguns elementos para tentar discernir qual é esse lugar. E, quando você mostra que é uma mãe menos intolerante que a dele (reconhece o seu ato falho, ao contrário do que fazem a mãe e o pai), você faz o outro movimento, que é o de *sair do lugar transferencial* que ocupou durante alguns momentos, no caso aqui durante alguns dias. Sem a saída do analista do lugar transferencial também não há análise; há repetição pura e simples dos esquemas relacionais do paciente. Vimos isso, com algum detalhe, ao comentar o artigo de Nicole Berry.

É preciso então sair do lugar; mas, para isso, primeiro temos que ter entrado nele. *Entrar no lugar* permite a coalescência da fantasia infantil com o aqui e agora; *sair do lugar* permite, eventualmente, a modificação dessa posição no plano da neurose infantil, e a isso se chama *elaboração da transferência*. Com isso, podemos pensar se de fato o que aconteceu quando ele fala na passividade corresponde ou não a um processo de elaboração.

Eu veria aqui *o início* disso. Por quê? Porque ele diz uma série de coisas sobre si, sobre o pai e sobre a mãe que sugerem um rearranjo do tabuleiro identificatório-objetal. Assim se desencadeia um processo que, para mim ao menos, pode ser considerado como de elaboração. Mais adiante, ele vai dizer que não pode continuar a análise; para um tempo, depois volta dali a três meses, contando que arranjou um emprego, etc. Ou seja: começa a ter um comportamento, na cena da realidade, que mostra o desentravamento de certas inibições herdadas da neurose infantil. Ter um emprego significa ter um chefe; ter um chefe significa ter que lidar de alguma maneira com a figura paterna. Provavelmente, esta deveria ser uma das razões pelas quais ele não podia nem se estabelecer por conta própria, nem vir a trabalhar numa equipe onde não seria necessariamente o líder. Então, parece que alguma coisa do Édipo foi se resolvendo, mas muito mais pelo processo de reorganização ligado à neurose de transferência do que pela mágica do lapso em si.

Haveria ainda outros pontos a comentar no texto da Cassandra, especialmente o problema da impotência e sua relação com as fantasias de castração. Mas isto terá de ficar para uma outra discussão. Para a próxima vez, trabalharemos com um capítulo da tese de Mauro Meiches sobre o trágico em psicanálise.

16. Casos clínicos no contexto da tese

A aula de hoje será dedicada a um capítulo da tese de Mauro Meiches, aqui reproduzido com algumas omissões.

"Passagens trágicas na clínica psicanalítica"

1. "O assassinato e o incesto pertencem de imediato ao campo da tragédia. A mentira, os enganos, as dores sempre singulares, a série de insatisfações que a vida inflige tecem os dramas cotidianos. Nos tratamentos, na maioria das vezes, começamos tendo acesso ao drama. O trágico pode, no entanto, vir reforçar um drama singular quando atos ou palavras destituem um sujeito de um lugar que lhe caberia de direito, ainda que não tenha havido realização efetiva de incesto ou assassinato. É assim que alguém pode ser destituído de seu lugar de Criança, Pai, Mãe ou membro de uma comunidade. O sentido coletivo dado pelos fundamentos míticos das tragédias se abate, então, sobre o acontecimento singular do drama privado. Permitir a passagem de *um* espaço ao *outro* é a característica do trabalho do psicanalista."[1]

---

[1] Radmila Zygouris, *Ah! as belas lições*, Escuta, pp. 229-230, 1996.

2. Sempre somos destituídos destes lugares, incessantemente, em ritmos mais ou menos desiguais. É impossível passar pela vida sem sofrer transformações nas condições que nos antecipam e nos atravessam já na hora do nascimento. Estas condições se armam de categorias das quais vamos sendo destituídos e imbuídos, num jogo bastante acidentado e complexo que redesenha incessantemente nossa geografia psíquica (de alma). Esta destituição sempiterna, armada por sucessivas identificações que se acumulam e se transformam, é o assunto trágico da análise, por excelência. Porque a destituição também se faz acompanhar por ganhos e alívios; pelo menos até certo ponto, com certeza, é possível viver e sustentar estas passagens quase irremediavelmente dolorosas de nossa constituição. Aprender a mudar de lugar, ter a lembrança sensível da *instabilidade que assedia o sítio identificatório*, é elemento crucial a ser conquistado pela realização de uma análise. É nestas passagens que a força operadora do mito em suas múltiplas narrativas se atualiza e torna-se sensível para nós. Ela se faz presente solenemente, em momentos marcantes do percurso analítico; esta solenidade é própria da condição trágica. Nosso enredamento nas malhas do Simbólico fica ainda mais apertado e evidente. Perdemos e/ou ganhamos uma condição; não optamos por nenhum dos dois movimentos.

3. Uma demanda de análise que faça referência explícita à coisa trágica não é incomum. Muitas vezes, se pensarmos no fracasso que antecede a procura da análise, fracasso que pode se referir diretamente *à perda de uma posição identificatória*, a situação que nos é narrada beira o insustentável, o que ela é de fato. Situamo-nos à beira de um abismo (lugar onde mora o bode pânico), onde o sujeito teme perder-se para sempre, fragmentar-se, enlouquecer, decidir qualquer questão da maneira mais comprometedora para sua possibilidade de viver dali em diante. Outras vezes, na confusão que reduz o trágico à catástrofe, o pedido de análise vem cercado por este medo que aponta na direção de algo sem solução. O temor fala quase diretamente desta transformação necessária que uma análise pode forjar, uma transformação que muda a posição do sujeito nos lugares humanos designados pelo Simbólico.

4. Quando João procurou análise, um terror se apoderava dele seguida e repentinamente. E se tudo acabasse em desgraça? A catástrofe mais figurável era aquela primeira nos tempos que correm: uma bancarrota financeira, com a justiça batendo à sua porta para cobrá-lo e quem sabe prendê-lo. O medo aparecia e o corpo recebia o impacto da maneira mais sensível possível: ele ficava tomado, teso, o coração disparava. O pânico era, no entanto, psíquico, ele não tinha sensação de vertigem ou desmaios, ofegância, que costumam caracterizar a síndrome psiquiátrica tão em voga cientificamente.

5. Era, como se pôde construir mais adiante na análise, uma retomada de si, uma cena de resgate do controle daquilo que poderia se abater sobre ele vindo de não sei onde, lugar que já havia preparado surpresas nada agradáveis. Com a sensação de totalizar-se no pior, ele se assegurava imaginariamente de estar ali onde estava, pois poderia, desapercebidamente, não mais estar; e não estou falando de estados confusionais e sim de lugares relacionais, simbólicos, que nos engancham com a comunidade ao redor.

6. Vinda inesperadamente (é sempre sem esperar que recebemos aquilo que nos parece a primeira explosão traumática), João recebeu a notícia de que seu lugar de criança não estava mais disponível. Por uma impossibilidade do pai, que não pôde, por sua vez, falar a verdade trágica dos afetos que experimentava, não havia mais pai em casa, apenas a vaga promessa de que um dia voltaria a haver, o que acabou não ocorrendo: tratava-se de uma separação definitiva. O Outro solicitava João a assumir, aos nove anos, um papel de suporte na geografia afetiva da família, que ele cumpriu da melhor forma possível. Dizemos o Outro, pois isto evidentemente não foi enunciado por ninguém, mas foi captado e respondido quase prontamente por João. Algo o convocava, uma família tem pai, mãe e filhos e, a meu ver, foi menos por amor edipiano e mais por um temor desestruturante perante a perda colossal de "chão" que ele acedeu em ocupar este lugar pesado e de desempenho (im)possível. O que poderia haver de satisfação erótica, narcísica, de triunfo sobre o pai, ficou soterrado pela imensa tristeza e desamparo que se tornaram suas companheiras inseparáveis. Não que a vida não

tenha andado depois disso: a mãe mostrou-se uma mulher forte, o pai um homem patético atrás de sonhos mirabolantes de fortuna, sempre a dar trabalho para o filho e a demandar deste uma posição parecida em tudo com a de um pai.

7. Naquilo que João faz profissionalmente ele é um ás. Enriqueceu rapidamente e apostou na promessa do Outro de que, com dinheiro, aquela segurança prometida, de uma geografia plana, sem maiores acidentes, estaria garantida. Invariavelmente em suas sessões, ele relata o que deu, o que pagou, e como tudo isto não bastou para acalmar o pedido (na maioria das vezes do pai) que era endereçado a ele. Porém, num estrato que chamaria de mais "profundo", ele começou a perceber, com uma nitidez desconfortável, que tudo aquilo não o acalmava. E ele se *resgatava* na *irrupção* do *medo* acima descrito. Embora a repetição sintomática e desestruturante não se dê voluntariamente, ela parecia comparecer por meio de um acionamento quase consciente.

8. Em uma sessão, depois de tentar reassegurar-se lembrando o que tem, e pensar que o que tem há de ser suficiente matematicamente para dar conta das demandas incessantes do pai e da comunidade familiar (que existem mas são aumentadas imaginariamente em progressão geométrica, aumento correspondente a uma exigência pessoal ininterrupta de João para consigo mesmo), mas antevendo um fracasso evidente para si neste jogo infinito, ou seja, depois de repetir mais uma vez seu ritual que já se provou fracassado, digo a ele: "Mas você não é o que você tem".

9. Na sessão seguinte, com um sorriso rasgado na cara, ele conta que repetiu para si esta frase aparentemente tão banal, enunciada, no entanto, do lugar poderoso criado pela transferência. O medo começava e ele se dizia a sentença que abria uma possibilidade de se situar de maneira mais singular neste campo de forças que joga duro com todos nós. A princípio como uma fórmula mágica salvadora, esta frase permitiu que a análise caminhasse por outros assuntos, além deste caudaloso rio principal.

10. Ser implicava em uma outra série de coisas que não combinava com balanços contábeis. E ele começava a expressar um desejo violento de

outras coisas, nem que fossem meros devaneios do que poderia, em algum tempo (ainda fantasioso, ainda mítico), acontecer com sua vida.

11. De uma perspectiva trágica, ele também se abria à possibilidade de enfrentar uma *ambivalência afetiva* em relação ao pai, de constituir esta marca de afetos indelével, torná-la uma conquista pessoal, com a qual irá trilhar os roteiros que puder escolher para sua vida. A aceitação de um certo grau de ambivalência é uma aquisição desagradável, fomentadora de instabilidade; mas, por outro lado, ela flexibiliza juízos e consequentemente atitudes que devem, na melhor das hipóteses, diferenciar-se nas diferentes situações que solicitam de nós uma posição e um sentimento. Na assunção do lugar de *homem*, não necessariamente *o do "pai* que tem e pode prover", poderá ou não se afligir com sua inteireza perante as funções que desempenha, escapando em parte de um controle de qualidade obsessivo.

12. Recentemente, a vida fez das suas, na quase morte do marido da mãe, um homem com o qual ele constituiu um forte vínculo afetivo. João desesperou-se e atravessamos um calvário de dor e enlutamento que felizmente não se consumou em sua literalidade. Porém, tempos depois, ainda na convalescença, ele observava este homem e notou em si algo diferente, que não sabia dizer o que era. Eu disse então que, de fato, a vida não seria mais a mesma, ele sabia disto. Numa concordância resignada, porém com claros sinais de alívio, João passou, como ele próprio falou, de uma preocupação angustiante a uma tristeza calma, uma tradução singular do estado de consciência que Nietzsche cunhou de "consolação metafísica" ao se referir ao pessimismo de Schopenhauer no tocante à coisa trágica do homem: de uma intensa obsessão, incentivada por tudo que é prática médica em situações de grande complexidade, a um estado de reconhecimento do inevitável, da história e seus acontecimentos indesejados que transformam, do dia para a noite, nossas vidas. Alguns acontecimentos marcam passagens.

13. Diria que o desespero de João tinha a ver, evidentemente, com todas as perdas envolvidas na situação, mas especialmente com a rememoração de um trauma capital, que o deslocou abruptamente de uma posição. Não seria a primeira vez, e esta revivescência traumática

ficou bastante presente nas sessões; mas ela pôde ser enfrentada de maneira radicalmente diferente: na entrega sincera e nada econômica aos afetos difíceis, sem medir consequências, e *na transformação de afeto que esta entrega operou*. É quando se percebe que somos "irremediavelmente tocados por outrem", que não comandamos a composição sentimental que temos de carregar. Isto exige resposta, mudança de lugar, acréscimos/perdas identificatórios. Tudo isto de olho bem aberto, pois uma tensão, que parece insustentável fora destes estados, não se distende até obter uma certa acomodação de tudo o que vai pela vida. Mal se dorme nestas épocas. Se nos puséssemos a imaginar como se ajeitou Tebas, quotidianamente, após a saída de Édipo, como terá sido a noite daquele dia fatídico, talvez pudéssemos figurar o que é passar por estes momentos que são verdadeiros fragmentos de eternidade.

14. A mudança obrigatória de lugar nas identificações – de novo haveria uma mãe a sobrar desamparada e agora ele iria se casar – é sempre pior quando se processa a partir de eventos específicos. É quase como se perdessem o aspecto processual e acontecessem na forma de impacto, o que tem a ver com a formulação do tempo da tragédia. Sabemos que não é bem assim, há necessariamente uma assimilação gradual do que é impactante, mas neste instantâneo algo já se deslocou e o reconhecimento ainda inconsciente desta verdade detona o afeto angustiante do desespero. Uma calma triste pode fazer funcionar a contento um trabalho de luto.

[...]

16. João não deixou de sofrer em outras situações este mecanismo fundamental de repetição, mas se percebe menos necessitado de totalizar-se a cada passo que dá em direção ao futuro. Tem menos medo do futuro, mas custa a encontrar "graça", desejo, em projetos que pareciam tão almejados, há tanto tempo. O trabalho de análise continua bordejando *o abismo ao redor do qual* as identificações não cessam de processar-se. Caímos de uma para outra. A identificação, na medida em que decanta e sedimenta um processo, é *queda*, e, a cada uma que conquistamos ou para ela somos empurrados, mais longe de um originário nos encontramos . . .

17. Sendo decantação, ele é afunilamento de milhares de possibilidades, um resultado forçado por muitas circunstâncias e forças. Como se fôssemos empurrados para um lugar que passaríamos a defender apaixonadamente já que ele passa a ser nosso de fato; em um primeiro momento, este lugar não é opção, se é que será algum dia nesta ordem de coisas. Ninguém escolhe seu sintoma, nem sua posição frente aos objetos de desejo. Isto lembra em tudo a teoria da dupla motivação, na qual o herói trágico, obedecendo às trilhas de um destino que lhe foi outorgado, apega-se inteiramente a este mandato que terminará por identificá-lo em demasia a uma linhagem, a uma causa, e determinará sua perdição...

18. Não temos na vida a nitidez que o texto trágico fornece, embora em alguns momentos paroxísticos ela se anteponha aos nossos olhos. A introdução da ideia de identificação, neste contexto, leva-nos a considerar uma processualidade quase incompatível com a instantaneidade que uma queda pressuporia. No entanto, é possível cair devagarinho... O fim de uma onipotência narcísica é, sem dúvida, um ganho capital da análise, muito embora ele se dê no reconhecimento de uma perda.

[...]

21. As identificações também se movem e são movidas pelos acontecimentos. Só que seu ritmo de transformação opera em outra velocidade e o reconhecimento do novo lugar é mais lento ainda, ou vem necessariamente depois. Este terceiro momento de tomada de consciência, indicando uma passagem inexorável, não necessariamente dolorosa, mas em todo caso com um custo relativamente alto, é indicador do último estágio de operação do trágico. Não é possível pensá-lo, nem pensar a clínica psicanalítica, sem esta *conscientização de um processo ou de uma condição*. A condição que nos devolve para uma região próxima de um originário que nos constituiu não apenas há muito tempo, mas que não cessa de nos constituir ainda hoje, nas tramas infindáveis da linguagem e do Simbólico.

22. João *sabe* que terá de deixar esta posição torta de pai para, como é seu desejo expresso, ser pai de alguém que irá nascer. Porém, saber ainda

não é tudo, mas já é muita coisa. Em seu caso, é índice de aceitação desta ideia de passagem, já que ele consegue se mover a partir disto.

23. A recusa desta transformação identificatória ao longo da vida é causa certa de psicopatologia. Quando é insuportável a mudança de lugar estamos próximos em demasia da catástrofe, naquilo que ela tem de caminho de sentido único, sem volta, sem possibilidade de expansão da consciência de uma condição. A recusa é trágica naquilo que habitualmente costumamos entender por trágico, isto é, naquilo que torna coincidente o trágico com a catástrofe, na redução exclusiva do primeiro à segunda.

24. Vera é mais uma filha no meio de outras tantas, todas mulheres. Todas encaminhadas na vida, profissional ou afetivamente, menos ela, um patinho feio *avant la lettre*. Não sei a partir de que época, e em função desta posição de total falta de privilégio e distinção, Vera começou a alucinar histórias de amor. Elas aconteciam com diferentes personagens mas de um jeito parecido: convites formulados pelo apaixonado, meias palavras de tom sensual, exigências sexuais gritadas em plena rua onde ela ainda mora. Seu início de análise se deu numa dessas histórias que acabaram complicando sua situação perante a comunidade que frequentava, expondo-a a todo tipo de segregação que os "loucos" atraem para si.

25. Nos dois primeiros anos de nosso trabalho, passada esta situação inicial, Vera foi ajeitando um espaço que parecia confortável a ela. Embora não fosse totalmente satisfatório, já que nele ainda faltava o amor, conseguia realizar a contento as tarefas de sua formação profissional, se arrastando um pouco, é verdade, mas desobstruindo canais de comunicação com o mundo, com resultados evidentes. Por esta época, devorava cinema, teatro e livros, seus assuntos nas sessões, mas sem (essa era uma impressão repetida de minha parte) que estes contatos fizessem algum trabalho de transformação maior. As grandes tramas românticas, evidentemente, eram as mais comentadas.

26. No final deste segundo ano, Vera começa a declarar amor por mim, seu analista. De leve, no começo, falando que se lembrou de algo dito

em sessão durante o fim de semana, um desejo quase sussurrado de fazer uma viagem junto. A partir daí a coisa começou a esquentar. Paulatinamente, de maneira evidente, foi perdendo a capacidade de falar. Ela nunca era fluente demais, muito menos para expor suas ideias. Sempre havia algo de inacabado e infantil nestas tentativas de enveredar por caminhos que eram trilhados pelas pessoas grandes, os adultos.

27. Com a perda da possibilidade de expressar, ela só conseguia balbuciar coisas que não eram audíveis. Ante a minha insistência em querer ouvir o que havia sido dito, ora ela repetia, ora não. E um leve delírio amoroso, referido ainda a um vizinho, começou a se repetir. Nas tramas deste enredo, sutilmente, fui introduzido com armas e bagagem. Recebia telefonemas no consultório fora de seu horário, os horários das sessões passaram a ser desrespeitados e Vera dava mostras de não realizar o que estava acontecendo.

28. Por esta época, duas de suas irmãs tiveram filhos, ou seja, vinham carregando uma gravidez há pelo menos nove meses. Havia mais uma mulher grávida na família próxima. Quando esta nova geração nasceu, como está "escrito", houve um deslocamento nas posições familiares. Inevitável. Seu primeiro comentário era de que estava incomodada com a filha da irmã porque ela tinha a nossa cara, isto é, parecia-se comigo e com ela. Mal olhava para a nenê e esta impressão a perturbava. Ela, de fato, olhava a nenê com maus olhos.

29. O delírio de Vera, obcecada pelo analista, e já com acompanhamento psiquiátrico, construiu então a seguinte passagem: minha filha a teria contatado e mesmo gritado por ela na rua onde mora. Ela escutava, de tempos em tempos, esta filha chamando, pedindo este encontro. Queria fazer um piquenique para nos aproximar. Significativamente, ela vinha às sessões para poucos minutos, faltava e, quando balbuciava entrecortadamente, contava de novo este episódio. De madrugada, segundo o relato dos pais a esta altura desesperados, agitava-se, não conseguia dormir, porque precisava sair para encontrar esta filha.

30. Construí para ela a seguinte interpretação: havia uma filha que queria unir seu pai a uma outra mulher, que não era sua mãe. Ela convidava esta outra mulher às escondidas da mãe. Esta outra mulher teria então uma filha instantânea, de um pai controlado pela filha. Sugeri no fim que, além do lugar da mulher, ela ocupava nesta história o importante lugar de filha, do qual ela se sentia expulsa, com a chegada de tantos bebês.

31. Levei um não retumbante nas fuças, que indicava a possibilidade de acerto da interpretação. Mas isso não queria dizer nada. Vera recusava a interpretação assim como recusava qualquer traço de realidade partilhável com mais alguém, ainda que uma realidade delirante. Ela não gostava quando eu perguntava detalhes de, por exemplo, como seria o piquenique.

32. O apego de Vera ao seu teatro particular para proteger-se da dor do reconhecimento de seu fracasso amoroso e de sua expulsão parcial do lugar de filha (agora havia outras filhas mais aptas a ocupar este lugar), e entrada na função de tia (não esqueçamos que "ficar para titia" não é exatamente uma expressão lisonjeira), não sem razão, não conseguiu entretanto mantê-la satisfeita dentro de sua historinha. E começou a desesperar familiares e analista. Ela então perdeu parte da liberdade que desfrutava até há pouco pois, ao não falar, ela começou a atuar sem parar, exatamente como fazem as crianças. E, para estas, exercemos uma certa autoridade protetora.

33. A perda do lugar privilegiado de filha, desta vez, não foi possível. Nesta impossibilidade sucumbiram a namorada, a amante, a mulher e a futura profissional. Tudo estancou e parece que terá de ser recomeçado, passo a passo. Sobre o escombro de um movimento retumbante nada se ergueu. A psicose parcial à qual sucumbiu não teve ainda o momento de volta que aguardamos ansiosamente. Ele já aconteceu outras vezes em sua vida.

[. . .]

35. O teatro acontece num tempo condensado, com tipos puros. "O herói . . . passa por todas as paixões onde o homem comum se atrapalha, com a ressalva de que nele elas são puras e que ele se sustenta

inteiramente nelas."[1] A nitidez daquilo que faz referência ao trágico, que pode ser praticamente gritada num primeiro momento de análise, embora o analisando não possa ouvi-la em seu desesperar, perde-se com o caminhar de processo analítico. Ela será reencontrada depois, durante a análise, de maneira já bastante discreta se comparada a este momento inicial. A facilitação para dramatizá-la, fazendo com que seja dita, é nosso instrumento imprescindível.

[...]

38. Em todo caso, não é possível ser eternamente a criança nem, com exclusividade, ser o pai amantíssimo, o filho devoto, a mulher, a mãe enfim. Todos estes lugares/funções não bastam para aquele que os desempenha, se o seu desejo fizer valer de fato suas impulsões, nem as imposições da vida, do Real, deixarão intocados qualquer destes lugares. É preciso exercê-los todos e deixar que passem, no melhor dos mundos.

39. A cidade, na pessoa de seu governante, tem de tomar uma decisão e agir. Como ponto de fuga limite, há que recolocar em ordem aquilo que escapou de uma linha reconhecível da sucessão de gerações, punindo os transgressores. A cidade/analisante terá de reconhecer e combater dentro dela o transgressivo, como ato ou desejo, sob pena de ver sucumbir seu esforço civilizatório. Mas, sobretudo, a cidade/analisante terá de estabelecer lugares que legislem a transgressão, especialmente a transgressão familiar, incestuosa, para não enlouquecer. Os tribunais laicos e as instâncias ideais estão aí para isso.

40. Há outras espécies de transgressão sem as quais não se estrutura um sujeito. É preciso desobedecer e mentir para escapar à ação fascinante do impulso endogâmico. O que a tragédia afirma, assim como todos os processos analíticos, é que tendemos, mais feroz e afetivamente, a transgredir o que, do ponto de vista cultural, não pode ser transgredido. Quando percebemos barrado este caminho, aí sim, é hora de estruturar nossa primeira mentira bem contada,

---

1 Lacan, J. *O Seminário – Livro 7: a ética da psicanálise*. Trad. Antônio Quinet. Zahar, p. 383, 1988.

eficiente, que permita o rompimento com o familiar endogâmico e, para sempre, incestuoso.

41. Parece-me evidente que Vera, assim como suas irmãs, das quais as notícias também não são auspiciosas do ponto de vista psíquico, não conseguiu estabelecer um fim para este amor primeiro, edipiano. Ela conta uma cena infantil onde, em meio a uma gritaria doméstica absolutamente destemperada, que parece um estilo tenebroso de vida em família, vê-se trancada num quarto com um homem que se despe. Quem é e por que está com ela são perguntas que nunca conseguiu responder. Há aí o grito, sempre gritam por ela quando a solicitam sexualmente; há também um homem sem cara, que me parece o motivo pelo qual ela evita as sessões, depois de passar arquitetando longamente sua fantasia: não devo ter a cara que tenho, especialmente quando esta cara se traduz na recusa de uma relação amorosa de fato. Ou será que meu rosto pode se tornar invasivo e alterar ainda mais suas confusões que provêm da inexistência de contornos e limites entre ela e o mundo? O que ficou inconcluso repete a inconclusão *ad infinitum*. Para voltar ao nosso assunto, não é de inconclusões, antes pelo contrário, que se tece a tragédia.

42. Nestes exemplos clínicos, e certamente na maioria dos casos, é possível resgatar a afirmação feita no capítulo precedente, de que a origem familiar, embora não seja tudo, é ponto nodal para o reconhecimento de nossa vida psíquica. Por ser a via inaugural de nossa conexão com o Simbólico, aquilo que se liga à problemática familiar intervém decididamente nesta prática linguística que é a psicanálise. Como nela principalmente falamos, este lugar de sustentação da comunicação parece truncado pela história familiar que interage diretamente com todas as posições identificatórias que assumimos. Quando Vera não fala, esconde um segredo de família, roupa suja que vestem igualmente suas irmãs. . . João ainda não encontrou determinação possível fora da família. Como podemos observar, trata-se de assunto interminável. Apesar de todos os aspectos conflitivos arrolados e que não esgotam a lista, é dali que nasceram (e que nascemos) e é dali que partimos para ser outra coisa que não só a origem.

43. O teatro se distancia, em sua pureza de caracteres, da confusão da vida exterior à cena. No entanto, nossa vida também é composta de cenas, embora não de maneira exclusiva. Há nela pensamentos, reflexões, processos psíquicos que se desenrolam sem gesto, nem anúncio de seu acontecimento. A cena, enquanto unidade de uma existência, também foi usada de diferentes maneiras pela psicanálise. A cena primária, a cena de sedução, a cena traumática, a cena do sonho, a outra cena, revelam uma tradução dos processos da vida psíquica que anseia por dramaticidade. O acontecimento que é sempre cênico marca o sujeito, embora a inscrição desta marca se dê longe dos olhos.

44. Quando tudo isto já funciona, de longa data e mal, encontramos nossos pacientes, em parte habituados a um certo manquitolar, em parte temerosos de enfrentar novas cenas que repitam as agruras das primeiras que a memória alcança. Há, no pedido de análise, um manancial de *pathos* suficiente para que a conversa possa mergulhar na "escabrosidade" sem fim do difícil, sem que haja cansaço na reiteração destas expedições a uma terra tão inóspita.

[...]

47. Nem todos os momentos de uma análise são trágicos. Isto, evidentemente, ninguém aguentaria. Nem é assim na história humana, como já dissemos. O espetáculo é um dos momentos da vida na pólis. Isso não quer dizer que o trágico deixe de operar e o universo da dinâmica identificatória o indica ao transpirar tragicidade; esta, contudo, não se reduz às situações de dor paroxística.

48. E, por se tratar do debate de uma condição pior, sabemos que a partilha oferecida não é favorável à simplificação de muita coisa. A ideia da decisão que urge ser tomada em função do montante de sofrimento em questão, decisão que, a princípio, poderia ser somente aquela de iniciar uma análise, vê-se estendida numa multiplicidade não-totalizável de aspectos.

49. Pelas sendas deste percurso identificatório, assim como de seus choques com o desejo, pensamos prosseguir nossa reflexão. Antes, porém, percorreremos sumariamente as ideias de Nietzsche sobre a tragédia

que, por seu viés romântico, traduzem soberbamente aquilo que gostaríamos de expressar quando falamos de *pathos*.

R.M.: *Vamos ouvir primeiro as observações de vocês.*

Ruth: *É interessante como Mauro consegue sintetizar a história em torno dos pontos centrais, e introduzir os casos como ilustração; não houve transcrição de diálogos. O mais interessante, me pareceu, foi a dissolução do diálogo, o entremear das falas dos pacientes com a fala do autor.*

Camila: *Para mim chamaram a atenção a alternância entre o singular e o geral, e também as expressões ótimas que você achou para qualificar os "estados de alma". Essa passagem do ele para o nós é muito interessante.*

Yanina: *Notei no Mauro muito cuidado com os pacientes, e me perguntei como seria a discussão de um texto assim, já que ele primeiro expõe uma forma de pensar, e depois utiliza os casos como ilustração. Não entendi direito o que estava sendo usado como analogia, e fiquei com algumas dúvidas em relação à clínica. Existe um fascínio pela mitologia grega e por outras, porque essas histórias nos comovem. Nelas existe alguma coisa humana, marcada pela cultura, mas de alguma forma universal.*

Renata: *O texto do Mauro veio para mim como uma luva. Quero escrever sobre um caso clínico no qual a paciente cria uma espécie de falso trágico, que encobre tudo. Existe um trágico verdadeiro, que não pode ser pensado por ela; é uma família com um irmão psicótico. Se alguém da família fizer alguma coisa boa, o irmão vai surtar; por isto, tudo o que é bom deve ser destruído. Ninguém consegue parar com isso, e este é o caso da minha paciente. O texto do Mauro me serviu para ampliar a reflexão sobre esse assunto.*

Mauro: *Eu trouxe um caso de psicose justamente para ilustrar um fracasso da análise. O discurso dominante sobre o tema do trágico é o da catástrofe, que não contempla o seu aspecto* *vitalizante. O dramático tem solução: é o que aparece, por exemplo, na última peça da* Orestíada *de Ésquilo,* As Eumênides. *O texto de Radmila Zygouris que coloquei na abertura do capítulo diz que o analista deve facilitar a dramatização. Na psicose não existe a consciência de uma condição; não se pode pressupor essa consciência na psicose.*

Lúcia: *Queria fazer uma pergunta sobre as teses que eu vejo aqui na PUC, em que inexiste um capítulo sobre metodologia. Qual é o processo pelo qual se construiu esse texto? Será que é um método psicanalítico?*

Mauro: *Para escrever os casos, talvez sim, porque fui por associações. Para a parte dos helenistas e da Grécia, trabalhei de uma forma mais convencional, com levantamento de dados, busca de fontes, etc.*

Eliana: *Não se trata de o método ser mais ou menos psicanalítico, mas de que tipo de efeito procuramos obter com essa estratégia. Penso no cinema: uma coisa é você sair do cinema e comentar o filme com todo ele já visto, outra coisa é discutir detalhadamente um primeiro plano. Existem momentos de trabalho mais "micro", sobre o específico da clínica, e outros de articulação com a cultura.*

Yanina: *Darcy Ribeiro não conseguiu contar nos seus ensaios tudo aquilo que viveu com os índios, e escreveu o romance* Maíra *justamente para isso.*

Fernando: *O texto me pareceu muito bom, mas fiquei com uma questão. Você contrapõe na sua análise o trágico ao dramático. A questão é a seguinte: seria o dramático o lugar identificatório do qual não se quer sair? No trágico se pode dizer que a pessoa é afetada; não tem tanta autonomia para decidir. Essa diferença entre o trágico e o drama talvez pudesse ser mais explorada.*

Mara: *Acho que o Nietzsche que você está utilizando, e também como aparece na observação do Fernando, é um Nietzsche deleuziano, distinguindo afecção (que vem de fora e está ligada ao* *trágico) e sentimento (que é de origem interior e está ligado ao dramático).*

Mauro: *A diferença entre trágico e dramático não é só de Deleuze: é um grande conceito na história do teatro. O Nietzsche que vou usar, na verdade, é uma espécie de Nietzsche de bolso, para ilustrar a questão do* pathos *trágico. Tive que restringir essas escolhas todas, já que o trabalho não pode ter uma extensão infinita.*

Cassandra: *Achei muito interessante a mistura da forma coloquial e da teoria. O leitor não fica cansado, o texto não é árido. Gostaria de levantar uma ou duas questões em relação aos casos. Primeiro o caso do João, no parágrafo 12, quando você diz: "João desesperou-se e atravessamos um calvário de dor".*

Mauro: *Isso eu posso esclarecer. O sofrimento de João era muito impregnante, enchia a sala; era muito difícil assisti-lo se debatendo nessa dor, e isso reverberou em mim: fiquei muito tocado e emocionado com a coragem dele, e com a sua impossibilidade de escapar daquilo. Um pouco como o espectador da tragédia no anfiteatro. Aristóteles diz que o espectador está "atravessando junto" o espetáculo, e Nietzsche, que o espectador "enlouquece durante o espetáculo".[2]*

Cassandra: *Ainda em relação ao João, essa história do lugar de homem, no parágrafo 11. No material que você conta, não dá para perceber bem o que seria o "controle de qualidade obsessivo".*

Mauro: *Havia um forte componente obsessivo na análise desse paciente, mas o mais importante mesmo é a questão do lugar do homem. Aqui é interessante, porque a análise está indo por um caminho muito difícil. Mas de alguma forma, depois desse momento que contei no capítulo 2, a questão do pai deixou de estar*

---

[2] Mauro Meiches está se referindo à *Poética de Aristóteles*, na qual o filósofo procura explicar o porquê de a tragédia comover facilmente os espectadores, e ao livro de Nietzsche, *A origem das tragédias*, no qual é introduzida distinção entre o apolíneo e o dionisíaco.

tão presente, murchou um pouco. A travessia do trágico deu resultado: resolveu algo, abriu caminho para outras coisas.

Cassandra: *Em relação ao caso da Vera, você fala de uma "psicose parcial". Dentro de qual conceituação você está?*

Mauro: *Aqui não estou em nenhuma conceituação específica. É que, como em alguns aspectos Vera funciona bem, e em outros não, me pareceu que isso poderia ser chamado de psicose parcial. Por exemplo, num momento ela escuta vozes na sessão e me diz: "você não está escutando?". Eu respondo: "escutando o quê?", ou então, depois que ficou mais claro que eram vozes que ela ouvia, "estou escutando as vozes através de você". Aí ela diz: "É, então não está escutando estas vozes". Percebia que eu não estava escutando o mesmo que ela.*

Felipe: *Também achei o texto muito interessante, e queria colocar uma questão sobre a relação do trágico e do traumático, a respeito da história da Vera. Parece haver um momento traumático na cena de infância que ela conta, este homem se despindo no quarto dela. Você fala do trágico como aquilo que irrompe, entre outras vezes no parágrafo 34: algo que não aparece em todos os instantes da vida. Eu pergunto, então: o traumático não estaria justamente diluído em diversos episódios trágicos? Trágico e traumático não poderiam ser vinculados dessa forma? A ideia do "episódio traumático" talvez pudesse ser mais explorada.*

Mauro: *O específico da tese não é o problema do traumático. Seria uma forma de a psicanálise falar das coisas que marcam, por exemplo os tornozelos furados de Édipo. Estou usando o termo traumático no sentido mais banal, como sinônimo de marcante. No caso do João, a quantidade de referências ao fato de ter ficado sem pai mostrava que este fato havia sido traumático, catastrófico. Quanto ao caso da Vera, não tinha pensado na situação que conto como traumática; mas me pergunto se vê-la dessa forma não seria favorecer uma intelecção neurótica do caso. Não seria muito bom. O trágico*

> não está sempre referido ao trauma: atravessar o trágico pode ser estruturante. A potência do pathos pode ser superlativa.
>
> **R.M.:** *Vocês levantaram um espectro bastante grande de questões, desde as características propriamente literárias e técnicas desse capítulo até o conteúdo mesmo.*

Gostaria de fazer uma observação preliminar. Nas duas aulas anteriores, tínhamos relatos de sessões completas, e discutimos a partir deles. Aqui, os casos de João e de Vera fazem parte de uma tese que não é, especificamente, sobre o que aconteceu nestas análises. Eles entram como ilustração de um argumento mais teórico, do qual vou falar em seguida. Por isso, será mais útil nos determos nesta função de ilustração, ou, dito de outro modo, tentarmos compreender qual é o lugar deste capítulo na arquitetura da tese do Mauro.

Método e arquitetura nesta tese

Podemos tomar a questão pelo lado do método, levantado pela Lúcia. Uma questão técnica: a forma de organizar os dados e pensar os problemas chama-se *método*; *metodologia* é a teoria ou o estudo dos métodos. Então, falar em "metodologia de uma tese" é um erro. Existe o *método* de uma tese, e existe uma cadeira de *Metodologia*, na qual se discute sobre diferentes métodos.

Em todas as teses que tenho orientado, me oponho a que haja um capítulo metodológico,[3] porque me parece que isto contribui para desvincular a discussão sobre o método daquilo que ele deve ajudar a pensar. Mas é importante

---

3 Nota de 2023 – Desde a época em que estas aulas foram dadas na PUC-SP, mudei minha opinião sobre o capítulo metodológico, em boa parte devido aos argumentos de nossa colega, a professora Paula R. Peron. Hoje considero que ele pode figurar na tese, mas de forma "substantiva" – expondo o método que foi usado para construir o texto – e de modo algum se reduzir a superficialidade do tipo "aqui foi usado o método clínico", ou o "método psicanalítico". Contudo, isso é complexo demais – e sério demais – para caber na presente nota. Uma boa amostra do estado atual desta questão, para mim, pode ser encontrada em Mezan, R. (2019). O método psicanalítico no texto acadêmico: três exemplos e algumas observações, In I. Kublikowski, E. M. S. P. Kahale, R. M. Tosta (Org.), *Pesquisas em psicologia clínica: contextos e desafios*. Educ. Disponível em: https://www.pucsp.br/educ/downloads/Pesquisas_em_Psicologia.pdf

ressaltar que cada tipo de questão pede um método próprio. Se o assunto é a evolução de um processo terapêutico, o método tem que ser descrevê-lo da forma mais exata possível, e formar hipóteses razoavelmente plausíveis sobre por que as coisas se passaram dessa maneira e não de outra. Este é o método, ponto; não há mais o que dizer sobre isso. No caso de um trabalho como o do Mauro, o método não pode ser este, porque nesta tese o interesse não é a evolução específica de um ou de vários processos terapêuticos, mas a tentativa de conceituar um aspecto da análise a partir da analogia com algo cultural.

A suspeita do Mauro é que alguns processos mutativos na análise apresentam analogias com um fenômeno cultural relativamente distante da prática terapêutica. Este fenômeno se expressa no teatro e na literatura, em formas artísticas muito distantes da experiência contemporânea. Aí se colocam todos os problemas da comparação e da utilização das analogias para formular um *conceito*, que seria o de que a análise bem-sucedida envolve passagens por algo a ser chamado de *condição trágica, momentos trágicos, experiência do trágico*. O problema da tese do Mauro é convencer o leitor de que tal aproximação não é supérflua, mas que, ao contrário, ajuda efetivamente a pensar o desenvolvimento de uma análise.

Para isso – e é o assunto do primeiro capítulo – é preciso primeiro explicar o que é este trágico com o qual se está comparando a análise, e inicialmente *sem* falar na análise. Qual é o método adequado para isso? É ir a quem estuda o trágico e aos próprios trágicos, para caracterizar esta categoria da experiência humana, literária, cultural, e – no caso dos gregos – religiosa. O primeiro problema metodológico é explicar a um leitor que vive nos dias atuais, e não vai ao teatro em Atenas, o que é aquilo com o que se vai comparar a análise. Para isso, ele vai usar os helenistas, os tragediógrafos, os filósofos.

Daí a importância, na tese do Mauro, de um primeiro capítulo que apresente a questão do trágico num espaço suficiente para que o leitor possa entender qual é a base da comparação, mas ao mesmo tempo sem perder de vista que é uma tese sobre a travessia do trágico *em psicanálise*. O espaço dedicado a essa questão – o primeiro capítulo inteiro – se justifica, porque não é uma comparação fácil de construir. Poderíamos definir assim o que o Mauro quer fazer: "utilizar uma metáfora e uma analogia cultural para pensar um processo de mutação dentro da análise".

Na verdade, isso envolve uma dupla abstração. O trágico já é uma abstração; nós o conhecemos *através* das tragédias, ele *está incarnado* nas tragédias, mas não *é* as tragédias. Se fossem só as tragédias, o que os gregos pensaram e sentiram no século V antes de Cristo poderia não ter absolutamente nada a ver com as formas que essas emoções e paixões tomam hoje, e seria impossível o fascínio de que falou a Yanina. Mas, se a relatividade cultural fosse desta magnitude, nós não poderíamos ter diálogo nenhum com o passado: só teríamos projeções fantasmagóricas, e nenhum autor poderia retomar os que o precederam para os interrogar a partir do presente. Este é um dos argumentos mais fortes para pensar na comunidade *no* humano, que nos permite dialogar com o passado e encontrar no trágico um modelo para o processo de transformação que ocorre na análise.

Estabelecido então o que é o trágico, é preciso tentar entender qual é esse processo de transformação. Não é qualquer mudança que se deixa apanhar sob a forma do trágico. Daí a necessidade de ilustrar com fragmentos clínicos a travessia do trágico *em psicanálise*. Era preciso mostrar no mínimo um caso de passagem bem-sucedida pelo trágico (João). No caso da Vera temos uma passagem que na verdade não se concretiza: ficou no plano da catarse. Mas funciona justamente como contraponto para o primeiro.

O estilo mais narrativo e menos "reprodução literal" justifica-se assim pela estratégia geral da tese, e pelo lugar que este capítulo ocupa nela. Ele tem uma vantagem e uma desvantagem. A vantagem é que, pela concisão e pela alusividade, se encaixa bem na trama do texto. A desvantagem é que, se o leitor já não estiver pelo menos um pouco persuadido da veracidade do argumento, a ilustração por si mesma não tem o poder de convencer, exatamente porque não é detalhada.

Se as informações que o Mauro dá sobre esses pacientes são ou não suficientes para que o leitor se convença primeiro de que existe o trágico na análise, segundo de que o trágico é isso que ele está dizendo, terceiro de que *estes* pacientes fizeram ou não *esta* travessia – eis uma questão que pode ser levantada. Como Felipe e Cassandra, especificamente, questionaram um pouco sobre certos detalhes, talvez fosse o caso de incluir um pouquinho mais de informação. Por exemplo, o que você disse nas suas respostas – por que o episódio do quarto, no caso da Vera, não seria traumático, ou o que é esse "controle de qualidade" obsessivo do João. Ou seja, deixar um pouco menos esfumados os personagens, sem precisar reproduzir literalmente as sessões, o que não convém ao gênero escolhido: os casos estão aqui como ilustração mesmo. Outros pontos a explicar melhor poderiam ser a questão da psicose parcial, ou a citação da Radmila Zygouris sobre o drama e a tragédia.[4]

Estou ressaltando isso porque mostra justamente quais são os limites do poder do autor. O autor, seja de um texto de ficção, seja de um texto de ensaio, inventa um universo, e o leitor é convidado a entrar nele. Mas sempre entra com as suas próprias questões e seus próprios interesses: ele está no papel do espectador.

Ora, o espectador vai se identificar ou não com aquilo que está ocorrendo no espetáculo em função da sua história, mas também em virtude das potencialidades contidas *naquele* espetáculo, da variedade de preensões que ele oferece para diferentes identificações. No começo da discussão do Mauro, o lugar de herói trágico está reservado para o paciente, enquanto o analista está no papel do espectador. O desenrolar do espetáculo vai poder fazer com que os papéis se desloquem. Assim aparece de novo a questão da mudança nas posições identificatórias.

Depois de ter falado sobre o trágico de maneira geral, especificado no que ele consiste, diferenciado os sentidos corriqueiros do trágico (o catastrófico, e em parte o traumático), e mostrado nas tragédias e na reflexão filosófica/erudita sobre o trágico uma outra possibilidade de compreender esta condição, que a torna mais interessante para a análise do que permanecer só no traumático, é preciso tentar entender no que consiste a travessia do trágico durante a análise.

Travessia do trágico e mudança nas identificações

E aí entra a ideia propriamente metapsicológica: o trágico concerne a uma mudança de posição identificatória. Portanto, pode haver mudanças de posição identificatórias que não sejam trágicas. Aqui talvez, do ponto de vista propriamente lógico, se toda mudança de posição identificatória fosse trágica, um dos dois conceitos cairia sob a navalha de Ockham, por ser supérfluo. Ou não se

---

[4] Como consequência da discussão na aula, o autor introduziu modificações no texto, notas de rodapé, etc., que não figuram nesta versão.

precisa falar em mudança de posição identificatória, ou, se basta falar em mudança de posição identificatória, para que todo este percurso pela noção de trágico? Seria de certo modo supérfluo querer forçar a analogia para falar de uma coisa que todo mundo sabe o que é, que tem um nome conhecido, é um processo estudado: a mudança de posição identificatória como um dos resultados esperáveis da análise. Então, seria um grande exercício estético, porém no fundo inútil. Para que isso não aconteça, é preciso insistir que nem todas as mudanças de posição identificatória são trágicas, mas somente aquelas que se caracterizam por um movimento particular, a que o Mauro chama "a travessia do trágico". O risco de circularidade nesse argumento é grande, e este é o problema de método a ser contornado. Como evitar dizer que tudo que é importante é trágico, e portanto *trágico* é de alguma maneira o mesmo que *importante*? Daí a utilidade de ter mais de um caso, e mostrar que às vezes acontece essa mudança, às vezes não acontece, e que ela depende de vários fatores, intrínsecos ao processo analítico.

Ao falar do paciente João, seria interessante contar por escrito que depois desta fase o tema do pai diminuiu de importância, e que isso é sinal de que uma certa modificação ocorreu, nas linhas que você propôs; isto traria credibilidade ao seu argumento. João se vê diante de uma posição designada para ele pelo destino: o pai abandona a família, ele é encarregado da manutenção dessa família, e tem que assumir uma posição de adulto aos nove anos de idade. Isso o marca, e depois lhe dificulta assumir uma posição diferente, quando se casa e vai ter filhos. Se o seu assunto fosse a análise de João, certamente seria preciso dar muito mais informações a respeito de como isso aconteceu, contar mais detalhadamente esses momentos, como é esse "atravessamos", como você foi afetado por essa história.

Do ponto de vista da metapsicologia, o trabalho do Mauro tem um aspecto muito original, exatamente no que tange ao conceito de "mudança de posição identificatória". Quando o assunto é identificação, é mais frequente que ele seja abordado em termos das *representações* às quais o indivíduo se identifica – de onde falarmos em modelo identificatório, em posição identificatória, na identificação ao pai da horda primitiva, etc. A novidade da proposta do Mauro consiste, a meu ver, em enfatizar em especial o plano dos *afetos*. O interesse de relacionar a mudança no sistema de identificações com o tema do trágico é justamente acentuar este lado.

Por isto, voltando um momento à arquitetura geral da tese, diria que mais para frente talvez seja necessário falar um pouco dos processos de identificação *tout court*, sem referências ao trágico, de maneira a poder situar, no conjunto destes processos, que são em parte estáveis e em parte móveis, este tipo especial de identificação e de mobilidade que você está associando ao trágico.

Quando você sugere que através do trágico se pode perceber a dimensão afetiva envolvida nas identificações, a meu ver esta é uma maneira de renovar o conceito de identificação, de fazê-lo recuperar um certo frescor, de ver o interesse desta ideia por um caminho diferente. Levanta-se uma questão interessante, fundamental: de que forma os objetos do desejo se ligam com o desejo? Como os objetos identificatórios se ligam à dimensão narcísica? Só pode ser pelo cimento das pulsões, dos afetos. E aí a ideia de posição identificatória sobre uma espécie de tabuleiro, em relação a outras, ganha uma dimensão afetiva que é interessante pesquisar. O que torna útil a pesquisa sobre o trágico, para o psicanalista não muito interessado no teatro ou na cultura geral, é exatamente a possibilidade de olhar de uma maneira diferente para uma noção fundamental na sua teoria e na sua prática. Deste ponto de vista, a meu ver, não pode faltar em algum momento da tese uma discussão da problemática das identificações, porque é sobre isto que, psicanaliticamente, o texto incide.

Como aqui se trata de mostrar que isso de que se falou até este momento apenas de maneira teórica de fato acontece, as pinceladas que o Mauro dá sobre a história do João, eu diria, têm para o leitor uma função mais evocativa e associativa do que propriamente demonstrativa. Faz pensar nisso e naquilo, e foi um pouco o que aconteceu aqui; pouco se falou, e acho que com razão, sobre se o caso foi bem entendido ou não, se a mudança em João se deveu a este fator e não a outro, por que com a Vera ela não aconteceu, e assim por diante. Mas vários de vocês falaram dos seus casos, das suas experiências. Esta é uma função muito importante da tese universitária em psicanálise: *aumentar o repertório*.

A qualidade da informação de que dispomos atualmente é muito pobre: somos muito ignorantes, essa é a verdade. A educação tendo-se transformado na calamidade que conhecemos, e com a moda do *fast food* intelectual e cultural, torna-se extremamente importante a aquisição de um repertório de informações, de formas de pensamento, de referências.

A única forma de remediar esta situação é se apropriar da cultura e trabalhar com ela. Para isso serve estudar, seja psicanálise, seja outra coisa qualquer. Mas este é um problema complicado: quais os limites da recuperação – por razões filosóficas, políticas, teóricas, morais ou estéticas – do passado da cultura no debate contemporâneo? Quando a Mara fala em "Nietzsche deleuziano", está se referindo à maneira pela qual um pensador contemporâneo, na discussão de problemas do nosso tempo, foi levado a reavaliar elementos da filosofia do passado, destacando-os e valorizando-os porque servem de instrumento de combate contra outros pensamentos *do presente*. Desde que, com Hegel, a história da filosofia e da cultura passou a ser tida por interessante, o passado se torna sempre apropriável, em função de interesses (nem sempre muito claros) do presente.

Deleuze e o pensamento francês contemporâneo

Vale a pena explorarmos um pouco esta questão, partindo da observação sobre o "Nietzsche deleuziano". Qual é o contexto no qual Deleuze pensa, a partir dos anos 1950, e desde o início numa direção contrária ao *mainstream* da filosofia francesa? A tese de doutorado de Deleuze é sobre Hume; chama-se *Empirismo e subjetividade*. Falar sobre Hume em 1953 era mais ou menos como, na Idade Média, fazer uma tese sobre como é bom ser tentado pelo demônio. Por quê? Porque o empirismo era a *bête noire*, o espantalho de todo o pensamento francês.

Sobre isto recomendo a leitura de um livro de Vincent Descombes, publicado pela Minuit: *Le même et l'autre, O mesmo e o outro*. Descombes recebeu de uma editora inglesa a missão quase impossível de apresentar ao público inglês a filosofia francesa, num formato que não excedesse 200 páginas. E fez um trabalho excelente: *Le même et l'autre* é a tradução para o francês do livro que ele publicou na Inglaterra a respeito da filosofia francesa contemporânea.[5] A estratégia que ele segue é a seguinte: fala um pouquinho da filosofia neokantiana francesa, principalmente nos anos 1920, e de como nos anos 1930 e 1940

---

5 Descombes, V. (1979). *Le Même et l'autre: quarante-cinq ans de philosophie française (1933-1978)*. Les Éditions de Minuit, Collection Critique.

surgiu um movimento contra essa filosofia extremamente escolar, movimento a que ele chama *os três H*: Hegel, Husserl e Heidegger, que foram levantados como bandeiras pela geração de Sartre e de Merleau-Ponty.

O interesse da recuperação de Hegel por Kojève e por outros, conhecidos na história da psicanálise graças ao seminário sobre a *Fenomenologia do espírito*, assim como o interesse da fenomenologia alemã, era voltar à experiência e fazer uma filosofia viva, que tivesse a ver com a realidade. E a realidade era, nos anos 1930, o nazismo, o marxismo, o bolchevismo, o cinema, o tango, a vida tal como ela era, e não aquilo de que se falava na filosofia universitária. Surge assim uma filosofia extrauniversitária, que se caracteriza simultaneamente por um viés fenomenológico e por um viés hegeliano-marxista, preocupado com a história. A dialética era o máximo: tudo era dialético. Falava-se na dialética do senhor e do escravo; *As Aventuras da Dialética* é o título de um livro de Merleau-Ponty; era preciso provar que a psicanálise era dialética, para que ela pudesse ser aceita pelos novos pensadores... Essa aliança entre fenomenologia e marxismo foi o que preocupou os pensadores franceses de vanguarda, especialmente Sartre e Merleau-Ponty.

De tal forma que, nos anos 1950, quando Deleuze começa a trabalhar, esta é a filosofia instituída. O *establishment* filosófico era agora Sartre, Merleau-Ponty, o existencialismo, o marxismo. Contra isso, vai se propor *uma outra filosofia da experiência*, de onde o resgate do empirismo. Era preciso mostrar que a fenomenologia não estava suficientemente próxima da experiência, apesar das suas alegações; e também que a filosofia da história de inspiração dialética não era adequada para pensar os desafios do novo tempo.

Os livros de Deleuze nos anos 1950 foram sobre autores exteriores ao horizonte dos três H, como Hume e Bergson. Estes e outros filósofos que ele estudou enquanto foi historiador da filosofia (Kant, Espinosa, Nietzsche) lhe serviram para pensar *o que não fosse a totalidade*. Sua guerra vai ser contra a totalidade. Por quê? Porque a ideia de totalidade implica um partido totalitário, e 1956 é a época em que Krushov faz o seu relatório no XX Congresso do Partido Comunista da União Soviética. Aparecem então os crimes do stalinismo, que tinham sido denunciados à exaustão pela imprensa dita burguesa; e de repente a esquerda do mundo inteiro se depara com o fato de que desta vez a direita não mentira, que o Gulag era de verdade. Veio a invasão da

Hungria em 1956, a invasão da Tchecoslováquia em 1968, etc.: o lado aterrorizador do comunismo soviético, que tinha sido identificado por muitos como o futuro da civilização, faz uma confusão na cabeça dos progressistas.

Creio que vem daí a alergia de toda a nova inteligência de esquerda contra a ideia do *único*. A existência do partido único está filosoficamente alicerçada na ideia de um movimento da história igualmente único, numa dialética que leva a história numa determinada direção. De onde, para combater esse totalitarismo, a importância de insistir exatamente na *não completude da totalidade*. Toda totalidade é imaginária. Portanto, não há uma dialética subjacente que vai se revelar por mil mediações em todos os aspectos da vida e do pensamento. Por outro lado, é necessário insistir nos pequenos processos de transformação. Isso vai conduzir, no pensamento de Deleuze e de Guattari, à distinção entre *molar* e *molecular*, que é uma das suas ideias capitais.

E eles vão então atacar, com grande inteligência e verve, todas as pretensões totalizadoras; vão fazer o elogio das diferenças, de tudo aquilo que é *multiplicação*. A retórica da pululação, da germinação, vem exatamente da necessidade teórica de combater política e filosoficamente tudo aquilo que se apresente como totalizador, portanto opressivo para as possibilidades reais de movimento e de transformação espontânea.

Dentro deste contexto, compreende-se o interesse em resgatar, na história da filosofia, os adversários da dialética. Um deles foi Nietzsche. Então, vai-se a Nietzsche, e vai-se a Espinosa. Espinosa é um pensador da totalidade, escreveu uma *Etica more geometrico*, segundo a qual até um fio de cabelo dele fazia parte da Substância. Mas o que interessa a Deleuze em Espinosa não é a determinação absoluta, e sim a ideia de *conatus,* que significa esforço, *energia*, e que Deleuze lê como muito próxima da ideia contemporânea de desejo.

Espinosa não opõe, como muitos outros filósofos, as ideias de causalidade e de liberdade. Para ele, a liberdade se define de uma maneira que atraiu tanto Marilena Chauí quanto Deleuze, e pelas mesmas razões, no fundo políticas. É a ideia de que a liberdade consiste na *capacidade para o gozo múltiplo simultâneo*. É livre aquele que pode funcionar de várias maneiras.

Desta visada libertária provêm muitas consequências, tanto teóricas quanto práticas. Entre estas, há algumas que nos interessam de perto, porque procuram aplicar à clínica os princípios de que estou falando. Mas nisso há um risco que a meu ver é preciso ponderar: trata-se de um pensamento que postula uma hierarquia de valores. Tudo aquilo que é *móvel* é por definição bom, de onde a proliferação de adjetivos do tipo *vibrátil, pulsátil, bailarino, dançante*, etc.: a mobilidade é sinal de liberdade para circular em diferentes áreas (ecos da leitura deleuziana de Espinosa). E é nefasto tudo aquilo que é o contrário disso, começando pelo conceito de *grude* que Suely Rolnik desenvolve em sua tese. Por aí se constela uma série de discussões clínicas, teóricas e políticas.

Então, é um pouco por estas vias que faz sentido uma reinterpretação do passado cultural tendo em vista os interesses do presente. A tese do Mauro vai bem longe neste sentido: sua ideia do trágico é muito pessoal. Há um esforço de conceitualizá-lo em termos gerais, mas provavelmente você maneja melhor essa ideia por ter tido experiência com o teatro, experiência que faz parte da sua biografia pessoal e intelectual. Aqueles que não gostam de teatro, que leram pouco os clássicos gregos, possivelmente não se emocionarão com esse conceito, e preferirão chamar por outro nome os processos que você chama de *travessia do trágico*. Não vejo problema nisso, na medida em que a proposta se alicerça numa sensibilidade e num repertório que são os seus. Você está propondo aprofundar a analogia a partir da exploração *deste* repertório, visando aguçar o olho e o ouvido do analista para certos processos que ocorrem na análise.

Mas é certo que ler um trabalho que propõe esta abordagem faz com que aqueles que empatizam com ela vejam os seus próprios pacientes, seu próprio trabalho, de uma maneira um pouco diferente; a isto se pode chamar, como faz Laplanche no início das suas *Problemáticas*, uma *contribuição*.

Por outro lado, este é um trabalho evidentemente bem escrito. Ele tem uma dimensão não-técnica, pela natureza mesma do problema que você está escolhendo, e que diz respeito a todo mundo. Por isto, considero adequado o uso do *nós*: *nós* atravessamos, quer dizer, *nós* seres humanos. É um elemento da condição humana que afeta a todos, autor, leitores, pacientes, etc. Há também alguns momentos de que gostei especialmente, tanto do ponto vista técnico de escrita, quanto do ponto vista da conceituação.

Um exemplo de boa redação – entre vários outros – está no parágrafo 2: "Nosso enredamento nas malhas do simbólico fica ainda mais apertado e evidente". Tenho insistido que, quando inventamos uma metáfora, é conveniente que essa metáfora seja explorada, que a façamos render, isto é, que ela não seja desperdiçada numa única aparição. Aqui, já é uma metáfora a ideia de *malhas do simbólico*, a ideia de que o simbólico é uma rede, portanto um conjunto de formas nas quais um conteúdo psíquico se coagula.

O que apreciei aqui é a ideia de que o *enredamento* nas malhas do simbólico fica mais *apertado* e por isso mais *evidente*. Quer dizer, a ideia é utilizada aqui na própria palavra *malha*, na palavra *apertado* e na palavra *enredamento*. A metáfora da rede foi bem explorada, e produz uma nova metáfora, que não é gratuita. São momentos de particular concentração, e aí temos todo um conjunto de termos em torno da ideia de um nó apertado, de algo concentrado, denso. Para falar disto, já é necessário empregar uma sucessão de metáforas, no caso metáforas físicas – *líquido, denso, concentrado, sedimentado, decantado* – que vão aparecendo ao longo do texto.

As imagens são coerentes umas com as outras, e disso resulta uma boa apresentação do pensamento e um impacto associativo sobre o leitor. Por isso vários de vocês foram levados a lembrar exemplos das suas próprias práticas. A potencialidade associativa depende não só da proliferação de metáforas, mas de uma certa *qualidade* dessas metáforas, que é um pouco difícil de caracterizar, mas que eu seria tentado a pensar como sendo uma espécie de engate ou de gancho, uma coisa para a qual eu gostaria de usar o termo emiliano de *crocotó*. É alguma coisa que permite a essa metáfora enganchar-se em cadeias associativas, como se ela tivesse pontas, por assim dizer. E, tendo pontas, ao mergulhar no fluido associativo de outras pessoas ela se engancha facilmente nas imagens de cada um. Por oposição a isso, há certas metáforas que eu chamaria de rombudas, cegas, de alguma maneira lisas, com as quais é mais difícil estabelecer este engate associativo.

Chegamos ao fim do nosso curso. Percorremos um longo trajeto, desde as vírgulas no texto dos cupins até esta questão do trágico, que exige um pouco mais de concentração e de repertório. Espero que, entre tantas coisas de que falamos, cada um de vocês tenha encontrado as que puderem ser úteis para aprimorar a *sua* forma de escrever. Vimos textos mais poéticos, outros mais secos; vimos diferentes formas de conceber o que é a psique humana, e portanto de praticar a análise. Não existe um molde único para o texto bom; desde que ele seja construído com cuidado e polido com esmero, as chances são de que atinja seu objetivo e estimule o leitor para aquilo que o autor deseja transmitir ou provocar.

Se, com estas aulas, eu tiver podido sensibilizar vocês para estes pontos, e ao mesmo tempo para as sutilezas e para as potencialidades da psicanálise, então terei alcançado a meta a que me propus. Agora é com vocês!

Índice remissivo

A

Abraham, Karl:
e seu paciente obsessivo, 119
História da Libido, 117
Correspondência com Freud,
Agressividade:
sublimação da, 349-352
Allen, Woody:
Contos de Nova York, 234
Althusser, Louis:
O Futuro Dura Muito Tempo, 266-267
Angústia:
como afeto básico, 164
de invasão, 254
de separação, 242
persecutória, 279-280
Anotação das sessões:
discurso direto e indireto na, 136
e interpretação, 140-142
e resumo do que ocorreu na sessão, 144
literalidade na, 305, 370, 372
oscilação entre reprodução e reflexão na, 241-242
por Freud, 136
Aposto:
22

Arantes, Maria Auxiliadora:
Pacto Re-velado, 99
Argumento:
de autoridade, 286-287
definição dos termos no, 272-273, 278
falsas analogias, 284
linhas de progressão no, 274-275
necessidade de demonstrar o, 84, 289-290
risco de circularidade no, 430
uso de dados históricos, 283
uso dos exemplos, 276, 288, 370, 379
Aristóteles:
172, 273, 277-278, 282
Armstrong, Karen:
Uma História de Deus, 42-43, 45, 48, 56, 68-69
Aulagnier, Piera:
27, 225, 231

B

Bálint, Michael:
e a falha básica, 253
Bercherie, Paul:
Gênese dos Conceitos Freudianos, 115

Bion, Wilfred:
231, 235, 268
Bodas de Fígaro, As:
40, 51, 71, 78, 173, 177, 179
Boileau:
Arte Poética, 27
Bonaparte, Marie:
Edgar Allan Poe, 327
Brophy, Bridgid:
30, 36-37, 45, 51, 57-61, 72-73, 75, 93, 103
Budismo:
55, 52, 49

C

Calligaris, Contardo:
Hello, Brasil!, 184
Cardeal, O:
92
Carone, Marilene:
130
Castoriadis, Cornelius:
comentando Aristóteles, 272-273
sobre pacientes kleinianos ou lacanianos, 235
Castração:
em Freud, 234, 260
em Lacan, 234-235
Causalidade:
na vida psíquica, 240
na vida social, 337
Chandler, Raymond:
337
Chasseguet-Smirgel, Janine:
"Reflexões sobre o conceito de reparação e a hierarquia dos atos criadores", 351-353
Chico Buarque:
21, 61, 74, 97, 100
Christie, Agatha:
335-338, 345-346
Circuncisão:
58

Citações:
comentário imprescindível das, 100, 346
quanto citar, 100
Clandestinidade política:
101
Clément, Catherine:
Vidas e Lendas de Jacques Lacan, 223-224
Coelho Jr., Nelson:
A Força da Realidade na Clínica Freudiana, 242
Comedores de Batata, Os:
30, 32, 34-36, 38, 71, 92, 333
Complexo de Édipo:
a mãe no, 93-94, 392, 397, 401-402
como guia para a interpretação, 401-407
em *double bind*, 53, 64, 84, 72, 109
estruturação do, 259-261
identificação das posições no, 58-59
o pai no, 109, 260-261, 390-391, 401-402
precariedade do, 217, 257, 259
Conan Doyle, Arthur:
330
Conde de Monte Cristo, O:
76, 79
Constituição do sujeito:
homologia com o dispositivo analítico, 231
na infância, 228-229, 359-360
Contraste:
de ideias no texto, 226, 83-85 182, 275
dentro da frase, 17, 18, 195
na linguagem, 182
na música, 182
Contratransferência:
como expressão de um preconceito cultural, 397
como fonte de erro na interpretação, 306-307
como motivo para escrever, 221-225, 250

como recalcadora da sexualidade, 320, 322-323
como resultado da identificação projetiva, 12
de Freud em relação ao Homem dos Ratos, 123
e sensação de paralisia, 214, 243, 400
Copidescar
194
Cornwell, Patricia:
335-336
Coura, Rubens Hazov:
A psicanálise no Hospital Geral, 374
Criação artística:
e dor de cotovelo, 50, 52
e elaboração do Édipo, 95, 103
e lógica, 344-345
e inspiração, 346
e traumatismo na infância, 352-353

D

Deleuze, Gilles:
432-434
Delouya, Daniel:
"O pai do *self*", 258
Descartes, René:
Discurso do método, 270
Descombes, Vincent:
Le même et l'autre, 432
Diagrama em colunas:
construção do, 47-48
utilidade do, 51-57
Don Giovanni:
51, 57, 60-63, 70-71, 73-75, 91-92, 94-98, 103-104, 107
Dor psíquica:
32
e criação artística, 51, 66, 87-89

E

Efeito:
de fidedignidade na transcrição de sessões, 367, 370-371
na tradução, 371-372
produzido a partir de recursos simples, 173, 192
Ejaculação precoce:
394-395
Epígrafe:
uso da, 368-369
Escala de Waelder:
165, 226
Escalas musicais:
173-180
Escola Psicossomática de Paris:
272-273, 288
Espinosa:
Ética de, 31, 41-42, 41-42, 79, 369, 434
liberdade em, 434
sobre a vingança, 31, 79
Esse, este e aquele:
17
Estilo:
características pessoais do, 193-196
individual do analista, 323
kleiniano, 311-312, 323
reproduzindo o modo de funcionamento do inconsciente, 311
variações culturais do, 266-267
variações entre membros de um mesmo grupo cultural, 267
Exame de qualificação:
345
Exemplos:
necessidade de que sejam consistentes com o argumento, 275-277, 368
Expressão:
88-89, 222-223

F

Fase de livre associação:
38, 341
Fédida, Pierre:
e a função das imagens, 248

e a justa distância, 224
modo de interpretar, 304
e a pluritemporalidade do
inconsciente, 321
Nome, Figura e Memória, 248
Ferenczi, Sándor:
e a "equação pessoal", 312
e a metapsicologia dos processos
psíquicos do analista, 344
e a transparência do analista, 398-400
***Flauta Mágica, A*:**
37, 51, 53-54, 73, 103
Formação reativa:
351-352
Frase:
crescendo na, 17
estrutura da, 191-192
ritmo da, 17, 26, 191
sequência das ideias na, 17-18
simetria na, 18-19
Freud (obras):
"Além do Princípio do Prazer", 85,
115, 186, 290-291, 343
"Caso da Jovem Homossexual", 130
Caso Dora, 117, 158
"Comunicação Preliminar", 220
*Conferências de Introdução à
Psicanálise*, 181
"Disposição à Neurose Obsessiva, A",
106
"Esboço de Psicanálise", 274
Estudos sobre a Histeria, 119-120, 338,
342
Gradiva, 142
"Luto e Melancolia", 97
Introdução ao Narcisismo, 87, 99
"Perturbação Psicogênica da Visão",
288
Projeto de Psicologia Científica,
200
"Pulsões e Destinos de Pulsão", 108,
122
"Repetição, Recordação e Elaboração",
404

*O Chiste e sua Relação com o
Inconsciente*, 117-118
O Futuro de uma Ilusão, 186
O Homem dos Lobos, 158, 159, 343,
380, 397
O Homem dos Ratos: Original Record,
8, 111-112, 160, 168
O Homem dos Ratos: Prefácio, 146-147
  primeiras sessões, 143-146
Psicopatologia da Vida Cotidiana, 124
Totem e Tabu: 51, 98, 124
Três Ensaios para uma Teoria Sexual,
117, 318
Freud:
amolda-se à linguagem do paciente,
143-147
conduta terapêutica com o Homem
dos Ratos, 118-120, 139-140
e a questão do ódio, 121-123
e suas concepções em 114-122, 155
modo de anotar as sessões, 136-139
modo de escrever, 366-367
seus relatos parecem novelas, 367
sobre a vingança, 30-31
sobre Hamlet, 30, 34
sonho "Conde Thun", 40, 55, 78
sonho "fechar os olhos", 30-34
sonho "Irma", 30
sonho das Parcas, 30, 40, 55, 78
sua contratransferência frente ao
Homem dos Ratos, 123-124, 140
sua honestidade intelectual atacada
nos Estados Unidos, 159-160
traduções de, 128-134
Frustração:
do desejo de analisar, 398
em Freud, 393
Fuks, Mario:
266
Funções da escrita para o analista:
catarse, 229
criação da justa distância, 237
elaboração da contratransferência,
222-227

reparação do objeto interno, 349-353
restauração narcísica, 259, 350-353

G

Gantheret, François:
225, 227
Garcia-Roza, Luiz Alfredo:
O Silêncio da Chuva, 341
Gardiner, Muriel:
O Homem dos Lobos por Ele Mesmo, 159
Glover, Edward:
"O Efeito Terapêutico da Interpretação Inexata", 308
Gouveia, Júlio:
185
Green, André:
"Será que a sexualidade tem algo a ver com a Psicanálise?", 314
Gribinski, Michel:
295-296
Grinberg, Leon:
227
Grünbaum, Adolf:
160
Guarnieri, Gianfrancesco:
Eles não Usam Black-Tie, 186-193
Gurfinkel, Décio:
A Pulsão e seu Objeto-Droga, 321

H

Hamlet:
30, 34, 36-38, 41, 45, 53-55, 57, 61-63, 71, 74-76, 79, 91-92, 97-98, 103-104, 106-107
Hammett, Dashiell:
O Falcão Maltês, 337
Hauser, Arnold:
História Social da Literatura e da Arte, 198

Hawelka, Elza e Pierre:
Journal d'une analyse, 112-113, 123, 126, 127, 135, 136, 138, 146, 148, 156
Hercule Poirot:
335, 339
Hermann, Fabio:
50
Hesse, Hermann:
O Jogo das Contas de Vidro, 45
Histeria:
116-121
***Homem dos Ratos, O*:**
estrutura do texto, 111-112
interpretação de termos ligados ao rato, 150
interpretações na entrevista preliminar, 157
manuscrito original, 113-114
prefácio, 155-156
Homem dos Ratos:
elementos da sua neurose, 155-156
homossexualidade do, 165
"horror e volúpia", 152
identificação por P. Mahony, 158
nome do, 114
primeira entrevista, 126-127
sedução frente a Freud, 156
sintomas do, 114-115

I

Identificação projetiva:
227, 243, 249, 306-308
Identificações:
em conflito com o superego, 320-321
mudança nas, 410, 428-429
Iluminismo:
51, 53- 54, 56, 60-63, 71, 73, 75
Indicação:
de análise, 237-238, 377-378, 419-420
de psicoterapia breve, 375
Infinitivo pessoal e impessoal:
197

Inibição para escrever:
311, 344
Inteligência artística:
28
International Journal of Psychoanalysis:
265, 295, 308
Interpretação:
"chapada", 244
construção da, 144
da angústia de João, 411-412
da angústia persecutória, 304-307
da expressão facial do Homem dos Ratos, 150
da sexualidade, 313-318
da transferência, 150, 309
das posições no Complexo de Édipo, 58-59
do delírio de Vera, 416
do jogo dos afetos, 151-152
e função imaginarizante, 252-529
e representação-meta, 95
impregnação pelos termos do paciente, 150
inexata, 308
kleiniana, 300-301, 304-306
limitação da arbitrariedade da, pelo conteúdo do material, 59, 94-96, 266-267, 307-308, 342
na entrevista preliminar, 140-143
Itálico, sublinhado, negrito:
25

J

James, P. D.:
336
Joseph, Betty:
268

K

Kant, Immanuel:
Crítica da Razão Pura, 166

Kay Scarpetta:
335, 339
Keating, Hugh:
Writing Crime Fiction, 325-326, 331, 334, 336-337, 341-342, 345-346
Klein, Melanie:
sobre o sadismo oral, 169-170
observações clínicas muito detalhadas, 299-300
sobre a cisão, 280-281
sobre a culpa, 108
sobre a fantasia dos pais combinados, 310, 323
sobre a idealização, 280
sobre a separação, 228
sobre a situação total de transferência, 300
sobre o superego, 170

L

Lacan, Jacques (Obras):
Seminário sobre "*A Carta Roubada*", 328
"Causalidade Psíquica", 240
"O Mito Individual do Neurótico", 169
Seminário XI, 245
Lacombe, Fábio:
120
Lacan, Jacques:
atacado por F. Roustang, 343
como continuador de Freud, 200
e a des-subjetivação, 48-49
e a epígrafe latina de sua tese, 369
e a escrita contorcida, 263, 302
e a neurose obsessiva, 161, 168-169
e o cavalheiro Dupin, 328-329
e o sr. Valdemar, 329-330
e o terceiro na análise, 148
e o terceiro na constituição do sujeito, 233-234
sobre a castração, 234-235
Laplanche, Jean:
e a psicanálise extra-muros, 76
e a sublimação, 30, 32-33

e o suplício dos ratos, 170
e sua tradução de Freud, 133-134
Le Guen, Claude:
201
Leitor imaginário:
como interlocutor durante a redação, 342-343
e sua familiaridade com o assunto do texto, 99, 272-273, 325-326
Lênin:
Que fazer, 99
Levi, Primo:
8, 378
Linguagem escrita e linguagem falada:
183, 371
Lugar-comum:
263
Lupicínio Rodrigues:
30, 38, 50, 52, 80, 100, 108

M

Mahony, Patrick:
Freud e o Homem dos Ratos, 111, 113, 157-158
Freud e seu Estilo, 343
Mannoni, Octave:
125
Maomé:
43, 45, 52, 60-62, 68-70, 89-90
McDougall, Joyce:
sobre o fetiche, 86
Teatros do Eu, 251
Mecanismos de defesa:
defesas maníacas, 280
e tipo de perturbação, 118-120
em pacientes regredidos, 233
interpretação equivocada dos, 380
pela atuação, 242, 306-307
pela cisão, 279, 318, 322-323, 378-379
pela negação, 375
pela tolice, 256-257
pela inércia, 256

Mecanismos psíquicos:
em Thérèse, 240-242
no relato de caso, 161-162
pluriespacialidade dos, 321
Meltzer, Donald:
Meltzer em São Paulo, 314-318
Memória:
limites da, 180, 371
Meneses, Emílio de:
163
Menezes, Luis Carlos:
266
Merleau-Ponty:
102, 433
Metáfora:
uso da, 251-254, 290-293, 445
Mezan, Renato:
"A Sombra de Don Juan", 98, 106
"As Filhas dos Filisteus", 102
"*Freud: A Trama dos Conceitos*", 17, 115
Freud: Pensador da Cultura, 102, 156, 275
"Pesquisa em Psicanálise", 106
Psicanálise, Judaísmo: Ressonâncias, 58
O método psicanalítico no texto acadêmico: três exemplos e algumas observações, 353, 426
O tronco e os ramos, 116
Sociedade, leitura, psicanálise, 334
Tempo de muda, 266
"Um Espelho para a Natureza: *Hamlet* e a Psicanálise", 37
Mijolla-Mellor, Sophie de:
Meurtre Familier, 336, 346-347
Miss Marple:
336, 345
Mozart:
e seu complexo de Édipo, 51, 56-57, 61-64, 84, 93-95, 106

N

Narcejac, Thomas:
Le roman policier, une littérature-poblème, 325-327, **336**, 346

Narcisismo:
como defesa contra a problemática edipiana, 261-262
criação artística como reequilíbrio do, 50-51
na clandestinidade, 99-101
regressão até o nas psicoses, 117, 121, 253
restauração do através da escrita, 261-262

Navalha de Occam:
368, 429

Nero Wolfe:
339

Neurose obsessiva:
117, 160-161
Lacan sobre, 169
Melanie Klein sobre, 169

Neutralidade do analista:
398-401

New England Journal of Medicine:
185

Nietzsche, Friedrich:
Origem da Tragédia, A, 33
reinterpretado por Deleuze, 432-434

Nirvana:
48-49

Níveis de abstração:
na escala de Waelder, 165-166
na tese de M. Meiches, 424
no texto A, 283, 290-291
no texto de N. Berry, 220-221

Nome da Rosa, O:
368

Normalidade:
232

Nota de rodapé:
uso da, 102, 369

Nunberg, Hermann:
"Curiosidade", 296

O

Objeto:
na teoria kleiniana, 315, 323
posse do, 232
relação de, 170-171, 233

Ódio:
44, 56, 66, 72, 121

Oralidade:
em Leon, 306
na neurose obsessiva, 169-170

Ordem dos elementos no texto:
51

P

Pacientes hospitalizados:
367, 374-375

Parágrafo:
uso do, 20-22

Penna Lacombe, Fábio:
50

Perda:
de entes queridos, 96-98
de um objeto interno, 373-374
estimula a maturação, 377

Pesquisa:
impasses na, 35
interferência no andamento da análise, 157-158
momento da em relação à clínica, 340-341

Poe, Edgar Allan:
346

Princípio da "trança":
197-198, 397

Princípio do "dominó":
62, 64-65, 84, 86, 88, 91, 97, 103

Princípio do "não é lá, é depois":
103, 104

Processo analítico:
  como travessia do trágico, 429-435
  continuidade através das sessões, 307
  de Leon, 307-323
  de Marcela, 355-380
  desbloqueio do através da interpretação correta, 244
  do sr. Y, 319-323
  impasses no, 220-224, 238
  necessidade de informações suficientes sobre o, 375-380
  passado e presente no, 322-323
  sexualidade no, 325-334
  visa uma mudança, 396
Profetas bíblicos:
  42-45, 56, 60-63, 67-68, 70, 76, 88-90, 105, 108
Publicação de casos:
  criação de uma personagem, 218
  distorções na história narrada, 156-157
  necessidade de proteger o anonimato do paciente, 157-158

Q

Que:
  como evitar o uso excessivo do, 15, 195
Questão da tese:
  construção da 98-101, 332-333
  diferente nas teses de ciências humanas e exatas, 100-101
  exemplo da clandestinidade política, 98-102
  necessidade de definir a, 344-346, 396

R

Rabelais:
  Pantagruel e Gargântua, 378
Raciocínio analítico:
  166-167, 171-172, 220-222, 397-400, 401-403
Raciocínio indutivo e dedutivo:
  276-280, 334-338
Regra fundamental:
  Freud sobre, 143-144
  Stein sobre, 143
Regressão ao infinito:
  301-302
Regressão:
  282, 321
Reich, Wilhelm:
  349
Representação-meta:
  95
Revelação:
  a Maomé, 43
  aos profetas bíblicos, 44, 90
  experiência dolorosa, 45, 56
Revista *Percurso*:
  22, 258, 270
Rolnik, Suely:
  435
Romance policial:
  paralelos com a Psicanálise, 338-339
  regras do, 330-333
  tipos de, 330-334
Rorschach, Atlas de:
  278
Roustang, François:
  Elle ne lâche plus, 343

S

Schafer, Roy:
  293
Schneider, Monique:
  Afeto e Linguagem nos Primeiros Escritos de Freud, 220
  La parole et l'inceste, 234
Seleção de temas tendo em vista a coerência do texto:
  49, 90-91, 426-429

Separação:
angústia de, 233-234
***Serial killer*:**
339
Serifa:
21
Sexualidade:
como elemento no funcionamento psíquico, 313-314
Sherlock Holmes:
329-338
Souza, Paulo César de:
131
Souza, Tarik:
50
Stein, Conrad:
"O Pai Mortal e o Pai Imortal", 34
O Psicanalista e seu Ofício, 143
sobre a função do escrito analítico, 268
sobre a regra fundamental, 143
Stout, Rex:
339
Strachey, Lytton:
132
Sublimação:
348-349
Superego:
120
na análise de Thérèse, 255-258
na escrita, 350
na neurose obsessiva, 169-170
Supervisão:
apresentação da história do paciente na, 140
Donald Meltzer como supervisor, 317-323
Suspense:
329

T

Tanis, Bernardo:
Memória e Temporalidade: Um Estudo sobre o Infantil em Psicanálise, 405
Temporalidade:
entrecruzamento de diversas sequências, 200-201
no processo analítico, 311-312
Teoria psicanalítica:
consistência da em 1907, 113-114
estrutura geral da, 114-116
Teoria psicopatológica:
construção a partir dos dados clínicos, 167, 168-169
e Freud, 111-113
Texto:
aspectos inconscientes na construção do, 183-184, 344-350
continuidade no, 33, 51, 329, 370
desenvolvimento da história, 331-332
equilíbrio entre conjunto e detalhes, 152, 365-366
explicitação do processo terapêutico no, 375-376
final do, 185
inerência do conteúdo à forma no, 86-87, 378
início do, 84, 92, 90, 190-193, 212, 290
legibilidade do, 268-269
linhas de progressão no, 274-275
necessidade de selecionar os dados, 167, 341-345, 426
ordem dos elementos no, 61-63, 428-429
polimento do, 180, 270-271, 328-329
tensão e resolução da tensão no, 104
uso da primeira pessoa no, 344
uso de dados históricos no, 283-284
Transferência:
capacidade para, 237
dissolução da, 255-256
de Thérèse, 240
do Homem dos Ratos, 123, 140-141
e neurose de transferência, 404-407
elaboração da, 255, 407
interpretação da, 253-254, 261, 266

organização da, 240-241
Traumatismo:
como estímulo à criação, 347-349
no início da vida, 347-349
sexual, 317-319
Travessão:
uso do, 23, 196-197
Tuckett, David:
"Avaliando Publicações Psicanalíticas",

U

Usar conceitos recém-inventados em outro contexto:
105

V

Van Gogh, Vincent:
30-39

Van Rappard:
35
Vergonha:
37-38, 105-107
Ville, Evelyne:
"La levée du clivage: de la régression à la perception", 318-320
Vingança:
em Freud, 37-41
metapsicologia da, 61-63
Vírgula:
uso da, 15, 22, 24, 192-195

W

Waelder, Robert:
"Psychoanalysis, Scientific Method and Philosophy", 165-167
Winnicott, Donald:
171, 230-231, 258-259, 314

GRÁFICA PAYM
Tel. [11] 4392-3344
paym@graficapaym.com.br